Modern Monetary Economics
(Third Edition)

现代货币经济学

（第三版）

◎ 盛松成　施兵超　陈建安　著

中国金融出版社

责任编辑：王效端
责任校对：张志文
责任印制：陈晓川

图书在版编目（CIP）数据

现代货币经济学（Xiandai Huobi Jingjixue）/盛松成，施兵超，陈建安
著 . —3 版 . —北京：中国金融出版社，2012. 12
ISBN 978 - 7 - 5049 - 6716 - 9

Ⅰ.①现 … Ⅱ.①盛…②施…③陈… Ⅲ.①货币和银行经济学
Ⅳ.①F820

中国版本图书馆 CIP 数据核字（2012）第 307182 号

出版
发行　中国金融出版社

社址　北京市丰台区益泽路 2 号
市场开发部　（010）63266347，63805472，63439533（传真）
网 上 书 店　http://www.chinafph.com
　　　　　　（010）63286832，63365686（传真）
读者服务部　（010）66070833，62568380
邮编　100071
经销　新华书店
印刷　利兴印刷有限公司
尺寸　169 毫米 × 239 毫米
印张　25.25
字数　405 千
版次　1992 年 4 月第 1 版　2001 年 6 月第 2 版　2012 年 12 月第 3 版
印次　2012 年 12 月第 1 次印刷
定价　56.00 元
ISBN 978 - 7 - 5049 - 6716 - 9/F. 6276
如出现印装错误本社负责调换　联系电话（010）63263947

本书第一版于 1995 年 12 月获
国家教委首届人文社会科学研究优秀成果奖
二　等　奖

1995 年 12 月获
第三届全国高等学校金融类优秀教材
二　等　奖

第一版序言

货币经济学是第二次世界大战后在货币学原理的基础上发展起来的一门新学科。我们都知道，货币学除包含货币的制度与历史之外，还包含一些理论如货币本质理论、货币机能理论、货币价值理论、货币数量理论以及汇率理论等。这些都是关于货币本身的基本理论，是很重要的。除了这些基本理论外，还有货币与经济的关系的理论未被论及，而这则更是非常重要的。

古典学派持实物经济学的观点，认为货币经济亦如实物经济，货币不过为覆盖于实物的一层面纱，对经济不起作用，因而采取"二分法"，将货币理论与经济理论截然分开。被截然分开以后的经济理论与货币理论，自然均不符合现实的货币经济的实情。魏克赛尔于19世纪末首先指出了此项错误，认为货币对经济具有积极作用，应将货币理论与经济理论融合为一，以建立一个统一的货币经济理论。凯恩斯承袭其主张，在1930年出版的《货币论》内提出货币价值的基本方程式，将魏克赛尔的货币经济理论公式化，更于1936年撰著《就业利息和货币通论》，首次建立了货币经济学的理论体系。从此，西方学者遂皆翕然成风，相继从事于货币经济理论的探讨和发展。一些学者如 D. G. Pierce、R. Weintraub 等人还陆续写出名为《货币经济学》的著作，企图建立其独自的货币经济学理论体系。同时，一些大学也在本科三年级开设了"货币经济学"课程，并在研究生院开创了"货币经济学"研究方向。现在，我国正在实施改革开放政策，凡西方可以借鉴的皆加以借鉴。笔者认为，此项货币经济学的探讨及其内容体系的改进和发展，就是应该加以借鉴的。

为了借鉴，笔者曾遍阅20世纪60年代以来至今西方已出版的十余本货币经济学著作，深感这些著作虽不无可取之处，然其内容体系则颇不完备，以致仍然可称其为一本单纯的货币学，而未深入涉及到货币如何影响经济以及对经济发挥了哪些积极作用。笔者认为，通过货币量的增减、信用的扩缩和利率的升降，亦即通过三个货币因素（即货币、信用与利率）的变动，货币首先可以促使经济达到均衡和稳定，也可促使经济发生波动；其次，货币可以促使就业、产出和收入的增加，也可以使其减少；第三，货币可以促使经济增长，也可以使其衰退；第四，货币可以促使国际经济平衡，也可以使其动荡。这就是货币对经济能够发挥的四大作用。这四大作用实际上就是当代一般人所谓的货币政策所应达到的四大目标，即：（1）稳定物价和经济；（2）增加就业、产出和收入；（3）促进经济增长；（4）促使国际收支平衡和汇价稳定。但货币在发挥这四大作用时，却又往往会造成通货膨胀，这是在货币经济下难以避免的一项坏作用。为了促使这四大作用的实现和此一坏作用的避免，金融当局必须采用最适宜的货币政策，因而货币经济学所应具有的重要内容，便有货币与经济均衡及经济波动，货币与就业、产出和收入，货币与经济增长，货币与国际经济，以及通货膨胀和货币政策等六项理论。然在论述此六项重要理论之前，尚必须首先将有关货币本身的四个问题即货币的定义、货币的需求、货币的供给及由货币的供求所决定的利率等问题论述清楚。这样，除上述六项理论之外，现在又增加了货币定义、货币需求、货币供给及利率等四项理论。于是，货币经济学所必须具备的体系，便不得不为下列十个理论所构成：

（1）货币定义理论；

（2）货币需求理论；

（3）货币供给理论；

（4）利率理论；

（5）货币与经济均衡及经济波动理论；

（6）货币与就业、产出及收入理论；

（7）货币与经济增长理论；

（8）货币与国际经济理论；

（9）通货膨胀理论；

（10）货币政策理论。

上述体系最初由笔者拟成，后与笔者前后所指导的研究生盛松成（现为我校——上海财经大学副教授）、施兵超（现为我校讲师）和陈建安（现在国家计委财政金融司工作）三位同志多次研讨，并由他们三人分工撰写：盛松成同志撰写货币定义理论、货币需求理论、货币供给理论、货币与经济增长理论等四章；施兵超同志撰写货币与经济均衡及经济波动理论，货币与就业、产出及收入理论和通货膨胀理论等三章；陈建安同志撰写利率理论和货币政策理论等二章；最后由盛松成同志于卷首增写"导论"及英文"Preface"并对全书加以总纂而成。惟货币与国际经济理论，因资料与时间的限制，暂未撰写，容后再行补入。

这样撰写完成的本书，既是一本专门著作，也适宜于用作教材。我校金融系三年级开有"货币经济学"一课，研究生部也设有"货币经济学"研究方向。本书著成后即已成为本科生的教材和研究生的主要参考书，并由盛松成、施兵超二同志共同讲授，取得了优良的教学效果。自然，由于货币经济学是一门新学科，其内容与体系均有待于改进和发展，倘蒙读者以高见相示，则盛、施、陈三位作者与笔者都是十分欢迎的。

刘絜敖
1991.9.28

再版前言

本书出版已有 9 年。承蒙金融理论界和读者的厚爱，它曾荣获"国家教委首届人文社会科学研究优秀成果奖二等奖"及中国人民银行总行颁发的"第三届全国高等学校金融类优秀教材二等奖"等多项奖励。同时，因各地大专院校纷纷将本书用作教材，因此，初印 8000 册早已售罄。趁这次重版的机会，我们对部分章节作了修订与补充，并在各章后分别列出若干道复习思考题，以供教师命题时参考。王维强同志对部分章节的修订提供了帮助，谨致谢意。

作者

2001 年 2 月

第三版前言

本书初版于 1992 年初，再版于 2001 年中。20 余年来，作为我国第一部比较系统地研究西方货币经济理论的著作，本书始终受到金融理论界和读者的欢迎，并被多所高等院校作为本科生高年级与研究生教材，这使我们受到鼓舞，并有幸告慰刘絜敖先生在天之灵。

本书第三版，施兵超和陈建安对"利率理论"和"货币政策理论"两章作了修订。

作者
2012 年 9 月

Preface

This book is meant to be a general introduction into monetary economics and contributed to its scientific formulation. As a branch of modern economics, monetary economics came into being by the end of the Second World War, and is the result of the development in monetary theory for more than one century. Before Wicksell, the dominant proposition of monetary theory was that monetary changes would not alter the real equilibrium of the economy-relative prices and the interest rate, and therefore would have no real influence on the employment and output, which implies that money will be "neutral" and simply act as a "veil" over the workings of the "real" economy. It is Wicksell who, for the first time in the history of economic analysis, made a challenge to the traditional separation or "classical dichotomy" (following Don Patinkin) of monetary and value theory, and set up a monetary economic theory through his analysis of cumulative process, which combined monetary theory with value theory.

Following Wicksell, many outstanding monetary theorists, among whom are Schumpeter, Keynes and Patinkin, brought about a great advance in the theory of money and the economy. What is worth mentioning is Schumpeter's theory of "abnormal credit", which initiated bank credit, one of the monetary factors, into the analysis of economic development, and accordingly has exerted a great influence upon the evolution of modern monetary economic theory. Nevertheless, a general system of monetary economics had not existed until the publication of Keynes' monumental work, *The General Theory of Employment, Interest and Money*, which, I believe, formulated a theoretical framework for monetary approach, although there is no such a term as "monetary economics" in the whole book. As for Patinkin, he contributed much to monetary economic theory by integrating monetary and value theory through the introduction of real balances as a determinant of the demand for goods. Thus with Patinkin's real balance effect, which, he claimed, would eliminate the dichotomy and reconstitute classical theory, the demand and supply functions depend not only on relative prices but on the value of real balances as well.

Together with the mentioned theorists, many other economists have put forward their monetary economic theories, which have formed the materials of monetary economics. So far, there have come out many books titled Monetary Economics in English as well as in some other languages including Chinese, and a large number of economists in various countries have majored in the subject. Some of them have even made an effort to formulate the framework of monetary economics. Unfortunately the books have hardly satisfied readers with their frameworks and contents, which failed to make us find out the distinctive characterisitcs of manetary economics and the difference between this and the other branches of modern economics, especially its substantial difference from money and banking. In the opinion of some monetary theorists, among whom is Robert E. Weintraub[①], there is essentially no difference between monetary economics and money and banking.

However, it seems to me that there is the existing difference between the two subjects. Monetary economics is devoted to the relationships that are thought to exist between the monetary factors and such real economic variables as the level and change of employment, income and economic growth, and in other words, to the influence that monetary changes exert on the real economic variables, while money and banking is focused on the theories and performance in the monetary aspect of the economy. Certainly, monetary economics also deals with monetary problems, which, however, is only for the purpose of attaining its primary object just mentioned. And the same is the case with money and banking, which is involved in some matters of the real economy, though occasionally. It is this standard that I think the books, especially text books, of monetary economics should be in accordance with. Unfortunately, so far, no such a book has appeared. Terefore, it is required to reconstitute monetary economics, including its framework and contents. And it is one of our purposes in writing this book to make a contribution to the scientific formulation of monetary economics.

Now we consider issues relating to the influences that monetary changes would

---

① See Robert E. Weintraub, *Introduction to Monetary Economics: Money, Banking, and Economic Activity*, Ronald Press Company, 1970, Preface. Unfortunately, at present, there is no way of my knowing whether there has been the latest edition of the book.

exert over the economy. Firstly, monetary changes may lead to economic equilibrium or disequilibrium; secondly, monetory changes would bring an inerease or decrease in the rate of employment, output and national income; thirdly, monetary changes in the long run would cause economic growth or decline; and lastly, monetary changes usually have a great influence over the economic relationships with other countries, and in particular, over the situation of the balance of payments. These monetary influences make the general objectives of monetary policy-price and economic stability, minimum unemployment, maximum (stable) growth, and statisfactory balance of payments-attainable, only if the monetary authorities adopt an appropriate manetary policy.

From the above analysis, we can draw a conclusion that monetary economics should be devoted to the theories of money and economic equilibrium, money and employment, output and national income, money and economic growth, money and international economic equilibrium, money and inflation, and the theories of monetary policy. And meanwhile, as the primary knowledge for monetary analysis, the theories of definition of money, demand for and supply of money, and interest rate should be expounded in detail at the beginning of monetary economics. The framework adopted here is different from that of money and banking and other branches of economics, and reflects the distinctive characteristics of monetary economics. It is a pity that the theories of money and international economic equilibrium are not included in the present edition for lack of data, which will be added in the next edition.

Thus the first chapter shows and analysis of the theoretical definitions that have been used to identify money in modern economy, which is the "hot point" among economists, and is much concerned with the role of money and monetary policy in the workings of the macroeconomy. The emphasis is given to two of the various methods of defining money, viz. defining money as a medium of exchange and as a store of value, and we hold the view that the essence and feature of money is the medium of exchange. Chapter 2 and 3 are devoted respectively to the demand for and supply of money. In Chapter 2, the focus is put on the theories of demand for money including mico – economic foundations and macro economic analysis of the demand for money, and the empirical research for the demand for money, while in Chapter 3, the emphasis is laid on the proximate determinants of the money stock, specifically the multiple relationship between the money stock and high – powered money, i. e. , the monetary multiplier.

Chapter 4 is concerned with interest rate, mainly the level and structure of interest rates, in which many theories are involved, such as liquidity preference theory, loanable funds theory, IS—LM analyisis and Patinkin's theory of equilibrium rate of interest.

After our introduction of the essential knowledge for monetary analysis, we turn to researching into the influence of monetary changes on the real economy. And therefore in Chapter 5, economic equilibrium and disequilibrium brought about by monetary changes are discussed. A monetary change may lead to economic equilibrium or disequilibrium, which aroused much interest of economists in history. Consequently there have been many theories describing the monetary impact on the equilibrium of economy and making suggestions of how to avoid disequilibrium and to maintain equilibrium, for example, Wicksell's theory of cumulative process, Hayek's theory of neutral money, and Friedman and Schwartz's theory of money and business cycle. In Chapter 5, we make a thorough description and constructive criticism of such theories.

Chapter 6 deals with monetary effect on the rate of employment, output and national income, which almost always move in the same direction. This is the most important influence of monetory changes on the real sector of the economy, because in the short run, the condition of employment, output and income usually reflects the economic situation of a country, and people are much concerned with that condition. However, there has been no agreement among economists about how and how greatly a monetary change affects the three variables. From T. R. Malthus to R. W. Clower and A. Leijonhufvud, many theorists have been involved in the case. Their theories are restated and assessed in Chapter 6.

Another influence that monetary changes exert on the real issue of the economic process is related to the growth of the economy, which did not draw much attention of economists until the mid-fifties, when J. Tobin made an attempt to insert monetary factors into theoretical discussions about economic growth[1]. Thus the two decades ——the 60's and 70's witnessed the emergence and evolution of the monetory growth theory, according to which, money is not neutral not only in the short run but also in the long run, and of which there are two main approaches, i. e. the neo –

---

[1] J. Tobin, *A Dynamic Aggregative Model*, *Journal of political Eonomy*, April, 1995.

classical monetary growth theory and the Keynes – Wicksell monetary growth theory. Having studied the influence of monetary changes in the short run, we begin to deal with the monetary influence in the long run, and accordingly, Chapter 7 gives a sound presentation of monetary growth theory for the first time in economic publications by Chinese theorists.

Chapter 8 approaches the problems of inflation, analysing the causes and effects of inflation, and anti-inflation policy by government. In the chapter many theories are involved, such as demand-pull and cost-push approaches, the structural inflation hypothesis, the simple Phillips curve model and expectations-augmented Phillips curve mondels, etc.. Particular attention is given to inflation in monetary economics, because it is one of the most serious problems that face modern paper currency economy, and it does affect the economic process.

The final chapter is concerned with the issues relating to monetary policy, such as the objectives, instruments and transmission mechanism of monetary policy. The aim of monetary policy is, in the final analysis, to decrease the negative influence, and increase the positive influence, of monetary changes over the real economy. It is also the purpose of studying monetary economics. That is why the final chapter in monetary economics is the right place for diseussion about monetary policy.

With a change from a " planned product economy" to a " Planned commodity economy" in China, the market forces, and accordingly the banking system, have begun to play a more important role in the economic development, which makes the monetary factors exert a greater influence on the economy. Therefore, not only in market economy countries, but also in China, a thorough understanding of the influence of monetary changes on the real economic variables is equally important, both for analysts and policymakers. However, in China, research in this field has just begun, although a great number of works on other economic problems were devoted by theorists in the past decades. Economists at home and abroad pay much attention to the real factors in the economic fluctuations and development, nevertheless, as a matter of fact, the role played by monetary factors has never been examined systematically and completely, which would be a great help to resolving some economic problems like inflation facing China at present, and achieving a satisfactory rate of economic growth. They are now the most important targets of the economic policy.

I sincerely hope that the book will be helpful, both to Chinese economists and university students, by the introduction of western monetary economics, and to the formulation of Chinese monetary economics. As mentioned above, the change of Chinese economy from a "planned product economy" to a "planned commodity economy" enables monetary changes to exert a greater influence on the economy, and therefore, enables the role played by monetary factors in the workings of Chinese economy to bear some similarities to that in a market economy. However, as the market has not fully developed, the role of monetary factors in Chinese economy is somewhat different from that in a market economy. Accordingly, for speeding up formulation of Chinese monetary economics, we should research for three objectives: first, to investigate intensively the role played by monetary factors and the influence that monetary changes exert on the real sector of the economy in China; second, to acquire a knowledge of similarities and differences between the role of monetary factors in Chinese economy and that in a fully developed market economy; and third, to recognize what can be reasonably absorbed in Chinese monetary economics from western monetary economics. I am sure that many Chinese theorists, including the authors of the book, will be engaged in such research.

December 1991

Song cheng Sheng
Shanghai University of
Finance and Economics
Shanghai

目　　录

导　　论

一、从实物经济理论到货币经济理论的发展

关于货币的作用及货币同经济的关系问题，是经济学最古老、最持久、最重要的问题之一。在长达数百年的时间里，西方货币理论曾经经历了从货币中性理论到货币经济理论的演变过程，西方经济理论也经历了从实物经济理论到货币经济理论的演变过程。今天，已很少有人离开经济而谈货币或离开货币而谈经济了。

（一）

古典学派的经济学家一般都简单地把货币视为商品交换的媒介和一种便利交换的工具①，把货币当做与实际经济过程并无内在联系的外生变量。他们强调货币的中性特质，即货币供给量的变化并不影响就业、产出等实际变量。由于古典学派经济学家将统一的经济整体机械地分为实物方面和货币方面，并将经济理论与货币理论截然分开，因而形成了古典学派传统的两分法（dichotomy）和所谓"货币面纱观"（the veil-view of money）。根据两分法，他们论证出个别商品的价格决定于该商品的供求关系，即决定于经济的实物方面，而一般物价水平和货币的购买力则决定于货币的数量及货币流通速度，即决定于经济的货币方面，两者并没有内在的有机联系；货币只不过是覆盖于实物经济之上的一层"面纱"（veil），对经济并不发生实际的影响。在古典学派经济学家看来，经济的长期发展完全是由实物部门决定的，因而政府任何积极的货币政策都是多余的，甚至是有害的；货币政策的任务只是在于控制货币数量，稳定物价水平，

---

① 约翰·洛克（John Locke）曾经说过：货币是"在其流通过程中推动着许多贸易的齿轮"（洛克：《论降低利息和提高货币价值的后果》，中文版，19页，北京，商务印书馆，1962）。亚当·斯密（Adam Smith）也说过："货币是流通的大轮毂，是商业上的大工具"（斯密：《国民财富的性质和原因的研究》，中文版，上册，267页，北京，商务印书馆，1972）。强调货币在流通领域中的作用，这是古典学派货币理论的特点。这种强调完全正确，但绝大多数古典学派经济学家对货币重要性的认识也就到此为止了。

维持货币的购买力。[1]

货币中性理论的典型代表是传统货币数量说。[2] 这一学说的要旨在于：货币流通速度和商品交易量在长期中不受货币量变动的影响，所以货币数量的增减只会引起各种商品价格同比例的涨跌，即引起一般物价水平的升降，而不会改变商品间的相对价格，因而也不会对生产和就业产生任何影响。"所以一般资产阶级经济学者就认为，货币数量说与货币面纱观是分不开的。"[3]

货币中性论的一个重要的理论基础是所谓的萨伊定律（Say's law）。萨伊定律是法国经济学家萨伊（J. B. Say）在《政治经济学概论》一书中提出的。它的基本命题是"供给能自己创造需求"。根据这一定律，人们出售某种商品所取得的货币收入形成其所有者对其他商品的需求。任何一个卖者同时也必须是买者。因此，从整个经济来说，若总供给增加，则总需求也必随之而增加。于是，总供给恒等于总需求，普遍的生产过剩的经济危机是不可能发生的。[4] 在萨伊等人看来，虽然个别商品可能出现暂时的供不应求或供过于求的不均衡，但一些商品的供不应求必然为其他商品的供过于求所抵消。而且通过市场竞争的自发调节机制，这种暂时的局部的不均衡也会很快地得到消除。所以，从整体来说，经济总是均衡的。在这种情况下，货币只是实现商品交换的媒介，货币数量的变化只会导致一般物价水平的变化，而不会对实际经济活动产生任何影响。换言之，货币对经济是中立的或中性的，它既不会造成经济的扩张，也不会导致经济的收缩。而在实际经济生活中出现的暂时的经济波动则是由货币因素之外的各种实物因素的变化所造成的。对这种错误的理论，马克思曾深刻地指出："在这里，经济学辩护士的方法有两个特征：第一，简单地抽去商品流通和直接的产品交换之间的区别，把二者等同起来。第二，企图把资本主义生产当事人之间的关系，归结为商品流通所产生的简单关系，从而否认资本主义生产过程的矛盾。"[5] 这就是萨伊定律的根本错误。

货币中性论的另一理论支柱是洛桑学派创始人瓦尔拉（L. Walras）的一般

---

① 这种认识使得货币理论在很长的时期中不为人们所重视。英国著名经济学家希克斯（J. R. Hicks）说："我所受的教育绝大部分在于经济学的非货币方面"（希克斯：《货币理论评论集》（*Critical Essays in Monetary Theory*），61 页，1967）。这一现象一直持续到 20 世纪 30 年代。

② 关于传统货币数量说及其错误，可参阅本书第二章第一节。

③ 刘絜敖：《国外货币金融学说》，240 页，北京，中国展望出版社，1989。

④ 萨伊：《政治经济学概论》，中文版，第一篇，第 15 章，北京，商务印书馆，1963。

⑤ 马克思：《资本论》，中文版，第 1 卷，133 页注（73），北京，人民出版社，1975。

均衡理论。① 虽然这一理论直到 1874 年方由瓦尔拉在《纯政治经济学要义》一书中提出，但它无疑给货币中性论提供了新的依据。根据一般均衡理论，经济本身是一个整体，任何一种商品的供给和需求不仅取决于该商品的价格，而且取决于其他所有商品的供求和价格。由于假定交换在完全竞争状态下进行，因此所有商品的供给和需求将在一个统一的价格体系中同时趋于均衡。如果某一商品出现超额供给，则其他商品必然出现超额需求，并且这种暂时的不均衡将通过自发的价格调整而迅速消除。货币的出现不过是在已有的商品系列中增添了一个特殊商品而已。这个特殊商品的"价格"——利息也就成了整个价格体系中的一员。货币均衡的实现及利率的决定过程，同任何其他商品的供求均衡及均衡价格的决定过程是一样的。这样，瓦尔拉就"使他的一般均衡体系在引进货币后也不致产生扰乱"②。显而易见，在这一被许多西方经济学家奉若神明的"完美"体系中，货币经济如同实物经济一样，"货币其实是多余的"③，它的存在既不有助于也不有碍于经济的全面均衡，货币对经济自然是中性的。遗憾的是，这种完全竞争状态下的全面均衡在资本主义现实经济中并不存在，它充其量也只能是一种理论上的假设。

（二）

与上述货币面纱观首先决裂的是瑞典经济学家魏克赛尔（K. Wicksell）。他认为，货币并非一层"面纱"，而是影响经济的重要因素。货币对经济的影响是通过使货币利率与自然利率相一致或相背离而实现的。货币利率是指现行的市场借贷利率，而所谓自然利率实际上是指投资的预期利率。魏克赛尔指出，当货币数量增加，货币利率低于自然利率时，企业家由于有利可图，就会扩大投资，增加产出。随着收入增加、支出增加和物价上涨，就出现了累积性的经济扩张过程。相反，当货币数量减少，货币利率高于自然利率时，则会出现生产萎缩、收入减少和物价下跌等累积性的经济紧缩过程。而只有当货币利率等于自然利率时，投资、生产、收入和物价等才不再变动，于是经济达到均衡状态。因此，魏克赛尔认为，政府有必要采取一定的货币政策，使货币利率与自然利

---

① 据我们所知，以前没有人提出过这样的观点。
② 胡寄窗：《一八七〇年以来的西方经济学说》，178 页，北京，经济科学出版社，1988。
③ 陈必大：《政治经济学对微观经济理论的挑战——斯拉法体系研究》，22 页，昆明，云南人民出版社，1988。

率相一致，从而消除货币对经济的不利影响。

魏克赛尔首创的货币经济理论对现代西方经济学产生了深刻的影响。今天，西方的货币理论都是经济的货币理论，而经济理论也都是货币的经济理论，两者已融为一体了。同时，我们还要指出，魏克赛尔关于货币影响经济的理论，主要是强调货币对经济的干扰作用，而对于货币对经济的积极作用则未展开充分的论述。他的这一局限也在后来者的道路上投下了阴影，如哈耶克（F. A. Hayek）在 20 世纪 30 年代初创立的中性货币理论和霍曲莱（R. G. Hawtrey）于同年代所倡导的纯货币的商业循环理论，就不能不说是受了魏克赛尔的这种影响。

哈耶克和霍曲莱都特别强调货币扰乱经济的作用，都说货币是引起经济周期的主要因素。哈耶克认为，在任何情况下，货币量的增加都将给经济带来危害；只有依靠储蓄来扩张生产，才能维持经济均衡。即使在经济增长的情况下，也宁愿让物价下降，而不可增加货币。因此，他反对弹性通货而主张金本位制度，借以稳定货币数量，保持货币对经济的中立性。20 世纪 70 年代中期，哈耶克又提出自由货币说，力主废除政府发行货币的垄断权，而代之以私营银行发行竞争性的货币（所谓"自由货币"），以控制货币数量，维持经济稳定。由此可见，哈耶克一味强调货币对经济的破坏作用，而完全无视货币的积极作用，简直是犯了"惧币症"。

霍曲莱比哈耶克更有过之而无不及。他提出了所谓"纯货币"的商业循环理论，鼓吹商业循环纯粹是一种货币现象，货币量的变动是引起经济繁荣与萧条之交替变化的惟一原因，从而"对经济周期提出了最充分、最坚决的纯货币解释"①。他指出，银行信用是现代社会主要的流通媒介；银行体系是创造和调节信用的机构。由于银行信用膨胀而引起的货币供给的增加会提高总需求，从而导致生产的扩张和物价的上升，于是经济达到繁荣状态；反之，当银行收缩信用时，随着总需求的减少、生产的缩减和物价的下跌，经济就会趋于萧条。霍曲莱于是提出，应由政府实施对银行信用的控制，以稳定货币流通，借以消除经济的循环和波动。

（三）

首先创立货币经济理论的是魏克赛尔，而真正使货币经济理论深入人心而

① 哈伯勒（G. Haberler）：《繁荣与萧条》，中文版，30 页，北京，商务印书馆，1963。

为西方经济学家所普遍接受的则是凯恩斯。凯恩斯比他的前辈和他同时代的经济学家们都更深刻地认识到货币对于经济的巨大作用。他的三本主要著作《货币改革论》（1923 年）、《货币论》（1930 年）和《就业利息和货币通论》（简称《通论》，1936 年）也都旨在阐明货币与经济的关系，论述如何通过调节货币以有利于经济。"货币是凯恩斯经济学说的中心概念。从他的整个著作看来，这个说法似乎是没有什么争执余地的"①。但是，在具体的理论方面，凯恩斯前后期著作的变化却很大。在《货币论》中，他主张调节货币、稳定物价，以保持经济均衡。而在《通论》中，他则强调增加货币、降低利率，以扩大就业，增加国民收入。"《货币论》仍然接近于价格理论而与产量理论离得较远，到 1936 年出版《通论》，才完成了由货币价格分析到货币收入分析的转变。纯粹的货币理论退居次要地位，代之而起的是从整个产量来考虑的货币理论"②。

在《货币论》中，凯恩斯沿袭魏克赛尔的累积过程学说，建立了两个物价水平基本方程式，并据以论述：欲保持经济均衡，须使物价稳定于生产费用，因此，必须消除利润；由于利润为投资与储蓄之差，所以又必须使储蓄等于投资；而投资与储蓄是否相等，则取决于市场利率与自然利率是否一致。凯恩斯认为，银行是利率的操纵者，银行可通过适当的信用调节措施，使市场利率与自然利率保持一致，从而使投资与储蓄相等，以达到消除利润、稳定物价、保持经济均衡的目的。

几乎就在《货币论》发表的同时，爆发了历史上最严重的资本主义经济大危机。面对当时岌岌可危的经济形势，凯恩斯认识到，问题已不在于如何稳定物价，而在于如何减少失业和使经济复苏。《通论》也就是为此目的而写的。凯恩斯认为，"古典"学派所谓充分就业的均衡只是一种特例，而通常情况下则是小于充分就业的均衡。造成这一现象的根本原因在于有效需求不足。有效需求系社会的消费需求和投资需求之和。由于人们的消费倾向通常小于 1，因此造成了社会收入与社会消费之间的差额。这个差额必须通过增加投资来弥补。而投资则取决于资本边际效率和利率。凯恩斯认为，随着投资的增加，人们预期的资本边际效率将逐渐递减。当它下降到与利率相等时，投资也就停止了。为使投资能继续增加，就必须降低利率。而利率决定于货币的供求关系。随着货币

---

① 狄拉德（D. Dillard）：《货币经济理论》，载肯尼斯·栗原（K. K. Kurihara）编：《凯恩斯学派经济学》，中文版，13 页，北京，商务印书馆，1964。

② 同本页注①。

量的增加，利率就会下降，从而刺激投资，并通过投资乘数作用而成倍地扩大就业和增加收入，经济也就走向繁荣。由此可见，在凯恩斯看来，失业和萧条的根源在于货币经济的不确定性和人们预期的悲观性，而克服危机的有效措施莫过于国家适当的货币政策和财政政策。鉴于货币的巨大作用，凯恩斯全面提出了管理通货的政策主张，并把货币分析渗透到其理论体系的各个环节中，创造了一种新的货币分析方法和货币经济理论体系。"通过凯恩斯的著作，货币理论从价格水平的理论转变为整个产出与就业的预期理论"①。当代西方宏观经济理论正是沿着凯恩斯开辟的这条道路发展起来的。

（四）

值得一提的是以米尔顿·弗里德曼（M. Friedman）为代表的货币学派（Monetarists）的理论，因为他们把货币的重要性提到了前所未有的高度。他们认为，"货币至关重要"，或者说"货币最重要"，物价、就业、产出等等的变化都导源于货币的变化，因此，只有正确合理的货币政策才能保持经济的稳定和发展。同时，他们还认为，货币量的变化会直接影响经济，而无需通过利率来传导，所以，重要的是控制货币供给量。这些观点都是同凯恩斯学派的观点针锋相对的。但是，弗里德曼所谓"货币至关重要"，只是就短期而言的。在他看来，在长期中，货币供给的变化只会引起物价水平的变动，而不会引起实际产出和收入的变动。可见，对于长期的经济变化，货币学派的观点又回到了货币中性论的老路上去了。

更有甚者，形成于 20 世纪 70 年代的理性预期学派（Rational Expectations）认为，货币不仅在长期中，而且在短期内也是中性的。在他们看来，人们都是有理性的，都会对未来经济的变化作出准确的预期，并且会根据政府的经济政策采取相应的预防性措施，因此，变动货币供给量的政策只能引起物价的波动和经济的不稳定，而不可能对就业和产出产生任何有益的影响，国家调节经济的措施无论在短期内还是在长期中，统统是无效的。理性预期理论的产生，表明西方经济学已出现了严重的危机。当现存的经济理论和政策不能令人满意地解决资本主义经济中出现的一系列问题时，人们最后不得不求助于资本主义经济制度本身，乞求由它自己来解决它的问题。

---

① 布赖恩·摩根（Brian Morgan）：《货币学派与凯恩斯学派——它们对货币理论的贡献》，中文版，5 页，北京，商务印书馆，1984。

（五）

上述各项理论所阐述的都是短期内货币对经济的影响，而没有回答货币同长期的经济发展有何联系。首先回答这一问题的是熊彼特（J. A. Schumpeter）。熊彼特把货币理论同经济发展理论结合起来，将货币、信用视做经济发展的重要因素。他的理论在西方货币经济理论的发展中上占有独特的地位。熊彼特的货币理论集中反映在他出版于 1912 年的《经济发展理论》一书中。他认为，"经济发展的本质就在于对现存的劳动和土地加以不同于从前的使用"和生产要素的"新组合"。由于"在经济的循环流转中不存在企业家重新组织生产所需要的闲置的（生产要素）存货"，因此，"要实现生产要素的不同的使用，就只有借助于人们相对购买力的变动"，亦即由银行向企业家提供贷款。① 熊彼特于是提出了"正常信用"（normal credit）和"非常信用"（abnormal credit）的概念。前者系以现实商品流通为基础的信用，即企业家生产并出售其产品后依据商业票据向银行请求的贷款；后者则为不具有现实商品流通基础的信用，如借款人以融通票据所获得的信用。熊彼特认为，正常信用只能保证生产的正常循环流转，惟有非常信用才是经济发展的一个不可缺少的因素，因为企业家要把生产资料从原有的用途中拨出，以进行新的组合，就必须在正常的生产范围以外获得所需要的资金。当企业家从银行获得非常信用并实行了生产资料的新组合后，由于生产效率的提高和成本的下降，因而使利润增加。利润增加又使收入增加、物价上升，于是经济向前发展。②

上述熊彼特的非常信用理论在经济学说史上第一次指出了货币因素对于长期的经济发展所具有的重要意义。由此可以认为，熊彼特的非常信用理论是当代西方货币增长理论（monetary growth theory）的先驱。

20 世纪 60 年代，在西方经济学界出现了所谓的货币增长理论。这一理论旨在研究货币与经济增长的内在联系及货币政策对经济增长的影响。货币增长理论有两个主要分支：一是以托宾（James Tobin）等人为代表的所谓新古典的货币增长理论，二是以斯泰因（J. L. Stein）等人为代表的所谓凯恩斯—魏克赛尔型的货币增长理论。③ 货币增长理论的出现标志着西方货币经济理论已发展到了一个新的

---

① 熊彼特：《经济发展理论》（The Theory of Economic Development），95～96 页，1934。
② 关于非常信用理论的不足和错误之处，请参阅本书第五章第二节，这里只指出一点，即这一理论过分夸大了银行非常信用的作用，似乎没有这种信用，资本主义经济就不可能发展了，这也未免失之偏颇。
③ 详见本书第七章。

阶段，这是因为：第一，货币增长理论把货币因素同经济增长直接联系起来了，第二，货币增长理论论述了货币在直接生产过程中的非中性，第三，货币增长理论肯定了国家货币政策在经济增长中的重要作用。

20 世纪 60 年代以前，西方经济增长理论都集中于阐述资本积累、人口增长和技术进步等实际变量同长期的经济发展和国民收入增长的关系，却很少注意到货币因素在经济增长中所起的作用。货币增长理论的出现，正好弥补了以往经济增长理论的这一缺陷。

我们还看到，20 世纪 60 年代以前的货币经济理论（包括凯恩斯的理论和熊彼特的理论）都只是论述了货币在生产领域以外的非中性，而货币增长理论则第一次试图论证货币在直接生产过程中的非中性。这是揭示货币经济的特征和货币与经济之关系的进一步尝试。货币增长理论的缺陷在于过分抽象而显得不够现实。它所依靠的是一系列未经证实的假设。例如，它大胆地把货币作为消费函数和生产函数中的一个自变量，并认为，人们对货币的"非实物收益"的消费能在一定程度上代替实物消费，从而减少实物消费，而货币作为一种生产要素也能在一定程度上代替劳动力和实物资本。这种不切实际的假设确实难以令人接受。最近一二十年来，货币增长理论没有多大发展，这一理论似乎不再有很强的生命力。这可能是因为，货币毕竟不直接参加生产过程，人们在实际生产中看到的只是劳动力、机器及原料等，而看不到货币的影子。

货币增长理论的一个值得称道的结论是，货币政策对长期的经济增长有着很大的影响。这同上述弗里德曼的理论和理性预期说形成了鲜明的对照，而为货币政策的实行再一次提供了理论依据。

早在 100 多年前马克思就已指出，货币是"发展一切生产力，即物质生产力和精神生产力的主动轮"[①]，货币"在社会生产力的实际发展中成为如此强大的工具"[②]。数百年来，人们对货币的本质和作用以及货币同经济的相互关系进行了不懈的探讨，并有了越来越深刻的认识。今天，人们已能够自觉地利用货币因素来促进经济的稳定和发展。从这一意义上说，货币经济理论的产生、发展和逐步完善代表着经济学发展的正确方向。同时，依据上引马克思的名言，在研究我国的货币金融问题时，西方货币经济理论也可以作为我们的参考。

但是，作为资产阶级的经济理论，货币经济理论又无法避免庸俗性。这一庸俗性就表现在它忽视了生产的决定作用，回避了生产关系的问题。事实上，

[①②] 马克思：《政治经济学批判（1857—1858 年）草稿》，见《马克思恩格斯全集》，中文版，第 46 卷，上册，173 页、175 页。

任何货币因素的变动只有通过劳动力、实物资本及技术水平等实际因素的变动才能影响经济；而这些实际因素的变动又最终取决于生产过程本身。因此，只有资本主义生产方式才是资本主义经济波动（包括货币的变动）和经济发展的最终决定因素；也只有把货币分析同生产分析结合起来，才能真正找出货币同经济的内在联系，才能建立比较正确的货币经济理论。这也正是我们今后努力的方向。

二、关于货币经济学的体系

货币经济学（monetary economics）作为经济学的一个独立的分支，是货币经济理论发展到一定阶段的必然产物。早在 20 世纪 50 年代，就有以"货币经济学"作为书名的英文著作出现。以后，英文、日文等文字的货币经济学方面的著作陆续出版。迄今为止，货币经济学著作已有数十种，且新著不断出现。在美、英、日等国，货币经济学已成为经济类大学生和研究生的主要学习课程之一。

然而，这些货币经济学著作的体系都不令人满意。它们有的体系很不完备，有的雷同于货币银行学著作，有的则雷同于一般的货币理论著作。总之，这些著作虽被命名为"货币经济学"或"货币经济论"，却未能体现这个分支学科的特征及其与经济学其他分支的区别。试举两例。一是英国的皮尔斯（D. G. Pierce）和泰索莫（P. J. Tysome）合著的《货币经济学》[①]。该书共分十三章：第一章，货币的功能、优越性和定义；第二章，货币的传导机制及货币影响经济的途径；第三章，货币需求；第四章，金融中介机构与货币供给；第五章，古典学派体系与货币中性；第六章，凯恩斯的体系；第七章，货币主义；第八章，对有关货币的作用及货币政策有效性的经验证据的考察；第九章，通货膨胀；第十章，国际收支与汇率；第十一章，货币政策：目前、指示器、规划及判断；第十二章，控制货币的方法；第十三章，二次大战以来美国的货币政策。第二本是日本的松沼勇所著的《货币金融经济论》（东京，1979）。该书的体系如下：第一章，货币的基础理论；第二章，货币制度；第三章，货币的价值；第四章，金融的基础理论；第五章，金融市场；第六章，金融机构；第七章，利率；第八章，金融政策；第九章，国际金融。

从上述两书的体系中，读者能看出什么叫货币经济学，能分辨出货币经济

---

① 皮尔斯和泰索莫：《货币经济学：理论、证据与政策》（*Monetary Economics：Theories，Evidence and Policy*），1985。

学同货币银行学的区别吗？显然不能。不仅读者难以从现有的货币经济学著作中看出这一区分，甚至有的货币经济学著作的作者都没有想到要作此区分，如温特劳布（Robert E. Weintraub）在其所著《货币经济学入门》一书中，曾开宗明义地宣称："本书是为大学货币经济学——或通常所称的货币银行学——课程设计的。"[①] 在这种思想指导下，自然写不出真正的货币经济学专著或教科书。

货币经济学与货币银行学究竟有何区别呢？我们认为，基本的区别在于：货币经济学主要研究货币与经济的关系及货币对经济的影响，而货币银行学主要研究货币金融领域内的理论和实际问题。当然，货币经济学为了研究货币在整个经济体系中的地位，也必须研究货币本身的理论和实际问题，但这后一项研究是为前一项研究服务的。同样，虽然货币银行学也会涉及到其他经济问题，但这些经济问题并不是货币银行学研究的主要对象。此外，货币经济学虽然也研究货币与经济的一些实际问题，但它比货币银行学具有更强的理论性，它的主要任务是从理论高度来阐明货币与经济的关系及货币对经济的影响。以这一观点来检验现存的数十本货币经济学著作，几乎没有一本是合乎要求的。因此有必要建立一种新的货币经济学的理论体系。本书就是在这方面的一种尝试。

本书除导论外，共分九章。第一章阐述西方经济学家关于货币定义的理论。之所以有此一章，是因为经济学家们对什么是货币的认识很不统一，他们提出了很多理论，如果不对这些理论予以全面系统的介绍和分析，就很难完成本书的任务，而且有此一章，全书的体系就显得更为完整。

接下来的三章是关于货币需求、货币供给及利率决定的理论。虽然这三章的基本内容不直接涉及货币同经济的关系，但它们却是一个完整的货币经济学体系所必需的。我们知道，所谓货币因素主要有三个，即货币本身、信用及利率。货币对经济的影响，主要就是通过这三个因素的变动来实现的。所以，在具体分析货币对经济的影响之前，必须搞清楚这些货币因素本身是如何决定的，这些货币因素又是互相联系着的。现代社会的货币一般都是信用货币，所以货币与信用就像一对分不开的连体儿，决定着这一对连体儿命运的货币供给与需求更像有亚当必有夏娃一样缺一不可。而利率，根据西方经济学的一般理论，则是由货币的供需关系所决定的。[②] 这些货币因素不仅互相联系，而且它们的决

---

① 温特劳布：《货币经济学入门：货币、银行与经济活动》（*Introduction to Monetary Economics：Money，Banking，and Economic Activity*），1970。

② 由于对经济有直接影响的是利率而不是利息，因而货币经济学研究利率而一般不研究利息，虽然两者是有密切联系的。

定过程相当复杂，致使有关的理论十分丰富而成为一般货币理论的主体。

以后的三章阐述西方经济学家关于货币对经济的具体影响的理论。这些影响包括货币对经济均衡和经济波动的影响，货币对就业、产出和收入的影响以及货币对经济增长的影响。

货币对经济的影响首先表现为使经济波动或经济均衡。经济波动与经济均衡实际上是同一事物的两个方面：经济均衡即经济波动的停止；而经济波动则是经济均衡的破坏。而且，经济波动是绝对的，经济均衡则是相对的；经济均衡只是一种过渡状态，只是经济波动的一种特例，经济总是从一种不均衡状态过渡到另一种不均衡状态。所以，研究货币对经济均衡的影响与研究货币对经济波动的影响实际上是同一回事。

在短期内，衡量一国经济状况的主要指标是就业、产出和收入，因此，所谓货币对实际经济的影响，主要是指对这三个变量的影响。我们还知道，收入决定于产出，产出决定于生产投入，而最重要的生产投入是劳动力的投入，因此，在现代资本主义条件下，就业、产出和收入这三个变量一般总是同时决定的，且朝着同一方向并以差不多相同的比例变动。所以，货币对就业的影响同时也就是对产出和收入的影响。

货币不仅对短期经济运行发挥着重大影响，而且对长期经济增长也产生着深远的影响。因此，分析货币在长期经济增长中的作用是货币经济学的主要内容之一。而且，就像长期的经济发展是短期的经济运行的必然结果一样，货币只要对短期的经济运行发生影响，也就必然会对长期的经济发展产生影响。所以，在研究了货币对短期经济均衡、经济波动和对就业、产出与收入的影响后，紧接着分析货币对长期经济增长的影响，是货币经济学逻辑体系的必然发展。

货币经济学的另一项重要内容是研究通货膨胀问题。这是因为，通货膨胀是现代货币经济的一大特征，几乎所有主要的国家在经济发展过程中都发生过通货膨胀，而且通货膨胀确实对经济产生着极大的影响。对于通货膨胀的原因、后果及政府应采取的对策，西方经济学家们众说纷纭，因此，本书自然只能择要而述之。

以上所述都是关于货币在一国范围内对经济的影响。事实上，就像世界各国的经济是互相影响着的一样，货币对经济的影响也不受国界的限制。无论货币对一国经济发生积极的还是消极的影响，这些影响都会通过实物方面（如就业、产出等）的变动和货币方面（如汇率、利率、物价①等）的变动，而从一国扩展到其他国家。于是就产生了货币与国际经济理论，以分析货币对国际经济的影响。这一内容是一本完整的货币经济学著作所不可缺少的。遗憾的是因资料和时间所限，本书的这一章只能暂付阙如，俟再版时补入。

既然货币对经济有着重大的影响，并且人们对这种影响已经有了相当深刻的认识，人们当然应该自觉地利用货币因素来促使经济稳定和发展，同时尽可能地限制和消除货币的消极作用。货币当局为了实现这些目标，就必须采取一定的措施，以调节和控制货币量及利率等货币因素，即实行一定的货币政策。可见，所谓货币政策，实际上就是货币经济学的基本原理在国家经济政策中的具体运用。由于经济学家们对货币政策的有关问题的看法很不一致，因而在这方面形成了众多的理论。这些理论构成了本书最后一章的内容。理论研究的目的是为社会实践服务，建立货币经济学也无非是为了使人们能更好地利用货币因素来为社会经济服务。因此，将货币政策作为货币经济学体系的最后一环就使这一体系比较完整了。

在上述体系下，可以有两种具体的写法：一是把货币经济的理论、货币政策的实践及货币制度结合起来写，二是以阐述各种货币经济理论为主，而较少涉及政策实践和制度因素。本书采用后一种写法，目的是为了节约篇幅，并能将各种货币经济理论阐述清楚，且介绍西方国家货币政策和货币制度的著作国内已出版了不少，而全面述评现代西方货币经济理论的著作不仅国内尚不多见，而且国外也较少。一般的货币制度和货币政策在各种货币银行学著作中已有广泛涉及，而货币经济学的主要任务是从理论高度阐明货币对经济的影响（包括影响过程），较强的理论性应该是货币经济学的一个特征。

三、本书的目的

本书是作者多年研究的结果。我们撰写本书，主要是为建立我国社会主义的货币经济学做准备，而不是建立和完善西方国家的货币经济学。所以，本书的完成只意味着我们第一阶段的工作暂告一段落。我们认为，研究外国的经济理论，完全是为了借鉴这些理论中对我国经济实践有用的成分，批判那些错误的东西。当然，建立我国自己的货币经济学比撰写本书会困难得多，恐非我们这些后生学子所能担当。但我们乐此而不倦，愿求教于前辈、同仁，争取对我

---

① 这里假设物价的变动完全是由货币因素的变动所引起的。

国经济理论和经济建设的发展有所贡献。

复习思考题

1. 什么叫"货币面纱观"？什么叫"两分法"？你认为"货币面纱观"是否正确？"两分法"是否合理？

2. 古典学派货币中性论的理论基础是什么？试简要评论之。

3. 你认为货币对经济的影响主要有哪几个重要的方面？

第一章 货币定义理论

在做任何一项科学研究前，总得先给研究对象下个明确的定义，或规定研究的范围。"然而，由于某些充分的理由，当经济学家们转向货币时，关于货币定义的争论却显得异常地激烈"①。这些争论围绕着两个相互关联的问题而展开，即货币定义和货币构成。所谓货币的定义，就是对货币的基本特征的精确表述，即说明"什么是货币"；所谓货币的构成，则是依据货币的定义而确定的货币所包括的内容，即说明"货币是什么"。货币的定义反映了人们对货币本质的认识，而货币的构成则是在这一认识的基础上，对货币范围的确定。前者是后者的前提和基础，后者则是前者的运用和表现。

关于货币定义的争论可谓源远流长。早在 19 世纪中叶英国的"通货论争"中就有两种关于货币定义的相互独立的观点：一种是"通货学派"（Currency School）的观点，一种是"银行学派"（Banking School）的观点。通货学派认为，只有金属货币及其代表——银行券才构成一国的货币，而银行券以外的其他各种信用形态都不能算作货币；银行学派则认为，不仅金属货币和银行券是货币，而且由于活期存款等信用形态同样发挥着交换媒介的作用，因而也应该属于货币。这是关于货币定义的第一次大论争。此后，这种论争就再也没有停止过。

在现代众多的货币定义理论中，可以概括出两种主要的货币本质观：一种观点认为货币是商品交换的媒介；另一种观点则认为货币是价值贮藏的手段。20 世纪 60 年代以前，交换媒介的货币本质观为绝大多数经济学家所接受。在交换媒介论者看来，只有那些作为商品交换媒介的替代物才是货币，因为交换媒介是货币最基本的功能，也是唯一为货币所具有的功能。根据这一定义，现代货币就应该包括通货、商业银行的活期存款等可开列支票的存款和旅行支票，即通常所谓的 M_1。M_1 是现代最狭义而又为人们所广泛接受的货币定义。20 世纪 70 年代后，西方国家出现的金融创新活动极大地丰富了货币的内容，扩大了

---

① 费希尔：《货币理论与货币需求》（*Douglas Fisher*, *Monetary Theory and the Demand for Money*），8 页，1980。

M_1 的范围。金融创新中出现的 ATS 账户（自动转账账户）和 NOW 账户（可转让提款通知书）等金融工具成了新的交换媒介，从而无可争议地被包括在 M_1 的范围内。1980 年以来，美国曾多次重新定义各种货币总量，使各种定义的货币的范围都扩大了许多，但 M_1 仍是最狭义、最基本的货币定义，它仍包括了各种形式的商品交换的媒介。

然而，货币并非只发挥交换媒介的作用，它还同时具有其他功能，如价值贮藏，即作为一般购买力的储存物。20 世纪 60 年代后，一些经济学家，如美国货币学派主要代表人物米尔顿·弗里德曼，开始倡导价值贮藏的货币本质观。在价值贮藏论者看来，货币最本质的特征和最基本的功能不是商品交换的媒介，而是价值贮藏的手段，即作为一般购买力的储存物。很显然，起着交换媒介作用的物品也能充当价值贮藏的手段，但充当价值贮藏手段的物品却不一定都能发挥交换媒介的作用，如商业银行的定期存款和储蓄存款是短期价值贮藏的良好手段，但它们并不能像活期存款那样，直接地用于支付。由此可知，根据价值贮藏的货币定义来确定的货币范围，一定比根据交换媒介的货币定义所确定的货币的范围广得多。例如，在理论研究与政策实践中，几乎与 M_1 同样广泛地被使用着的 M_2，就是在 M_1 的基础上再加上定期存款和储蓄存款等项目而形成的。此外，还有在 M_2 的基础上加上大额可转让定期存单等项目而形成的 M_3，以及 M_4、M_5、……但是，不管人们将货币的范围定得多广，其理论基础也都是价值贮藏的货币本质观。

为什么关于货币定义的问题会引起人们如此持久和广泛的争论呢？对此，我们可引用 19 世纪中期英国议会议员格莱斯顿（W. E. Gladstone）的一句名言来回答："受恋爱愚弄的人，甚至还没有因钻研货币本质而受愚弄的人多。"在所有研究货币问题的经济学家中，马克思最全面、最深刻、因而真正科学地阐明了货币的本质和职能。马克思将货币定义为"价值尺度和流通手段的统一"。他还说："在商品世界起一般等价物的作用就成了它（指货币——引者注）特有的社会职能，从而成了它的社会独占权。"[①] 根据马克思的货币定义理论，货币就是执行价值尺度、流通手段以及由此而发展的支付手段职能的金融资产。从马克思的这一定义和《资本论》的整个理论体系看，马克思是持有交换媒介的货币本质观的。由此我们不难发现，上述交换媒介的货币本质观比价值贮藏的货币本质观来得正确，尽管交换媒介说也不够全面和完整。因为，第一，充当

[①] 马克思：《资本论》，中文版，第 1 卷，85 页，北京，人民出版社，1975。

商品交换的媒介，毕竟是货币的本质属性和最基本的职能，也是货币区别于其他事物的鲜明标志，在信用货币条件下尤其如此。价值尺度的职能最终是服务于流通手段和支付手段的职能的。正是在充当商品交换媒介的过程中，货币才发挥着价值尺度的职能；正是为了充当商品交换的媒介，货币才需要价值尺度的职能。第二，虽然货币可作为价值贮藏的手段，但不能反过来说，价值贮藏的手段就是货币，因为除货币外，还有许多东西也能被人们作为价值贮藏的手段，可见，充当价值贮藏的手段并非货币的本质属性。第三，严格地说，所谓货币能作为价值贮藏的手段只是就个人而言，而不是就整个社会而言的，因为整个社会是难以通过保存货币（这里主要指现代社会的信用货币）来保存价值、保存财富的。而我们研究货币的本质，当然主要是研究货币的社会属性。鉴于上述原因，本书作者对价值贮藏的货币本质观持否定的态度。

关于货币定义的争论之所以会如此持久和激烈，还由于货币定义的问题同其他货币理论及货币政策的实行都密切相关。例如，通货学派根据其货币定义认为，国家经济政策的主要任务之一就是控制英格兰银行的银行券的发行；而银行学派则在否定通货学派的货币定义的基础上，指出通货学派的这一政策显然是无效的，因为既然除英格兰银行的银行券外还有其他资产也被用做交换媒介，那么仅仅控制这种银行券，当然难以达到控制货币供给的目的。现代经济学家对于同一货币现象得出的不同的研究结果，也往往源于他们所采用的不同的货币定义。这些，读者会在本书以后各章中有所发现。

虽然如何定义货币始终是经济学家们争论的热点，但是世界各国历来是以"货币性"或"流动性"来定义货币的。所谓货币性就是指一种资产能作为交换媒介的性质，而所谓"流动性主要是指投资者以低的交易成本将一种资产迅速转变成现金的能力"[1]，即转变为交换媒介的能力。根据流动性来定义货币，主要是因为具有不同流动性的资产对经济的影响是不同的。常见的 M_1、M_2 等货币定义就是根据这一标准来定义的。

现在，世界各国都同时采用 M_1、M_2、M_3 等多种指标来测算货币供应量，以尽可能全面地反映货币供应量的变化及其对经济的影响。流动性越强的资产，对经济的影响越直接、越迅速。一般说来，M_1 对经济的影响比 M_2 的影响更直接、更迅速，而 M_2 的影响又超过 M_3 的影响，因为 M_1 是现实的购买力，它的变化将直接引起市场供求和物价的变化，而 M_2 和 M_3 只有当它们转变成 M_1 后，才

---

[1] 库克：《国库券》，载威尔科克斯和米什金编：《关于货币、银行与金融市场的当前读物——1988~1989年版》，6~7页，1988。

会产生这种影响。所以货币当局总是非常注重对狭义货币供应量的调控。而之所以统计广义的货币供应量，确定广义货币供应量的指标，首先是因为广义货币是很容易被转换为狭义货币的，货币当局如果不同时控制广义货币供应量，就很难控制狭义货币供应量。所以，从 M_3 到 M_0，甚至更广义的货币定义的产生，归根结底，是货币政策实行的需要，这也是划分不同层次的货币供应量的根本原因。由于货币供应量层次划分的巨大实用价值，因此，尽管如前所述，迄今为止大多数经济学家仍持交换媒介的货币本质观，但极少有人反对从狭义货币量到广义货币量的层次划分。

在西方国家，曾经使用过 M_0，即现金的概念。但现在除英国外，西方国家一般已不统计 M_0，因为在西方国家，支票使用已相当普遍，已无必要区分 M_0 与 M_1 了。而我国仍广泛使用 M_0 的概念，这是因为现金收入至今仍是我国居民收入的主要形式，形成我国消费品需求的主要是 M_0，消费品的价格自然与 M_0 的数量及变化密切相关，控制 M_0 对于控制消费品价格、调节消费品的供求具有重要意义。又由于我国社会主义制度的性质，国家尤其重视对消费品价格的控制，M_0 的变化也反映了我国居民的收入和生活水平的变化，所以，M_0 不仅现在，而且在今后相当长的时期里，都将是我国货币供应量的一个重要概念和控制对象。

根据 M_1 是现实的流通手段和支付手段这一原则，我国目前公布的 M_1 包括 M_0 和单位活期存款及个人持有的信用卡存款。我国个人活期存款暂不包括在 M_1 范围内，因为我国个人活期存款基本上还不是支票账户，一般不能实行支付和转账，人们保持活期存款，也不是将其作为一种支付手段，而是作为一种能随时变现的金融资产。虽然我国部分地区已试行个人支票账户，但这种账户还很不普及，由于经济和社会方面的原因，推广这种账户的难度还很大。要在我国普遍实行个人支票账户，还需要一个相当长的时期。我国目前公布的 M_2 包括 M_1、居民储蓄和单位定期存款及其他种类的存款，M_3 则包括 M_2、金融债券和商业票据及大额可转让定期存单等。M_3 是我国目前最广的货币定义。我国目前定期公布 M_0、M_1 及 M_2 的供应量，而暂不测算 M_3。

需要指出的是，不管人们如何划分货币层次，不管货币的内容被定义得如何广泛、丰富和复杂，其理论依据也都是上述两种最基本的货币本质观——交换媒介的货币本质观和价值贮藏的货币本质观。可以说，流动性的货币定义的理论基础仍然是货币的价值贮藏观。显然，从传统的狭义的货币定义转变为广义的货币定义，不可能是在强调货币的交换媒介的功能，因为除狭义的货币外，其他流动性资产一般不能作为商品交换的媒介。这些流动性资产的出现，倒是为人们贮藏价值提供了良好的手段。第二次世界大战后，金融资产不断丰富，货币的内容因而也越来越广泛，从而导致了价值贮藏的货币本质观的兴起，并为一部分经济学家所接受。

下面我们就对当代西方影响较大的关于货币定义的理论作一述评。

第一节　佩塞克和萨文的货币定义

英国经济学家佩塞克（B. P. Pesek）和萨文（T. R. Saving）关于货币定义的理论的特点，在于根据所谓净财富（net wealth）的标准来划分货币与非货币资产。在他们看来，货币必须是这样一些支付手段，这些支付手段是其持有者的财富，却不是其他人的债务，所以货币是社会净财富的组成部分。他们认为，货币能促进商品交换和劳动分工，因而能提高劳动生产力。这就是货币所提供的服务。所以，货币是金融业所生产并出售的一种提供服务的产品。[1]

那么，如何辨别某一东西是货币（净财富），还是仅为负债呢？佩塞克和萨文遂以有无利息为标准。"在任何一个商业交易活动中，只要存在着借贷行为，贷款者总要向借款者索取利息；而如果只存在着生产和销售行为，就不会有这种利息支付。"[2] 也就是说，发行货币是不需要支付利息的；需要支付利息的是负债，而不是货币。根据这一标准，商品货币（如黄金）和不兑现纸币即为货币。至于银行存款，则需区分为活期存款和定期存款。在西方国家，银行一般不向活期存款户支付利息，所以活期存款一般应算做货币。而定期存款因附有利息，故为银行的负债，而不是社会的净财富，就像债券为债券发行者的负债一样。

佩塞克和萨文还讨论了银行向活期存款户支付利息的情形，因为尽管西方国家的银行一般不向活期存款户支付利息，但是非直接的或隐含的利息支付还是普遍存在着，如扣降一部分活期存款户向银行支付的办理支票业务的手续费。佩塞克和萨文认为，不管是直接的还是非直接的利息支付，都将使活期存款丧

---

[1]　佩塞克和萨文认为，货币所提供的服务并不取决于其"资源量"（resource content），即名义货币量，而取决于实际货币量，即货币的实际购买力。这一购买力是物价水平的倒数。这一观点的一个推论是，货币所提供的服务并不因货币量的增加而增加，也不因货币量的减少而减少。

[2]　佩塞克和萨文：《货币、财富和经济理论》（*Money, Wealth and Economic Theory*），173 页，纽约，1967。

失货币性，而使其成为共同产品（joint product），即部分为货币，部分为银行负债。至于货币和负债各占多大的部分，则取决于活期存款利率与市场利率的差距。这一差距越小，活期存款的货币性就越小，而其负债性就越大。一旦活期存款利率等于市场利率，"活期存款将不再充当货币"[1]，而"完全成了一种债券"[2]。

根据上述佩塞克和萨文的理论，货币必须同时是交换媒介和净财富，而是不是净财富则取决于是否支付利息。于是，货币主要应包括商品货币、不兑现纸币和银行活期存款。

如上所述，佩塞克和萨文认为，货币并不是其发行者的债务，而是金融业所生产并出售的一种产品。除了是否支付利息外，他们还以这一标准检验各种形态的货币。拿商品货币例如黄金来说吧，黄金系采矿业的产品。如果有人向黄金开采者购买黄金，黄金就成为购买者的资产，但并不构成出卖者即黄金开采者的负债，于是这部分黄金就成了社会净财富。

至于不兑现纸币，则是政府的产品。政府生产和销售这种产品，以换取商品、劳务或其他形式的货币。根据微观经济学的基本原理，任何商品的均衡产量为其单位生产成本等于单位价格时的产量。由于纸币的生产成本非常低，因此如果在完全竞争的条件下生产纸币，其产量就会非常高，而其单位价格则非常低，即物价水平非常高。为了避免出现这种现象，纸币只能由政府或其指定机构单独生产，从而使纸币的供给远低于其均衡产量。于是，"在纸币的交换价值与其生产成本之间形成了很大的差距（前者远远地高于后者——引者注）。这一差额遂成为政府的造币收入。显然，政府发行的不兑现纸币是社会净财富的一部分：它是其持有者的资产，而不是其生产者的负债"[3]。

再看银行活期存款。佩塞克和萨文认为，活期存款是银行业的产品，并被银行以换取现金和金融债权（如政府证券）或以放款的形式出售。能经营活期存款业务的商业银行是有限的，所以在市场均衡的条件下，活期存款的供应少于其需求。因此，活期存款的价格总是高于其生产成本。两者的差额就成了银行的净财富，也是社会的净财富。佩塞克和萨文还指出，由于银行保证活期存款的随时兑现，即所谓"瞬时购回条件"（instant repurchase clause），因而活期存款成了政府不兑现纸币的替代品，为人们所普遍接受。

总之，佩塞克和萨文认为，对货币不需要支付利息，因为货币是金融业的

---

① ② 佩塞克和萨文：《货币、财富和经济理论》，109 页、118 页，纽约，1967。

③ 皮尔斯和泰索莫：《货币经济学：理论、证据与政策》（*D. G. Pierce and P. J. Tysome, Monetary Economics: Theories, Evidence and Policy*），13 页，1985。

产品，是其持有者的财富，而不是任何人的负债，因而货币是社会的净财富。他俩的这一观点在西方经济学家中引起了广泛的争论，其中比较有代表性的是弗里德曼和施瓦兹在《美国的货币统计》一书中所提出的批评。

弗里德曼和施瓦兹指出，佩塞克和萨文理论的根本错误在于"他们混淆了货币的价格与货币的数量，或者说，混淆了边际效用与平均效用"①。因为在佩塞克和萨文看来，人们持有定期存款或其他金融资产是为了获取利息，而持有活期存款则是为了获取货币的效用。在活期存款不支付利息的情况下，人们为取得这一效用而放弃的利息收入，就成了活期存款货币的价格；而"当银行对活期存款支付市场利率时，此货币的价格就降为零"②。此时，人们不支付任何代价就可取得活期存款货币的效用。"难道还需要说明：在此情况下，只要活期存款继续充当货币，继续作为购买力的源泉，人们对它的需求就会变得无法满足？"③所以，"如果对私人货币——债务（指同时具有货币和债务性质的活期存款，下同——引者注）所支付的利率等于市场利率，那么，这一货币——债务作为交换媒介的价值必然下降为零"④。对此，弗里德曼和施瓦兹指出，如果这里所谓的"价值"是指活期存款的边际价值，或指活期存款作为货币的价格，即为持有活期存款而放弃的利息收入，那么，佩塞克和萨文的分析就是正确的。但是，"活期存款所提供的交换服务的价格为零并不意味着活期存款形式的货币的数量为零"⑤。当活期存款利率等于市场利率时，人们会不断增加活期存款的持有额，直到追加的活期存款无法提供追加的交换媒介的效用为止。同样，"交换服务的边际收益为零也不意味着其平均收益为零。"⑥在这边际以内的任何活期存款都能充当交换媒介。所以弗里德曼和施瓦兹认为，佩塞克和萨文犯了混淆货币价格与货币数量以及混淆边际效用与平均效用的错误。

我们认为，弗里德曼和施瓦兹的上述批评是正确的。我们要进一步指出的是：某一物品的价格为零并不等于其效用为零。就像水，在许多情况下并无价格，但其效用却是很大的。同样地，当活期存款利率等于市场利率时，人们也不用花任何代价就能得到活期存款所提供的作为交换媒介的效用，即其价格为零，但这并不等于活期存款不再发挥交换媒介的作用了。事实上，许多商业银行都在不同程序上对活期存款支付着利息（如免费为活期存款户提供支票转账

---

① 弗里德曼和施瓦兹：《美国的货币统计》（M. Frideman and A. J. Schwartz, *Monetary Statistics of the United States*），137 页，纽约，1970。

②③④ 佩塞克和萨文：《货币、财富和经济理论》，107 页、108 页、118 页。

⑤⑥ 同本页注①，114 页。

服务），但几乎所有的活期存款都发挥着同样的交换媒介的作用。

我们还想指出的是，佩塞克和萨文理论的错误的根源在于其货币标准的二元论，即同时以交换媒介和净财富两个标准来衡量货币，因而不能不得出交换媒介即为净财富的结论。但他们却无法从理论上说明为什么交换媒介必须是净财富。实际上，他们只要坚持交换媒介的标准，就能得出商品货币、不兑现货币和活期存款为货币的结论，何必还要强调这么一个"净财富"的标准呢？

进一步说，他们以是否支付利息来衡量净财富也是错误的。他们所谓净财富的意义在于为社会提供服务。为什么附有利息的财富不能同不附有利息的财富一样为社会提供服务呢？既然如此，这里所谓的净财富又有什么意义呢？

当然，佩塞克和萨文的理论也有可称道之处。例如，他们正确地指出了货币所提供的服务取决于货币的实际购买力；货币数量的任意增加并不能增加货币的服务量。但我们认为，对此还必须有一个前提条件，即现有的货币量已能满足社会生产和流通的需要。我们还可以从佩塞克和萨文的这一观点引申出这样一个论断，即通货膨胀并不能促进经济的发展。这一论断在许多情况下都是正确的。

第二节　纽伦和布特尔的货币定义

英国经济学家纽伦（W. T. Newlyn）和布特尔（R. P. Bootle）关于货币定义的论述主要见诸于他俩合著的《货币理论》一书。在该书第一章"什么是货币"的一开始，他们就开宗明义地指出："货币的最基本的功能就是作为支付手段而为人们所普遍接受。"[①] 他们接着又指出："任何起着一般的交换媒介作用的东西都是货币。"[②] 根据这一定义，货币应包括通货和起着交换媒介作用的银行存款。"一个要付款给别人的银行顾客，开出支票通知银行，将他对银行的债权（他的存款）的一部分转移给受款人。由于在债务的清算中，这种银行存款的转移被人们普遍地接受，因而根据我们关于货币功能的定义，我们必须将银行存款包括在货币之内。"[③] 而"除银行外的所有其他的金融机构所创造的金融资产，虽然它们同作为资产的货币几乎难以区别，但它们却必须转换成现金，才能实行支付"[④]。所以，非银行金融机构的存款不能算做货币。

然而，在他们看来，如此定义货币还嫌不足，于是他们又提出了如下两条

---

①② 纽伦和布特尔：《货币理论》（*Theory of Money*），1 页、2 页，1978。

③④ 同本页注①，3 页、16 页。

标准，以区别支付手段与其他资产：第一，支付手段在实行支付的过程中，不能对经济产生进一步的影响（repercussion），尤其是"不能对借贷市场有任何影响"①。他们把这一条件称为"中性"（neutrality）条件。我们接着会看到，这一"中性"条件正是纽伦和布特尔的货币定义的特征所在。第二，在支付过程中，作为支付手段的资产不能改变其总量。

他们认为，通货是满足以上两个条件的最明显的例子。"通货由于通常被作为交换媒介而在实物形态上转手以完成一项支付，这并不会在经济中引起什么反响。"② 因为以通货完成支付并不需要通过借贷市场，其影响仅限于收款人与付款人之间债权债务关系的变动上，且通货只是发生了所有权的转移，其总量并未改变。"而债券通常不能作为交换媒介，所以其持有者只能通过债券市场将其出卖，以此筹得资金来完成一项支付。"③ 显然，这样的支付行为影响了借贷市场。因此，通货是支付手段，而债券则不是。

他们还认为，"如果借助于某项资产来完成一项支付而产生的影响同实物形态上通货的转移所产生的影响相同，那么我们就可视该项资产为支付手段。"④ 据此，他们认为，银行存款（包括活期存款与定期存款）应算做货币，因为利用银行存款进行支付只能改变付款人与受款人各自的存款余额，而不会改变银行存款总额，从而也不影响借贷市场。当然，对此须有一个前提条件，即各家银行及各种不同的银行都有着相同的存款准备率。若准备率不同，当存款从准备率较高的银行转至准备率较低的银行时，这会通过货币乘数的作用，使银行存款总额增加。但由于"在发达的银行体系中有着相同的存款准备率的惯例"⑤，因而存款在各银行间的流动并不会改变存款总额。纽伦和布特尔研究的对象是英国，所以他们特别指出："在英国，应将定期存款与活期存款作为同一类型，因为银行对它们的流动性并未有所区别"⑥，两者的准备率一般也相同。

他们指出，除了通货与银行存款外，"其他资产均不能满足"上述作为支付工具的两大条件。⑦ 他们遂以房屋互助协会（building society）的存款为例，分析了非银行金融机构的存款。假设房屋互助协会将其存款余额都存入银行，那么，当协会的存款户开列协会的支票进行支付时，协会就不得不从银行取出其

---

① 纽伦和布特尔：《货币理论》（Theory of Money），32 页，1978。
②③ 同本页注①，29 页。
④ 同本页注①，29~30 页。
⑤⑥ 同本页注①，30 页、31 页。
⑦ 纽伦：《货币供给及其控制》（*The Supply of Money and Its Control*），载《经济杂志》（*Economic Journal*），339 页，1964。

存款来付给这个存款户，或直接付给存款户的债权人。再设此债权人将这笔款项又存入银行，结果，此债权人的银行存款增加了，而房屋互助协会的银行存款则减少了；由于增加额与减少额相等，所以银行存款的总额不变。但是，房屋互助协会的存款却减少了，从而使银行和非银行金融机构的存款总额减少了。可见，房屋互助协会的存款不符合上述作为支付工具的第二项条件。而且，协会在银行的存款既已减少，就须予以补充。为此，协会就不得不减少其贷款额，或向市场发行债券。于是，借贷市场的资金供给减少了，或资金需求增加了。因此，房屋互助协会的存款也不符合上述作为支付工具的第一项条件。纽伦和布特尔进一步推论到，同房屋互助协会的存款一样，所有其他非银行金融机构的存款也都不符合上述两大条件，因此也都不能算做货币。

　　显然，纽伦和布特尔的上述理论并不能自圆其说。如果上述债权人并不将房屋互助协会或其存款户支付给他的款项存入银行，而是将它们再次存入房屋互助协会，那么，由于协会还会把这笔款项存入银行，因而无论是房屋互助协会的存款额，还是银行存款额，都未改变，借贷市场也不会受到影响。根据上述两大条件，岂不是房屋互助协会的存款也应算做支付手段了吗？再说通货。如果债券人以手持的通货付款给债权人，而债权人则将此通货存入银行，那么，不仅通货数量发生了变化，且因银行存款的增加而增加了借贷资金的供给，从而影响了借贷市场的供求状况。此时，通货已不符合上述两大条件，能因此而说通货不是支付手段吗？正像弗里德曼所指出的：纽伦和布特尔的理论是建立在如下不现实的假设基础上的，即收款人将以同样的形式和同等的数量持有付款人支付给他的支付工具。"若以通货实行支付，则通货的接受者也将持有通货；若以银行存款实行支付，则其接受者也将持有银行存款。"[1]

　　若进一步分析我们还会发现，纽伦和布特尔理论的错误的根源在于，他们关于货币功能的理论与衡量支付手段的两大标准缺乏逻辑上的一致性。他们未能说明，为什么只有符合这两大标准的资产才是支付手段。既然货币的支付手段的功能就是"起一般的交换媒介的作用"[2]，为什么还要以所谓"中性"条件来检验支付手段呢？通观纽伦与布特尔关于货币定义的理论，我们看不出，支付手段的"中性"标准究竟有什么特殊意义。

　　当然，纽伦与布特尔的理论也有正确的一面。他们不仅强调了货币的交换媒介的功能，而且还深刻地指出，"在很大的程度上，因为货币被作为交换媒

---

[1]　弗里德曼和施瓦兹：《美国的货币统计》，120 页。

[2]　纽伦和布特尔：《货币理论》（Theory of Money），2 页，1978。

介，所以它才必然地起价值贮藏的作用"①。也就是说，货币的本质是交换的媒介，而货币的价值贮藏功能只是货币本质的必然派生物。由于货币是普遍接受的支付工具，因而人们才把它当做价值贮藏的手段。他们还正确地指出："为了分析的目的，人们必然分别地对待货币的这两种功能（即交换功能和资产功能——引者注），可是人们接着就会指出，这两种功能并不是相互独立的。在货币理论中，货币的资产功能是很重要的，但这一功能的发挥对于定义货币不一定是必需的。"②既然交换媒介已不可避免地成为价值贮藏的手段，还有什么必要在货币的定义中强调货币的资产功能呢？

第三节　弗里德曼与施瓦兹的货币定义

弗里德曼与施瓦兹在其代表作《美国货币史》及其姐妹篇《美国的货币统计》和其他一系列著作和论文中，对货币定义作了详细的论述。尤其是在《美国的货币统计》一书中，关于货币定义问题的讨论竟占了 110 页以上的篇幅。

弗里德曼与施瓦兹有一段"名言"，它反映了他们探讨货币定义问题的指导思想和基本方法："我们探讨货币的定义，并不以原则为根据，而是以对组织我们的有关各种经济关系的知识是否有用为依据。'货币'就是我们通过规定的程序把它们选出来并指定为货币的这样一些东西；它并不是像美洲大陆那样有待我们去发现的现存的某一东西；它是一个有待于我们去发明的还不确定的科学的构成物（scientific construct），就像物理学中的'长度'或'温度'或'力'一样。"③这段话有两层含义：第一，确定货币定义的目的是为了"有用"；第二，货币是货币理论研究者的"发明"。第一层含义比较复杂，让我们留待后面讨论，现在先分析第二层含义。

如果说最初的货币是人类的发明，那还有几分说得过去；但弗里德曼与施瓦兹却把货币说成是现在的货币理论研究者的"发明"，是研究者为了研究的目的而"指定"的一些东西，这就无法使人接受了。我们知道，货币是在商品交换过程中逐渐地和自发地产生的，现代货币只不过是早期货币的延续和发展，它绝不可能由现代经济学家去"发明"。要说发明，人们只能发明货币的名称，也就是将起着货币作用的东西称之为"货币"。就像自然界中本来就存在着长

---

① ②　纽伦和布特尔：《货币理论》（Theory of Money），2 页，1978。

③　弗里德曼和施瓦兹：《美国的货币统计》，137 页。

度、温度和力，只不过人们在物理学中和日常生活中把这些现象称之为"长度"、"温度"和"力"罢了。要像"发明"长度、温度和力一样去"发明"货币，简直如天方夜谭，滑稽可笑，因为人们发明的只是这些事物的名称，而不是这些事物本身。

弗里德曼与施瓦兹"发明"货币的目的是为了"有用"，这就是他们那段名言的第一层含义。他们说："我们的目的是阐明一种实证的货币定义，……这一货币定义将使我们非常容易和精确地预测货币需求或供给的情况的变化对一些重要的经济变量的影响。"① 他们还指出："要紧的是确定一个货币总量，其实际价值……同少数几个变量之间（在被考察的不同时期或不同地区）维持着一种相对稳定的关系……"② 就是说，合适的货币定义必须使货币同国民收入、就业和物价等主要的经济变量之间保持着一种稳定的函数关系，从而使人们能准确地预测货币的变化对这些变量的影响。这样，政府就可以通过调节货币来调节经济了。

我们认为，弗里德曼与施瓦兹探讨货币定义的方法是一种实用主义的手法，对理论研究是有害的。而且，他们的这些论述是建立在"货币对经济的极端重要性"的观点的基础上的。这又是一种先有结论后有分析的头尾倒置的方法。他先断定货币对经济最重要，然后才去定义什么是货币。但是，既然连什么是货币都未搞清楚，又怎么能得出货币最重要的结论呢？照此推理，在货币产生的初期，当货币对经济还不十分重要时，人们就无法知道什么是货币了。

弗里德曼与施瓦兹的错误在于混淆了货币的本质和这一本质的外部表现。对某一事物下定义必须根据该事物的本质，而不能根据其本质的外部表现。货币对经济的影响不管有多大，这一影响都只能是货币本质的外部表现，而不是货币的本质。马克思曾经说过："一种商品变成货币，首先是作为价值尺度和流通手段的统一，换句话说，价值尺度和流通手段的统一是货币。"③ 这就是货币的本质，这就是确定什么是货币的标准。所以说，弗里德曼与施瓦兹根据货币同经济的关系来定义货币，从一开始就已走上了一条歧路。

为了确定货币的具体构成，弗里德曼与施瓦兹考察了从南北战争到 20 世纪 60 年代中期这 100 年间的美国货币史，并用横截面分析法研究了在这中间的 6 年（1929，1935，1940，1950，1955 和 1960）中与人均收入有关的各种财富变

① 弗里德曼和施瓦兹：《货币的定义：净财富与中性的标准》（*The Definition of Money*：*Net Wealth and Neutrality as Criteria*），载《货币、信用与银行杂志》，1969（2），16 页。

② 弗里德曼和施瓦兹：《美国的货币统计》，139～140 页。

③ 马克思：《政治经济学批判》，104 页，北京，人民出版社，1976。

量。他们的结论是，货币应该包括公众所持有的通货和商业银行的全部存款，包括活期存款、定期存款和储蓄存款，因为这一范围较广的货币同经济的关系最密切、最稳定。①

弗里德曼与施瓦兹除了在实证研究的基础上确定了货币的范畴外，还根据货币的功能，在理论上将货币定义为："能使购买行为从售卖行为中分离出来的购买力的暂栖所（a temporary abode of purchasing power）"②。弗里德曼还指出："根据近来人们对货币特性的强调，货币更基本的特性不是交换的媒介，货币是使人们的购买行为与售卖行为相分离的这样一种东西。从这一观点出发，货币的作用就是充当购买力的暂栖所。由于人们视货币为一种资产或财富的一部分，才促成了这一看法。"③可见，在货币本质观上，弗里德曼与施瓦兹反对货币的交换媒介说，而坚持货币的价值贮藏说。但是，弗里德曼与施瓦兹的这一价值贮藏的货币概念又与众不同而显得含糊不清。何谓"购买力的暂栖所"？是指支付手段吗？若是，又何以能包括并不能作为支付手段的商业银行的定期存款和储蓄存款？若不是，岂不是所有的各种形式的财富都成了货币！因为"很显然，除了通货和商业银行的存款外，购买力也能在别处找到暂栖所，如在其他储蓄机构中找到"④。

我们已经指出，弗里德曼与施瓦兹的货币定义是二重的，即在实证研究的基础上得出的货币定义和根据货币的功能从理论上得出的货币定义。但在确定货币的范围和构成时，他们却无法将这两种定义统一起来。这就是弗里德曼与施瓦兹关于货币定义的理论的内在矛盾。

有必要再次指出的是，弗里德曼与施瓦兹关于货币定义的理论的最大特点在于其实用性。托宾曾风趣地说："有时弗里德曼和他的追随者们似乎会说：

----

① 请参阅本书第二章第六节"货币需求的经验研究"。弗里德曼对货币需求的经验研究表明，货币需求对利率的弹性很小。而根据凯恩斯主义的理论，货币需求的利率弹性是很大的。这是货币主义与凯恩斯主义的主要分歧点之一。为什么弗里德曼能得出货币需求的利率弹性很小的结论呢？这恐怕与他所选择的货币定义有关。当利率上升时，人们很可能将利率很低，甚至不支付利息的活期存款转换成利率较高的定期存款。若货币不包括定期存款，此时，人们对货币的需求就减少了；而如果定期存款也算做货币，则由于定期存款随着活期存款的减少而增加，因而货币需求的总额不变。弗里德曼的货币定义对他的整个货币理论的重要性，由此可见一斑。

② 弗里德曼和施瓦兹：《1867～1960年的美国货币史》（A Monetary History of the United States. 1867～1960），650页，纽约，1963。

③ 弗里德曼：《最适货币量及其他论文集》（The Optimum Quantity of Money and Other Essays），74页，芝加哥，1969。

④ 托宾：《历史的货币诠释》（James Tobin, The Monetary Interpretation of History），载《美国经济评论》，1965（6），重载于托宾：《经济学论文集》（Essay in Economics），472页，1971。

'我们并不知道什么是货币,但不管它是什么,它的存量应该稳定地以每年3% ~4%的速度增长。'"① 实际上,弗里德曼不仅是"似乎",而是确确实实地说了:"我认为:应该指令联邦储备体系,尽可能地使上述定义(即通货加商业银行全部存款——引者注)的货币数量的总额逐月甚至逐日地按照年率为3% ~5%之间的比例增长。只要始终遵循一个定义和一个增长率,选择哪一个定义或哪一个数值的增长率不过是次要的问题。"② 这种超实用主义的理论和方法在西方经济学说中是不多见的。对此,我们虽觉新鲜,却不敢苟同。

第四节   拉德克利夫报告中的货币定义

1957 年 5 月,在英国财政部的领导下成立了以拉德克利夫(Radcliffe)勋爵为首的"货币体系运行研究委员会"(The Committe on the Working of the Monetary System),以"调查(英国)货币和信用体系的运行情况,并对此提出建议"。经过两年的广泛调查和深入研究,该委员会于 1959 年提呈了一份报告,即著名的"拉德克利夫报告"。这一报告和四大卷浩繁的证明材料竟多达 350 万字。报告内容广泛,涉及到货币理论和政策的许多方面,并对西方货币理论的发展和货币政策的制定产生了持久的影响。因此,"这份报告不仅过去是,而且现在也是很重要的。"③ 报告还提出了一个比较新颖并引起广泛争论的货币定义。

根据拉德克利夫报告(以下简称报告),"战后期间,货币供给在很大程度上未受到控制,无论是银行的现金比率(bank's cash ratio)还是它们的流动性比率(liquidity ratio)都没有对货币的增长发挥有效的限制作用。"④ 传统的货币理论认为,中央银行只要规定商业银行的现金准备率(即商业银行的库存现金及其在中央银行的存款与商业银行所吸收的全部存款的比率),便能决定商业银行的信贷规模,即决定商业银行创造货币的能力。报告指出,中央银行的这一措施实际上收效甚微。因为当商业银行的现金准备率低于法定的要求时,它总可以通过收回短期拆放、减少国库券持有额、向中央银行借款等方式重新获得现金,而不影响其信贷规模。商业银行的流动性比率则是指商业银行的现金、国

---

① 托宾:《历史的货币诠释》,载《经济学论文集》,472 页。

② 弗里德曼:《资本主义与自由》,中文版,54 页,北京,商务印书馆,1986。

③ 奇克:《货币政策的理论》(Victoria Chick, The Theory of Monetary Policy),58 页,1977。

④ 格利:《拉德克利夫报告及其证明材料》(John G. Gurley, The Radcliffe Report and Evidence),载《美国经济评论》,1960(9),673 页。

库券、通知放款和商业票据等比较富有流动性和具有兑现能力的资产与其存款总额之比。虽然商业银行的流动性比率是决定其信用扩张规模的主要因素，但银行能通过出卖债券以购买国库券或商业票据等方式而比较容易地获得流动性资产，也就是从其他经济部门来获得流动性，所以，中央银行也难以通过控制商业银行的流动性比率来控制货币供给。

报告作者们不仅认为货币供给实际上是不受控制的，而且认为"货币供给（对经济）是不重要的"①。因为首先利率水平并不决定于货币供给，其次社会总支出与货币供给并无任何直接的联系。也就是说，传统的货币的概念并没有很大的意义。那么，重要的是什么呢？报告自始至终的一个观点是，经济中的"流动性"（liquidity）或"总的流动性状况"（the whole liquidity position）最重要。因此，准确地说，拉德克利夫报告中的货币定义实际上就是所谓的流动性。

何谓流动性？对此，报告并没有下过明确的定义，而且报告在各处对流动性的含糊的解释也是很不统一的。在这些含糊不清的解释中，有一段话比较引人注意："正是总的流动性状况同人们的支出决定有关"，而支出又"同人们认为他们能掌握的货币量联系在一起"。具体地说，这一货币量取决于人们的资产的数量和组成、他们的借款能力、他们预期的未来收入以及"金融机构和其他企业向人们提供资金的方法和数量。"② 如果用这段话来解释流动性，那么所谓流动性就是人们预期在未来的一段时间内可能得到的货币量。在这些货币中，一部分是劳动（或以前劳动）的报酬，另一部分则是借债的结果，所以借贷市场的状况是决定流动性的重要因素之一。格利对报告中的流动性这一概念也有过类似的解释："报告的主要观点似乎在于，公众的流动性不仅仅由货币供给而且还由公众所能掌握的货币量所构成。"③ 而报告的主要作者之一塞耶斯（R. S. Sayers）在其著名的《英国货币思想和货币政策》一文中又是这样解释流动性的："我们必须以流动性资产这一范围广泛的概念来代替传统的'货币供给'的概念，以作为影响商品和劳务的总的有效需求的货币的量。"而流动性资产"不仅包括银行的存款负债，而且包括范围广泛的其他金融中介机构的短期负债"，即应该"包括信贷"。④ 在对流动性的各种解释中，塞耶斯的这一解释

① 格利：《拉德克利夫报告及其证明材料》（John G. Gurley, The Radcliffe Report and Evidence），载《美国经济评论》，1960（9），673 页。

② 《拉德克利夫报告》，389 段，1959。

③ 格利：《拉德克利夫报告及其证明材料》，载《美国经济评论》，1960（9），685～686 页。

④ 塞耶斯：《英国货币思想和货币政策》（Monetary Thought and Monetary Policy in England），载《经济杂志》，1960（12），712～713 页。

显得比较明确。根据这一解释，如果用流动性来定义货币的话，那么所谓流动性的货币定义就是范围极其广泛的货币定义，它不仅包括传统意义上的货币供给，而且包括银行和非银行金融机构所创造的所有的短期流动资产。

实际上，上述流动性的概念并非报告的创新，它早在 20 世纪 50 年代中期就已见诸于格利和肖（E. S. Shaw）关于金融中介机构的一系列论著中。格利和肖强调货币的流动性特征。他们认为，非银行金融中介机构的负债同通货和商业银行存款一样，都是有着高度流动性的资产。这些资产之间有着很强的替代性，并且很容易互相转化。既然商业银行的存款被算做货币，那么为什么其他金融机构的存款与负债就不应该包括在货币的范围内呢？货币当局如果只控制通货和银行存款，而不同时控制其他流动性资产，那他们控制货币供应的政策必然收效甚微。

格利和肖的上述思想在报告中得到了充分的体现。在报告作者看来，流动性的最重要来源是大量的非银行金融中介机构，因而报告以很大的篇幅论述这些非银行金融机构。这些机构包括贴现公司、保险公司、退休金基金会、邮政储金局、建房贷款公司、投资信托公司，等等。报告指出，1958 年底，英国的非银行金融机构的资产总额比英格兰银行、伦敦清算银行和苏格兰及北爱尔兰银行的资产总额还多 60%。这些金融中介机构的扩展大大地增加了整个社会的可贷资金的供应，即增加了社会的流动性。

如上所述，报告的一个中心论点是，在存在大量非银行金融中介机构的情况下，对经济真正有影响的不是狭义的货币供给，而是包括这一货币供给在内的整个社会的流动性，因此，货币当局所应该控制的也不仅仅是这一货币供给，而且是整个流动性。这就是报告之所以十分强调流动性，并且以流动性的概念来代替货币供给的原因所在。

但是，报告的流动性的概念却遭到了许多经济学家的责难。阿梯斯（M. J. Artis）指出，报告最大的缺点在于，没有对流动性及其有关的概念予以精确的定义。他不无讽刺地说："毫无疑问，该委员会所试图建立的新的理论既新颖又模糊，以致连这一新理论的中心概念——'总的流动性状况'——都没有定义清楚，以致连由这一概念可望获得的新见解都没有详细地阐述清楚。"[1] 哈罗德（R. Harrod）则认为，报告中的所谓流动性是建立在凯恩斯所使用的"可

---

[1] 阿梯斯：《流动性及其对数量说的抨击》（*Liquidity and the Attack on Quantity Theory*），载约翰逊编：《英国货币经济学读物》（*H. G. Johnson edit，Readings in British Monetary Economics*），344 页，伦敦，牛津大学出版社，1972。

得流动性量"（amount of liquidity available）这一术语的基础上的，实际上同货币供给的概念并无很大的区别，因而控制流动性也不比控制货币供给更重要。[①]

不过，平心而论，报告以流动性代替传统的货币供给的概念，强调流动性对经济的重要性，主张以控制流动性（实际上也就是控制信用）作为货币政策的主要手段，正是 20 世纪 50 年代后西方国家出现的金融机构、金融工具和信用渠道多样化的趋势在货币理论研究中的反映。报告作者们与格利和肖一样，在这一趋势刚露端倪之时，便敏锐地察觉出它在理论上和政策上的意义，确实也是难能可贵的。从货币定义的角度看，所谓流动性实际上也就是相当广义的货币定义。如果能对流动性作这样的理解，那就不会对它有太多的指摘了。

值得指出的是，从货币本质观上看，流动性的货币定义的基础仍然是货币的价值贮藏说。显然，从传统的狭义的货币定义转变为相当广义的货币定义，不可能是在强调货币的交换媒介的功能，因为除狭义的货币外，其他流动性资产一般不能作为交换的媒介。这些流动性资产的出现，倒是为人们贮藏价值提供了良好的手段。如前文所述，作为一种货币本质观，笔者是不同意价值贮藏说的。

第五节　金融创新对货币定义的影响[②]

前几节阐述的货币定义理论，大部分在 20 世纪 70 年代以前就已经形成。70 年代以来席卷全球的金融创新（Financial innovation）活动，对货币定义产生了很大影响。因此，有必要研究金融创新对货币定义的影响。

所谓金融创新是指金融业突破传统经营的范围和方式，而采用新的金融技术、开办新的金融业务、创造新的金融工具、创立新的金融机构、开拓新的金融市场，进而形成新的金融运行机制。金融创新活动由来已久，而 20 世纪 70 年代以来则是西方国家金融创新最活跃的时期。引起金融创新的原因很多、很复杂，有经济方面的原因，也有科学技术方面的原因，其中主要原因之一就是各

---

　　① 哈罗德：《货币供给重要吗？》（*Is the Money Supply Important*），载《威斯敏斯特银行评论》，1959（11），3~7 页。

　　② 本节内容曾发表于盛松成著：《现代货币供给理论与实践》，第四章，北京，中国金融出版社，1993。

种金融机构为了获得在市场中平等竞争的地位和获得高额利润而试图逃避货币当局的金融管制。①

货币当局的各种金融管制，如对存款利率的管制、对银行准备金的管制等，归根到底是对货币流通的控制，而货币控制只能是对某种定义的货币的控制。金融创新行为必然削弱货币当局对货币的控制，这也是金融创新为什么会影响货币定义的根本原因。"在过去的 20 年间，人们在所有的西方工业化国家中，都能看到金融创新的现象……而最高程度的创新则发生在美国，这本质上是因为所有引致创新的因素在美国都已经存在了"。② 所以，本节分析金融创新对货币定义的影响也以美国为例。

对货币定义有着直接影响的是最近二三十年中涌现的一系列新的金融工具和金融机构。这些金融工具和金融机构主要是：自动转账账户（ATS 账户）、可转让提款通知书（NOW 账户）、大额定期存单（CDs）、回购协议（RPs）、货币市场互助基金（MMMFs）、货币市场存款账户（MMDAs）和超级可转让提款通知书（S-NOWs），以及信贷协会股金提款账户（SDA）等。在这些创新工具产生之前，在西方国家银行存款中，支票的使用和利息的支付一般是互不相容的。而这些创新工具兼收了活期存款和定期存款的优点，它们既能使用支票，又有利息收益。"这样，在所有这些创新之后，事实上我们几乎又回到了 20 世纪 20 年代的出发点——对支票存款账户支付利息以及所有金融机构之间几乎毫无制约的竞争时代"。③ 这一转变非同寻常，它对资本主义国家金融和经济的巨大影响正日益显示出来。

这些金融创新工具对货币定义的影响，主要体现在它极大地改变了作为交换媒介的资产和具有高度流动性的资产的构成。20 世纪 70 年代以前，具有交换媒介功能的主要是通货和商业银行的活期存款，因此 M_1 由这两种资产组成。但是金融创新中出现的 ATS 账户和 NOW 账户等实际上也具有交换媒介的功能，这就使原先的 M_1 等货币定义失去了实际意义。为了使货币量能成为货币政策的正确的指示器，也为了使各种货币定义能符合它们的实际含义，美联储于 1980 年

---

① 经济学家们给金融创新所下的定义不尽相同。作者觉得陈至还先生所下的定义比较简明和确切。他说，金融创新是指金融机构为争取业务或迎合其顾客的理财需要而开办具有强势竞争力的新金融商品，其中有些金融创新以规避金融法规的方式达成。"（《台湾经济金融月刊》，1991（2），第 313 期，1 页）。

② 波多尔斯克：《金融创新与货币供给》（*T. M. Podolski, Financial Innovation and the Money Supply*），119 页，伦敦，牛津大学出版社，1986。

③ 劳伦斯·S. 里特和威廉·L. 西尔伯：《货币、银行和金融市场原理》，中文版，85 页，上海，上海翻译出版公司，1990。

2 月重新定义了各种货币总量，公布了各种定义的货币所包括的项目。至今，美国的货币定义都是以此为基础而没有大的变化。尽管 1980 年后，美国货币定义有过几次小的修改，但都没有改变它们的基本内容和体系，而是使它们更趋完善、更符合它们的实际含义和货币政策的实际需要。

美国 1980 年对货币量的重新定义是金融创新的结果。80 年代重新定义货币所依据的原则同旧货币定义的原则一样，即狭义货币 M_1 包括主要的交换媒介，M_2 和 M_3 等广义货币则根据各种金融资产转变为交换媒介，即转变为狭义货币的难易程度来确定。显然，M_2 比 M_3 更容易转变为 M_1。但新的货币定义在这一方面也有例外，如货币市场互助基金和货币市场存款账户都可用作交换手段，可它们并不包括在 M_1 中，而是包括在 M_2 中。这可能是因为这两种资产作为交换媒介都受到了某种制约，而与其他交换媒介略有不同。货币市场互助基金的支票签发受到最低额度的限制，而货币市场存款账户则受到转账和支票签发的次数的限制，因而它们不像其他可开列支票的存款那样，能在存款余额之内无限制地签发支票。也就是说，它们作为交换媒介是有条件的。也有人认为，"这些账户主要被用做储蓄账户，而不是交易账户"。[①] 但是我们认为，如果将这两种资产排斥在 M_1 之外是由于这一原因，那么，这种排斥是不恰当的，因为事实上，这两种资产并没有因为这些限制而影响其正常发挥交换媒介的作用。

新、旧货币定义在构成上有明显的区别（见表 1 – 1）。先看 M_1，根据 1980 年和 1981 年的定义，M_1 被分为 M_1A 和 M_1B。旧 M_1 与新 M_1A 的主要区别是：前者包括了外国商业银行和政府机构在美国商业银行的活期存款，而后者不包括这类存款。由于这类存款数目很小（如 1978 年，这类存款占商业银行活期存款总额的 2% 还不到），而且 M_1A 还包括了非银行发行的旅行支票，因而旧 M_1 同新 M_1A 在量上并没有很大的差别。新 M_1B 同新 M_1A 以及同旧 M_1 的区别在于，新 M_1B 包括了 70 年代以来出现的一系列支票付息账户，即 NOW 账户、ATS 账户、信贷协会股金提款账户，也包括了储蓄机构的活期存款和旅行支票。可见，金融创新对货币定义的影响基本体现在新 M_1B 中。

① 哈弗：《美国新的货币总量》（*R. W. Hafer，The New Monetary Aggregates*），载《圣·路易斯联邦储备银行评论》，1980（2），26 页。

表 1－1　　　　　　　　　　　新、旧货币定义所含项目比较

所含项目	旧 M₁	新 M₁A	新 M₁B①	旧 M₂	新 M₂	旧 M₃	新 M₃	旧 M₄	旧 M₅
通货	✓	✓	✓	✓	✓	✓	✓	✓	✓
商业银行的负债：									
活期存款（包括外国商业银行和政府机构的存款）	✓			✓		✓		✓	✓
活期存款（不包括外国商业银行和政府机构的存款）		✓	✓		✓		✓		
NOW 账户②			✓		✓		✓		
ATS 账户②			✓		✓		✓		
S－NOW 账户			✓		✓		✓		
隔夜 RPₛ					✓		✓		
MMDAₛ					✓		✓		
储蓄存款				✓	✓	✓	✓	✓	✓
小额定期存款（小于 10 万美元）				✓	✓	✓	✓		✓
大额定期存款（大于 10 万美元）									
不包括大额可转让定期存单（CDₛ）					✓		✓		
包括大额可转让定期存单（CDₛ）							✓	✓	✓
长期 RPₛ							✓		
储蓄机构的负债：									
活期存款（互助储蓄银行）			✓		✓		✓		
NOW 账户			✓		✓		✓		
ATS 账户			✓		✓		✓		
S-NOW 账户			✓		✓		✓		
信贷协会股金提款账户			✓		✓		✓		✓
MMDAₛ					✓		✓		
储蓄存款（互助储蓄银行和储蓄信贷协会）					✓		✓		✓
小额定期存款（小于 10 万美元）					✓	✓	✓		✓
大额定期存款（大于 10 万美元）						✓	✓		✓

①　即目前的 M₁。美联储于 1982 年取消了 M₁A 和 M₁B 的概念，采用统一的 M₁ 的定义。

②　1980 年，NOW 账户和 ATS 账户都包括在储蓄存款中。

续表

所含项目	旧 M_1	新 M_1A	新 M_1B	旧 M_2	新 M_2	旧 M_3	新 M_3	旧 M_4	旧 M_5
长期 RP_s（储蓄信贷协会）							✓		
其他：									
非银行发行的旅行支票①		✓	✓		✓		✓		
隔夜欧洲美元存款（美国非银行居民持有）					✓		✓		
长期欧洲美元（美国非银行居民持有）							✓		
货币市场互助基金②					✓		✓		
综合调整③					✓		✓		

1982 年，美联储取消了 M_1A 与 M_1B 的区别，采用统一的 M_1 定义，使 M_1 的构成与 M_1B 完全相同。取消 M_1A 和 M_1B 的原因可能在于：第一，包括其他可开列支票存款的 M_1B 已为人们普遍接受；第二，作为商品交换的媒介，包括 M_1A 在内的 M_1B 的各组成部分并没有多大区别，因此已无必要区分二者。到了 1982 年，"已为人们所普遍承认的是，新的金融创新使得 M_1A 实际上已不再是测量货币行为影响支出和物价的有用指标了"[④]。从量上看，统一后的新 M_1 并不比旧 M_1 大多少，因为新 M_1 虽然包括了旧 M_1 所不包括的其他可开列支票的存款，但不包括旧 M_1 所包括的外国银行和政府机构持有的活期存款。有人曾统计，处于新、旧 M_1 交替期的 1979 年第四季度，新 M_1 仅比旧 M_1 多 18 亿美元，或多 0.5%。[⑤]

尽管 M_1A 与 M_1B 已经被取消，但在货币理论研究中，这两个概念至今仍被

① 1981 年 6 月后，旅行支票包括在货币中。

② 1982 年 2 月后，M_2 不包括那些只向机构而不向个人提供账户的货币市场互助基金，而 M_3 则包括所有基金。

③ 为防止重复计算而作的调整，主要是减去储蓄机构存在商业银行的自己的存款准备金，也就是说，在新 M_1 中应减去储蓄机构存在商业银行的自己的可开列支票存款的准备金，而在新 M_2 和新 M_3 中，则应减去储蓄机构存入商业银行的所有准备金，但由于前一种准备金数量很少，因而在新 M_1B 的计算中省略了这一项。

④ 塔托姆：《最近的金融创新——它们是否歪曲了 M_1 的含义？》（John A. Tatom，"Recent Financial Innovations：Have They Distored the Meaning of M_1?"），载美国《圣·路易斯联邦储备银行评论》，1982（4），32 页。

⑤ 布罗德斯和古德弗兰德：《基础的转移和 M_1 的长期增长——最近十年来美国货币政策目标的经历》（Alfred Broaddus & Marvin Goodfriend，"Base Drift and the Long Run Growth of M_1：Experience from a decade of Monetary Targeting"），载古德弗兰德编：《实践中的货币政策》（*Monetary Policy in Practice*），66~67 页，美国里士满联邦储备银行，1987。

经常使用，因为按照定义，只有 M_1A 才是人们完全为交易目的而持有的资产，而 M_1B 中的某些项目虽然也可作为交换媒介，但人们并不完全为交易目的而持有这些资产，因而它们实际上并不都发挥交换媒介的作用。例如，人们把一部分储蓄存款或本来将存入储蓄存款账户的货币余额转入到 ATS 和 NOW 等其他可开列支票的账户中，主要不是为了交易目的，而往往是持有者为了维持这些可开列支票账户的最低需要额，或为了既能获取利息，又能在必要的时候办理支票业务。于是，这些转入额并不像 M_1B 中的其他组成部分那样，成为实际的交换媒介，从而使"M_1B 可能包含一定量的'隐藏的储蓄'"，使"M_1B 的增长率可能夸大了交易余额的实际增长率"。[1][2] 为了正确反映 M_1 的变化对支出和物价的实际影响，有人在 20 世纪 80 年代初提出了"转移—调整后的 M_1B"这一概念，并在美国金融理论界引出了一场关于是否需要这一概念的争论。

调整后的 M_1B 就是一般的 M_1B 减去从非活期存款账户转移到 NOW 等其他可开列支票账户中的余额。这些转移额是在大量抽样调查的基础上，利用统计方法测得的。据说，"通过剔除那些本来为非交易目的而持有的余额，就能获得一个'更纯的'测算交易余额的方法"[3]。美联储从 1981 年 3 月起公布调整后的 M_1B 的统计资料，1982 年更把调整后的 M_1B 作为货币政策的主要目标指数。不过，随着 NOW 和 ATS 账户等金融创新的普及，随着 M_1A 的取消和采用统一的 M_1 定义，近年来，调整后的 M_1B 这一概念，已不像以前那样受到人们的重视了。

再看 M_2 和 M_3。新 M_2 与新 M_1B 相比，前者包括了商业银行和储蓄机构的储蓄存款和小额定期存款、隔夜 RP_s、隔夜欧洲美元和货币市场互助基金。这些项目的流动性当然比通货和活期存款等可开列支票的存款差，但比大额定期存款的流动性强，因此，这些项目被包括在新定义的 M_2 中，而不是 M_3 中。此外，货币市场互助基金等项目虽然也可开列支票，但被包括在 M_2 中，而不包括在 M_1 中，理由如前述。

新、旧 M_2 的区别比较大，主要表现在：第一，新 M_2 包括了 NOW 账户等金融创新产物，而旧 M_2 不包括这些账户；第二，新 M_2 包括了储蓄机构的储蓄存

---

① 桑顿：《联储公开市场委员会 1981 年的工作——在变化着的金融环境中的货币控制》（Daniel L. Thornton，"The FOMC in 1981：Monetary Control in a Changing Financial Enviroment"），载美国《圣·路易斯联邦储备银行评论》，1982（4），4 页。

② 据估计，这些转入额使交易余额的增长率夸大了 2 至 3 个百分点。

③ 塔托姆：《最近的金融创新——它们是否歪曲了 M_1 的含义？》，载美国《圣·路易斯联邦储备银行评论》，1982（4），25 页。

款和小额定期存款，而旧 M_2 则不包括这些存款。这两项区别中，第一项区别更重要，因此，从旧 M_2 到新 M_2 的变化，就像从旧 M_1 到新 M_1 的变化一样，反映了金融创新对货币定义的影响。

此外，新 M_2 与旧 M_3 比较接近，二者都包括了储蓄机构的小额定期存款和储蓄存款。它们的区别表现在：第一，新 M_2 包括了 NOW 账户等一系列金融创新的产物，而旧 M_3 只包括其中的信贷协会股金提款账户；第二，旧 M_3 包括了大额定期存款，而新 M_2 不包括该项存款。

新 M_3 是在新 M_2 的基础上加上大额定期存款、长期 RP_s 和长期欧洲美元而形成的。如上所述，这些存款的流动性较差，所以被包括在 M_3 中。新 M_3 同旧 M_5 比较接近，主要是因为两者都包括大额定期存款。

从新、旧货币定义的比较中可以看出：金融创新增加了货币供给量，因为金融创新创造了一系列新的交换手段，也创造了许多新的货币资产；金融创新也使货币当局对货币量的控制更加困难了，因为那些新创造的交换手段和货币资产本身就是金融机构逃避货币当局控制的产物。对此，皮尔斯（James L. Pierce）曾做过这样的概括：经过金融创新以后，未来的"货币量将完全是内生的，因而它们在短期内所受的控制会更不严格。如果世界上的许多资产实际上都是完全流动性的，那么在这个世界上就不可能有一个富有意义的货币的定义。试图控制被任意地定义为货币的某一组流动性资产的增长，将只会鼓励人们去使用与这些流动性资产具有极大替代性的其他资产"。[1] 可见，经过金融创新以后，货币定义变得更为复杂，货币供给也更难控制了。

复习思考题

1. 货币的定义主要有哪几种？为什么人们会提出不同的货币定义？

2. 什么是狭义货币？什么是广义货币？其理论基础分别是什么？

3. 试从方法论上指出弗里德曼与施瓦兹货币定义理论的错误。

4. 何为拉德克利夫报告中的流动性概念？其意义何在？

5. 金融创新对货币定义的主要影响是什么？

6. 在我国现阶段，个人活期存款应该包括在 M_1 中吗？为什么？

7. 上世纪 90 年代发布的《中国人民银行货币供应量统计和公布暂行办法》

---

① 皮尔斯：《美国的金融改革和未来的金融体制》，载铃木善尾与四方宽编：《亚洲和西方的金融创新与货币政策》，195 页，东京，东京大学出版社，1986。

对货币供应量作了如此定义："货币供应量，即货币存量，是指一国在某一时点流通手段和支付手段的总和，一般表现为金融机构的存款、流通中现金等负债，亦即金融机构和政府之外，企业、居民、机关团体等经济主体的金融资产。"你认为这一定义是正确的吗？试作简要分析。

第二章　货币需求理论

市场经济最基本的关系是供需关系。货币对经济的作用也是通过货币的供需关系及其运动而实现的。货币当局实行的改变货币供给量的措施，总是通过货币需求的相应变化，才对经济发生影响。货币需求和货币供给理论遂成为当代西方货币理论的主体。

尽管在实际生活中，货币供给与货币需求的发生一般是同步的，但作为这些经济行为的系统的理论概括，货币需求理论却比货币供给理论有着更悠久的历史。早在19世纪七八十年代，瑞士著名经济学家瓦尔拉就已提出现代意义上的货币需求的概念〔他已提出"意愿现金余额"（léncaisse désirée，英文译名 desired cash balance）的概念〕，并探讨了货币需求的决定因素及货币需求同物价的关系。① 所以说瓦尔拉是现代西方货币需求理论的先驱。

货币需求理论主要论述货币持有者保持货币的动机、决定货币需求的因素及各种因素的相对重要性以及货币需求对物价和产出等实际变量的影响。本章拟分六节叙述现代西方主要的货币需求理论。

第一节　传统货币数量说

货币数量说最初并不是货币需求的学说，但它演变成一种货币需求理论却是其自身合乎逻辑的自然的发展，因为这一学说所讨论的实际上就是商品交易所需之货币量的问题，从而就是人们对货币的需求问题。随着货币数量说的发展，其作为货币需求理论的特征也愈来愈明显。可以说，现金余额数量说已是一种完全意义上的货币需求理论。弗里德曼更是直接地把货币数量说作为一种货币需求理论来阐述。弗里德曼的这一观点已得到西方经济学家的普遍接受。20世纪60年代以来西方出版的有关货币学说的著作，绝大多数都把货币数量说

---

① 瓦尔拉：《纯政治经济学要义》（Eléments d'économie politique pure），1874；《货币理论》（Théorie de la monnaie），1886。

列入货币需求理论的范畴。

一、现金交易数量说

美国经济学家费雪于 1911 年出版的《货币的购买力》一书，是现金交易数量说的代表作。在该书中，费雪提出了著名的"交易方程式"。他假定某一时期内各种商品的平均价格分别为 P_1，P_2，$\cdots$，P_n，它们的交易总量则分别为 q_1，q_2，$\cdots$，q_n，于是可用下式表示该时期内全社会的商品交易总额，即货币支出总量：

$$p_1 q_1 + p_2 q_2 + \cdots\cdots + p_n q_n = \sum_{i=1}^{n} p_i q_i = PT \qquad (2-1)$$

式中，P 代表所有交易中商品的平均价格，即一般物价水平，T 代表全部商品交易量。若以 M 代表同期内流通中货币的平均量，V 代表这些货币的平均流通速度，则可得如下交易方程式：

$$MV = PT \text{ 或 } P = MV/T \qquad (2-2)$$

这一方程式表明，"物价水平的变动与（1）流通中的货币量（M）的变动和（2）货币的流通速度（V）的变动成正比，而与（3）商品交易量（T）的变动成反比。……这三个关系中值得强调的是第一个关系，它构成了所谓'货币数量说'"[1]。

为什么 P 的变动与 M 变动的关系就构成了货币数量说呢？在费雪看来，交易方程式中的另外两个变数 V 和 T 在长期中都不受 M 变动的影响。V 是由制度因素所决定的，具体地说，它决定于人们的支付习惯、信用的发达程度、运输与通讯条件及其他"与流通中的货币量没有明显关系"的社会因素。而 T 则取决于资本、劳动力及自然资源的供给状况和生产技术水平等非货币因素。正因为 V 和 T 都是独立于 M 而决定的，所以根据交易方程式，"货币量增加所产生的正常影响，就是引起一般物价水平的完全同比例的上升"[2]。

值得指出的是，费雪并非强调 V 和 T 为不变的常数，而是强调这两个变数不会因 M 的变动而变动。交易方程式本是一个在任何情况下都能成立的恒等式。这个恒等式只有在　定的假设条件下才显示出它的理论意义来。这一假设条件就是 V 和 T 不受 M 变动的影响。可见，这一假设对于费雪的货币数量说是非常重要的。

费雪的货币数量说是错误的。其错误主要表现在以下三个方面：第一，把货币只是当做一种交换媒介。这是各种货币数量说的共同错误，而在现金交易

---

① 费雪：《货币的购买力》（*The Purchasing Power of Money*），29 页，1911。

② 同本页注①，157 页。

数量说中表现得最为突出。既然货币只是一种简单的流通手段，那就无须具有实质价值；既然货币本身没有价值，那它们的价值只能是在与商品相交换的过程中所反映出来的交换价值。同时由于货币只是一种流通手段，所以无论数量多少，都必须留在流通过程中。一方面是货币的价值决定于它的交换能力，另一方面又是所有货币都不能退出流通界，结果只能是"商品堆的一定部分同金属堆的相应部分相交换"①，货币的价值和商品的价格自然也就决定于货币与商品的量的对比了，当商品交易量和货币流通速度不变时，即决定于货币的数量。对货币本质和职能的错误认识，正是费雪得出其货币数量说的最根本的原因。

第二，混同了金属货币与纸币在决定物价中的不同作用。金属货币本身具有价值，同时又是一般等价物，所以它们能自由出入流通界，适应着商品流通的需要。金属货币的数量不影响物价，相反，倒是"流通的金量决定于商品价格"。而纸币由于本身没有价值，因此不能退出流通界，"所以它们的价值只是决定于它们的量"②。纸币的数量自然会影响物价水平。金属货币与纸币在决定物价中的作用是不同的。但是，费雪却混同了这两种作用。他所谓的流通中货币既包括金属货币和银行券，也包括政府纸币。如果他的货币数量说只是对于纸币而言，或许还有某些合理性，然而经过他这么一混淆，这些仅有的合理成分也荡然无存了。

第三，假定货币流通速度和商品交易量在长期中不受货币量变动的影响。现代西方经济学的实证研究已经证明，无论在长期中还是在短期内，货币量变动都会影响货币流通速度。至于货币量变动同商品交易量亦即产量变动的关系，西方经济学家虽然还未得出完全一致的科学的结论，但那种视货币为不影响产出和就业的外生变数的货币中性论，却早已为西方经济学界所抛弃。随着经济科学的发展，货币同产出和就业等实际变量的关系，必将越来越清晰地为人们所认识。一旦证明了上述假定的不现实，现金交易数量说也就不攻自破了。

二、现金余额数量说

现金余额数量说是马歇尔、庇古等剑桥派经济学家创立的。从货币需求理论的角度看，现金余额说比现金交易说影响更大，也更重要。

剑桥派经济学家并不像费雪那样，探究是什么决定整个社会在一定时期内所需要的货币量，而探究是什么决定个人希望持有的货币量。根据现金余额说，

---

① 马克思：《资本论》，中文版，第1卷，143页，北京，人民出版社，1975。
② 马克思：《政治经济学批判》，中文版，100页，北京，人民出版社，1976。

人们之所以保持货币，是因为它们能提供某些服务，其中主要是便利交易和预防意外。从这个意义上说，货币持有者持有货币越多，对他就越有利。但事实上，个人的货币持有额却受到一系列因素的限制和影响。首先，受个人收入和财富的限制。其次，受持有货币的机会成本的影响，也就是受除货币外各种资产的收益率的影响。就像马歇尔所说："手持货币不能产生收入，所以每个人都将（或多或少自动地和本能地）在以下两种效益间进行平衡：一种是持有货币的效益，另一种是投资一部分货币于商品——如外衣或钢琴而获得的直接效益，或投资于某些企业或上市证券而取得的货币收入。"[1] 再次，货币持有者对未来收入、支出和物价等的预期，也会影响他的货币持有额。特别是，"对一般物价将要下跌的任何预期都将增强人们保持货币的欲望，而对一般物价将要上升的任何预期则将产生相反的效果"[2]，因为物价下跌意味着货币价值的上升和其他资产价值的下降，反之则反是。

综上所述，剑桥派经济学家从个人资产选择的角度，分析了决定货币需求的因素。但他们对此并没有作进一步的研究，而只是简单地假设货币需求同人们的财富或名义收入保持一定的比率。这一比率取决于持有货币的机会成本和人们对未来事物的预期等因素。他们还假设整个经济的货币供给和货币需求会自动趋于均衡。于是可得下式：

$$M = KPY \tag{2-3}$$

这就是剑桥方程式的最一般的形式。式中的 M 代表货币存量，也就是所谓现金余额，Y 代表总产量，P 代表一般物价水平，K 代表货币量与国民收入的比率。如上所述，货币供给无论大于抑或小于货币需求，都会自行得到调整。为了恢复均衡，就要求 K 或 P 发生变动。根据古典学派充分就业的假设，Y 在短期内不变。如果 K 也不变，则 P 将与 M 作同方向同比例的变动。可见，由剑桥方程式同样能得出传统数量说的结论。不过，剑桥方程式本身又预示着对上述结论的否定。因为各种资产的收益率和人们的预期等影响 K 的变量，无论在短期内还是在长期中都不是常数，所以 K 不可能固定不变，P 与 M 的变动幅度也就不可能完全一致。只是剑桥派经济学家并没有在这方面作深入研究，而是把这一任务留给了后继者。

可以说，凯恩斯和凯恩斯以后的各种货币需求理论，无一不受到现金余额说的巨大影响，也无一不是这一学说的继承者和发展者。具体地说，现金余额

---

① 马歇尔：《货币、信用与商业》（*Money, Credit and Commerce*），39 页，1924。
② 庇古：《货币的价值》（*The Value of Money*），载《经济学季刊》，1917（11），48 页。

说开创了以下四种分析货币需求的方法：第一，从货币对其持有者提供效用的角度去分析货币需求；第二，从持有货币的机会成本的角度去分析货币需求；第三，从货币作为一种资产的角度去分析货币需求；第四，从货币供给与货币需求的相互关系的角度去分析货币需求。迄今为止，这四种方法仍是西方货币需求分析的最基本的方法。

相比之下，费雪方程式虽然在形式上与剑桥方程式差别不大（K 只不过是 V 的倒数），但在分析方法上，现金交易说却比现金余额说落后得多。前者不仅把货币视为纯粹交换的媒介，且忽略了经济主体的意志在决定货币需求中的作用，遂成为一种简单的和机械的数量论。庇古所谓的现金交易说与现金余额说的区别，在于前者强调货币的流通速度，后者则强调以货币形式保持的财富在全部财富中所占的比例①，也是同样的道理。当然，我们以上评论只是就分析方法而言，本质上，这两种学说并无二致，所以前述对现金交易说的批评，对现金余额说也基本适用。

货币数量说已有数百年的历史。它为什么能在西方"久盛不衰"呢？最根本的原因恐怕在于：物价水平及与此密切相关的通货膨胀是最重要的经济现象之一，而货币数量说则是对这一现象的直观的且容易为人们所接受的诠释。原始货币数量说的产生是由于人们对当时经济现象的误解；但 20 世纪 60 年代后，现代货币数量说的崛起，除了通货膨胀已上升为当时主要的经济矛盾这一原因外，从货币制度看，则是因为纸币完全代替了金属货币而成为主要的流通手段。在纸币流通条件下，货币数量说的再次流行不能说没有它的客观必然性。

第二节　凯恩斯的货币需求理论

凯恩斯的货币需求理论同他的一般经济理论一样，也有一个变化和发展的过程。20 世纪 30 年代以前，凯恩斯作为马歇尔的学生，曾经是现金余额数量说的信徒和重要代表。他出版于 1923 年的《货币改革论》是现金余额说的经典著作之一。在此书中，他提出了和庇古方程式在本质上并无二致的著名的现金余额方程式，并声称，货币数量说所阐述的"是一基本规律，它和实际情况的一致性是无可怀疑的"②。但事实上，他自己却已在此书中对古典学派将货币流通

---

① 庇古：《货币的价值》，载《经济学季刊》，1917（11），54 页。
② 凯恩斯：《货币改革论》（*A Tract on Monetary Reform*），82 页，1923。

速度视为常数的观点表示了怀疑。他指出，尽管货币量变动的最显著的影响是改变价格水平，但货币流通速度很可能同时发生较小的变化。这样，价格水平的变动就不一定和货币量的变动完全成同一比例了。正是凯恩斯对古典学派货币理论的这一怀疑，孕育了他以后在货币理论上的重大突破。

《通论》出版以前的凯恩斯的另一重要著作是《货币论》。在该书中，他提出了著名的货币价值的基本方程式。这一基本方程式并不是单纯地谈论物价问题，而是通过对决定物价水平的各种因素（投资、储蓄、利率等）的讨论，来论述如何使经济达到均衡。在《货币论》中，凯恩斯已"脱离了从货币总量出发的传统的方法"①，不再坚持货币量同物价水平有着固定联系的观点了。他主张通过银行的信用手段来调整利率，以调节储蓄与投资，从而稳定物价，达到经济均衡的目的。由此可见，凯恩斯在《货币论》中所表述的基本观点已接近于《通论》的观点。② 但是，对于货币需求理论，《货币论》并没有新的突破。这一任务是凯恩斯在《通论》中完成的。而且，也只是在《通论》中，凯恩斯才旗帜鲜明地反对和抨击货币数量说，并在此基础上建立了自己完整的货币经济的理论体系。本节将要介绍的凯恩斯的货币需求理论就是这一理论体系的重要组成部分。

凯恩斯货币需求理论的最显著的特点是注重对货币需求的各种动机的分析，远比剑桥派现金余额说的分析更深入、更细致。正因为如此，人们把凯恩斯的货币需求理论称为现金余额说的延伸和发展。凯恩斯将人们保持货币的动机分为交易动机、预防动机和投机动机这样三类，其中交易动机又可分为个人的收入动机和企业的营业动机。③ 从个人收入的获得到支出的发生，或从企业销售收入的获得到生产费用的支出，总有一段时间间隔。为了应付日常交易，企业和个人就必须在这一段时间内保持一定数量的货币。这就是所谓交易动机的货币需求。这一货币需求的大小"主要取决于收入的数量以及从收入到支出的时间

---

① 凯恩斯：《货币论》（*A Treatise on Money*），134 页，1930。

② 根据西方经济学界的传统观点，《货币论》属于古典经济学著作。克莱因的《凯恩斯的革命》被认为是这一观点的代表。后来，西方有人提出，应把《货币论》视为"凯恩斯革命"的组成部分。关于这一问题的争论，可参阅格恩夏伊曼·梅泰著《凯恩斯革命的结构》（*Ghanshyam Mehta：The Structure of the Keynesian Revolution*），1977。

③ 凯恩斯在《通论》出版后不久发表的一篇文章中，还划分出筹资动机（finance motive）的货币需求〔见凯恩斯：《利率的预付款理论》（*The Ex-Ante Theory of the Rate of Interest*），载《经济学杂志》，1937（6）〕。这一货币需求和预期的或计划中的支出有关，如企业为计划中的投资项目或家庭为计划中添置家具而保持一定量的货币。因《通论》中所表述的货币需求理论已自成其完整的体系，而不考虑筹资动机的货币需求也无妨，故凯恩斯的这一论述历来不为研究者所重视。

间隔的一般长度"① 因这一长度很少发生大的变动，故可视交易动机的货币需求为收入的稳定的函数。收入愈多，此项货币需求就愈大；收入愈少，此项货币需求也就愈小。

所谓预防动机的货币需求则是指人们为了这样一些目的而持有一定数量的货币，即"为应付突然发生的意外支出和为不失去意料之外的有利的购买机会做好准备，也为了持有一种其货币价值不变的资产（即货币——引者注），以便于偿付那些根据货币计算其数额不变的未来的债务"②。显然，预防动机的货币需求是一系列变数的函数，其中也包括心理因素，但是，在凯恩斯看来，这一货币需求的大小主要还是取决于收入的多少。由于交易动机和预防动机的货币需求都主要取决于收入水平，而"对利率变化则不很敏感"③，所以可把这两种货币需求函数合二为一，而以下式表示之：$M_1 = L_1(Y)$，式中，M_1 代表为满足交易动机和预防动机而持有的货币量，Y 代表收入水平，L_1 代表 M_1 与 Y 之间的函数关系。④

凯恩斯关于交易动机的货币需求的分析是以货币的交换媒介功能为基础的，所以这一分析只是在古典派货币理论的体系之内。凯恩斯关于预防动机的货币需求的分析是以未来的不确定性及货币的财富贮藏功能为前提的，这虽然违背了大多数古典经济学家关于未来是确定的和关于货币只是一种交换媒介的假设，但也未脱离剑桥派货币数量说的传统。在凯恩斯的货币需求理论中，不同于古典派理论，在其货币经济的理论体系中占有举足轻重的地位，而又对当代西方货币经济理论产生了重大影响的，是他关于投机动机的货币需求的分析。

---

① 凯恩斯：《就业利息和货币通论》，英文版，195 页。
② 同本页注①，196 页。
③ 同本页注①，171 页。
④ 针对某些西方经济学家否认凯恩斯曾注意到利率水平对交易动机和预防动机的货币需求的影响，戴维·莱德勒（D. E. Laidler）指出："凯恩斯本人在任何意义上都没有把出于交易动机和预防动机的货币需求看成在技术上与收入水平保持固定关系。因为他清楚地意识到，为这些目的而保持货币所带来的便利可交换于因保持其他资产而获得的利益，从而使货币的交易需求和预防需求成为利率的函数。不过，在他分析的这一部分中，他并未强调利率的作用，因而许多推广凯恩斯理论的人就一股脑儿地把它忽略了。这并非因为利率在凯恩斯的分析中是不重要的，而是由于它的重要性主要表现在决定货币的'投机需求'的作用上。"〔戴维·莱德勒：《货币需求——理论、证据和问题》（The Demand for Money：Theories, Evidence and Problems），50~51 页，1985〕。近读《通论》，方知莱德勒此番议论并非无稽之谈。凯恩斯自己就曾明明白白地说过：交易动机和预防动机的货币需求的大小"也取决于我们称之为持有现金的相对成本（relative cost）。保持现金就不能购买可生利的资产，这就提高了保持现金的成本，从而减弱了持有一定数量的现金的动机……但是，除非保持现金的成本发生很大的变化，否则这个因素就很可能是次要的。"（《通论》，英文版，196 页）我们作此详注是必要的，因为它能说明凯恩斯学派的货币需求理论同凯恩斯的货币需求理论的继承关系。

　　投机动机的货币需求是指人们为了在未来的某一适当时机进行投机活动而保持一定数量的货币。这种投机活动最典型的就是买卖债券。为了便于分析，凯恩斯以长期政府债券代表所有生息资产，并以此作为保持财富的货币的惟一替代品。我们知道，债券不仅能给其持有者带来利息收入，还可因债券价格变动而给其持有者带来资本溢价或资本损失。债券价格的变动依赖于市场利率的变动：利率上升意味着债券价格下降，利率下降则意味着债券价格上升。凯恩斯假设，在每个投机者的心目中都有一个利率水平的正常值。如果实际利率高于这一正常值，他就会预期利率要下降；如果实际利率低于这一正常值，他则预期利率会上升。要是投机者预期利率将下降，他就会毫无保留地把全部货币换成债券，以期在债券价格上升时同时获得利息收入和资本溢价这双重的收益。而要是投机者预期利率将上升，就会有多种可能性，其中最典型的一种可能性是：当预期债券价格的下降使得债券的资本损失超过债券的利息收入时，投机者就会只持有货币而不持有债券，以避免损失和在将来债券价格下降时再度购进债券。简言之，"凡相信未来利率将高于当前市场利率者，愿意保持现金；凡相信未来利率将低于当前市场利率者，则愿意用短期借款来购买较长期的债券"①。

　　由此可见，投机动机的货币需求的大小取决于三个因素：当前利率水平、投机者心目中的正常利率水平及投机者对利率变化趋势的预期。其中第三个因素依赖于前两个因素，所以投机动机的货币需求实际上取决于当前利率水平和所谓正常利率水平的差距。从整个经济看，在不同的投机者的心目中会有不同的正常利率水平，所以不同的投机者对于利率变化趋势的预期往往是不同的。当前利率水平愈低，预期它将上升的投机者就愈多，从而以货币形式保持其全部财富的投机者也就愈多，货币的总需求也就愈大。反之，当前利率水平愈高，预期它将下降的投机者就愈多，从而以债券形式保持其全部财富的投机者也就愈多，货币的总需求也就愈小。如果整个经济中有着许多投机者，且每个投机者所拥有的财富对于所有投机者的财富总额是微不足道的，那么，由于上述原因，投机动机的货币需求就成了当前利率水平的递减函数。若以 M_2 代表为满足投机动机而持有的货币量，r 代表市场利率，L_2 代表 M_2 与 r 之间的函数关系，就有：$M_2 = L_2(r)$。结合前述交易动机和预防动机的货币需求与收入的函数关系，可将货币总需求函数表示如下：

――――――――――――

　　① 凯恩斯：《就业利息和货币通论》，英文版，170 页。

$$M = M_1 + M_2 = L_1(Y) + L_2(r) \qquad (2-4)$$

凯恩斯的这一流动性偏好分析有两个重要的含义：第一，所谓正常利率水平不仅因人而异，而且在同一个人的心目中，也会发生变化，所以，货币需求与市场利率的关系在长期中将是不稳定的。第二，当利率降至某一很低的水平时，经济中所有的人都预期利率将迅速上升，从而使"M_2 可能会无限制地增加"[1]，使"流动性偏好变成几乎是绝对的"[2]。这就是通常所说的"流动性陷阱"的情形。

"流动性陷阱"这个名词是后人创造的，且"迄今还无此实例"[3]，但这一概念对于凯恩斯的理论体系却有着重要的意义。这里，我们只从货币需求的角度简述它的理论含义。我们从以上分析中可以看出，凯恩斯的"流动性偏好"的货币需求理论同传统货币数量说的主要区别在于，前者强调利率变动对货币需求的影响，并由此推论出货币流通速度 V 或为其倒数的 K 的不稳定性，从而否定了后者关于物价与货币量作同比例变动的结论，特别是在出现"流动性陷阱"的极端情况下，货币数量无论怎样增加，都将为 M_2 所吸收，而不会对物价产生影响。

最后，我们从方法论上来谈谈凯恩斯的货币需求理论。这一理论在分析方法上对传统货币理论的"突破"主要表现在，它把货币总需求划分为出于各种动机的货币需求。这一方法为凯恩斯学派经济学家所继承，一直沿用至今并有所发展。这就是本章第三节将要叙述的内容。有趣的是，弗里德曼为了否定凯恩斯的货币需求理论，也把这一方法作为重点攻击的对象之一。他指出："尽管各类货币持有者对货币的需求可说是部分出自'交易'动机，部分出自'投机'或'资产'动机，但是货币本身并不因为据说人们保持它们是为了某一目的或为了另一目的而有所区别。"[4] 弗里德曼这番话貌似有理，实际上偷换了概念，因为凯恩斯并不是说货币本身有什么区别，而恰恰是说人们保持货币的动机有所不同。诚然，在某人所持有的货币中，很难区分究竟哪一部分为交易动机的货币需求，哪一部分为投机动机的货币需求，但是，人们却不难估算出这两部分货币分别所占的百分比。为了具体分析不同因素在决定货币需求中的不同作用，凯恩斯的这一分析方法还是可取的。当然，这并不意味着运用这一方法所

---

① 凯恩斯：《就业利息和货币通论》，英文版，203 页。

②③ 同本页注①，207 页。

④ 弗里德曼：《货币数量说的重新表述》（*The Quantity Theory of Money：A Restatement*），载弗里德曼：《最适货币量及其他论文集》（The Optimum Quantity of Money and Other Essays），61 页，1969。

得出的理论结论都是正确的。例如，投机动机的货币需求在货币总需求中毕竟只占很小一部分（这是凯恩斯所承认的），这一部分货币需求的变动对货币总需求的影响是否会像凯恩斯所设想的那么大，以致可能出现所谓"流动性陷阱"的情形，是令人怀疑的。

第三节 凯恩斯货币需求理论的发展

如前节所述，凯恩斯将人们对货币的需求分为交易动机的货币需求、预防动机的货币需求和投机动机的货币需求这三种类型，并认为，出于前两种动机的货币需求依存于收入的多少，而出于后一种动机的货币需求则依存于利率的高低。20 世纪 50 年代后，西方经济学家纷纷著文，丰富和发展了凯恩斯的货币需求理论。其中比较有影响的是：鲍莫尔（William J. Baumol）等人对凯恩斯关于交易性货币需求理论的发展、惠伦（Edward L. Whalen）等人对凯恩斯关于预防性货币需求理论的发展和托宾等人对凯恩斯关于投机性货币需求理论的发展。这些新发展的理论已成为当代西方货币需求理论的重要组成部分。由于托宾等人的理论同另一重要的货币需求理论——资产选择理论有着不可分割的联系，所以，拟将它放在第五节介绍，本节只介绍鲍莫尔模型和惠伦模型。[①]

一、鲍莫尔模型

早在 20 世纪 40 年代末，美国著名经济学家汉森（A. H. Hansen）就对凯恩斯关于交易性货币需求主要取决于收入的多少，而同利率的高低基本无关的观点提出了质疑。他指出，当利率上升到相当的高度时，货币的交易余额也会具有利率弹性。[②] 20 世纪 50 年代初，美国经济学家鲍莫尔第一次深入分析了交易性货币需求与利率的关系。[③] 以后，托宾也论证了货币的交易需求同样受到利率

---

① 在鲍莫尔模型和惠伦模型中，货币都只限于现金，因此，本节在介绍这两个模型时所说的货币，也只是指现金，两词通用。

② 汉森：《货币理论与财政政策》（Monetary Theory and Fiscal Policy），66～67 页，纽约，1949。

③ 鲍莫尔：《现金的交易需求——一种存货的理论分析》（The Transactions Demand for Cash：An Inventory Theoretic Approach），载《经济学季刊》，1952（11）。在他的《经济理论和经营分析》（Economic Theory and Operations Analysis，1977）一书中，鲍莫尔又概括了他在上文中所提出的观点。

变动的影响。① 这就是为西方经济学界所广泛接受的鲍莫尔—托宾模型。②

鲍莫尔模型的基本思路是这样的："人们收入的获得和收入的使用一般不会同时发生，且可假设支出的发生是逐渐的和平稳的"③，因此，人们没有必要让收入中用于日常开支的部分全都以现金形式存在（因为现金不会给其持有者带来收益），而可以把其中的大部分暂时贷放出去，以获取利息，以后再逐渐收回贷款，以供日常支付之用。当然，将非现金资产变为现金，需要一定的手续费〔鲍莫尔把它称为"佣金"（broker's fee）〕。但只要利息超过手续费，这样做就是有利可图的。而利率越高，利息超过手续费的机会就越多，由非现金资产转变为现金的次数也就可以越多，从而平均保留在身边的现金就会越少。可见，"如果企业都是有效的利润极大化者，凯恩斯贬低利率对现金的交易需求的影响就很可能是错误的。"④ "即使持有现金只是为了满足当前交易的需要，为现金的需求也同样是利率的递减函数。"⑤

为了具体展开分析，鲍莫尔还作了如下规定：

（1）人们有规律地每隔一段时间获得一定量的收入（Y），而他们的支出则是连续的和均匀的。

（2）贷款一律采取购买政府短期债券的形式，因为这种贷款最安全。

（3）每次出售债券与前一次出售的时间间隔及每次的出售量（K）都相等。

鲍莫尔认为，"一个企业的现金余额通常可以看做为一种存货——一种货币的存货，这种存货能被其持有者随时用来交换劳动、原料等。这种存货同鞋子制造商准备随时用以交换现金的鞋子的存货并没有本质的区别"⑥。保存任何存货都须耗费成本。保存鞋子的成本是保管费和占用资金所须支付的利息等。那么，保存现金的成本又是什么呢？鲍莫尔指出，保存现金的成本有两项：一项

① 托宾：《现金的交易需求的利率弹性》（The Interest Elasticity of the Transactions Demand for Cash），载《经济学和统计学评论》，1956（8），后收入其《经济学论文集》第 1 卷。

② 鲍莫尔模型和托宾模型的基本结论和分析方法在本质上并无二致，托宾自己就曾说过，他的模型得出了与"鲍莫尔模型基本相同的结论"（转引自 A. H. Meltzer：The Demand for Money：A Cross-Section Study of Business Firms，载《经济学季刊》，1963（8），405 页，但"前者由于把货币需求问题同存货理论（inventory theory）联系起来了，因此更令人感兴趣"〔H. G. 约翰逊：《货币经济学论文选》（Selected Essays in Monetary Economics），27 页，1979〕，且前者比较简单明了，故本书只介绍鲍莫尔模型。读者若有兴趣了解托宾模型，可参阅盛松成：《流动性偏好理论的新发展》，载《金融研究》，1985（4）。

③ 鲍莫尔：《现金的交易需求——一种存货的理论分析》，载《经济学季刊》，1952（11），547 页。

④ 鲍莫尔：《经济理论和经营分析》，493 页。鲍莫尔论述的主要对象是企业，但他并不否认他的分析同样适用于家庭和个人。

⑤ 托宾：《现金的交易需求的利率弹性》，载《经济学论文集》，第 1 卷，229 页。

⑥ 同本页注④，491 页。

是获得现金（出售债券）时所须支付的手续费（b）。根据上述规定（3），每次债券出售额都为（K），而支出总额则为（Y），故在整个支出期间内，全部手续费为 $b(Y/K)$。还有一项就是持有现金所牺牲的利息（以 r 表示利息率）。根据上述规定（1），支出是一不变的流量，所以在整个支出期间的平均交易余额为 $K/2$，从而利息成本就为 $r(K/2)$。若以 C 代表保存现金的总成本，则有下式：

$$C = \frac{bY}{K} + \frac{rK}{2} \qquad (2-5)$$

我们知道，任何企业只要不妨碍生产的正常进行，总是力图将保持存货的成本降至最低。同样，鲍莫尔认为，现金持有者也都是有理性的，他们也力图获得保存现金的最低成本。为求得使 C 变为最小的 K 的值，我们对式（2-5）求 K 的一阶导数，并令其为零：

$$\frac{\partial C}{\partial K} = -\frac{bY}{K^2} + \frac{r}{2} = 0 \qquad (2-6)$$

于是得：

$$K = \sqrt{\frac{2bY}{r}} \qquad (2-7)$$

同时还可求得：

$$\frac{\partial^2 C}{\partial^2 K} = \frac{2bY}{K^3} > 0 \qquad (2-8)$$

从而满足了式（2-7）的 K 是使式（2-5）变为最小的必要条件。

如上所述，人们在整个支出期间的平均交易余额为 $K/2$，所以，若以实际现金余额的形式来表示，使保持现金的成本变得最小的平均交易余额应为：

$$\frac{M}{P} = \frac{K}{2} = \frac{1}{2}\sqrt{\frac{2bY}{r}} \qquad (2-9)$$

或

$$M = \alpha Y^{0.5} r^{-0.5} P \qquad (2-9')$$

式中，P 为一般物价水平，$\alpha - \frac{1}{2}\sqrt{2b}$。

上式就是著名的"平方根公式"（square root formula）。它表明，"当交易量或佣金增加时，最适度的现金（存货）余额就将增加，而当利率上升时，这一现金余额就会下降。但存货分析表明，这种变化又不是成比例的。例如，最适度的现金余额只能作为交易量的平方根，随着后者的上升而上升——在企业的最适度现金余额的决定中，有着规模经济的规律在起作用"①。同样，虽然现金的交易需求将随着利率的变动而作相反方向的变化，但前者的变化幅度却比后者来得小。从式（2-9'）看，就是现金的交易需求的收入弹性和利率弹性分别为 0.5 和 -0.5（绝对值都小于 1）。

鲍莫尔模型自 20 世纪 50 年代产生以来，始终受到西方经济学界的重视。60 年代后西方出版的有关货币理论和货币政策的著作几乎都对它有所论及。究其原因，当然是由于它对西方货币需求理论的发展和西方国家货币政策的制定产生了相当的影响。这些影响似可归纳为以下几点：

第一，鲍莫尔模型论证了最基本的货币需求——交易性货币需求也在很大程度上受到利率变动的影响。这一论证不仅为凯恩斯主义的以利率作为货币政策的传导机制的理论进一步提供了证明，而且向货币政策的制定者们指出，货币政策如果不能够影响利率，那它的作用就会是很小的。

第二，根据平方根公式，假定利率和物价不变，增加一定比例的货币存量，将导致收入的更高比例的增加。因为货币的交易需求与收入的平方根成正比例变化，所以，为了使公众能吸收这部分追加的货币，收入的增加的比例就必须大于货币供给的增加的比例。鲍莫尔模型由此强调了货币政策的重要性。

第三，鲍莫尔模型不仅阐明了收入的变化与交易性货币需求变化的数量关系，而且间接地说明了物价的变化与交易性货币需求变化的关系（因为物价上升使名义交易量和手续费都增加了，并且鲍莫尔证明，由于名义交易量和手续费的增加，物价的上升将使最适度交易性货币余额以相同的比例上升）。这对于确定最适度的货币供应量和保持货币市场的均衡，具有一定的参考价值。

这其中最重要的是第一点。可以说，凯恩斯关于货币的交易需求并不受制于利率的论断，是以人们将把本期购买商品所需要的全部现金都保存在身边作为假设条件的，但他却没能证明这一假设的合理性。而鲍莫尔则从消费者并不需要持有整个交易期间将花费的所有现金，而可以把暂时闲置的部分用来产生利息这样一个显而易见的事实出发，得出了与凯恩斯大相径庭的结论。就它的

---

① 鲍莫尔：《经济理论和经营分析》，492 页。为什么现金需求不能像传统理论（如传统货币数量说）所假设的那样，随交易量的增加而同比例地增加呢？鲍莫尔认为，问题出在交易费用上。他指出，一次证券交易额越多，相对说来，每一单位证券的交易成本就越小。一次出卖价格为 1 万元的债券所需要的手续费尽管比出卖价格为 100 元的债券所需要的手续费高得多，但绝不可能高 100 倍。手续费降低，最适度的现金收回次数就会增加，而现金余额就会减少。所以，当交易额增加时，虽然为应付交易的需要，现金余额也会相应增加，但由于单位证券的手续费的降低导致了现金收回次数的增加，现金余额的增加就不如交易额增加得那么快了。

这一基本结论而言，鲍莫尔模型作为一种货币需求理论具有一般性的意义。

当然，模型对利率变动及交易量变动与交易性货币需求变动的数量关系不一定描述得准确。西方经济学家对鲍莫尔模型的批评和修正大多也是围绕着这些数量关系进行的。如美国经济学家布伦纳（Karl Brunner）和梅尔泽（Allan Meltzer）认为，货币需求对交易量的弹性并不是一个常数，而是一个变数。当交易量变小时，这一弹性向下限 0.5 靠近；而当交易量变大时，这一弹性则向上限 1 靠近。[1] 美国经济学家米勒（Merton H. Miller）和奥尔（Daniel Orr）也根据他们的计量模型指出，"现金需求和交易量的联系是松散的，现金需求对交易量的弹性并不存在一个精确的值"[2]。它可以在 1/3 至 2/3 之间，甚至在更大的范围内变化。鲍莫尔模型将这一弹性一律定为 1/2，是它的"最明显的弱点之一"[3]。还有人计算出，在资本主义国家中，交易性货币需求的利率弹性总是明显低于 0.5。

造成鲍莫尔模型的上述失误的主要原因恐怕在于：第一，模型假设任何企业和个人的收支都是已知的、可预料的和完全有规律的。可这并不符合实际情况。意料之外的收入超过支出或支出超过收入是生活中的常事。前者往往使现金余额迅速增加，后者则很可能使现金余额急剧减少。所以，平均现金余额并不是很稳定的，交易性货币需求对交易量的弹性也并非总是 0.5。

第二，模型假设企业只能通过借款或通过出卖金融资产获取现金，而不能通过出卖产品来获得。无论从整个社会看，或从个别企业的较长一段时间看，这一假设都是很不现实的。布伦纳和梅尔泽曾通过计量分析指出，鲍莫尔模型若摒弃这一假设，就不会得出现金的交易需求具有规模经济的性质这一结论。[4]

第三，模型没能区分交易性现金需求对于不同收入的家庭和不同规模的企业所具有的不同的利率弹性。很难想象，一个年薪 2 万美元的公司小职员在考虑如何处置近期内就要花费掉的小额现金时，同年薪 20 万美元的公司总经理在斟酌以何种形式持有收入会给自己带来最大的利益时，会同样重视利率的因素，会对利率的变动有同样的敏感性，又何以断言说，交易性现金需求的利率弹性

① 布伦纳和梅尔泽：《现金余额中的规模经济的再思考》（*Economies of Scale in Cash Balances Reconsidered*），载《经济学季刊》，1967（8），427 页。

② 米勒和奥尔：《企业货币需求的一个模型》（*A Model of the Demand for Money by Firms*），载《经济学季刊》，1966（8），425 页。

③ 同本页注②，426 页。

④ 布伦纳和梅尔泽：《现金余额中的规模经济的再思考》。

总是 −0.5 呢?

由上可见,鲍莫尔模型对影响交易性现金需求的诸因素所作的定性分析具有相当的启发意义,而对此所作的定量分析则有着很大的局限性,是不甚可取的。

二、惠伦模型

凯恩斯不仅认为交易动机的货币需求与利率的高低无关,他还认为,预防动机的货币需求也不受利率变动的影响。鲍莫尔—托宾模型已经证明了凯恩斯上述第一个论点不能成立。那么,凯恩斯的第二个论点是否还能为西方经济学界所普遍接受呢?回答也是否定的。1966 年,美国经济学家惠伦及米勒和奥尔先后发表文章,论证了预防动机的货币需求也同样为利率的递减函数。[①] 其中比较有代表性的是惠伦模型。

惠伦首先给预防性货币需求下了定义。他说,预防性货币需求来自于事物的不确定性。一个人无法保证他在某一时期内的货币收入和货币支出同事前预料的完全一致,也不可能排除实际支出超过实际收入或发生不测之事以至临时需要现金的可能性,因此,人们实际保持的货币往往比预期所需要的多一些。其中超额部分即来自于预防动机的货币需求。

惠伦接着分析了影响最适度预防性货币需求的因素。他认为主要有三个因素:一是非流动性的成本(cost of illiquidity),二是持有预防性现金余额的机会成本,三是收入和支出的平均值和变化的状况。非流动性的成本是指“因低估在某一支付期间内的现金需要而造成的后果的严重性”[②],即少持有或不持有预防性货币余额而可能造成的损失。当人们因缺乏现金而无法应付必要的支付时,就有三种可能:如果他们不能得到足够的贷款,且又缺乏能迅速转换成现金的资产,他们就会陷入经济困境甚或遭致破产,此时,非流动性的成本是很高的;如果人们能够得到贷款,则非流动性的成本就取决于贷款利率的高低;如果人们持有较易转换成现金的资产(如各种票据),此时,非流动性的成本又等于由非现金资产转换成现金的手续费(类似于鲍莫尔模型中的佣金)。惠伦认为,企业和个人不能保证他们能随时获得所需要的贷款,故对于具有高度理性的人们

[①] 惠伦:《现金的预防需求的合理化》(*A Rationalization of the Precautionary Demand for Cash*),载《经济学季刊》,1966(5);米勒和奥尔:《企业货币需求的一个模型》(*A Model of the Demand for Money by Firms*),载《经济学季刊》,1966(8)。

[②] 惠伦:《现金的预防需求的合理化》,载《经济学季刊》,1966(5),315 页。

来说，这第三种情况应作为理论分析的一般对象。

　　所谓持有预防性现金余额的机会成本则是指为持有这些现金而须放弃的一定的利息收益（它又类似于鲍莫尔模型中的持有交易性现金余额的机会成本）。上述非流动性的成本和持有预防性现金余额的机会成本构成了持有预防性现金余额的总成本。

　　现在，货币持有者面临着一个难以两全的局面："如果他为预防不测持有较多的货币，他就减少了预期非流动性的成本，但同时却增加了持有预防性现金余额的机会成本"；反之，如果他持有较少的预防性现金余额，他就减少了持有预防性现金余额的机会成本，可又提高了非流动性的成本。所以，"欲使利润极大化的企业的目标就是选择某一最适度的预防性现金余额，以使这两种成本之和下降到最低限度"[1]。惠伦随后要讨论的就是如何使这一总成本降至最低。

　　若以 r 代表利率，M 代表预防性现金的平均持有额，则持有预防性现金余额的机会成本就为 $M \cdot r$。若以 C 代表每次将非现金资产转换成现金的手续费（为了分析的简便起见，假设 C 的大小不受转换量的影响），P 代表一定期间内这种转换的可能的次数，则预期非流动性的成本就为 $P \cdot C$。若以 E 代表总成本，可得下式：

$$E = M \cdot r + P \cdot C \tag{2-10}$$

　　需要进一步探讨的是，P 是如何决定的。我们知道，只有当一定期间内支出和收入的差额〔惠伦称之为净支出（net disbursements）〕大于该期间内预防性现金的持有额时，才需要将非现金资产换成现金。为了求得出现净支出超过预防性现金余额的可能性（亦即出现的概率），惠伦引用了特奇庇切夫（Tchebycheff）的不等式定理（inequality theorem）。根据此不等式定理，一个变量偏离其中位数（偏离度为其标准差与乘数 K 的乘积）的概率等于或小于 $1/K^2$。在惠伦模型中，这一变量就是净支出。由于假设人们的长期目标是要花费掉所有的收入，故净支出的概率分布趋于零，亦即净支出的中位数为零。于是所求概率实际上就是偏离零的概率。若以 S 代表净支出分布的标准差，K 代表它的一个乘数，M 代表预防性现金余额，就有下式：

$$M = K \cdot S \tag{2-11}$$

上式表示，支出与收入之间的差额（即净支出偏离其中位数的值）需由预防性

---

[1]　惠伦：《现金的预防需求的合理化》，载《经济学季刊》，1966（5），318 页。

现金余额来弥补。

根据特奇庇切夫的不等式定理，净支出超过预防性现金余额的概率可由下式表示：

$$P \leqslant \frac{1}{K^2} \qquad (2-12)$$

将式（2-11）代入式（2-12），得：

$$P \leqslant \frac{1}{M/S^2} \qquad (2-13)$$

惠伦假设，企业和家庭都是风险回避者，所以，"在估计净支出超过预防性现金余额的可能性时，最保守的估计应是对于预防性现金管理的最适当的估计"。[1]式（2-13）的不等式于是变为以下等式：

$$P = S^2/M^2 \qquad (2-14)$$

将式（2-14）代入式（2-10），持有预防性现金余额的总成本就成了：

$$E = M \cdot r + (S^2/M^2)C \qquad (2-15)$$

对式（2-15）求 M 的一阶导数，并令其为零：

$$\frac{\partial E}{\partial M} = r - \frac{2S^2}{M^3}C = 0 \qquad (2-16)$$

从而有：

$$M = \sqrt[3]{\frac{2S^2C}{r}} \qquad (2-17)$$

并可求得式（2-15）对 M 的二阶导数大于零：

$$\frac{\partial^2 E}{\partial^2 M} = \frac{6S^2}{M^4}C > 0 \qquad (2-18)$$

可见，由式（2-17）所确定的预防性现金余额 M 将使持有该余额的总成本 E 降至最低限度。

式（2-17）表明，"最适度预防性现金余额的变化分别同以下三个变量的变化成立方根的关系：（1）净支出分布的方差 S^2，（2）非流动性的成本 C 和（3）持有现金余额的机会成本率 r 的倒数。"[2] 式（2-17）由此证明了前述惠伦关于影响最适度预防性现金需求的三个因素的论断，尤其是证明了预防动机的货币需求同样受利率变动的影响。利率越高，此项货币需求越小；利率越低，此项货币需求越大。预防性货币需求的利率弹性为 -1/3。需要解释的是第三个

---

[1] 惠伦：《现金的预防需求的合理化》，载《经济学季刊》，1966（5），318 页。

[2] 同本页注①，319 页。

因素——收入和支出的影响是如何在式（2-17）中表现出来的。

式（2-17）表明，预防性货币需求将随着净支出分布的方差（为标准差之平方）S^2 的立方根的变化而变化。因此，根据式（2-17），预防性货币需求同收入和支出的数量关系，取决于净支出分布的状况。因收入和支出的数额和次数都将影响净支出的概率分布，故两者的变化都会引起预防性货币需求的变化。"如果每次收入和支出的平均额保持不变，而收入和支出的次数变了，净支出的正态分布的标准差将随着收入和支出额的平方根的变化而变化，也就是这一分布的方差将与收入和支出额以相同的比例变化。所以，根据上述最适度预防性现金余额的公式，当假定一种净支出的正态分布后，最适度预防性现金余额将随着收入和支出的平均额的立方根的变化而变化。"[1] 也就是预防性现金余额的需求对收入和支出的弹性为 1/3。"另一方面，如果收入和支出的次数保持不变，而它们的数额增加了，这一方差将随着收入和支出额的平方的变化而变化，由此而确定的预防性现金需求的收入和支出弹性为 2/3。"[2]

同鲍莫尔模型一样，惠伦模型的基本结论——预防性货币需求也受利率变动的影响，同样反映了资本主义经济中的一般情况，但惠伦模型对影响预防性货币需求的诸因素所作的定量分析又是值得商榷的。因篇幅所限，本书对此不作进一步讨论。

根据鲍莫尔模型和惠伦模型，凯恩斯的货币需求函数应被修正为 $M = L_1 (r, Y) + L_2 (r)$，并可进一步简化成 $M/P = L (r, Y)$。这也就是凯恩斯学派的货币需求函数。它表明，对实际货币余额的需求是由利率和收入两个因素共同决定的。

第四节 弗里德曼的货币需求理论

弗里德曼的货币需求理论是他的现代货币数量说的重要组成部分[3]。弗里德曼认为："数量说首先是货币需求的学说。它不是产出学说，也不是货币收入学说或价格水平学说。"[4] 这一货币需求学说"所要研究的是：人们意愿持有的现

---

① 惠伦：《现金的预防需求的合理化》，载《经济学季刊》，1966（5），319 页。
② 理查德·科格伦：《货币金融理论》（Richard Coghlan, *The Theory of Money and Finance*），92 页，伦敦，1980。
③ 主要见诸于弗里德曼：《货币数量说的重新表述》，载弗里德曼编：《货币数量说研究》，1956，重刊于《最适货币量及其他论文集》。
④ 同本页注③，52 页。

金余额量是由哪些因素决定的"①。弗里德曼摒弃了凯恩斯和凯恩斯学派从人们保持货币的动机出发来研究货币需求的方法，而只是把货币作为"一种资产，一种持有财富的方式"，或"一种（提供生产劳务的）资本货物（capital good）"②，"如同债券、股票、房屋、耐用消费品等等一样"③，所以在弗里德曼看来，"货币需求理论又是资本理论中的一个特殊论题"。④

作为资本理论的直接运用，弗里德曼视个人的财富总额为决定货币需求的主要因素。这里的财富是从"最广泛和最普遍"的意义上来说的。因此，"财富总额包括'收入'或消费、劳务的所有来源。来源之一是人类的生产能力（即所谓的人力财富——引者注）。于是它成了保持财富的形式之一。从这一观点出发，'利率'（即贴现率——引者注）就表示着财富存量与收入流量之间的关系"⑤，即可视财富为收入的资本化价值。若以 Y 表示收入流量总额，r 表示贴现率，财富总额 W 就为

$$W = \frac{Y}{r} \qquad (2-19)$$

但是，弗里德曼用以代表财富的收入并不是现期收入，因为据说现期收入会出现不规则的波动。他所使用的收入是所谓"恒久性收入"⑥。这里资本理论在弗里德曼货币分析中的又一运用。

弗里德曼还设想，货币同其他任何资产一样，对其持有者提供劳务流量（a flow of services）。这些劳务可以是货币收益，也可以是便利、安全感等等。于

---

① 弗里德曼：《战后货币理论与政策的趋向》（*Post-War Trends in Monetary Theory and Policy*），载《最适货币量及其他论文集》，73 页。

②④ 弗里德曼：《货币数量说的重新表述》，载《最适货币量及其他论文集》，52 页。

③ 弗里德曼：《货币需求——某些理论的与经验的结果》（*The Demand for Money: Some Theoretical and Empirical Results*），载《政治经济杂志》，1959（8），重刊于《最适货币量及其他论文集》，137 页。

⑤ 同本页注②，53 页。

⑥ 恒久性收入的概念是弗里德曼在他的《消费函数理论》（1957）一书中提出来的。它是指消费者所预期的其人力财富和非人力财富在一系列的年份中所能获得的平均收入，在实际计算中，以现在和过去的实际收入的加权平均数表示，距现在愈远者，其权数愈小。若以 Y_p 表示恒久性收入，Y_t 表示 t 年的实际收入，a_0、a_1、$a_2\cdots$分别表示 t 年、$t-1$ 年、$t-2$ 年…的权数，就可将自 $t-n$ 年至 t 年这一段时期的恒久性收入表述为：$Y_p = a_0 Y_t + a_1 Y_{t-1} + a_2 Y_{t-2} + \cdots + a_n Y_{t-n}$。其中，$a_0 > a_1 > a_2 > \cdots > a_n$，$a_0 + a_1 + a_2 + \cdots + a_n = 1$。恒久性收入概念的提出具有重大的理论意义。已故英国著名经济学家 H. G. 约翰逊曾经指出："弗里德曼把资本理论的基本原则——收入是资本的利益，而资本是收入的现值——运用到货币理论中，可能是凯恩斯《通论》以来货币理论的最重要的发展。它的理论意义在于将财富和收入结合起来，作为影响人们经济行为的因素。"他甚至认为："弗里德曼的货币分析的最重要的意义并不在于系统地阐述了货币理论，而在于阐明了同货币分析有关的'收入'概念的性质。"（H. G. 约翰逊：《货币理论与政策》，载《美国经济评论》，1962（6），重印于约翰逊著《货币经济学论文选》，英文版，33 页，1979。）

是，因持有货币而放弃的其他资产所提供的劳务就成了持有货币的机会成本。这些机会成本的高低自然会影响人们对货币的需求。因债券、股票和实物资产被弗里德曼列为货币的主要替代品，这三种资产的收益（所提供的劳务）就成了具有代表性的持有货币的机会成本。

　　弗里德曼分析到，债券的收益由两部分组成：一是债券利息，二是因债券价格变动而引起的资本增值或贬值。后一项收益可正亦可负。若持有价格为 1 元的债券能获得年息 r_b，则年息为 1 元的债券的价格即为 $1/r_b$。弗里德曼称 r_b 为债券的市场利率（market bond interest rate），并由此将保持价格为 1 元的债券的收益近似地表达为

$$r_b - \frac{1}{r_b} \frac{\mathrm{d}r_b}{\mathrm{d}t} \tag{2-20}$$

式中，t 代表时间。同样"可以认为，股票持有人的名义收益具有三种形式：在价格不变条件下，他每年能获得的固定的名义股息量；价格变动后，该名义量的增量或减量；以及随着时间的推移而发生的股票名义价格的变动，这一变动可因利率或价格水平的变动而发生"[1]。若以 r_e 表示股票的市场利率，可将以股票形式保持 1 元财富的收益近似地表达为

$$r_e + \frac{1}{p} \frac{\mathrm{d}p}{\mathrm{d}t} - \frac{1}{r_e} \frac{\mathrm{d}r_e}{\mathrm{d}t} \tag{2-21}$$

式中，p 表示价格水平。货币的另一种主要替代品——实物资产的收益，则取决于物价水平的变动。所以，持有 1 元实物资产的收益应为

$$\frac{1}{p} \frac{\mathrm{d}p}{\mathrm{d}t} \tag{2-22}$$

　　弗里德曼认为，除了上述变量外，影响货币需求的还有：非人力财富与人力财富在总财富中的分配比例以及财富所有者对不同形式的财富所提供的劳务的嗜好与偏好。为什么上述比例会影响货币需求呢？弗里德曼的回答是："大多数财富持有者的主要资产是他们的个人赚钱能力，但是，由人力财富向非人力财富的转化，或者作相反的转化，则由于制度方面的约束而受到很大限制。"[2] 弗里德曼认为，非人力财富间具有较高的替代率，而人力财富的市场则是很不

---

　　① 弗里德曼：《货币数量说的重新表述》，载《最适货币量及其他论文集》，54 页。将债券收益与股票收益相比较，我们发现，前者不存在因价格变动而引起的债券利息的变动问题。这是因为，债券利息早在债券买卖时就已确定，它不受价格变动的影响。

　　② 弗里德曼：《货币分析的理论构架》（*A Theoretical Framework for Monetary Analysis*），载罗伯特·戈登编：《弗里德曼的货币理论构架》（R. J. Gordon：*Milton Friedman's Monetary Framework*），12 页，1974。

完全的，尤其是当经济不景气时，更难以把人力财富转变为收入。因此，为了应付可能发生的人力财富的滞销，人力财富在总财富中的比例越大，对货币的需求也就越大。至于上述嗜好和偏好，一般应视为不变，但当客观环境变动时，也有可能变动，如战争时期，以货币形式保持的财富的比例就会增大，所以，此类嗜好和偏好的变动也会影响货币需求。

综上所述，弗里德曼将决定货币需求的主要因素归结为财富总额、债券的预期收益、股票的预期收益、实物资产的预期收益和非人力财富对人力财富的比例以及财富所有者对各种财富的嗜好与偏好等五项。若以 w 代表非人力财富对人力财富的比例，或非人力财富的收入对人力财富的收入的比例，u 代表能影响上述嗜好与偏好的各种变量，可得如下货币需求函数：

$$M = f\left(p, r_b - \frac{1}{r_b}\frac{\mathrm{d}r_b}{\mathrm{d}t}, r_e + \frac{1}{p}\frac{\mathrm{d}p}{\mathrm{d}t} - \frac{1}{r_e}\frac{\mathrm{d}r_e}{\mathrm{d}t}, \frac{1}{p}\frac{\mathrm{d}p}{\mathrm{d}t}; w; \frac{Y}{r}; u\right) \quad (2-23)$$

我们发现，弗里德曼把价格水平作为一个重要变量包括在货币需求函数中。这是因为，"我们所谈论的货币需求，必须是对支配商品和劳务的实际余额的需求，而不是对名义余额的需求"。弗里德曼认为，"这是新、旧货币数量说的基本特征"[1]。

上式包含了三项利率：特殊资产的利率 r_b、r_e 和一般利率 r，还隐含着两项利率：实物资产的收益率和人力财富的收益率。"这项一般利率 r 可解释为两项特殊利率加上人力财富和实物资产的利率的加权平均数。由于后两项利率无法观察，所以最好将它们的变化视做与 r_b 和 r_e 的变化有着某种规律性的联系。根据这一假定，我们可把 r 舍去，而将它的影响完全包含在 r_b 和 r_e 的影响中"[2]。

并且，"假若有关价格变动与利率变动的意见并无二致，除债券系以名义单位表示外，债券和股票就没有什么不同了"[3]。因此，通过套利可使：

$$r_b - \frac{1}{r_b}\frac{\mathrm{d}r_b}{\mathrm{d}t} = r_e + \frac{1}{p}\frac{\mathrm{d}p}{\mathrm{d}t} - \frac{1}{r_e}\frac{\mathrm{d}r_e}{\mathrm{d}t} \quad (2-24)$$

或者，若假定各种利率要么稳定不变，要么以相同的百分率变动，则

$$r_b = r_e + \frac{1}{p}\frac{\mathrm{d}p}{\mathrm{d}t} \quad (2-25)$$

也就是，"货币"利率等于"实际"利率加价格变动百分率。

根据以上假设，可将式（2-23）简化成：

---

① 弗里德曼：《战后货币理论与政策的趋向》，载《最适货币量及其他论文集》，73～74 页。
②③ 弗里德曼：《货币数量说的重新表述》，载《最适货币量及其他论文集》，57 页。

$$M = f\left(p, r_b, r_e, \frac{1}{p}\frac{\mathrm{d}p}{\mathrm{d}t}; w; Y; u\right) \tag{2-26}$$

而且，不论用哪一种名义单位来表示 p 和 Y，都不会改变式（2-23）所表示的关系。"如果表示物价和货币收入的单位发生变化，货币需要量也应作同比例的变化。更技术性地说，须视式（2-23）为 p 和 Y 的一阶齐次式"①。把这一原理运用于式（2-26），就有：

$$f\left(\lambda p, r_b, r_e, \frac{1}{p}\frac{\mathrm{d}p}{\mathrm{d}t}; w; \lambda Y; u\right) = \lambda f\left(p, r_b, r_e, \frac{1}{p}\frac{\mathrm{d}p}{\mathrm{d}t}; w; Y; u\right) \tag{2-27}$$

设 $\lambda = 1/p$，式（2-26）可改写成：

$$\frac{M}{p} = f\left(r_b, r_e, \frac{1}{p}\frac{\mathrm{d}p}{\mathrm{d}t}; w; \frac{Y}{p}; u\right) \tag{2-28}$$

这表示对实际余额的需求是实际变量的函数，它不受名义价值变化的影响。设 $\lambda = 1/Y$，又可将式（2-26）改写为

$$\begin{aligned} \frac{M}{Y} &= f\left(r_b, r_e, \frac{1}{p}\frac{\mathrm{d}p}{\mathrm{d}t}; w; \frac{p}{Y}; u\right) \\ &= \frac{1}{V\left(r_b, r_e, \frac{1}{p}\frac{\mathrm{d}p}{\mathrm{d}t}; w; \frac{Y}{p}; u\right)}② \end{aligned} \tag{2-29}$$

由上式得：

$$Y = V\left(r_b, r_e, \frac{1}{p}\frac{\mathrm{d}p}{\mathrm{d}t}; w; \frac{Y}{p}; u\right)M \tag{2-30}$$

弗里德曼强调说，"这种形式的方程式就是采取了常见的数量说的形式。"③ 但是，弗里德曼并不像传统数量论者那样，假定 v 固定不变（在他看来，数量学说并不需要作此假设），而是认为，"货币需求是高度稳定的"。这里所谓稳定，是指"货币需求量与决定此需求量的诸变量之间的函数关系的稳定"④。尽管"稳定"和"固定"只不过一字之差，却反映了弗里德曼的货币数量说同传统货币数量说的重要区别。造成这 区别的主要原因恐怕在于：前者以高度稳定的所谓恒久性收入代替了后者中的较易变动的现期收入，以作为影响货币需求的主要因素。

---

① 弗里德曼：《货币数量说的重新表述》，载《最适货币量及其他论文集》，58 页。
② 因货币的收入流通速度 $V = Y/M$，故 $M/Y = 1/V$，而分母中括号内的 Y/P 等变量则是决定 V 的一系列因素，因为既然这些变量使 M/P 成为其函数，当然也使 V 成为其函数。
③ 同本页注①，58 页。
④ 同本页注①，62 页。

弗里德曼进一步指出："数量论者不仅把货币需求函数看做是稳定的，他还认为这一函数在决定诸如货币收入水平和物价水平等对整体经济分析极为重要的变数中起着举足轻重的作用。正因为如此，他才特别重视货币需求……数量论者还认为，影响货币供给的若干重要变数并不影响货币需求……只是为了探究货币供给的变化所产生的影响，稳定的货币需求函数才是有用的……"①，因为，"就货币理论而言，关键问题乃是名义货币需求量和名义货币供给量之间的差异的调整过程的问题"②。只有在这一调整过程中，名义收入和价格水平才会发生变化。既然货币需求函数是稳定的，且不受政府的金融政策等影响货币供给的因素的影响，那么，名义收入和价格水平的变化也就唯一地取决于货币供给的变化了。正是在这个意义上，弗里德曼才认为货币是最重要的。也正是在这个意义上他才认为，货币数量说是关于货币需求的学说，而不是关于产出、货币收入或物价水平的学说。

正因为数量说是关于货币需求的学说，所以它不仅无须假设货币流通速度为常数，且无须以经济会自动趋于充分就业的均衡为前提。对于传统数量说，充分就业均衡下的货币流通速度和国民收入的固定不变这一假设是至关重要的；而对于弗里德曼的现代数量说，舍弃这一假设只不过意味着摒弃了传统数量说关于货币量的增加将直接使物价同比例上升的错误推断。在凯恩斯对传统数量说的抨击中，最严厉的莫过于对它的这一假设的抨击了。弗里德曼抛弃了这一假设，使数量说从非难中解脱出来，并为之恢复了"名誉"。这就是弗里德曼对货币数量说的"重新表述"的含义。

尽管弗里德曼称现代数量说为传统数量说的重新表述，但是多数西方经济学家却认为，现代货币数量说只不过是凯恩斯货币理论的精心陈述。最早提出这一观点的是帕廷金（Don Patinkin）。他断言：现代货币数量说"实际上是货币需求的现代资产选择分析的一种精致的阐述……而后者只能被视为凯恩斯的流动性偏好理论的延续"③。他还明确指出：弗里德曼1956年的文章是"现代凯恩斯主义货币理论的最精致和最复杂的表述——却错误地冠之以'货币数量说的重新表述'"④。甚至连货币主义理论的支持者 H. G. 约翰逊也说："弗里德曼

---

① 弗里德曼：《货币数量说的重新表述》载《最适货币量及其他论文集》，63 页。

② 弗里德曼：《货币分析的理论构架》，载《弗里德曼的货币理论构架》，51 页。

③ 帕廷金：《芝加哥传统、数量说和弗里德曼》（*The Chicago Tradition*, *The Quantity Theory*, *and Friedman*），载《货币、信用和银行杂志》，1969（2），重刊于帕廷金：《货币经济学研究》（*Studies in Monetary Economics*），93 页，1972。

④ 同本页注③，108 页。

对货币数量说的重新表述或许应被视为凯恩斯学派的资产选择分析的一种袭用……"①。认为现代数量说只不过是凯恩斯货币理论的翻版者，几乎都引用了弗里德曼自己的一段话来证明他们的观点："货币理论的一个更为根本和更为基本的发展，曾经是以深受凯恩斯的流动性分析影响的方式而重新阐述的货币数量说。"②

应该如何看待弗里德曼的所谓重新表述和批评者们的不同意见呢？首先，我们不完全同意帕廷金的论断，尽管这一论断已为西方经济学界所广泛接受，甚至有人把它称为"令人折服的论点"③ 或"结论性的说明"④，因为评判一种经济理论的本质和属性，不仅要看它的论述方法和理论基础，还要看它的主旨和结论。如果因为某一学说继承了另一学说的某些方法，或汲取了另一学说的某些理论，就把前者说成只是后者的重现，那又怎么理解理论间的继承和发展的关系呢？诚然，弗里德曼的"重新表述"采取了凯恩斯学派的某些分析方法（如资产选择分析），也受到凯恩斯流动性偏好理论的影响（如弗里德曼关于人力财富在总财富中所占的比例越大，对货币的需求也就越大的论述，就明显地受到凯恩斯关于预防动机的货币需求理论的影响。由于弗里德曼反对以保持货币的动机来划分货币需求，所以这一影响尚未有人指出过），且弗里德曼的货币需求函数在形式上也很接近于凯恩斯学派的货币需求函数 $M/P = f(r, Y)$（"如果把 r 作为代表各种形式财富的报酬率，则惟一真正的不同在于货币学派对财富所作的说明更为明确"⑤），但是，弗里德曼的"重新表述"的主旨在于说明货币在经济生活中的极端重要性（甚至是惟一重要的），强调货币存量对产出和价格的决定性作用，这同凯恩斯学派关于货币固然"也是重要的"，但决定就业和收入的是支出的观点，是有很大差别的。在这一点上，现代数量说倒是更接近于传统数量说，而不是更接近于凯恩斯学派的货币理论。又怎么能说现代数量

---

① H. G. 约翰逊：《货币经济学论文选》，英文版，186 页，1979。

② 弗里德曼：《战后货币理论与政策的趋向》，载《最适货币量及其他论文集》，73 页。

③ 爱德华·夏皮罗：《宏观经济分析》，中文版，397 页的脚注，北京，中国社会科学出版社，1985。

④ 同本页注①，183 页。

⑤ 布赖恩·摩根：《货币学派与凯恩斯学派——它们对货币理论的贡献》，中文版，77 页，1984。但我们认为，这一不同却反映了凯恩斯学派的货币需求理论和弗里德曼的货币需求理论的重要区别。凯恩斯学派虽然也把货币视为一种资产，但他们只是把它看成其他金融资产的替代物。货币和其他金融资产间的这种高度替代性导致了凯恩斯学派关于货币需求具有较高的利率弹性的结论。而弗里德曼则把货币视为包括金融资产和非金融资产在内的所有资产的替贷物。这种广泛的替代性使得货币不可能仅仅在金融领域内就具有较高的替代性。这又导致了弗里德曼关于货币需求的利率弹性很低的结论。

说只是凯恩斯（或凯恩斯学派）的货币理论的"表述"或"袭用"呢？

若要给现代数量说下个定义的话，我们也愿意借用上述为帕廷金等人所反复引用的弗里德曼的"名言"，"是以深受凯恩斯的流动性分析影响的方式而重新阐述的货币数量说"。只是我们对此语的理解与帕廷金等人的理解有所不同，我们认为，此语并不能证明弗里德曼已承认他的数量说是凯恩斯货币理论的重述，因为弗里德曼实际上只是承认他的理论在方法上"深受凯恩斯流动性分析的影响"，而认为其本质则是经过"重新阐述的货币数量说"。

当然，我们作以上辩解，丝毫不意味着赞同现代货币数量说，恰恰相反，在我们看来，弗里德曼把货币量的变动说成是资本主义一切经济现象的最终原因，要么是出于无知，要么是有意混淆视听。我们知道，资本主义的基本矛盾是生产的社会性和生产资料的资本主义私人占有形式之间的矛盾，在资本主义经济中则表现为资本主义私有制造成的生产能力的不断扩大和广大人民有支付能力的需求相对缩小的矛盾。这一基本矛盾的必然结果就是经济危机的频繁爆发和大量失业现象的存在。可以说，凯恩斯提出有效需求不足的理论和所谓支出决定收入的理论，反映了他对资本主义经济的性质和基本矛盾的一定程度的认识。就像 H. G. 约翰逊所说："我相信凯恩斯主义的如下观点是正确的，即大量失业是比通货膨胀远为严重的社会问题。"[1] 凯恩斯的错误在于掩盖资本主义基本矛盾的阶级本质，并认为这一基本矛盾可以通过所谓需求管理和收入分配政策加以解决。相比之下，弗里德曼在理论上的错误就更严重了。他认为资本主义经济的最严重的问题是通货膨胀问题，最根本的问题则是货币供应量的问题。这种观点是任何一个对现代资本主义经济有所认识的人都不会接受的。资本主义经济与其说是货币决定收入，倒不如说是支出决定收入。对于资本主义经济来说，真正难以解决的是大量失业和经济萧条，而不是通货膨胀问题，因为只有前者才是资本主义基本矛盾的直接表现，而后者只是这一基本矛盾的派生现象。由于这个最根本的原因，可以预料，货币主义的"盛行"只是一时的，货币主义对凯恩斯主义的"革命"不会最终成功。最大的可能是，货币学派的某些论点（如强调货币重要的论点）为凯恩斯学派所吸收，以弥补后者的不足，而作为一个经济学流派，货币学派将逐渐消失。实际上，这一吸收工作早已在凯恩斯学派中间悄悄地进行了。

---

① H. G. 约翰逊：《货币经济学论文选》，英文版，226 页，1979。

第五节　资产选择的货币需求理论

资产选择（portfolio selection）的货币需求理论是 20 世纪 50 年代后西方货币经济学发展的重要内容之一。portfolio 是指投资者的投资搭配或证券组合。根据马柯维茨（H. M. Markowitz）的解释，一种 portfolio 可以包括股票、债券等多种有价证券。每一种证券都会有收益，同时也具有风险。因此，不同的证券组合意味着不同的收益和风险的组合。只要投资者对收益和风险的主观评价不同，他们所选择的投资组合就会不同。"资产选择分析就是为了找出能满足各种投资者目的的各种最佳资产组合"[①]，或者说，是为了找出决定投资者资产组合的因素。

尽管资产选择分析的最直接的应用在投资学领域，可实际上，它产生伊始就同货币需求理论联系在一起，甚至可以说，它的产生就是货币需求理论发展的结果。它出现于 20 世纪 30 年代，形成于 20 世纪 50 年代。在这期间，西方货币理论发展的一个引人注目的特点就是货币被作为一种资产，一种同股票、债券等证券一样的资产。货币需求也就被视为对一种资产的需求。货币需求理论于是成了资产选择的货币需求理论。[②]

资产选择理论主要由两大分支组成。一支是由希克斯（J. R. Hicks）、马柯维茨和托宾代表的所谓平均方差分析（mean variance approach），另一支则是由阿罗（K. J. Arrow）等人代表的所谓状态偏好分析（state preference approach）。从方法上看，前者简明实用，后者则抽象难懂。为通俗起见和篇幅所限，本书只介绍前一种分析。

一、希克斯提出了资产选择理论的基本原理

现代资产选择理论的一些基本原理的提出，可以追溯到希克斯发表于 1935 年的一篇论文。[③] 西方经济学家称马柯维茨为"现代资产组合理论之父"，却很

[①]　马柯维茨：《资产选择——投资的有效多样化》（*Portfolio Selection：Efficient Diversification of Investment*），3 页，1959。

[②]　可以说，当代西方货币需求理论几乎都是资产选择的货币需求理论，如弗里德曼的货币需求理论主要论述了财富持有者如何在货币、债券、股票和非金融资产等多种财富中间进行选择的问题。本节所要介绍的货币需求理论与其他货币需求理论的区别在于，它把资产选择理论的基本原理直接运用于货币需求的分析中。

[③]　希克斯：《关于简化货币理论的建议》（*A Suggestion for Simplifying the Theory of Money*），载《经济学》（*Economica*），1935（2），重刊于希克斯：《货币理论评论集》（*Critical Essays in Monetary Theory*），1967。

少谈论希克斯在这方面的贡献，这是不公正的。而且，希克斯完全是从货币需求的角度去讨论资产选择问题的。因此，有必要在此简述希克斯的有关论述。

希克斯从货币需求的决定因素开始分析。他认为，"一个人所希望持有的货币的数量取决于三个因素：他预期未来支付的日期、投资成本和投资的预期利益率"。但他旋即又指出，对货币需求决定因素的这一概括，既"不精确"，也"不完全"，"因为我们还必须考虑这样一个极为重要的实际情况，即人们的预期绝不像我们所假设的那么精确。……事实上，他们的预期总是被某一疑虑的阴影包围着；这一阴影的密度对于我们正在考虑的问题是极为重要的。"① 希克斯称这种疑虑的阴影为"风险"（risk）。

希克斯认为，风险的存在通过两种途径影响着货币需求："首先影响预期投资日期，其次影响预期投资净收益。"② 他指出，未来的投资日期和投资收益具有不确定性。这种不确定性会给投资者带来意外的损失或意外的收益。但大多数投资者并不喜欢冒险，所以不确定性的存在只能损害他们投资的积极性。与此相比较，持有货币则安全得多。为避免风险，他们理所当然地会将一部分资本转变为现金。所以在希克斯看来，"此类风险将很自然地成为增加货币需求的又一因素"③。

那么，人们对风险是否就一筹莫展了呢？当然不是，对付的办法之一是投资分散化。希克斯指出："风险的一个特征是，从事多个风险性投资所遭受的全部风险，并不简单地等于各独立投资分别遭遇的风险之和。在大多数情况下，'大数定律'发挥着作用，故从事若干个独立的风险性投资所遭遇的风险，将小于把全部资本都投资于一个方向所遭遇的风险。当投资很分散时，全部风险会降到很小。"④ 读者阅此可能会和笔者一样感到惊异：在现代资产选择理论产生整整 20 年前，希克斯就已如此清晰地表述了该理论的一个最基本的原理——投资分散化原理。

不仅如此，希克斯还分析道，分散投资的成本总是比集中投资的成本来得高。且投资越分散，成本越高。投资成本于是成为分散投资的限制因素。它使投资都不可能通过对其资本的极大分散，去最大限度地降低投资风险。也就是说，投资的分散是有限度的。⑤

---

① 希克斯：《关于简化货币理论的建议》，载《货币理论评论集》，68～69 页。
② 同本页注①，69 页。
③ 同本页注①，70 页。
④ 同本页注①，70～71 页。
⑤ 请读者注意，希克斯的这一重要观点即使在托宾等人的现代资产选择理论中，也似乎被遗忘了。

那么，对于风险，人们是否就此而止，别无他法了呢？也不是。他们还可以通过"只是把总资产的一部分投资于风险性企业，而把其余部分投资于安全性企业"的办法，去对付风险。至于风险性投资和安全性投资的分配比例，则既取决于投资者对风险的估计，又取决于投资者"对风险的主观偏好"。对此，可找出有"代表性个人"来。[①]

对于资产选择同货币需求的关系，希克斯总结道，就像风险的存在会增加货币需求一样，安全性投资则将减少货币需求，因为人们发现了一种既安全又有收益的持有资产的方式。

由上可见，希克斯早在20世纪30年代就提出了现代资产选择理论的基本原理，开创了与货币需求密切联系的资产选择的分析方法。当然，希克斯的分析还只是一个雏形，且未形成完整的体系。这同希克斯一生理论贡献众多，却未能发展成为一个独立的理论体系，又何其相似。

二、马柯维茨奠定了平均方差分析的基础

马柯维茨于20世纪50年代初发表了《资产选择》这一平均方差分析的开拓性论文[②]，50年代末又在该文的基础上扩充成名著《资产选择——投资的有效多样化》，从而奠定了平均方差分析的基础。

在马柯维茨的《资产选择》一文发表以前，西方经济学界公认的投资决策的基本原则是预期收益极大化。马柯维茨对此提出疑义。他指出，根据这一原则，投资者只要把全部资本投向某一预期收益最大的证券就完事了，而不会存在所谓投资多样化的问题；可事实并非如此，几乎没有一个投资者愿意如此行事。这表明，投资决策的基本原则并不是预期收益极大化。那么是什么呢？马柯维茨认为，是预期效用极大化。[③]

在现代资产选择理论中，效用包括"投资者希望得到的所有的东西和投资者希望避免的所有的事物"[④]。他们希望得到的东西就是投资收益，他们希望避免的事物就是投资风险。毫无疑问，投资者预期效用极大化包括预期收益极大和预期风险极小两项内容。在现实生活中，收益和风险往往联系在一起。马柯维茨认为，很难找到收益很大而风险很小的投资项目。为了提高投资总效用，

---

① 希克斯：《关于简化货币理论的建议》，载《货币理论评论集》，71~72页。

② 马柯维茨：《资产选择》（*Portfolio Selection*），载《金融杂志》，1952（3）。

③ 马柯维茨：《资产选择——投资的有效多样化》，207页。

④ 威廉斯·彼得：《投资——新的分析方法》（W. J. Peter, *Investments: New Analytic Techniques*），291页，纽约，1970。

投资者宁愿牺牲一部分收益而不愿从事风险较大的项目。由于马柯维茨认为测量风险的最佳尺度是预期收益的方差，所以他将上述资产选择的基本原则称为"预期收益—收益的方差"规律（简称 E－V 规律）。

作为 E－V 规律的具体运用，马柯维茨提出了"有效资产组合"（effective portfolio）的概念。所谓有效资产组合就是满足以下三个条件的资产组合："（1）是一个可行的资产组合；（2）任何其他可行的资产组合如果具有比这一组合更多的预期收益，那么也必须具有比它更大的收益的方差；（3）任何其他可行的资产组合如果具有比这一组合更小的收益的方差，那么也必须具有比它更少的预期收益。"[①] 只要不符合以上三个条件中的任何一个，就是"非有效资产组合"（inefficient portfolio）。马柯维茨认为，任何合乎理性的投资者都必然选择有效资产组合。可见，符合效用极大化原则的资产组合就是有效资产组合。马柯维茨借助于图 2－1 形象地阐述了 E－V 规律和有效资产组合原理[②]。

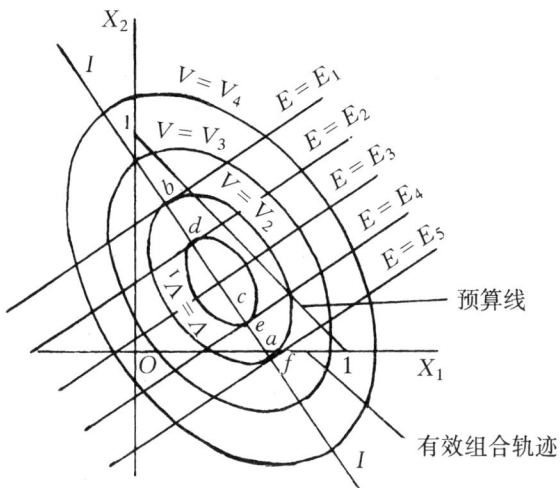

图 2－1

图 2－1 描绘的是一个包括三种证券的资产组合。X_1 和 X_2 分别代表证券 1 和证券 2。因证券 1、证券 2 和证券 3 在整个资产组合中所占百分比之和为 1，而预算线（Budget line）表明，X_1 与 X_2 之和已为 1，故 X_3 为零，即 X_3 在图中

---

① 马柯维茨：《资产选择——投资的有效多样化》，140 页。
② 参见马柯维茨：《资产选择——投资的有效多样化》，7 章。

不出现。E 和 V 分别代表资产组合的预期收益和收益的方差。其中 $E_1 < E_2 < E_3$ $< E_4 < E_5$；$V_1 < V_2 < V_3 < V_4$。c 点代表最小方差。E、V 曲线都是经过严密的数学推导而确定的。在同一条 E 曲线内的预期收益都相等；在同一条 V 曲线内的收益的方差也都相等。b 点是 E_1 曲线与 V_2 曲线的切点，亦为 E_1 曲线上的最小方差点。也就是说，在预期收益为 E_1 的各种资产组合中，没有一种资产组合的预期收益的方差能小于 V_2。同样，d、c、e、f 分别为曲线 E_2、E_3、E_4、E_5 上的最小方差点。它们的意义亦如上述。各切点的连线 II 是预期收益相同的资产组合所可能获得的最小方差点的轨迹。马柯维茨称之为"临界线"（critical line）。"如果一个点在临界线上，它就是使某一预期收益下的方差极小的点。反过来说，如果一个点使某一预期收益下的方差极小，那么它一定在临界线上"[1]。我们还发现，在 II 线上，总有两个预期收益（如 E_1 和 E_5，E_2 和 E_4）具有同一方差。一个预期收益点在 c 点之上，另一个则在 c 点之下。既然对于某一个预期收益的方差只有一个预期收益与之相配对，才能成为有效资产组合，那么，究竟是 c 点以上的点为有效组合点，还是 c 点以下的点才为有效组合点呢？当然是 c 点以下的点（包括 c 点本身）才是有效组合点，因为 c 点以上的点不符合上述有效组合的条件，如 b 点和 d 点都不符合条件（2）和（3）。当然，也并非 c 点以下的所有的点都符合这些条件，因为 OX_1 线以下的点（如 f 点）不符合条件（1），即不符合 $X_1 + X_2 + X_3 = 1$ 的条件。由此可见，由 c、e、a、1 所连成的轨迹是有效组合轨迹。在这一轨迹上的点所代表的资产组合才是有效资产组合。

综上所述，我们可以把马柯维茨的预期效用极大化的资产选择原则概括成这样两句话：在既定的收益条件下，追求最小的风险；在既定的风险条件下，追求最大的收益。

投资者如何才能达到这一目标呢？马柯维茨认为，最有效的方法是投资多样化，即"投资者将资本分散于那些预期收益很高的证券中"[2]，而不集中于哪怕是预期收益最高的一种证券。"这就像抛硬币一样：我们不可能很有把握地预期抛一次硬币的结果；但如果抛好多次硬币的话，我们就可以确信，硬币正面出现的次数约为抛币次数的一半"[3]。"大数定律必将使这样的资产组合的实际收益几乎同预期收益一样大。"[4]

---

① 马柯维茨：《资产选择——投资的有效多样化》，139 页。

②④ 马柯维茨：《资产选择》，载《金融杂志》，1952（3），79 页。

③ 同本页注①，5 页。

马柯维茨进一步认为："E-V 假设不仅意味着投资多样化，它还意味着多样化投资的恰当的种类。多样化投资的恰当性并非惟一地取决于投资者所持有的证券的种类数。……欲使收益的方差变小，仅仅投资于许多种证券是不够的，还须防止投资于具有较高协方差的证券中。"[①] 马柯维茨所说的协方差也就是相关性。协方差或相关性越高表明相互间的影响越大。相关性较高的证券的收益或风险往往同增同减。若将投资分散于相关性较高的资产中，就难以达到降低风险的目的。马柯维茨因此建议："应该将投资分散于不同的行业中，因为不同行业的企业，特别是经济性质不同的行业的企业，有着比同一行业的企业较低的协方差。"[②]

三、托宾集平均方差分析之大成

如前所述，希克斯提出了与货币需求相联系的资产选择理论的基本原理，可他的分析并未形成一个完整的体系；马柯维茨建立了平均方差分析的资产选择理论的初步体系，因而被誉为"现代资产组合理论之父"，但他只是阐述了投资者行为的合理规则，而没有从货币需求的角度去分析资产选择问题。托宾在他们两人分析的基础上，对资产选择的基本原理和投资者的行为准则作了精致的表述，并将资产选择理论和货币需求理论相融合，使资产选择理论真正成为货币需求理论的重要组成部分，可谓平均方差分析的资产选择理论的集大成者。托宾的资产选择理论主要反映在他发表于 1958 年和 1965 年的两篇著名论文中[③]。

托宾和马柯维茨一样，认为决定投资者资产组合的基本原则是预期效用极大化。根据前述凯恩斯的流动性偏好理论，投资者对利率变化趋势的不同预期，导致了他们中的一部分人持有货币，另一部分人则持有债券。但是，凯恩斯的理论却无法说明为什么一个人既持有货币，同时又持有债券，更无法说明人们为什么同时持有利率高低不同的各种证券。托宾对此分析道，因未来是不确定的，故任何一种证券投资都具有收益和风险两重性。一般说来，收益的增加意味着投资者效用的增加，风险的增加则意味着投资者效用的减少。而收益和风

---

① 马柯维茨：《资产选择》，载《金融杂志》，1952（3），79 页。

② 同本页注①，89 页。

③ 托宾：《作为对付风险之行为的流动性偏好》（*Liquidity Preference as Behavior Towards Risk*），载《经济研究评论》，1958（2），重刊于托宾：《经济学论文集》，第 1 卷；《资产选择理论》（*The Theory of Portfolio Seléction*），载哈恩等：《利率理论》（*The Theory of Interest Rates*，edited by F. H. Hahn and F. P. R. Brechling），1965。

险又是正相关的。① "如果投资者承担较大的风险，他就能期待较大的收益。"②持有债券能获取利息，但同时也须承担债券价格下跌的风险；而持有货币虽无收益，却也无须承担风险（不考虑物价变动的因素）。同样，持有利率不同的证券意味着将承担不同的风险。由于随着收益和风险的增减变化，投资者所获得的边际效用（或边际负效用）也将变化，因此为了提高投资总效用，他们往往同时持有债券和现金，也同时投资于各种不同利率的证券。可见，投资者在选择其资产组合时，既要考虑所获收益的多少，又要考虑所冒风险的大小。

那么，怎样衡量预期收益的多少和风险的大小呢？托宾提出，以各种预期收益的加权平均数作为衡量预期收益的尺度。例如，预期某一资产组合的收益率为 30%、10% 和 −10% 的概率分别为 0.5、0.05 和 0.45，则预期收益率为 30% ×0.5 +10% ×0.05 + （−10%） ×0.45 =11%。托宾还提出："某一资产组合所具有的风险，宜以这一组合的预期收益的标准差来测度。"③标准差是统计学中的一个重要指标，用以衡量所平均的各个数值同其平均值的离散程度。标准差愈大，说明各数值高于或低于其平均值的可能性愈大；反之则反是。当衡量风险的预期收益的标准差较大时，投资者获得意外收益或遭受意外损失的机会就较多；而当这些标准差较小时，这些机会就较少。可见，在托宾的资产选择理论中，"风险是一个具有两层含义的概念：较大的风险意味着超过预期值和低于预期值的机会都较多。"④

由于投资者对风险和收益的效用的主观评价不同，所以尽管他们都从预期效用极大化的原则出发，但他们所作的资产选择却往往差别很大。托宾由此将投资者分为三种类型：只是根据预期收益的大小来决定其资产组合，而不考虑风险因素的所谓风险中立者（risk neutral）；宁愿放弃获取较多收益之机会，也不愿承担较大风险的所谓风险回避者（risk averter）；宁愿承担较大风险，也不愿放弃获得较多收益之机会的所谓风险爱好者（risk lover）。图 2 −2 和图 2 −3

---

① 这一命题不仅是托宾资产选择分析的重要前提，也是马柯维茨分析的隐含的前提。但是他们都未能证明这一命题的合理性。这不能不说是平均方差分析的一个严重缺陷。本书作者认为，这一命题在一定范围内和在一定程度上是正确的，但不具有普遍性。一般说来，投资者冒较大的风险是为了获取较多的收益。但却不能反过来推论说，为了获得较多的收益就一定得冒较大的风险。例如，消费信贷的风险虽小，但利率却很高。甚至有些根本不具风险的资产也可以有收益，如政府债券。原因在于，决定证券收益的除风险外还有许多因素，如期限长短、金额大小、市场竞争和政府法规等。怎么能把缺乏普遍意义的命题作为理论推导的出发点呢？

②③ 托宾：《作为对付风险之行为的流动性偏好》，载《经济学论文集》，第 1 卷，249~250 页。

④ 托宾：《资产选择理论》，载《利率理论》，14 页。

描绘了不同投资者的效用曲线①:

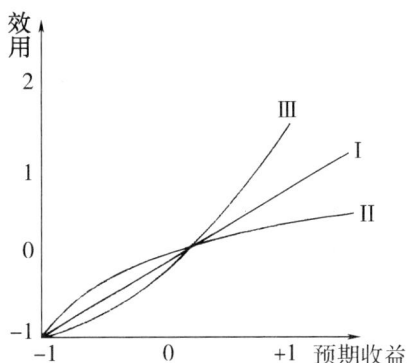

图 2 - 2

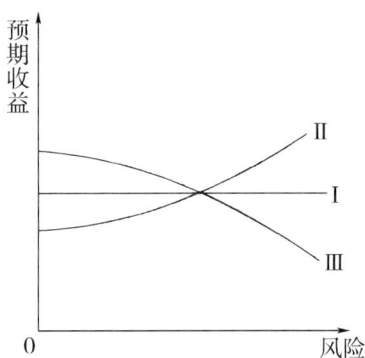

图 2 - 3

图 2 - 2 为预期收益的效用曲线图。曲线 I 、II 和 III 分别表示预期收益的边际效用不变、边际效用递减和边际效用递增,因而分别代表了风险中立者、风险回避者和风险爱好者对预期收益的效用评价。

图 2 - 3 为投资者预期效用的无差异曲线图。预期效用取决于预期收益和风险两个因素。同一条曲线内的任何一点都代表着相同的预期效用,故称之为无差异曲线。显然,斜率为零的曲线 I 所代表的预期效用不受风险变动的影响,而完全取决于预期收益的大小,所以它代表了风险中立者的资产选择模式。

斜率大于零的曲线 II 则代表风险回避者的资产选择模式。因为,对于这类投资者来说,收益的边际效用递减,而风险的边际负效用则递增,所以只有当预期收益的增加速度等于风险的增加速度时,预期效用才能保持不变。这表明,"除非风险回避者预期将获得较多的收益,否则他们不会接受较大的风险"②。

斜率小于零的曲线 III 代表风险爱好者的资产选择模式。对于甘冒风险的投资者来说,风险的增加非但不意味着预期效用的减少,还意味着预期效用的增加。沿着 III 曲线往右移动,因预期收益的下降而减少的预期效用恰被因风险的上升而增加的预期效用所抵消,故预期总效用不变。用托宾的话来说就是:"他们甘愿接受较低的预期收益,以期有机会获得由较大的风险所提供的异乎寻常的资本收益"③。

托宾认为,绝大多数投资者都是风险回避者,风险中立者和风险爱好者都

---

① 托宾:《资产选择理论》,载《利率理论》,14 ~ 22 页的图表和说明。

②③ 托宾:《作为对付风险之行为的流动性偏好》,载《经济学论文集》,第 1 卷,251 页。

只是极少数。所以，他以回避风险的投资者作为主要分析对象。

如上所述，对于风险回避者来说，收益的边际效用随着收益的增加而递减，而风险的边际负效用则随着风险的增加而递增。根据这一假设，当某人的资产构成中只有货币而无债券时，这个人就一定会把一部分货币换成债券，因为由此将获得的利息收益的效用是很大的，而同时带来的风险的负效用却比较小。并且，只要这一效用超过此负效用，该投资者就会在他的资产构成中继续增加债券的份额，而减少货币的份额，直到新增加的债券给投资者带来的边际效用不再超过它所带来的边际负效用为止。同样，投资者也不会让债券独占他的全部资产，而会不断减少债券持有额，不断增加货币持有额，直到最后减少一张债券（或最后增加一单位货币）给投资者带来的边际效用等于它所带来的边际负效用为止。这时，投资者的总效用就达到了极大。图 2 - 4 中的机会直线 OC_1 与效用无差异曲线 I_1 的交点 T_1 所表示的货币和债券的持有比例，即代表了这种最佳资产组合。[①] 托宾由此从理论上说明了人们同时持有货币和债券这两种资产的行为。

托宾的上述理论同样能说明投机动机的货币需求与利息率互为消长的关系。因为，当利率上升时，债券的收益就高了，但却不会因此而增加持有债券的风险。从图 2 - 4 看，由于债券收益增加，机会直线 OC_1 上升为 OC_2。这时，投资者就会减少货币需求，而增购债券。最佳资产组合点就由 T_1 上升到 T_2。反之，当利率下跌时，虽不增加保持债券的风险，但却减少了债券的收益，这就促使投资者把一部分债券转换成现金。所以，托宾说："避免风险行为的理论为流动性偏好理论和现金需求与利息率的反向关系提供了基础。"[②]

以上是投资者在两种资产间进行选择的例子。托宾认为，在现实生活中，投资者一般不会将选择的范围局限于两种资产，更不会只局限于所谓安全性资产的货币和所谓风险性资产的债券，而往往同时持有货币和各种证券。应该怎样解释这种现象呢？托宾认为，这是"资产收益的不确定性促使谨慎的投资者

---

① 图 2 - 4 根据托宾《作为对付风险之行为的流动性偏好》一文中的图 15.4 和《资产选择理论》一文中的图 7 改变。OC_1 和 OC_2 为两条机会直线。X_1 和 X_2 分别代表货币和债券的持有比例。显然，$X_2 = 1 - X_1$。原点 O 表示货币和债券的持有比例分别为 1 和 0；C_1 和 C_2 点则表示货币和债券的持有比例分别为 0 和 1。从原点出发，沿着机会直线向右上方移动，表示货币持有比例逐渐下降，而债券持有比例则逐渐上升，直到 C_1 点或 C_2 点。I_1 和 I_2 为两条效用无差异曲线。显然，I_2 所代表的效用大于 I_1 所代表的效用。

② 托宾：《作为对付风险之行为的流动性偏好》，载《经济学论文集》，第 1 卷，265～266 页。

分散投资"的缘故。① 托宾引用这样一句谚语来说明分散投资的意义："不要把你所有的鸡蛋都放在一只篮子里"②。即分散投资能分摊风险。不仅如此，某项投资的意外损失还往往为其他投资的意外收益所抵消。所以，"将投资分散于若干相互独立的企业，就能降低风险"，而收益则可保持不变。"这里所谓相互独立指的是，一个企业破产，另一个企业不一定也破产"③。那么，投资者是如何以预期效用极大化为原则，在一系列证券中进行选择的呢？

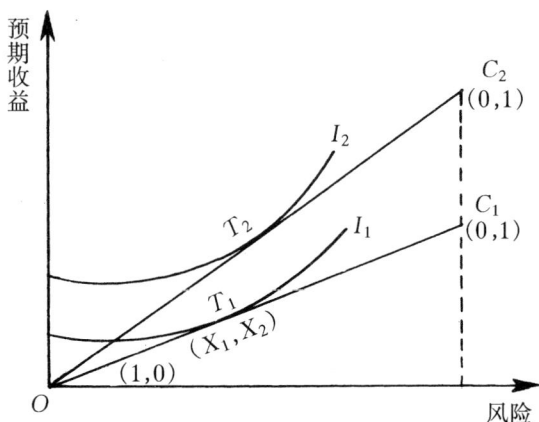

图 2－4

托宾根据投资风险互相影响的程度，将资产间的相互关系分为三种类型：完全正相关、完全负相关和相互独立。完全正相关是指一种资产的收益的意外变动，将引起另一种资产的同方向且同幅度的变动。所以，投资者"不可能在完全正相关的资产中间，通过套期交易或通过分散投资的办法去降低风险"④。换句话说，完全正相关的资产间不存在风险抵消的现象。图 2－5 中的 LN 线即代表在完全正相关的两种资产间进行选择的机会曲线。⑤ 上述排斥了物价变动影响的货币和债券的组合，可视为两种完全正相关的资产组合的特例。

所谓完全负相关，则是指一种资产的收益的意外变动，将引起另一种资产反方向而同幅度的变动。所以，"如果投资者选择了完全负相关的资产，他就可以通过完全的套期交易，去避免全部风险……"⑥也就是说，完全负相关的资产

---

① 托宾：《资产选择理论》，载《利率理论》，12 页。

②③ 同本页注①，22 页。

④ 同本页注①，28～29 页。

⑤ 图 2－5 引自托宾：《资产选择理论》，载《利率理论》，29 页。

⑥ 同本页注①，28 页。

的风险可完全抵消。图 2 - 5 中的 *LPN* 曲线即代表在完全负相关的两种资产间进行选择的机会曲线。但仅有实线 *PN* 才代表有效资产组合，因为在同风险条件下，虚线 *LP* 所代表的收益却较小，任何理性的投资者都不会以 *LP* 为选择对象。我们看到，由于风险的相互抵消，在曲线 *PN* 上，收益几乎不受风险变动的影响。

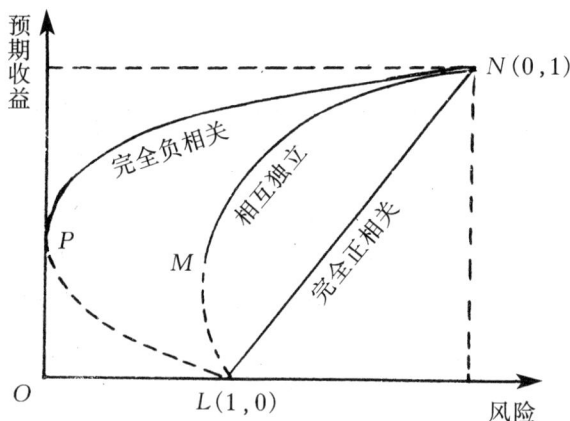

图 2 - 5

在现实生活中，资产间完全正相关或完全负相关的事例是很少的，常见的倒是所谓相互独立的资产，即风险能部分抵消的资产。不难理解，图 2 - 5 中的代表在两种相互独立的资产间进行选择的机会曲线 *LMN*，应位于曲线 *LPN* 和 *LN* 之间。根据同样的道理，也只有实线 *MN* 才为其有效资产组合曲线。

如前所述，投资者为了达到降低风险的目的，往往同时保持货币和各种证券。根据托宾的证明，两种以上资产的组合的可能机会曲线将形成一个面，而不仅仅是一条线，但最终的有效组合曲线仍如 *MN* 这么一段。[①] 可见，代表着风险回避者的有效组合的 *MN* 曲线，在托宾的资产选择分析中具有一般性的意义。结合前述风险回避者的效用无差异曲线图，可将风险回避者的资产选择行为描绘成图 2 - 6。其中，*CC* 为机会曲线，T 为最佳资产组合点，*OR* 和 *Or* 分别代表预期效用极大化条件下的投资的预期收益和风险。

以上就是托宾等人的资产选择理论的基本内容。[②] 可能已无需解释，托宾等

---

① 因篇幅所限，本书对此不予细述。对此有兴趣的读者可参阅托宾：《资产选择理论》，载《利率理论》，30 页以下。

② 为简明起见，本书省略了托宾的有关数学推导过程。

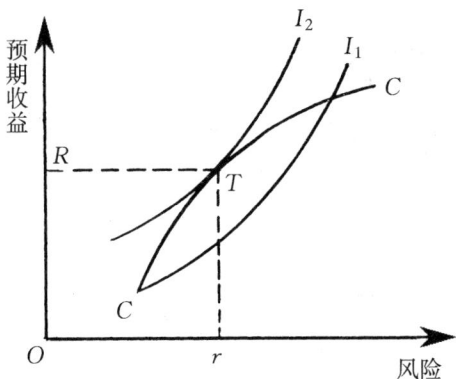

图 2 - 6

人的资产选择分析之所以被称为平均方差分析，在于它以预期收益的平均值和预期收益的方差（或为方差之平方根的标准差）作为衡量预期效用的两个参数，所以它又被称为二参数分析法。托宾曾不无骄傲地声称：并无充分证据证明二参数分析法的不现实，也未能找出比它更令人感兴趣的分析资产选择行为的方法。[1] 事实果真如此吗？

且不说所谓收益和风险正相关等假设的不现实，而只说二参数分析的理论基础吧。读者已经看到，这一分析以主观效用论为理论基础，且假定效用是可测度的。在那里，不仅效用本身是主观的，对效用、对收益和对风险的预期也都是心理性的。[2] 主观的和心理性的东西怎么能用绝对的数字加以测度呢？又怎么能在量上予以比较和计算呢？

托宾等人的资产选择理论之所以不很现实的根源之一在于，它不仅仅是一种技术性的理论，也并非进行着一种纯客观的分析，而是像其他许多西方经济理论一样，以支持一定的理论派别为己任，且可以为此而不顾理论的客观标准。如托宾就曾自诩，他的资产选择理论为货币需求的利率弹性提供了比凯恩斯的流动性偏好理论所提供的更坚实的基础（坚持还是否认货币需求具有较大的利率弹性，是凯恩斯学派与货币学派的重大理论分歧。这两种观点都有着重要的政策含义）。流动性偏好理论并不能从量上说明利率与货币需求的关系，而托宾

---

① 托宾：《作为对付风险之行为的流动性偏好》，载《经济学论文集》，第 1 卷，269 页。

② 西方经济学家一般都视托宾的资产选择理论为凯恩斯流动性偏好理论的发展。这一看法似乎并不全面。因为事实上，资产选择理论的基本分析方法和一些基本概念都来自于效用理论。所以，正确的看法应该是，托宾的资产选择理论是效用理论和流动性偏好理论相结合的产物，而前者似乎占了更重要的地位，因而也可以说，资产选择的货币需求理论是运用效用学说分析货币需求问题的产物。

自以为以统一的效用为尺度，就能从理论上解决这一问题。这也是托宾在其资产选择分析中特别青睐效用说的主要原因之一。

当然，我们说托宾等人的资产选择理论不很现实，只是就其理论的整体和分析的基本方法而言，而不是对它的全部理论的否定。如关于投资多样化的论述不仅反映了20世纪50年代后由于经济发展而形成的金融资产的多样化及投资收益的不确定性，使得经济主体必须从中进行选择的现实，且修正和发展了凯恩斯关于投资者只能在债券和现金两种资产间进行选择的简单化的理论，从而使资产多样化成了西方公认的家庭和企业的投资准则和运用财富的基本方法。美国规定，商业银行的每笔贷款额一般不得超过银行资本和公积金的10%。在国际金融市场上，巨额放款大多采用辛迪加（银团）贷款方式。这些都是为了分摊风险而采取的措施。可以说，投资多样化是在不确定条件下普遍适用的投资准则。

又如，根据托宾的资产选择理论，人们对货币的需求不仅取决于利率的高低以及造成此利率高低的货币的供需状况，也不仅取决于各种金融资产的收益率、供需状况和风险性，而且取决于包括金融资产和实物资产在内的各种资产的相对收益率及造成这些相对收益率的各种资产的供需状况和各种资产的相对风险性。这样，资产选择理论就阐明了为凯恩斯的流动性偏好理论所无法说明的人们同时持有货币、债券及其他多种资产的现象。托宾由此将以往西方经济学家所进行的局限于金融市场本身来研究货币需求问题的局部均衡分析，发展成为从金融部门与实物部门的普遍联系出发来研究货币需求问题的一般均衡分析。资产选择的货币需求理论因此而跃为当代西方主要的货币需求理论之一，资产选择的投资理论也因此而成为西方颇具影响的投资理论。对于这一理论上的和方法论上的突破，也是应该基本肯定的。

再如，托宾的资产选择理论将宏观经济分析与微观经济分析熔于一炉，沟通了宏观的货币经济运行同微观的个人投资行为的联系，使宏观货币理论建立在微观经济分析的基础上。这不仅对西方货币理论的发展和货币政策的运用产生了深远的影响，甚至对整个西方经济理论的发展都具有积极的意义。

第六节　货币需求的经验研究

在前几节中，我们概述了西方货币需求理论的发展。这些理论有的相去无几，有的则迥然各异。那些经济学家们也往往见仁见智，各执一词，时至今日，主要已发展成为凯恩斯学派与货币学派的论争了。为了检验各种货币需求理论正确与否，20世纪50年代以来，西方经济学家们发展了一种被称为货币需求的经验研究（empirical study）的分析方法。所谓经验研究，就是以一定的理论为基础，对以往较长时期内的有关资料进行统计分析（如回归分析），以确定货币需求与各有关变量的量的关系，从而检验各种货币需求理论的正确与否。具体地说，西方经济学家开展货币需求的经验研究主要是为了解决以下几个问题：

第一，关于货币需求的稳定性问题。凯恩斯学派认为，货币需求是一种潜在的不稳定的经济因素，而货币学派则认为，货币需求是最稳定的经济因素之一。货币学派的这一论点对于他们的理论和政策主张都是至关重要的。因为如果能证明货币需求是一些主要变量的稳定的函数，那就能证明，货币政策的效果是可预测的，货币政策能成为稳定经济的有效手段；而如果货币需求是不稳定的，则货币政策的作用也是不确定的，就需要有其他稳定经济的工具。凯恩斯学派认为，财政政策是比货币政策更可靠的稳定经济的有力武器。

第二，关于货币需求是否为利率的函数的问题。大多数经验研究证明，利率是决定货币需求的重要因素。这就支持了凯恩斯对传统货币数量说的抨击，并在一定程度上证明了凯恩斯理论的正确。

第三个问题最重要。这是关于货币需求和利率的量的关系问题。对此，货币学派和凯恩斯学派也意见相左。在前者看来，货币需求的利率弹性很小，但在后者看来，这一弹性却很大。如果前者的观点是正确的，那么货币当局就可通过控制货币供应量来直接控制货币收入、就业和物价；但如果后者的观点是正确的，货币政策则往往因其不能有效地变更利率（其极端情形就是所谓流动性陷阱）而不可能对实物部门产生较大的影响。

以上三个问题都是凯恩斯学派与货币学派争论的中心论题。可见，货币需求的经验研究只是两派理论论争的延续和发展。

随着实证经济学和计量经济学在西方的发展，货币需求的经验研究也开始在西方货币分析中占据越来越重要的地位。许多有关货币理论的专著都把它作为主要的论述对象之一。以下我们介绍几项著名的货币需求的经验研究。从事这些研究的是当代西方一些有名的经济学家。

一、拉托纳的研究

在凯恩斯学派的货币需求的经验研究中，影响最大的是美国经济学家亨利·拉托纳（H. A. Latané）所作的研究。拉托纳通过分析货币与收入之比（*M*/

Y）同长期利率的关系来检验货币需求的利率弹性，进而考察货币政策的作用。他试图证明，具有利率弹性的是全部货币余额，而不仅仅是闲置余额（即投机动机的货币需求）。这一研究结果支持了鲍莫尔等人的现代流动性偏好理论。拉托纳先后于 1954 年和 1960 年对同一问题作了两次研究。[①] 第一次使用了 1919～1952 年的统计资料，第二次则将资料扩展为 1909～1958 年。"第二次比第一次获得了更好的结果"[②]。

在 1954 年的研究中，拉托纳从下面的货币需求函数开始：

$$M/P = aY + bY \cdot r^{-1} \qquad (2-31)$$

式中，P 表示物价，r 表示利率，a 和 b 分别为参数。由上式可导出：

$$M/PY = a + b(1/r) \qquad (2-32)$$

通过对上式的回归分析，拉托纳发现，参数 b 为正值。他由此断言，货币需求与利率存在着反向关系。拉托纳还检验了以下两个货币需求函数：

$$M/Y = C/r + d \qquad (2-33)$$

$$1/r = g(M/Y) + h \qquad (2-34)$$

式（2-33）表示，以货币形式（拉托纳将货币定义为通货加活期存款）持有的收入在全部收入中所占的比例是利率的一次递减函数，同时货币需求还受制于收入。式（2-34）则颠倒了式（2-33）所表示的因果关系，使利率取决于货币与收入之比。

借助于最小二乘法，拉托纳获得了如下回归方程式：

$$M/Y = 0.0074328/r + 0.108874 \qquad (2-35)$$

$$1/r = 111.775(M/Y) - 7.233 \qquad (2-36)$$

其相关系数为 0.87173。利用这两个方程式，拉托纳对过去几十年间货币余额同长期利率的关系作了一系列的推测。推测的结果同现存资料正相吻合，特别是，"在过去 30 年中，$1/r$ 每变化 1%，就引起以通货和活期存款持有的国民总产值变化 0.8%"[③]。

在 1960 年的研究中，拉托纳利用对数方法和回归分析检验货币需求函数，发现现金余额需求的利率弹性稳定在 0.85 上下，其相关系数为 0.88。拉托纳据

---

① 拉托纳：《现金余额与利率：一项实用主义的研究》（*Cash Balances and the Interest Rate：A Pragmatic Approach*），《收入流通速度与利率：一项实用主义的研究》（*Income Velocity and Interest Rates：A Pragmatic Approach*），分别载《经济学与统计学评论》，1954（11）和 1960（11）。

② H. G. 约翰逊：《货币经济学论文选》，英文版，95 页，1979。

③ 拉托纳：《现金余额与利率：一项实用主义的研究》，载《经济学与统计学评论》，1954（11），460 页。

以声称，货币需求同长期利率间存在着一种稳定的关系。

通过对货币需求与利率之相互关系的两次分析，拉托纳得出如下结论："长期利率变化的政策含义是很重要的。货币需求的下降往往同利率的上升联系在一起。反之，当收入水平一定时，现金余额需求的上升又同利率的下降有关。从过去的经验看，若现金余额保持不变，长期公司债券的收益率（利率的一种形式——引者注）从3.3%下降到3%，就会使收入膨胀7.5%。不管这在将来是否依然正确，对收入的这一重要影响已足以使我们在制定货币政策和财政政策时加以仔细考虑。"① 拉托纳还指出，在一定条件下，货币供应量的变化将对利率产生较大的影响，而利率的变化又会较大幅度地改变国民收入，因此，货币政策在一定条件下是有效的。但是，拉托纳的统计分析又"支持了凯恩斯的'流动性陷阱'理论"②。他发现，"在二次大战期间及战后，都有关于低利率和高的一定比例的现金余额（proportionate cash balance，即货币与收入之比 M/Y——引者注）的报道"；而当"利率很低，现金余额需求的利率弹性很大时，货币供给的大幅度变化的惟一影响只是使利率起很小的变化"③。此时，货币政策的作用就显得很有限，当局就不得不诉诸于财政政策了。

二、布朗芬布伦纳和迈耶的研究

同样是作为凯恩斯学派的货币需求的经验研究，美国经济学家布朗芬布伦纳（M. Bronfenbrenner）和迈耶（T. Mayer）所作的研究却与拉托纳的研究有所不同。前者承袭了托宾的方法④，保持着活动余额（即交易动机和预防动机的货币需求）与闲置余额的区分，而且假定只有对后者的需求才对利率有所反映。他们两人所作的研究的另一特点，是在凯恩斯的流动性偏好理论中加入了财富这一变量，从而扩展了这一理论。⑤

布朗芬布伦纳和迈耶首先把全部货币余额和闲置余额分别作为两个因变量，

---

① 拉托纳：《收入流通速度与利率：一项实用主义的研究》，载《经济学与统计学评论》，1960（11），445页。

② 同本页注①，448页。

③ 同本页注①，448页。

④ 托宾早在1947年5月就在《经济学与统计学评论》上发表了《流动性偏好与货币政策》（Liquidity Preference and Monetary Policy）一文，较早地开展了货币需求的经验研究。

⑤ 布朗芬布伦纳和迈耶：《美国经济中的流动性函数》（Liquidity Functions in the American Economy），载《经济计量学杂志》，1960（10）。

把利率①和财富作为自变量，接着又把所取资料的最后一年的闲置余额作为第三个自变量。他们还进一步将货币需求函数分为各主要的货币持有者（如企业、个人等）的需求函数。他们试图通过这样的分析来回答"流动性理论（也是货币需求理论——引者注）的五个基本问题：1. 是否存在着一个显著的流动性函数，即货币持有额和利率之间是否存在着确切的关系；2. 假设这一函数存在，那么什么是它的利率弹性；3. 假设这一函数存在，它的稳定性如何；4. 如果随着时间的推移，这一函数会发生变化，其原因何在？也就是说，还有没有其他重要的变量；5. 流动性函数是否强加给利率一个观察得到的最低额"②。这最后一个问题就是所谓流动性陷阱的存在性问题。

为了回答这些问题，布朗芬布伦纳和迈耶将美国 1919 ~ 1956 年的闲置余额同上述三个自变量的关系分别用三个图像描绘出来，并对流动性函数作了三个独立的统计估计。前两个是对闲置余额需求的估计。在这两个估计中，他们使用了经过改进的托宾的方法：收入不作为自变量。后一个是对全部现金余额需求的估计。收入则成了其中的一个自变量。前两个估计的区别在于，第一个包括了 1926 年和 1927 年的资料，而第二个则不包括这两个年份的资料。

利用最小二乘法，布朗芬布伦纳和迈耶获得了如下结果：

$$\ln M_t^i = -4.2066 - 0.5304 \ln r_t + 1.6849 \ln W_t$$
$$+ 0.5416 \ln M_{t-1}^i \tag{2-37}$$

$$\ln M_t^i = -1.9552 - 0.2772 \ln r_t + 0.8269 \ln W_t$$
$$+ 0.7158 \ln M_{t-1}^i \tag{2-38}$$

$$\ln M_t^T = 0.1065 - 0.0928 \ln r_t - 0.1158 \ln W_t$$
$$+ 0.7217 \ln M_{t-1}^T + 0.3440 \ln Y_t \tag{2-39}$$

式中，M_t^i 和 M_{t-1}^i 分别表示本年度和前一年的闲置余额，M_t^T 和 M_{t-1}^T 分别表示本年度和前一年的全部货币余额，r_t、W_t 和 Y_t 分别表示本年度的短期利率、国民财富和国民生产总值。三式的复相关系数分别为 0.901、0.978 和 0.997。在前两式中，闲置余额需求对利率的弹性小于零，而对财富和前一年闲置余额的弹

---

① 作为一般利率的代表，他们"选择了短期利率，并利用了 4 ~ 6 个月的商业票据的贴现率。因为除了其资料易获得外，这一贴现率几乎没有风险，也几乎不受票据增值（appreciation）的影响，并且它比长期利率对经济的变动更敏感"（布朗芬布伦纳和迈耶：《美国经济中的流动性函数》，载《经济计量学杂志》，1960（10），814 ~ 815 页）。

② 布朗芬布伦纳和迈耶：《美国经济中的流动性函数》，载《经济计量学杂志》，1960（10），811页。

性则大于零。这表明闲置余额需求为利率的递减函数，又为财富和前一年闲置余额的递增函数。根据同样的道理，式（2－39）则告诉我们，全部货币余额为财富的递减函数。由于其弹性很小（仅为 0.1158），故从统计学角度看，意义并不大，"但它却表明，货币可能是一种当人们的财富增加时，其需求反而减少的'劣等资产'（inferior asset）"①，而不可能像弗里德曼声称的那样，为一种奢侈品②。将式（2－39）同前两式相比较，我们还发现，全部货币余额需求的利率弹性还不到 0.1，比闲置余额需求的利率弹性小得多。这证明了前述布朗芬布伦纳和迈耶关于只有闲置余额的需求才对利率有较大反应的论断。

布朗芬布伦纳和迈耶进一步分析道：货币需求的利率弹性是相对稳定的。"利率弹性并不因利率下降而显得上升，也不因利率上升而显得下降"③"没有证据证明所谓高利率会使利率弹性趋于零的观点或所谓利率存在着某一使其弹性趋于无穷大的'最低界限'或'最低点'的观点是正确的"④。"无论是从资料看还是从理论上考虑，都没有任何理由预言流动性陷阱的存在"⑤。布朗芬布伦纳和迈耶的货币需求理论同传统凯恩斯主义的货币需求理论的主要区别就在于此。

最后还须指出，布朗芬布伦纳和迈耶之所以能得出上述结论，同他们选择短期利率作为一般利率的代表不无关系。因为长期利率比较稳定，而短期利率则容易变动，所以货币需求对长期利率的弹性通常比对短期利率的弹性高一些。美国经济学家罗伯特·艾斯纳（Robert Eisner）曾经证明，如果在布朗芬布伦纳和迈耶的模型中用长期利率代替短期利率，闲置余额需求对利率的弹性就会大大上升，并可发现流动性陷阱的存在。⑥

三、弗里德曼的研究

在西方经济学家至今所作的各种货币需求的经验研究中，只有一项没有发

---

① 布朗芬布伦纳和迈耶：《美国经济中的流动性函数》，载《经济计量学杂志》，1960（10），818页。
② 参阅本节"三、弗里德曼的研究"。
③ 同本页注①，834页。
④ 同本页注①，818页。
⑤ 同本页注①，810页。
⑥ 罗伯特·艾斯纳：《流动性偏好的再考察》（Another Look at Liquidity Preference），载《经济计量学杂志》，1963（7）。

现利率对货币需求有较大影响，那就是弗里德曼于 1959 年所作的研究①。不仅如此，他还特别强调所谓恒久性收入与货币需求的密切关系。这是弗里德曼在他的经验研究中所提出的两个基本观点。

为了能正确反映货币需求与收入的关系，弗里德曼"把'已评定的'收入（measured income，可理解为某一较短时期内的实际收入——引者注）同'恒久性'收入这一人们据以调整其消费的长期概念区别开来。"② 弗里德曼认为，已评定的收入受商业周期变动的影响较大，故不宜据以研究货币需求与收入的关系，而恒久性收入受商业周期变动的影响较小，能够反映出长期收入和短期收入的共同特征，所以借助于它就能够对货币需求与收入的关系得出一个比较正确的结论。

根据上述观点，弗里德曼将经验研究的货币需求函数表述为：

$$m = P_p/P_r N^{1-\delta} y_p^{\delta} \tag{2-40}$$

式中，$m = M/P$，表示已评定的全部实际货币存量，P_p 表示恒久性价格水平，P 表示已评定的价格水平，N 表示人口，$y_p = Y_p/P_p$ 表示恒久性实际总收入（Y_p 表示恒久性名义总收入），r 和 δ 各为参数。式（2-40）表示，已评定的全部实际余额为恒久性实际总收入、人口及恒久性价格水平和已评定的价格水平的函数。

弗里德曼还以下式来描述恒久性收入与已评定的收入之间的内在联系：

$$y_{P(T)} = \beta \int_{-\infty}^{T} e^{(\beta-\alpha)(t-T)} y(t) \, \mathrm{d}t \tag{2-41}$$

式中，y 代表已评定的实际总收入。上式表示，"T 时点的预期收入的估计数为过去收入的加权平均数。而过去收入根据每年 2% 的长期增长率予以调整，同时以指数表示的权数随着时点的前移逐渐下降。当被加权的观测资料处于 t 时点时，权数为 $e^{\beta(t-T)}$"③。

以恒久性收入代替已评定的收入后，弗里德曼根据美国 1870 年至 1954 年间的资料，算得长期中的名义现金余额方程式为：

$$M^* = (0.00323)(y_p/N)^{1.81} N P_p \tag{2-42}$$

由上式可知，"平均地说，人均实际收入每增加 1%，人均实际现金余额就会增加 1.8%，从而使收入流通速度降低 0.8%。假如我们将这些结果看做是反映了

---

① 弗里德曼：《货币需求——某些理论和经验的结果》（*The Demand for Money：Some Theoretical and Empirical Results*），载《政治经济杂志》，1959（8），重印于弗里德曼：《最适货币量及其他论文集》。

② 弗里德曼：《货币需求——某些理论和经验的结果》，见《最适货币量及其他论文集》，118 页。

③ 同本页注②，124 页。

稳定的需求关系的运动，那么用消费理论的术语来说，它们就表示货币是一种'奢侈品'（luxury）……在我们的检验中，利率的影响与理论推理所预期的方向一致，但是这一影响太小，以致缺乏统计上的意义"[1]。至此，我们已经阐明了弗里德曼通过货币需求的经验研究所得出的两个基本结论：货币需求对恒久性收入的弹性大于1；利率不是决定货币需求的主要变量[2]。

然而，大多数读者所熟悉的并不是弗里德曼的经验研究的货币需求函数，而是他在《货币数量说的重新表述》一文中所提的货币需求的一般方程式：

$$\frac{M}{p} = f\left(r_b, r_e, \frac{1}{p} \cdot \frac{\mathrm{d}p}{\mathrm{d}t}; w; \frac{Y}{P}; u\right) \qquad (2-43)$$

将式（2-43）同式（2-40）相比，我们发现了一项重要的差异：式（2-40）不包含利率这一变量，而只是强调恒久性收入对货币需求的影响；式（2-43）则同时反映了利率对货币需求的影响。我们认为，式（2-40）更能体现弗里德曼的立场和观点。所以，有必要研究上述弗里德曼对货币需求的经验分析。

四、布伦纳和梅尔泽的研究

与上述弗里德曼的研究并驾齐驱的另一货币学派的货币需求的经验研究，是美国著名经济学家卡尔·布伦纳（Karl Brunner）和阿伦·梅尔泽（Allan Meltzer）所作的研究。[3] 布伦纳和梅尔泽在20世纪60年代提出了在当代西方货币理论中占有一定地位的所谓财富调整（wealth adjustment）的理论。根据这一理论，货币只是诸资产中的一种，故货币需求决定于各种资产及其收益率。他们开展货币需求的经验研究也就是为了证明这一假设。具体地说，他们的研究

---

[1] 弗里德曼：《货币需求——某些理论和经验的结果》，见《最适货币量及其他论文集》，113页。

[2] 弗里德曼曾郑重声明：所谓利率不影响货币需求的论断并非他的观点，而是人们对他的误解。他只是认为，"利率弹性并不很高"；"在作为货币需求量的决定因素时，利率不如人均实际收入来得重要"（弗里德曼：《利率与货币需求》（Interest Rates and the Demand for Money），载《法学与经济学杂志》，1966（10），重印于《最适货币量及其他论文集》，142页）。我们认为，与其说这是人们对弗里德曼的误解，毋如说它反映了弗里德曼自己在理论上的混乱。H. G. 约翰逊曾指出："允许把利率包括在货币需求函数中，就是接受凯恩斯革命和凯恩斯对数量学说的抨击。"（转引自弗里德曼：《利率与货币需求》，见《最适货币量及其他论文集》，152页）我们赞同这一观点。弗里德曼在利率与货币需求的关系问题上的暧昧态度，表明他还没能完全摆脱凯恩斯理论的束缚。弗里德曼并未完成对凯恩斯理论的"革命"，这也是一个证明。

[3] 梅尔泽：《货币需求——取自时间序列的证据》（The Demand for Money: The Evidence from the Time Series），载《政治经济学杂志》，1963（6）；布伦纳和梅尔泽：《对流通速度的预言——理论和政策的含义》（Predicting Velocity: Implications for Theory and Policy），载《金融杂志》，1963（5）；布伦纳和梅尔泽：《货币需求和供给函数的再探讨》（Some Further Investigations of the Demand and Supply Functions for Money），载《金融杂志》，1964（5）。

涉及以下三方面的问题:"第一,关于利率的作用;第二,关于财富和本期收入对货币需求的相对重要性;第三,关于人力财富和非人力财富的相对重要性。"[1] 以下简述他们的分析。

根据他们的设想,货币需求函数应包括如下一些自变量:金融资产的收益率 r^*、实物资产的收益率 P 和人力财富的收益率 d 及非人力财富 w_n。若以 M 代表货币需求量,下式就为货币需求的一般方程式:

$$M = f(r^*, P, d, w_n) \tag{2-44}$$

$$f_1 < 0 > f_2; f_3 < 0 < f_4$$

式中, w_n 代表财富对货币需求的限制,反映了货币需求函数中的财富效应;其余三个自变量则代表持有货币的机会成本,反映了货币需求函数中的替代效应。显然, M 对上述第一种收益率的一次导数都小于零,而对人力财富的一次导数则大于零。

上式中的 d 也可表示为人力收入(human income) Y_h 和人力财富 w_h 之比,即 $d = Y_h/w_h$。若将 d 乘上 Y_h^*/Y_h^*($=1$),式(2-44)就成了:

$$M = f\left(r^*, P, \frac{Y_h}{Y_h^*} \cdot \frac{Y_h^*}{w_h}, w_n\right) \tag{2-45}$$

式中, Y_h^* 表示预期人力收入。这样,人力财富的收益就分成了两部分。一部分(Y_h/Y_h^*)表示实际人力收入对预期人力收入的短期偏差。在短期内,财富持有者将根据这一偏差来调整其资产结构,而在长期中,这一偏差则趋于1。因布伦纳和梅尔泽主要研究长期货币需求函数,故可设 Y_h/Y_h^* 为常数。 d 的另一组成部分(Y_h^*/w_h)为预期人力收入同其资本化的值之比。这一比例在长期中是稳定的,故亦可视其为常数。布伦纳和梅尔泽关于 d 为常数的假设,使得"'人力财富'与货币需求的行为无关","有影响的只是'非人力财富'"[2]。他们的另一假设是, r^* 和 p 这两个变量间具有较强的协变性(convariance),因此可组合成一个单一的长期利率 r。

根据以上假设,可将式(2-45)简化成:

$$M = f(r, w_n) \tag{2-46}$$

设 $f(r) = r^b$, $f(w_n) = w_n^c$,上式就可改写成如下对数方程:

$$\ln M = a + b\ln r + c\ln w_n \tag{2-47}$$

① 布伦纳和梅尔泽:《货币需求和供给函数的再探讨》,载《金融杂志》,1964(5),257页。

② 布伦纳和梅尔泽:《货币需求和供给函数的再探讨》,载《金融杂志》,1966(5),262页。

式中，b 和 c 分别代表货币需求对利率和对非人力财富的弹性。利用上式，梅尔泽对美国 1900～1958 年间的有关资料作了回归分析，以检验对狭义的和较广义的货币（即 M_1 和 M_2）的需求同利率和非人力财富的量的关系。分析结果如下[①]：

$$\ln M_1 = -1.65 - 0.781 \ln r + 1.01 \ln w_n + u_1 \quad \bar{R} = 0.994$$

部分相关系数 $\qquad\qquad\quad -0.88 \qquad +0.99$ $\qquad\qquad\qquad\qquad$ (2-48)

$$\ln \frac{M_1}{p} = -1.48 - 0.949 \ln r + 1.11 \ln \frac{w_n}{p} + u_2 \quad \bar{R} = 0.992$$

部分相关系数 $\qquad\qquad\quad -0.93 \qquad +0.98$ $\qquad\qquad\qquad\qquad$ (2-49)

$$\ln \frac{M_2}{p} = -1.98 - 0.50 \ln r + 1.32 \ln \frac{w_n}{p} + u_3 \quad \bar{R} = 0.994$$

部分相关系数 $\qquad\qquad\quad -0.82 \qquad +0.99$ $\qquad\qquad\qquad\qquad$ (2-50)

其中式（2-49）和式（2-50）表示排除了物价变动影响的货币需求函数。

由上述回归分析可得出以下结论：第一，"需求函数中的利率和非人力财富这两个变量，几乎可以解释所有能观察到的货币余额的变化。"例如，当货币被定义为 M_1 时，货币需求对非人力财富的弹性近似于 1，表明货币需求将随非人力财富的变化而作同比例变化。第二，货币需求对非人力财富的部分相关系数为 0.99 和 0.98，对利率的部分相关系数为 -0.88 和 -0.93，表明非人力财富和利率"这两个变量在长期货币需求函数中起着差不多相同的作用"。第三，"随着所使用的货币定义的不同，利率和非人力财富的弹性也会有很大的不同"。货币的定义越广，货币需求对利率的弹性就越小，而对非人力财富的弹性则越大。所以，为了正确反映利率变化对货币需求的影响，有利于货币政策的制定，宜将货币定义为 M_1。第四，从长期看，无论采用狭义的还是广义的货币定义，也"无论制度方面的、社会方面的和政治方面的变化有多大，货币需求函数都是相当稳定的"[②]。

同样作为货币学派的重要代表人物，布伦纳和梅尔泽的观点却与弗里德曼的观点不尽相同。在他们各自所作的货币需求的经验研究中，就表现出以下两点重要分歧：第一，弗里德曼通过恒久性收入的假设，肯定了人力财富和非人力财富对货币需求的重大影响；而布伦纳和梅尔泽却证明，只有非人力财富才具有这种影响。第二，弗里德曼断言，利率不决定货币需求；而布伦纳和梅尔

---

① 梅尔泽：《货币需求——取自时间序列的证据》，载《政治经济杂志》，1963（6），225 页。

② 同本页注①，225～227 页。

泽却认为，利率对货币需求起着重要作用。他们两人以后又进一步宣称："货币需求的零的利率弹性对任何一种货币主义观点来说，既不是必要条件也不是充分条件。货币主义对货币需求的利率弹性的绝对值不加任何限制。"[①] 可见，在利率与货币需求的关系这一重要问题上，布伦纳和梅尔泽的观点似乎更接近于凯恩斯学派的观点，无怪乎有的西方经济学家称他们的理论为折衷的货币主义的理论。

五、莱德勒的研究

继布伦纳和梅尔泽之后，另一著名的货币需求的经验研究是英国著名经济学家戴维·莱德勒所作的研究。他于 1966 年先后发表两篇有名的论文[②]，着重讨论了以下五个问题：第一，弗里德曼关于货币需求与利率没有关系的结论是否正确；第二，作为货币需求函数中的一个自变量，究竟是长期利率还是短期利率更恰当；第三，货币需求的利率弹性有多大；第四，流动性陷阱的假设能否成立；第五，在货币需求函数中应选择哪一种收入。

对于上述问题，莱德勒的基本结论是："按照类似于弗里德曼 1959 年文章的检验程序，是可以找出货币需求与利率的稳定关系的；恰当的利率应是短期利率；货币需求函数中的利率弹性可能在 -0.15 到 -0.20 之间；几乎没有证据能证明流动性陷阱的存在"[③]；"恒久性收入是比已评定的收入或非人力财富更适当的解释货币需求的变量"[④]。莱德勒是如何得出这些结论的呢？

在《货币需求的某些证据》一文中，莱德勒列出了四种货币需求函数：

$$M_d = f[Y_p, \int_{-\infty}^{t} (Y_T - C_T), r] \tag{2-51}$$

$$M_d = F[\int_{-\infty}^{t} (1-k)Y_p, \int_{-\infty}^{t} (Y_T - C_T), r] \tag{2-52}$$

$$M_d = g(Y_p, r) \tag{2-53}$$

$$M_d = G(Y, r) \tag{2-54}$$

式中，M_d 表示货币需求量，Y_p 表示恒久性收入，Y 表示已评定的收入，Y_T 表示

① 布伦纳和梅尔泽：在美国国家科学基金会发起的关于货币主义的理论讨论会上的发言（1975年），载 J. L. 斯泰因（Stein）编：《货币主义》，156 页，1976。

② 莱德勒：《货币需求的某些证据》（Some Evidence On the Demand for Money）、《利率与货币需求——某些经验证据》（The Rate of Interest and the Demand for Money——Some Empirical Evidence），载《政治经济杂志》，1966（2）和 1966（12）。

③ 莱德勒：《利率与货币需求——某些经验证据》，载《政治经济杂志》，1966（12），544 页。

④ 莱德勒：《货币需求的某些证据》，载《政治经济杂志》，1966（2），55 页。

一时性收入（transitory income，为 Y_p 与 Y 之差），r 表示利率，k 表示恒久性收入中的消费倾向，C_t 表示一时性消费。

式（2-51）是根据以下假设建立的：货币作为一种资产，它的需求与人们的全部财富有关，因此，货币需求不仅取决于恒久性收入，而且取决于一时性收入；因收入与消费之差才能形成资产，故须从一时性收入中减去一时性消费；此处的恒久性收入为人力财富与非人力财富总和的代表；利率作为持有货币的机会成本，理应包括在货币需求函数中。在式（2-52）中，式（2-51）的人力财富与非人力财富之和被非人力财富取代了。[①] 除此而外，两式几乎不再有其他区别。与前两式相比，后两式可谓一目了然。式（2-53）只是在弗里德曼的货币需求函数中增加了利率变量而已。式（2-54）则是凯恩斯学派的货币需求函数，莱德勒称之为"任何宏观经济学教科书中都能找到的货币需求方程式"[②]。

利用美国 1892～1960 年的统计资料，莱德勒对以上四式作了一级定差（first-difference）的线性回归分析。分析结果表明：无论采用狭义的抑或广义的货币定义，式（2-51）都无法圆满解释对货币的需求，甚至出现货币需求对一时性收入的负弹性。可见，以一时性收入解释货币需求的假设应予否定。式（2-52）的检验结果就比式（2-51）的结果令人满意得多。这是由于非人力财富在其中发挥作用的缘故。然而，"虽然研究结果并非绝对，但却有力地证明：恒久性收入对货币需求提供了比非人力财富或任何接受检验的其他变量〔如式（2-54）的 Y——引者注〕所提供的更好的说明"[③]。这一研究结果还证明，"利率在货币需求的决定中起着比弗里德曼所愿意赋予它的更重要的作用。"[④] 莱德勒于是认为，在以上四个货币需求函数中，式（2-53）是最适当的。

莱德勒为什么要侈谈恒久性收入与货币需求的关系及与此有关的问题呢？因为他是个货币主义者。他运用货币学派的研究方法，证明了货币学派的某些基本结论，如支持了弗里德曼的恒久性收入假设。但在利率与货币需求的关系这一关键问题上，他却与弗里德曼意见相左，而倒向了凯恩斯学派一边。如前所述，作为凯恩斯学派货币需求的经验研究之代表的拉托纳研究证明，已评定

① 因 $(1-k)Y_p$ 为恒久性储蓄，而"非人力财富又是累积储蓄（accumulated savings）"，故 $(1-k)Y_p$ 即为非人力财富。

② 莱德勒：《货币需求的某些证据》，载《政治经济杂志》，1966（2），57 页。

③ 同本页注②，63 页。

④ 同本页注②，65 页。

的收入和利率是货币需求函数中两个最适当的自变量；而弗里德曼的研究却表明，自变量应该只是恒久性收入一个。莱德勒则把恒久性收入和利率囊括进同一个函数式中，并自诩由此"解决了拉托纳和弗里德曼之间的争论"[1]。但实际上，莱德勒只是企图通过调和的方法，在两种对立的理论中走出一条中间道路来，所以，他的研究在理论上并没有多大意义。

莱德勒 1966 年 12 月的论文是建立在同年 2 月的论文之基础上的。在这后一篇论文中，他理所当然地选择了 $M_d = f(Y_p, r)$ 作为经验研究的货币需求函数，并由此导出下列回归方程式：

$$\ln M = a + b_1 \ln Y_p + b_2 \ln r \qquad (2-55)$$

利用此回归方程式和美国 1892～1960 年间的统计资料，莱德勒分别检验了长期利率和短期利率对货币需求的影响。检验结果表明："短期利率无疑具有较强的解释货币需求的能力"[2][3]；"货币需求的利率弹性极有可能在 -0.155 到 -0.192 之间"[4]。

此外，莱德勒还检讨了所谓流动性陷阱的存在性问题。根据流动性陷阱的假设，当利率达到某一低水平时，货币需求的利率弹性会变得无限大。为了检查这一假设是否正确，莱德勒将美国 1892～1960 年间的有关资料分成两部分：一部分属于利率高于平均值的年份，另一部分则属于利率低于平均值的年份，并利用式（2-55）分别对这两部分资料作了回归分析。如果确有流动性陷阱存在，那么，货币需求的利率弹性在利率低于平均值的年份中，一定比在利率高于平均值的年份中来得高。但莱德勒的检验结果却表明，"低利率虽使长期利率的弹性略显上升，却使短期利率的弹性稍有下降，且这两种偏差都小得没有任何统计上的意义。……由此看来，流动性陷阱的假设应予推翻"[5]。

以上我们概述了几项在西方较有影响的货币需求的经验研究。这些研究所使用的方法虽大同小异，可得出的结论却很不相同，有的甚至截然相反。其原因在于经济学中的经验研究并非数学中的 1 加 1 必等于 2 的演算。读者　定已经

---

[1]　莱德勒：《货币需求的某些证据》，载《政治经济杂志》，1966（2），65 页。

[2]　莱德勒：《利率与货币需求——某些经验证据》，载《政治经济杂志》，1966（12），547 页。

[3]　但莱德勒并不否认长期利率对货币需求的影响，而只是认为，短期利率的影响更大。他还提出如下有见地的见解："一般说来，货币需求同所有各种利率的某一指数有关。经验研究所要解决的问题是，对这一指数影响较大的是短期利率还是长期利率。"（《利率与货币需求——某些经验证据》，载《政治经济杂志》，1966（12），545 页。

[4]　同本页注[2]，549 页。

[5]　同本页注[2]，550～551 页。

发现，这些经验研究都是从一定的前提和假设出发的，而这些前提和假设又是依据一定的理论建立的，不见得有多少事实根据。这些经济学家们，就连什么是货币也未取得一致的意见：有的喜爱广义的货币，有的则偏好狭义的货币，更何况对长期利率与短期利率的选择和对人力财富或非人力财富的取舍了。由此看来，这些经验研究的结果各不相同，也就不难理解了。

若进一步追究其原因，上述现象就更不足为奇了，因为我们发现，这些经济学家们开展所谓的经验研究，无非是为了证明既定的理论：或支持凯恩斯学派的理论，或支持货币学派的理论。耐人寻味的是，各项研究的结果同其研究者一贯的观点几乎都"不谋而合"，而这些观点一般都在他们开展经验研究前业已提出，甚至同一学派内部的细微的理论分歧，也能在各人的经验研究中反映出来。试问，如此研究，究竟有多大的意义呢？可以毫不夸张地说，按照这样的方法，有多少理论，就会有多少经验研究，有什么样的理论，就可以有什么样的经验研究。

当然，我们并不一般地反对经验研究，而是认为，应该在正确理论的指导下去进行研究。因为事实上，无论哪一项经验研究都必须以一定的经济理论为基础。要想以数学推理完全取代理论论述是不可能的。就拿上述两项货币学派的经验研究来说，有哪一项不渗透着"货币极其重要"这一货币学派的基本命题呢？在这并不完全符合资本主义经济之现实的理论的指导下进行研究，失误当然不可避免。同时我们还认为，应该采取科学的方法去开展研究，包括确定合理的前提、选择正确的定义和采用适当的资料等等。至少在研究同一个问题时，必须有一个统一的规定。试想，一个人选用短期利率，另一个人则选用长期利率，他们对于货币需求的利率弹性，又怎么会得出相同的结论呢?！

我们并不一般地反对经验研究，因为它的出现毕竟反映了经济学方法论的进步。当今各国经济学盛行定量分析，这是经济科学发展的必然结果。定量分析要求把经济学和数学较好地结合起来。这种较好结合的例子，读者已经在上述货币需求的经验研究中看到了。经验研究合乎经济发展对经济学方法论提出的要求，适应经济学发展的趋势，因此可以预见，它具有较强的生命力。所以，我们并不是一般地反对经验研究，而只是对上述几项具体的研究提出一些疑义。某一方法自身和对它的具体运用，是应该区分开来的，因为任何方法都可以有不同的运用。

事实上，我们不仅不反对经验研究，而且认为：在一切有条件的国家，都应该推广经验研究；研究的对象也不只限于货币需求，还应包括其他重要的经济现象，如物价、就业和国民收入等。作为经济分析的一种方法，经验研究完全可以在不同的经济制度中得到运用。

当然，开展经验研究需具备一定的条件。从上述货币需求的经验研究看，主要的可能有以下三条：第一，有较齐全且不失实的较长一段时期的有关项目的统计数据；第二，从事研究的经济学家具有一定的数学修养；第三，有比较正确的经济理论作为指导。由此可见，经济学和统计学的一定程度的发展，是开展经验研究的必要条件。同样，经验研究的开展，也将促进经济学和统计学的发展。这是推广经验研究的又一意义。

纵观西方货币需求理论的发展，我们得出以下几点结论：

第一，西方货币需求理论已由抽象的经济理论发展为直接或间接地为制定货币政策服务的理论。传统货币数量说并没有明确的政策含义，而凯恩斯以后的西方货币需求理论却无一不具有鲜明的政策倾向。这固然增强了理论的实用价值，但无疑也妨碍了理论分析的深入。

第二，西方货币需求理论已由定性分析发展为定性和定量相结合而以定量为主的分析。无论是鲍莫尔模型和惠伦模型，还是货币需求的经验研究，都属于这后一种分析。定性分析和定量分析相结合有助于经济理论和经济分析方法的发展，但要是过分强调定量分析，就可能走上歧途，因为经济分析的最基本的任务是找出各种经济变量之间的因果关系，而不是它们的数量关系。

第三，凯恩斯以后的货币需求理论在基本理论上并无重大突破。弗里德曼的理论在本质上只是重述了传统货币数量说。鲍莫尔模型和惠伦模型也只是对凯恩斯理论的小修小补。由此我们可以把当代西方货币需求理论划分为凯恩斯学派和货币学派的货币需求理论两大类。

第四，当代西方货币需求理论的一个基本特征就是重视货币需求的变动对经济的影响。无论是凯恩斯的理论还是弗里德曼的理论都说明了这一点。事实上，这不仅是当代西方货币需求理论的基本特征，也是当代整个西方货币理论的基本特征。

复习思考题

1. 什么是"现金交易说"？什么是"现金余额说"？试比较这两种学说的异同。

2. 试述凯恩斯的货币需求理论，并作简要评论。

3. 鲍莫尔怎样发展了凯恩斯的流动性偏好理论？这种发展的政策含义何在？

4. 弗里德曼的新货币数量说与传统货币数量说有何联系和区别？与凯恩斯的流动性偏好说又有何联系和区别？

5. 试简述托宾的资产选择理论。为什么说这一理论是对凯恩斯流动性偏好理论的发展？

第三章　货币供给理论

　　货币供给理论同货币需求理论一样，是当代西方主要的货币经济理论，但是，货币供给理论的产生和形成却比货币需求理论晚得多。直到 20 世纪 60 年代，才出现了现代意义上的货币供给理论。这是因为，在很长的时间里，绝大多数经济学家（包括凯恩斯）都把货币供给作为中央银行（货币当局）能够完全控制的外生变量，因而他们不研究货币供给的决定过程，而只研究当中央银行改变货币供给量的时候，经济会有哪些变化。但事实上，中央银行并不具有绝对地控制货币供给的能力。中央银行能够直接控制的只是基础货币（又称货币基数）；而基础货币对全部货币供给量的影响还有赖于商业银行和非银行公众的行为。由于这些行为并不是独立于经济运行的外生变量，因而货币供给也不可能是一个外生变量。现在，经济学家们越来越清楚地认识到，货币供给的决定过程之复杂，绝不亚于任何其他经济变量的决定过程。

　　同上述视货币供给为外生变量的观点相吻合的，是那些对货币供给决定机制的简单的和机械的描述，就像美国经济学家范德（David I. Fand）在一篇著名的论文中所指出的那样："在货币银行学教科书中，有着银行准备金、存款与货币之间的简单明了的联系。在那里，银行使用它们所有的准备金，它们也没有自由准备金，而银行和公众的资产组合亦没有任何变动。于是，我们没有必要考虑货币供给的问题，因为它基本是一个算术问题。一旦我们抛弃了准备金、存款与货币之间的这一简单的和机械的联系，货币供给就作为一个经济变量而成了一个独立的存在物——这个经济变量决定于各经济主体的行为，并且可作为经济分析的对象。"[1]

　　范德所谓教科书中银行准备金与货币的简单联系，源于菲利普斯（C. A. Phillips）的分析[2]。菲利普斯假设，银行不持有超额准备，公众也不持有通货或定期存款，而只持有活期存款。于是，当银行的准备金增加时，银行就

---

[1]　范德：《货币供给分析的某些含义》（*Some Implications of Money Supply Analysis*），载《美国经济评论》，1967（5），380 页。

[2]　菲利普斯：《银行信用》（*Bank Credit*），纽约，1920。

会增加贷款，从而增加活期存款。所增加的活期存款等于所增加的准备金与活期存款法定准备率之倒数的乘积。以后，不少教科书扩展了菲利普斯的分析，而包括了银行持有的超额准备金和公众持有的通货及定期存款，但是，这些教科书并没有摆脱菲利普斯分析的基本框架。它们所描述的货币供给的决定机制，仍然只是几个简单的数学关系。读者甚至在当代货币银行学教科书中也能看到这一简单化传统的影响。直到 20 世纪 60 年代，弗里德曼、菲里普·卡甘（Phillip Cagan）等著名经济学家才试图脱离这一传统。他们深入分析了决定货币供给的各种因素，尤其是研究了政府、银行和公众的行为对货币供给的影响，从而形成了比较完整的货币供给的决定理论。

完整的货币供给理论应该包括货币供给的决定理论、货币供给影响经济的理论及控制货币供给的理论，但一般所谓的货币供给理论主要是指货币供给的决定理论，这也是本章将要介绍的内容。

第一节　货币基数

20 世纪 60 年代以后，随着货币供给问题成为西方经济学研究的重点，货币基数也受到了理论界的广泛重视。关于货币基数的讨论首先在货币学派经济学家中进行，在货币基数问题上作出理论贡献的也几乎都是货币学派的经济学家。在货币学派的货币供给理论中，货币基数的变动是货币量变动的最主要因素。可以说，货币学派关于货币供给决定因素的分析就是一种货币基数的分析。货币学派的主要代表人物之一卡尔·布伦纳（Karl Brunner）曾经做过一段著名论述，他说，货币学派有三个结论："（1）美联储的行为主宰货币基数的运动；（2）货币基数的运动主宰货币供给在商业周期中的运动；（3）经济活动的加速或减速紧随着货币供给的加速或减速。因此，货币学派的论点提出了这样的命题，即美联储的行为通过货币基数和货币供给的运动被传送到经济活动中，各种资产的相对价格、负债和新资产的生产都得到了调整"。[①] 简言之，布伦纳认为货币当局能通过控制货币基数来控制货币供给量，进而影响实际经济变量，而这一观点正是货币学派的理论核心。有些经济学家甚至认为，美联储控制美国经济活动的能力是很强的，在 1 周内，美联储对货币基数的控制误差可不超

---

① 卡尔·布伦纳：《货币和货币政策的作用》（*The Role of Money and Monetary Policy*），载《圣·路易斯联邦储备银行评论》，1968（7），24 页。

过 1‰，随着控制期的延长，这一误差将更小。可见货币基数对现代经济分析和对货币学派的理论体系的极端重要性。

关于货币基数的称谓，在 20 世纪 70 年代初以来的西方货币银行学和货币经济学著作中经常出现三个名词：高能货币（high – powered money）、货币基数（monetary base）和基础货币（base money）。实际上，这三个名词指的是同一事物，但它们的内涵还是不同的。这三个名词中，高能货币产生最早，据米尔顿·弗里德曼和安娜·施瓦兹考证，早在 1936 年，伯吉斯（W. R. Burgess）就已使用高能货币这一术语①。然而，这一概念受到普遍重视和广泛使用则是在弗里德曼和施瓦兹的巨著《1867～1960 年的美国货币史》（1963）出版之后。至今，高能货币已成为当代各种货币理论和货币政策分析的不可或缺的重要概念。货币基数和基础货币这两个术语则很可能直到 20 世纪 60 年代才产生。从我们接触的文献来看，较早使用货币基数这一术语的是美国著名经济学家卡尔·布伦纳和阿伦梅尔泽（Allan Meltzer）②以及安德森（Leonall C. Andersen）和乔顿（Jerry L. Jordan）③。至于基础货币似乎并非某一著名经济学家所创用，而只是偶然地出现于货币银行学教科书中④。

尽管高能货币这一名词产生最早，但在西方经济学文献中，货币基数这一名词出现得最频繁，高能货币相对少一些，基础货币就更少见了。关于这一点，只要翻阅一下美国 20 世纪 70 年代以来金融方面的主要杂志就不难发现了⑤。为什么大多数西方经济学家偏爱货币基数这一术语？货币基数与高能货币究竟有无区别？用哪个名词更确切？研究这些问题，绝不是为了玩弄名词游戏，也不是为了标新立异，而是为了深入探究两个名词所指的同一事物的内涵和本质，排除在这方面的误解和疑虑。我们认为，恰恰是在货币基数与高能货币有无区别这一不为人们注意的"小"问题上反映出了这一概念的含义，因为这两个名词本身恰好概括了这一事物的一些基本特征，这大概就是我们中国人常说的顾

---

① ② 布伦纳和梅尔泽：《货币需求和供给函数的再探讨》（*Some Further Investigation of Demand and Supply Functions for Money*），载《金融杂志》（*The Journal of Finance*），1964（5）。

③ 安德森和乔顿：《货币基数——释义及其使用的分析》（*The Monetary Base—Explanation and Analytical Use*），载《圣·路易斯联邦储备银行评论》，1968（8）；乔顿：《决定货币存量的要素》（*Elements of Money Stock Determination*），载《圣·路易斯联邦储备银行评论》，1969（10）。

④ 这里有一例外，即伯尔格（Albert E. Burger）曾在其成名作《货币供给的过程》（加利福尼亚，1971）一书中使用过基础货币这一术语，但在他以后的一系列著作中，基本上都使用货币基数这一名词了。

⑤ 20 世纪 80 年代以来，我国大陆经济学论著中也经常出现货币基数的概念，但大陆经济学者对这一概念所普遍使用的名词是"基础货币"，而不是"货币基数"，这与西方学者恰好相反。

名思义吧。

一、货币基数的本质和特征

"货币基数"这个名词表明它是整个货币供给量中的最基本部分，而所谓最基本部分指的是货币供给量中货币当局的负债这一部分。我们知道，现代货币都是信用货币，本质上都是负债。这些负债基本上只有两种，一种是货币当局的负债，另一种是商业银行和其他存款机构的负债。前一种负债是后一种负债形成的基础，是一种最基本的负债。所以，货币基数最本质的特征就是，它是货币当局的净货币负债。

那么，何为货币当局？何为货币当局的净货币负债？简单地说，货币当局是指有权发行通货（currency）的国家机构。货币当局与中央银行并不完全是同一个概念。在美国，由于联邦储备系统（中央银行）和财政部都有权发行通货，因此美国的货币当局包括联储和财政部。在我国，只有中国人民银行（中央银行）才能发行货币，所以我国的货币当局一般就是指中国人民银行。货币基数是货币当局的负债，但货币当局的负债并不完全是货币基数，如美国财政部在联储的存款及财政部所持联储发行的通货也都是联储的负债，但它们不能算作货币基数，因为它们只是货币当局的"内部债务"，而不是货币当局对社会的负债。外国银行在中央银行的存款也不是货币基数，因为无论是货币基数，还是货币当局的净货币负债，都是以一国为范围而言的。由此可知，货币基数是货币当局对社会公众的负债。这就是所谓净货币负债的基本含义。所以，货币当局的负债同存款机构的负债是完全不同的：前者是政府对公众（银行和非银行公众）的负债，后者是社会公众相互间的负债。前者对公众来说是一种资产，而不是负债。这种资产对现代信用货币的运作有着极其重要的意义。

我们知道，无论是作为商品交换的媒介，还是作为财富贮藏的手段，货币都必须具有相对稳定的购买力。而要保持货币购买力的稳定，关键是要保持货币供给的相对稳定。如果货币供给没有约束，或者货币供给严重波动，那么货币的购买力就不可能稳定，这种货币就难以被人们所接受。就像美国货币金融理论专家巴尔巴克（Anatol B. Balbach）和伯尔格所说："对任何起着货币作用的资产来说，其使用者必须确信，它的供给要受到他们所信赖的某一机构的约束，要么受一组其他资产的约束，而这些资产在量上必定是相对固定的，或受市场力量或机构的力量的适当控制。货币基数就是这样一组约束货币存量增长的资产。"①。伯尔格还指出，"货币基数具有三个主要特征"，而其中的第一个特征就是，"它由这样一组资产所组成，这组资产约束着向公众供应的货币的数量。"②

在完全的信用货币条件下，由于信用货币本身没有价值，因此，要保持货币供给的稳定，只有借助于经济之外的力量的约束。这种经济之外的力量，可以是政府的经济计划和行政命令，如我国计划经济时代的情况；也可以是某种资产，这种资产的稳定性由政府来维持。这种资产就是货币基数。在现代货币和银行制度中，这一约束着社会货币供给的货币基数，就是存款机构和非银行公众所持有的货币当局的负债。显然，存款机构的负债不是货币基数，因为它们不能约束货币量的增长。如果各存款机构将它们相互间的负债作为自身负债的保证，那么这种负债的增长就没有了约束，因此，不能以某一存款机构的负债作为另一存款机构负债的保证。这种保证只能是货币当局的负债，这就是货币基数。

至此，可以这样概括货币基数的最本质特征：它是货币供给量中最基本的部分，即货币当局的负债，这种负债是货币供给量中的另一组成部分——存款机构负债的基础和保证。在现代社会中，货币当局的负债一般由三部分组成：一是公众所持有的流通中的货币，即通常所谓的公众所持通货；二是商业银行及其他存款机构所持通货，即通常所谓的库存现金；三是商业银行及其他存款机构在中央银行的存款。在现代银行制度中，商业银行及其他存款机构一般都以货币当局的负债作为这些存款机构自己负债的基础，因此，货币基数中的这后两个组成部分又构成了商业银行和其他存款机构的存款准备金，其中包括法定准备金和超额准备金。

再看高能货币（又称强力货币）这个名词。如上所述，弗里德曼和施瓦兹在《1867～1960 年的美国货币史》中使用了高能货币这个名词。此后不久，美国另一位著名经济学家菲里普·卡甘（P. Cagan）也在其代表作中使用了这个名词。③ 无论是弗里德曼、施瓦兹还是卡甘，他们似乎都更注重高能货币的使用，而不是它的来源，都更注重高能货币在货币供给决定中的关键作用，注重高能货币的变化对货币供给量的巨大影响。弗里德曼和施瓦兹说："如果其他条件不

---

① 巴尔巴克和伯尔格：《货币基数的由来》（*Derivation of the Monetary Base*），载《圣·路易斯联邦储备银行评论》，1976（11），3 页。

② 伯尔格：《测算货币基数的两种可供选择的方法》（*Alternative Measures of the Monetary Base*），载《圣·路易斯联邦储备银行评论》，1979（6），4 页。

③ 卡甘：《1875～1960 年美国货币存量变化的决定及其影响》（*Determinants and Effects of Changes in the Stock of Money*，1875～1950），哥伦比亚大学出版社，1965。

变，高能货币总量的任何增长都将导致货币总量的同比率的增长。"① 卡甘说得更清楚："我们将这些资产称为高能货币，以表明它们能作为银行存款的倍数量（即倍数创造——引者）的基础。"② 正因为在部分准备金制度下，这些资产被存款机构作为准备金持有后，能创造出多倍于自身量的存款货币来，所以它们被称为高能货币或强力货币。这里，我们看到了货币基数或高能货币的又一个特征，即它们的运用能创造出多倍于其自身量的存款货币。

从前面的分析可以看出，货币基数和高能货币的细微区别在于它们各自强调了同一事物的不同方面：前者强调事物的来源，后者强调事物的作用。由于事物的来源反映了其最本质的特征，因此大多数西方经济学家偏爱货币基数这一术语。

货币基数的另外一个主要特征是，它能为货币当局直接控制。货币基数作为货币当局的负债与一般负债不同，前者是货币当局强制性地提供给社会的。这种负债不论供给多少，社会都必须接受它。因此，货币当局不仅能任意减少，而且能任意增加这种负债。弗里德曼和施瓦兹说："在信用货币的制度下……高能货币量取决于政府的行为"③，即决定于货币当局向社会发行高能货币的决策。安德森和乔顿也早在 20 世纪 60 年代就已提醒人们注意："货币基数是在联储的直接控制之下的"。④ 货币基数的这一特征使得货币当局通过控制货币基数来间接调控货币成为可能。这正是使用货币基数这一概念的意义所在，也是货币基数受到货币当局和经济学家青睐的主要原因之一。就像巴尔巴克和伯尔格所说："货币基数只有在这样的经济结构中才会有实际的用途，即货币当局无法直接预测和控制货币量，但能测算并控制货币基数。""如果货币当局能直接创造或取消每一单位的货币，或者，如果各种经济力量或政策行为对货币基数与对货币存量的影响力是完全一样的，那么，就没有理由使用货币基数这一概念。"⑤

综上所述，货币基数有如下四个主要特征：第一，它是货币当局的净货币负债；第二，它是商业银行及其他存款机构的负债产生的基础和货币供给的制

---

① 弗里德曼和施瓦兹：《1867～1960 年的美国货币史》，50 页，普林斯顿大学出版社，1963。
② 卡甘：《1875～1960 年美国货币存量变化的决定及其影响》，9 页，哥伦比亚大学出版社，1965。
③ 同本页注①，51 页。
④ 安德森和乔顿：《货币基数——释义及其使用的分析》，载《圣·路易斯联邦储备银行评论》，1968（8），11 页。据作者研究，安德森和乔顿的这篇文章是对货币基数概念的第一次系统阐述，是关于货币基数的经典性文献，它所提出的一些理论、概念和分析方法至今仍被人们所引用。
⑤ 巴尔巴克和伯尔格：《货币基数的由来》，载《圣·路易斯联邦储备银行评论》，1976（11），2 页。

约力量；第三，它的运用能创造出多倍于其自身量的存款货币；第四，它能为货币当局所直接控制。其中第一个特征是货币基数最本质的特征。据此，我们可以给货币基数下个明确的定义："我们把基础货币（有时又称高能货币）定义为商业银行和非银行的公众所持有的政府（货币当局）的净货币负债"；[1] 在美国"货币基数由'货币当局'或政府，即联邦储备系统和美国财政部的净货币负债所组成"。[2]

二、货币基数的来源和供给

货币基数是货币当局的负债和其直接控制的变量，也是存款货币创造的基础。那么，货币基数是如何成为货币当局负债的，它为什么能为货币当局直接控制，它又为什么成为存款货币创造的基础？要回答这些问题，就必须具体分析货币基数的来源和运用。

对货币基数来源和运用的分析，具有巨大的理论和实用价值。货币基数的来源实际上就是货币基数的供给，而货币基数的使用实际上就是对货币基数的需求。研究货币基数的来源是为了了解哪些因素的变化，尤其是哪些政策行为的变化会影响货币基数；而研究货币基数的运用，则是为了了解货币基数的变化对货币供给量的影响。把二者结合起来就可以看出，研究货币基数的目的是为了正确认识货币基数变动的原因及其影响，从而为货币政策的实际操作提供理论依据，尤其是为控制货币供给量的政策提供理论依据和具体方法。

根据前面的定义，货币基数是货币当局的净货币负债，因此，可以根据货币当局资产负债平衡的原理测算货币基数。由于货币基数可以由中央银行的负债构成，也可以由中央银行和财政部的负债共同组成，所以，根据来源法测算货币基数可以概括成三种情况：

第一，如果货币基数由某一机构（如中央银行）的负债所构成，而这一机构保持着完整的资产负债表，则货币基数及其变化可通过资产负债表算出。货币基数的任何变化都反映了该资产负债表中的某一项目或几个项目的变化。

第二，如果货币基数由一个以上机构的负债组成，而这些机构都保持着完

---

① 伯尔格：《美国货币供给的过程》（*The Money Supply Process*），8 页，加利福尼亚，1971。该书是迄今为止最全面、最深入地阐述货币供给过程的专著。类似的著作似乎还找不出第二本。当然，随着美国最近 20 年来，尤其是 20 世纪 80 年代以来的金融改革，该书中的有些内容已不符合美国当前的现实。但是，伯尔格对货币供给过程的分析和基本框架仍然是合理的和有很大参考价值的。

② 小劳埃德·托马斯：《货币、银行与经济活动》（*Lloyd B. Thomas*，*JR*，*Money*，*Banking*，*and Economic Activity*），170 页，新泽西，1982。

整的资产负债表（如香港的两家货币发行银行，实际上都发挥着中央银行货币供给的作用），则可将这些资产负债表加以合并，并通过合并后的资产负债表算出货币基数及其变化。

第三，如果货币基数由一个以上机构（如中央银行和财政部）的负债组成，而其中有的机构（如中央银行）保持着完整的资产负债表，有的机构（如财政部）不保持完整的资产负债表，那么，可以首先通过前者的资产负债表算出前者的货币基数，然后将后者的负债加入到前者的货币基数中。在这种情况下，中央银行只能控制它自己发行的货币基数，而不能决定货币基数总额中的其他部分。当然，当今各国中，中央银行还是货币基数的主要发行者。如在美国，货币基数有四个主要来源，即联储所持证券、黄金存量、联储贴现和贷款以及财政部发行的通货，其中，联储所持证券（主要是政府证券）是货币基数来源的最主要部分，一般占来源总额的90%左右。

通过来源法分析货币基数有助于加深对货币基数四大特征中前两个特征（货币基数是货币当局的净货币负债，它能为货币当局直接控制）的理解。同货币基数的来源一样，货币基数的运用也能够反映货币基数的本质和特征。货币基数的运用主要反映了货币基数四大特征中的另外两个，即货币基数是银行及其他存款机构的负债的基础，它的运用能创造出多倍于其自身量的存款货币。

货币基数的运用实际上就是货币基数的存在形式，也就是通常所说的什么是货币基数。如前所述，作为货币当局的净货币负债，货币基数包括公众所持通货及商业银行和其他存款机构的存款准备金，后者又包括法定准备金和超额准备金。这就是货币基数的具体形态。

如果把货币基数作为一种资产，那么，货币基数的来源就是这种资产的供给，而货币基数的运用则是对这种资产的需求，从需求主体看，可分为存款机构和非银行的公众；从需求类型看，又有强迫需求和自愿需求之分，以及间接需求和直接需求之分。商业银行及其他存款机构对法定准备金的需求是一种强迫的和间接的需求，它并不是银行主动的行为，而是源于人们对存款机构存款的需求。因为货币当局规定，商业银行等存款机构必须对其存款保持一定比例的法定准备金，且一般不能动用，所以，存款机构需要法定准备金只是因为存在着人们对存款的需求。存款机构对超额准备金的需求在某种意义上也是一种强迫的和间接的需求，因为存款机构保持超额准备金只是为了应付存款者的提款要求。然而，从一般意义上说，存款机构对超额准备金的需求又是一种自愿的和直接的需求，因为这种需求毕竟是需求主体自愿的行为，而不是由于某种强迫，并且超额准备金的多少主要取决于存款机构对持有超额准备金的成本与收益的评估。非银行公众对通货的需求是对货币基数的自愿和直接的需求，因为公众完全能以别的形式而不以通货保持其财富，同时公众对通货的需求也不是源于任何别的经济主体的行为，而是决定于公众对保持通货的收益与成本的评判。

由上面的分析可知，从某种意义上讲，货币基数的供给完全是一种主动行为，主要决定于货币当局的决策，而对货币基数的需求则是一种被动行为，主要取决于商业银行及其他存款机构和非银行公众的行为。这是货币基数的供求区别于一般商品供求的地方。那么，存款机构和非银行公众对货币基数需求的变动的结果和影响何在呢？这一结果就是改变货币基数在存款机构和非银行公众之间的分配比例，而其最根本的影响就是改变货币基数创造存款货币的能力。

三、为什么通货是货币基数的组成部分

在部分存款准备金制度下，一定量的货币基数被存款机构作为准备金而持有，就能创造出数倍于该货币基数的存款货币，货币基数由此而成为存款机构的负债产生的基础。从这个意义上说，货币基数确实是一种"高能货币"或"强力货币"。因此，存款机构的存款准备金被视做货币基数的组成部分就是理所当然的；但非银行公众所持有的通货不具有倍数创造能力，为什么也成了货币基数的一部分呢？几乎没有人正面回答过这一问题。我们认为，主要原因可能在以下几个方面。

第一，货币基数最本质的特征是社会公众（包括存款机构和非银行公众）所持有的货币当局的负债，而非银行公众所持通货作为货币当局的负债是不言而喻的。大多数研究货币基数的西方经济学家都特别强调货币基数的这一本质特征，因此他们理所当然地把公众所持通货当做货币基数。甚至有些强调高能货币在存款货币创造中的巨大作用的经济学家，如弗里德曼和施瓦兹以及卡甘等，也都没有怀疑公众所持通货应该作为高能货币的组成部分。

第二，西方经济学家研究货币基数的着眼点主要不在于货币基数的理论意义，而在于货币基数在货币政策实施过程中的实践意义。如果强调货币基数的理论意义，那么，公众所持通货似乎就可不包括在货币基数的范围内，因为，货币基数在理论上的最大意义莫过于它能数倍地创造存款货币。然而，从货币政策操作的实际需要看，研究货币基数最终无非是为了使货币当局能更有效地通过调控货币基数来调控货币供给量；可货币当局所能控制的只是其净货币负债的总额（即货币基数总额），而不是净货币负债为存款机构所持有（即准备

金）和为非银行公众所持有（即通货）之间的比例，也就是说，货币当局并不能分别决定准备金总额和通货总额。因此，如果货币基数不包括通货，那么，货币基数就不是货币当局所能直接控制的，货币政策也就难以通过货币基数的变动来实施。这不仅有悖于货币基数的基本特征，而且也使货币基数这一概念失去了其存在的实际意义。

货币基数——货币乘数分析不同于其他货币供给理论的最大特点就在于它的实践性。这一分析的主要内容和基本特征就是通过分析货币当局的负债（货币基数）与存款机构的负债（存款货币）的关系，来分析货币政策对货币供给量，从而对社会经济活动的影响。而这一分析的最基本条件，就是货币当局对货币基数的直接控制。这大概是西方经济学者几乎无一例外地视公众所持通货为货币基数的组成部分的最根本原因。

第三，非银行公众所持通货占了货币基数总额的大部分，如美国非银行公众所持通货通常占货币基数来源总额的 70% 以上。如果货币基数不包括通货，则货币乘数将很大，也就是说，货币基数的微小变化将引起货币供给量的巨大变动。这无论对货币理论的分析，还是对货币政策的实施，都是很不利的。

第四，非银行公众所持通货随时可能转化为存款，并进而成为存款机构的准备金，所以公众所持通货尽管不是存款货币创造的现实基础，却是一种潜在的基础。因此，通货作为货币基数仍然符合货币基数的这一基本特征，只是为此需要将这一特征表述得更为全面和准确，即表述为存款货币创造的现实的及潜在的基础。关于这一点，卡甘曾经讲过一段很有价值的话："美国政府（包括作为政府机构的联邦储备银行）控制那些资产的发行，这些资产被各银行用作它们的货币负债的准备金。这样的资产被称为高能货币，以表明它们能作为银行存款的倍数扩张的基础。显然，当高能货币为银行所持有时，它们就不是为公众所持有的那部分货币量。当这些资产不为银行所持有，而为公众所持有时，人们用同样的术语（指高能货币这一术语——引者注）来称呼它们，因为它们能在未来为银行所使用，而具有扩张货币存量的潜在的用途。因此，高能货币由银行准备金和公众所持通货所组成。"[1]

在上述四个原因中，重要的是前两个原因：它们分别是公众所持通货作为货币基数的理论基础和现实要求。根据以上理由，我们认为，通货作为货币基

---

[1] 菲利普·卡甘：《1875～1960 年美国货币存量变化的决定及其影响》，9 页，哥伦比亚大学出版社，1965。

数是理所当然的。"① 有必要指出的是，关于货币基数的构成，在西方学者中几乎没有什么争论。我们也同意他们的观点。这并不意味着我们迷信西方经济学家，也不是所谓"以讹传讹"，而是因为他们的看法是建立在他们对货币基数的本质和特征及其意义的深刻认识的基础上的。

四、为什么法定准备金是货币基数的组成部分

关于存款机构的法定准备金是否应算做货币基数的问题，我们的结论是肯定的。得出这一结论的关键在于，除了把握住法定准备金是货币当局的负债这一点外，还须了解法定准备率与法定准备金额及准备金总额之间的关系，也就是正确认识货币当局改变法定准备率的政策对各存款机构的法定准备金额及准备金总额有何影响。

反对把法定准备金算做货币基数的主要理由之一是：法定准备金额会随法定准备率的升（降）而增（减），这意味着，如果法定准备金是货币基数，那么，货币基数，从而货币供给量将与法定准备率作同向变动，这显然与准备金政策的实际效果背道而驰，所以，不应把法定准备金算做货币基数，而应把它作为减少货币供给的一个因素。可见，问题的关键在于，各存款机构（或者要准确地说，全社会）的法定准备金额及准备金总额会不会随法定准备率的变动而作同向变动。这方面的模糊认识普遍存在于理论界。而要澄清这些模糊认识，有必要先了解"准备金调整额"（Reserve Adjustment Magnitude，RAM）和"调整后的货币基数"（Adjusted Monetary Base，AMB）这两个重要概念。

由于货币当局只能依靠"三大政策"中的公开市场业务和再贷款、再贴现来改变货币基数总额，而法定准备金政策只能改变货币乘数，却不能改变货币基数总额，因此，三大政策影响货币供给量的途径不尽相同。这给货币当局带来了麻烦，因为他们不能用单一的政策变量来衡量各种货币政策对货币供给量的影响，也难以直接比较各种货币政策的效果。RAM 和 AMB 这两个概念就是美国经济学家为解决这一困难而提出的。

"根据基期法定准备率和当前的存款负债计算出来的准备金额与在当前法定准

---

① 在货币基数构成问题上认识的不统一，不仅仅存在于大陆学者中，而且存在于港台学者中，甚至有人在自己的同一本著作中先后使用两种大相径庭的定义，这至少反映了他在这一问题上认识的模糊〔香港大学的饶余庆先生在他的《现代货币银行学》（中国社会科学出版社，1982）一书中称"基础货币又称强力货币，是商业银行存于中央银行的储备 R，及流通于银行体系外的现钞之总和"（第 58 页），又称"H = 基础货币（银行体系库存现金及存于中央银行现金的总和）"（第 118 页）。根据他的第一种定义，基础货币包括非银行公众所持通货，而根据第二种定义，基础货币不包括公众所持通货〕。

备率下的实际要求的法定准备金之差就是 RAM"[①] 也就是说，RAM 是两种法定准备金之差，一种是根据基期的法定准备率和现期的存款额计算出来的，另一种是根据现期的法定准备率和现期的存款额计算出来的。前者是人为计算出来的，后者是存款机构实际交纳的。RAM 的意义在于将法定准备率变化的影响主要表现在货币基数的变化上，而不是表现在货币乘数的变化上。于是，"法定准备率变化（对货币存量）的影响就跟法定准备率不变而改变来源基数所产生的影响一样"。[②]

将准备金调整额加到来源基数（以下简称 SB）中，就产生了调整后的货币基数，即 AMB = SB + RAM。使用了 RAM 和 AMB 这两个概念后，法定准备率变化对货币供给量的影响就可以不通过货币乘数的变化来反映，而通过 AMB 的变化来反映。"如果法定准备率下降（上升），则 RAM 上升（下降）。将 RAM 包括在 AMB 中，就使法定准备率的变化不再影响货币存量与来源基数的关系"。[③]传统的三大政策影响货币供给的途径有两条，即改变货币基数和货币乘数。使用了 RAM 和 AMB 这两个概念后，"就使联邦储备系统影响货币存量的各种政策行为惟一地通过货币基数的变化来表现"。[④]"人们设想出调整后的货币基数这一概念，以使它成为一个单一的测量指标，来测量联邦储备系统影响货币存量的所有政策行为，包括调整法定准备金"。[⑤] 这对于货币政策的实际操作和理论研究都有很大的意义。

有必要强调指出的是，RAM 和 AMB 完全是经济学家为了便于货币政策的操作和货币理论研究而发明的两个概念。在现实经济中，并没有与这两个名词相对应的客观存在。存款准备率的变化只能改变货币乘数，不能改变货币当局供应的货币基数总额，也不能改变银行所持有的来源基数的量。货币基数并不为这些行为所创造，也不为这些行为所消减。如果说法定准备率的变动会影响货币基数，那也只能影响调整后的货币基数。许多人之所以认为法定准备率的变动会影响存款机构所持有的货币基数额，实际上是不自觉地混淆了来源基数和调整后的货币基数。运用 RAM 和 AMB 这两个概念，有助于我们理解货币基

---

①② 吉尔伯特：《影响调整后货币基数的新的季节性因素》（R. Alton Gilbert, *New Seasonal Factors for the Adjusted Monetary Base*），载《圣·路易斯联邦储备银行评论》，1985（12），29 页。

③ R. A. 吉尔伯特：《对货币基数的一种修正》（*A Revision in the Monetary Base*），载《圣·路易斯联邦储备银行评论》，1987（8、9），24 页。

④ 塔托姆：《关于调整后货币基数的测算问题》（*Issues in Measuring An Adjusted Monetary Base*），载《圣·路易斯联邦储备银行评论》，1980（12），11 页。

⑤ R. A. 吉尔伯特：《无时差准备金制度下的调整后货币基数的计算》（*Calculating the Adjusted Monetary Base under Contemporaneous Reserve Requirements*），载《圣·路易斯联邦储备银行评论》，1982（2），27 页。

数的本质和特征，也有助于我们解决诸如货币基数的构成等理论问题。所以说，这两个概念不仅对于货币政策的实际具有实际意义，而且具有理论上的意义。

通过对货币基数来源的分析，我们已经知道，货币基数是货币当局的负债，只有中央银行资产负债表中的有关项目的变化，才能引起中央银行货币基数量的变化；传统三大政策中，能够对中央银行资产负债表产生影响的是中央银行的公开市场操作和再贴现业务，而法定准备金政策却不能，也就是说，法定准备率的变动并不能改变货币基数的总额。对货币基数运用的分析也表明，货币基数被非银行公众作为通货持有和被存款机构作为准备金持有，二者之间的比例主要决定于非银行公众和存款机构的行为，与货币当局的政策行为无直接关系。所以，法定准备率的变动不能直接影响准备金总额，即不能直接影响存款机构所持有的货币基数的总额。这表明，法定准备率的变化并不能通过改变存款机构所持有的货币基数额来影响货币供给量。

进一步看，存款机构的准备金又分为法定准备金和超额准备金。既然法定准备率的变动不能影响准备金总额，那么，只要超额准备比率不变，或存款机构不持有超额准备金，法定准备率的变动也就不能影响法定准备金额。事实上，存款机构一般都保持超额准备金。如果存款机构以改变超额准备金的方法应付法定准备率的变化，那么超额准备金将随法定准备金的变化而作反方向变动。这种情况下，法定准备率的变化虽然改变了存款机构的法定准备金额，但不改变存款机构的准备金总额，即不改变存款机构所持货币基数额，同时也不改变存款机构创造存款货币的能力，因而不改变货币供给量。如果存款机构不以改变超额准备金的方式应付法定准备率的变化，或超额准备率的变化还不足以应付法定准备率的变动，那么，当法定准备率上升时，存款机构就必须收缩贷款（假定存款机构不能向中央银行借款，因为这是中央银行的贴现和贷款政策，而不是改变法定准备率的政策）。贷款的收缩并不会增加各存款机构的法定准备金额和准备金总额，而只是减少了存款机构创造的存款货币，即降低了货币乘数。[①] 可见，法定准备率的变动并不能改变存款机构所持货币基数额（来源基数）。如果说法定准备率的变动会影响货币基数，那也只能影响调整后的货币基数，而调整后的货币基数只是一个人为的概念。许多人之所以认为法定准备率

---

①　虽然从个别存款机构和静止地看，似乎法定准备率的变动会改变存款机构的准备金额，但从存款机构体系和存款货币的整个创造过程看，法定准备率的变动绝不可能改变存款机构体系所持有的准备金总额，详见盛松成著：《现代货币供给理论与实践》，74～85页，北京，中国金融出版社，1993。

的变动会影响存款机构持有的货币基数额，实际上是不自觉地混淆了来源基数和调整后的货币基数。

综上所述，法定准备金政策只能通过改变货币乘数，而不能通过改变存款机构持有的货币基数额，来影响货币供给量，因而也就不存在所谓把法定准备金算做货币基数会使货币基数从而货币供给量随法定准备率变动而作同向变动的问题。

第二节　弗里德曼—施瓦兹的分析

弗里德曼—施瓦兹关于货币供给量的决定因素的分析见诸于他俩合著的《1867～1960 年的美国货币史》一书，主要是在该书的附录 B 中。

弗里德曼—施瓦兹将现代社会的货币划分为两种类型：一是货币当局的负债，即通货；二是商业银行的负债，即银行存款。若以 M、C 和 D 分别代表货币存量、非银行的公众所持有的通货和商业银行的存款，则有下式：

$$M = C + D \tag{3-1}$$

而根据高能货币（high-powered money）[①] 的定义，又有：

$$H = C + R \tag{3-2}$$

式中 H 和 R 分别表示高能货币和商业银行的存款准备金。由此可得下式：

$$\frac{M}{H} = \frac{C+D}{C+R} = \frac{\dfrac{D}{R}\left(1+\dfrac{D}{C}\right)}{\dfrac{D}{R}+\dfrac{D}{C}} \tag{3-3}$$

或

$$M = H \cdot \frac{\dfrac{D}{R}\left(1+\dfrac{D}{C}\right)}{\dfrac{D}{R}+\dfrac{D}{C}} \tag{3-4}$$

我们知道，货币量为高能货币与一乘数之积，即 $M = m \cdot H$。在上式中，货币乘数 m 即为：$\dfrac{D/R\ (1+D/C)}{D/R+D/C}$。

---

① 《1867～1960 年的美国货币史》出版后，西方经济学家开始广泛使用高能货币的概念，然而弗里德曼—施瓦兹并非这一概念的创造者。早在 1936 年，伯吉斯（W. R. Burgess）就已使用这一术语（参见弗里德曼—施瓦兹：《1867～1960 年的美国货币史》，英文版，50 页，注 59）。

式（3－4）是弗里德曼—施瓦兹在分析货币供给量决定因素时所使用的基本方程式。从这一方程式中我们可以看出决定货币存量的三个因素：高能货币 H、商业银行的存款与其准备金之比 D/R 以及商业银行的存款与非银行的公众所持有的通货之比 D/C。弗里德曼—施瓦兹称这三个因素为"货币存量的大致的决定因素（proximate determinants）"[1] 而 D/R 与 D/C 则为货币乘数的决定因素。下面我们逐一分析这些因素。

分析高能货币可从其来源与使用两个方面着手。弗里德曼—施瓦兹采用的是后一种方法。从高能货币的使用看，它是非银行的公众所持有的通货与银行的存款准备金之和。它们之所以被称为高能货币，是因为一定量的这样的货币被银行作为准备金而持有后可引致数倍的存款货币。而"如果其他条件不变（即 D/R 与 D/C 不变），高能货币总量的任何增长都将导致货币存量的同比率的增长"[2]。

高能货币的一个典型特征就是能随时转化为（或被用做）银行的存款准备金，不具备这个特征的就不是高能货币。银行的存款准备金被视做高能货币的组成部分是理所当然的，但公众所持有的通货也成为高能货币的一部分，因为如前所述，通货很容易被转化成银行存款，而后者又在一定条件下成为银行的准备金。从某种意义上说，通货是一种潜在的高能货币，只有当它转化为银行存款时，它才是现实的高能货币。所以，我们应该分析这一转变的可能性与实现条件。遗憾的是，弗里德曼—施瓦兹并未作此分析。在他们的理论中，通货与银行存款准备金在创造存款货币的过程中似乎有着相同的作用。

不难理解，D/R 比率的变化会引起货币存量的同方向的变化。这是因为，这一比率愈高，一定量的存款准备金所能支持的存款也就愈多。同样，D/C 的值愈大，高能货币中充当银行准备金的部分就愈大，从而货币乘数就愈大，货币存量也就愈大。就是说，D/C 比率的变化也将导致货币存量的同方向的变化。

但是，我们却难以直接从式（3－4）来看出这些影响。在该式的分子和分母中，都有 D/R 和 D/C，所以当这两个比率中的任何一个变动时，分子和分母都会发生变化，从而使人无法断定 m 将上升还是下降，也无从确知 M 究竟将扩大还是收缩。对此，弗里德曼—施瓦兹也未予以阐明。不过这个问题并不难解决。[3]

若设 D/R 和 D/C 分别为 A 和 B，弗里德曼—施瓦兹的货币乘数公式就为：

---

① 弗里德曼—施瓦兹：《1867～1960 年的美国货币史》，英文版，791 页。

② 同本页注①，50 页。

③ 以下解决方法的思路是上海财经大学财政系 1989 级学生郑蓉向笔者提出的。

$$m = \frac{A(1+B)}{A+B} \qquad (3-5)$$

现对式（3-5）分别求 A 和 B 的偏导数：

$$\frac{\partial m}{\partial A} = \frac{(1+B)(A+B) - A(1+B)}{(A+B)^2}$$

$$= \frac{A + B + AB + B^2 - A - AB}{(A+B)^2} > 0 \qquad (3-6)$$

$$\frac{\partial m}{\partial B} = \frac{A(A+B) - A(1+B)}{(A+B)^2}$$

$$= \frac{A^2 + AB - A - AB}{(A+B)^2}$$

$$= \frac{A(A-1)}{(A+B)^2} > 0^① \qquad (3-7)$$

由式（3-6）和式（3-7）可知，货币乘数，从而货币存量分别为 D/R 和 D/C 的递增函数，即 D/R 和 D/C 的变化会引起货币乘数和货币存量的同方向的变化。这一结论与上述理论分析的结论相同。

我们还应看到，D/R 的变化与 D/C 的变化是互相联系着的，因此，它们对货币量的影响并不像以上分析的那么简单。例如，当 D/R 比率上升时，存款 D 就增加。这势必影响到 D/C 比率，而且一般说来，这一比率也将提高。

从以上分析中我们不难看出，货币量的决定涉及到三个经济主体：公众、银行部门及货币当局。② 弗里德曼—施瓦兹还认为，上述三个决定货币存量的因素分别决定于这三个经济主体的行为。

"在信用货币的制度下，……高能货币量决定于政府的行为"③ 即决定于政府（在美国也就是财政部及联邦储备体系）关于发行多少信用货币作为公众的手持通货和银行的准备金的决策。

"银行存款与其准备金之比首先决定于银行体系，……"④ 银行体系并不能决定其存款与准备金的绝对量，因为它们受到高能货币量的限制，并同银行存款与公众所持通货之比（即 D/C）有关，但却能决定这两者之比。一般说来，银行能通过改变其超额准备金而迅速地达到它们意愿的存款与准备金之比。当然，

———

① 因为 $A = D/R > 1$。

② 区分这些经济主体的标准在于它们各自在货币发行中的作用。例如，地方政府和州政府被列入"公众"的范围，因为他们没有发行货币的权力。

③④ 弗里德曼—施瓦兹：《1867~1960 年的美国货币史》，英文版，51 页、52 页。

这一比率还受制于政府对银行存款准备率的规定，并且同经济形势直接有关。当银行由于经济萧条而无法顺利地实施其贷款时，银行将不得不改变其意愿的 D/R 比率。

"存款与通货之比首先决定于公众……"[①] 同样地，公众也只能决定其存款与通货之比，而无法决定各自的绝对量，而且，这一比率还受到银行所提供的与存款有关的服务及所支付的利息的影响。这类服务越多，利率越高，在公众持有的货币中银行存款所占的比重就越大。

由上可见，不仅上述决定货币存量的三个因素互相联系着，而且这三个因素也并非独立地决定于不同的经济主体，而是同时受着其他经济主体的行为的影响。

弗里德曼—施瓦兹利用上述分析框架，检验了 1867～1960 年的美国货币史，从而得出了以下结论。首先，高能货币量的变化是广义的货币存量的长期性变化和主要的周期性变化的主要因素。[②] 其次，D/R 比率和 D/C 比率的变化对金融危机条件下的货币的运动有着决定性的影响，而 D/C 比率的变化则对货币的温和的周期性变化起着重要的作用。

我们知道，弗里德曼—施瓦兹通过对近百年来美国货币史的分析，得出了三个重要结论。[③] 其中第一和第三个结论就是，货币存量的变化同经济行为的变化密切相关，但货币的变化往往有其独立的渊源，而并非经济行为变化的简单的反映。不难看出，如果没有上述弗里德曼—施瓦兹关于货币存量决定因素的分析，他们也难以得出这些结论。

可以说，弗里德曼—施瓦兹是当代货币供给决定理论的先驱者。以后，许多经济学家沿着他们开辟的道路继续探索。也有人几乎与他们同时开展了这一方面的研究。菲里普·卡甘就是其中突出的一位。

第三节　卡甘的分析

几乎就在弗里德曼—施瓦兹写作《1867～1960 年的美国货币史》一书的

---

　① 弗里德曼—施瓦兹：《1867～1960 年的美国货币史》，英文版，52 页。

　② 这一结论有着重要的政策含义，这就是："联邦储备体系可以通过控制高能货币的发行，来抵消其他因素在某一短时期内的任何非意愿的变化，因而这一体系对货币量的控制发挥着重要的作用。"施瓦兹：《对 1929～1933 年萧条的解释》（*Understanding 1929～1933*），载卡尔·布伦纳：《大萧条回顾》（*The Great Depression Revisited*），27 页，1981。

　③ 同本页注①，676 页。

同时，美国著名经济学家菲里普·卡甘也系统而又深入地研究了美国 85 年中货币存量的主要决定因素。这一研究的结果就是他出版于 1965 年的专著《1875～1960 年美国货币存量变化的决定及其影响》。虽然这两本著作都试图阐明货币在经济活动中的作用，但卡甘的著作就如书名所标明的，是专门分析货币存量的决定及其影响的，而弗里德曼—施瓦兹的著作只是涉及到这一问题而已。就分析货币量的决定而言，这两本著作所使用的方法很相似，而且这三位经济学家在写作过程中经常交流研究成果，所以有人将他们的分析称为"弗里德曼—施瓦兹—卡甘分析"①。但就笔者所知，卡甘的分析是对近 100 年来美国货币供应量决定的最全面最深入因而也最具有代表性和权威性的分析，无论在理论上还是在方法上，都有着重大的意义。所以，本书将比较详细地阐述这一分析。

一、决定货币存量的三个因素

同弗里德曼—施瓦兹一样，卡甘也将货币定义为公众手持通货及商业银行的活期存款和定期存款，② 并且卡甘采用了与弗里德曼—施瓦兹相同的分析货币供给的框架，但是，在卡甘的模式中，决定货币存量的三个因素与弗里德曼—施瓦兹模式中的略有不同。这一模式如下：

$$M = \frac{H}{\dfrac{C}{M} + \dfrac{R}{D} - \dfrac{C}{M}\dfrac{R}{D}} ③ \qquad\qquad (3-8)$$

---

① 安德森：《货币存量决定的三种分析》（Leonall C. Andersen, *Three Approaches to Money Stock Determination*），载《圣·路易斯联邦储备银行评论》，1967（10），6～13 页。

② 卡甘将货币"包括商业银行的定期存款的主要理由是，在 1914 年以前的资料中，定期存款无法令人满意地与活期存款相分离，并且直到 30 年代，也不可能在两者中作出有意义的划分，因此，为了便于比较，在 30 年代以后的时期中，定期存款也包括在货币中。"（卡甘：《1875～1960 年美国货币存量变化的决定及其影响》（*Determinants and Effects of Changes in the Stock of Money*，1875～1960），3 页，纽约，哥伦比亚大学出版社，1965。显然这同弗里德曼的货币定义略有不同，因为在弗里德曼看来，货币是财富贮藏的形式，所以必须包括银行定期存款（详见本书第一章第三节）。

③ 根据定义：

$M = C + D$

因此：

$D/M = 1 - C/M$

于是：

$R/M = R/D \cdot D/M = R/D\ (1 - C/M)$

从而：

$H/M = (C+R)/M = C/M + R/M$

$\qquad = C/M + R/D\ (1 - C/M) = C/M + R/D - R/D \cdot C/M。$

我们发现，弗里德曼—施瓦兹模式中的银行存款与通货之比和银行存款与其准备金之比分别为上式中的通货与货币存量之比和准备金与存款之比所代替。当然，这些区别并没有多大的理论上的意义。[①] R/D 只是 D/R 的倒数，而 C/M 同 D/C 一样也反映了 M、C 和 D 三者之间的关系，因为 $M = C + D$。卡甘将 C/M 和 R/D 分别称为通货比率（currency ratio）和准备金比率（reserve ratio）。

同弗里德曼—施瓦兹一样，卡甘也认为，政府控制高能货币，而公众和商业银行则共同决定高能货币为公众持有和为银行所持有的比例。公众通过变手持通货为银行存款或变银行存款为手持通货来改变其高能货币的持有额，而商业银行体系则可通过贷款及投资或收回贷款和投资来改变它所持有的高能货币额。公众的上述行为改变通货比率，而商业银行体系的行为则改变准备金比率。显然，当公众减少通货持有额而相对增加银行存款时，银行准备金就增加了；如果此时准备金比率保持不变，则货币存量将增加。同样，当银行增加贷款时，如果存款不变，准备金就减少了，货币存量则增加了。从式（3-8）看，通货比率和准备金比率都总是小于1，所以，等式右边分母中的第三项小于前两项中的任何一项，因而，若高能货币以及通货比率和准备金比率中的任一比率保持不变，另一比率上升将使货币存量减少，反之则反是。可见，货币存量同通货比率和准备金比率成负相关关系。

除了分析货币存量的各个决定因素外，卡甘还阐述了这些因素间的相互联系。卡甘认为，这些联系可分为间接联系和直接联系两种。间接联系源于"各个决定因素对某些相同的经济现象的依赖"[②]。例如，在商业周期的各个阶段或发生金融危机时，各个因素都会发生变化。直接联系比间接联系更重要、更复杂，它源于某一决定因素对另一决定因素的变化的反映。例如，当公众将一部分手持通货转变成银行存款，从而降低了通货比率并增加了银行准备金时，如果银行不能及时增加贷款或投资，则准备金比率就会提高。

二、各决定因素对货币存量变化率的作用

卡甘不仅分析了决定货币供应量的各个因素，而且深入地检验了各决定因素对货币存量变化率的作用。这是卡甘的分析区别于弗里德曼—施瓦兹的分析

---

① 弗里德曼—施瓦兹就曾说过："我们采用存款与通货之比，而不是它的倒数，以使货币存量同这一决定因素成正相关关系，而不是成负相关关系。"（《1867~1960年的美国货币史》，788页）。卡甘也说：他使用不同于弗里德曼—施瓦兹的两种比率关系，只是为了"更方便"一些而已（卡甘：《1875~1960年美国货币存量变化的决定及其影响》，12页，注9）。

② 卡甘：《1875~1960年美国货币存量变化的决定及其影响》，15页。

以及其他各种货币量决定因素分析的显著标志之一。为了作此检验，卡甘首先对式（3－8）求自然对数，从而获得以下恒等式：

$$\log_e M = \log_e H - \log_e\left(\frac{C}{M} + \frac{R}{D} - \frac{C}{M}\frac{R}{D}\right) \tag{3-9}$$

并对上式求时间导数：

$$\frac{\mathrm{d}\log_e M}{\mathrm{d}t} = \frac{\mathrm{d}\log_e H}{\mathrm{d}t} + \frac{M}{H}\left(1 - \frac{R}{D}\right)\frac{\mathrm{d}\left(-\frac{C}{M}\right)}{\mathrm{d}t}$$

$$+ \frac{M}{H}\left(1 - \frac{C}{M}\right)\frac{\mathrm{d}\left(-\frac{R}{D}\right)}{\mathrm{d}t} ① \tag{3-10}$$

以上等式的左边代表货币存量的变化率，等式右边分别代表高能货币的变化率、通货比率的变化率及准备金比率的变化率对货币存量的变化率的作用。

利用以上等式，卡甘运用统计手段并从理论上检验与分析了美国 1875 ～ 1960 年间各决定因素在货币存量的长期性增长和货币存量增长（及下降）率的周期性变化中所发挥的作用。

对于货币在长期中的增长，卡甘划分了两个时期——第一次世界大战前和

---

① 因为

$$\frac{\mathrm{d}\log_e\left(\frac{C}{M} + \frac{R}{D} - \frac{C}{M}\frac{R}{D}\right)}{\mathrm{d}t} = \frac{1}{\frac{C}{M} + \frac{R}{D} - \frac{C}{M}\frac{R}{D}} \cdot \frac{\mathrm{d}\left(\frac{C}{M} + \frac{R}{D} - \frac{C}{M}\frac{R}{D}\right)}{\mathrm{d}t}$$

$$= \frac{M}{H}\frac{\mathrm{d}\left(\frac{C}{M} + \frac{R}{D} - \frac{C}{M}\frac{R}{D}\right)}{\mathrm{d}t}$$

$$= \frac{M}{H}\frac{\mathrm{d}\left(\frac{C}{M}\right)}{\mathrm{d}t} + \frac{M}{H}\frac{\mathrm{d}\left(\frac{R}{D}\right)}{\mathrm{d}t} - \frac{M}{H}\frac{C}{M}\frac{\mathrm{d}\left(\frac{R}{D}\right)}{\mathrm{d}t}$$

$$- \frac{M}{H}\frac{R}{D}\frac{\mathrm{d}\left(\frac{C}{M}\right)}{\mathrm{d}t}$$

$$= \frac{M}{H}\left(1 - \frac{R}{D}\right)\frac{\mathrm{d}\left(\frac{C}{M}\right)}{\mathrm{d}t} + \frac{M}{H}\left(1 - \frac{C}{M}\right)\frac{\mathrm{d}\left(\frac{R}{D}\right)}{\mathrm{d}t}$$

所以

$$\frac{\mathrm{d}\log_e M}{\mathrm{d}t} = \frac{\mathrm{d}\log_e H}{\mathrm{d}t} - \frac{\mathrm{d}\log_e\left(\frac{C}{M} + \frac{R}{D} - \frac{C}{M}\frac{R}{D}\right)}{\mathrm{d}t}$$

$$= \frac{\mathrm{d}\log_e H}{\mathrm{d}t} + \frac{M}{H}\left(1 - \frac{R}{D}\right)\frac{\mathrm{d}\left(-\frac{C}{M}\right)}{\mathrm{d}t} + \frac{M}{H}\left(1 - \frac{C}{M}\right)\frac{\mathrm{d}\left(-\frac{R}{D}\right)}{\mathrm{d}t}$$

第一次世界大战后。这一划分有两个原因：第一，在前一时期，美国是典型的金本位制国家，而到了后一时期，这种典型的金本位制已不存在；第二，美国于 1914 年成立了联邦储备体系，这无疑对美国的货币供应以至整个货币金融发生了极其重大和深远的影响。

根据上述卡甘的货币定义，美国货币供应量从 1875 年到 1955 年平均每年增长 5.7%。从表（3-1）中可以看出，高能货币的变化是货币存量在长期中增长的主要原因。"高能货币的增长是 9/10 的货币存量增长的原因"[1]。而通货比率和准备金比率的作用则很小。只有 1/10 的长期性货币增长是由这两个比率的下降所引起的，因为在大部分时期，这两个比率的变化对货币量的影响差不多都互相抵消了。

表 3-1[2]　　　货币存量变化率的渊源：从 1875 年 8 月至 1955 年 12 月

被选期间的平均数

时　　　期	各因素的变化引起货币量变化的平均率（每年平均百分率）				各因素的相对影响[3]（百分率）			
	货币量的增长（1）	高能货币的影响（2）	通货比率的影响（3）	准备金比率的影响（4）	货币量的增长（5）	高能货币的影响（6）	通货比率的影响（7）	准备金比率的影响（8）
所有年份	5.7	5.2	0.5	0.1	100	91	9	2
两次大战期间	16.0	16.3	-5.5	6.0	100	102	-34	38
非战争期间	4.9	4.3	1.0	-0.3	100	88	20	-6
1917 年前	6.3	4.3	1.6	0.6	100	68	25	10
1918 年后	3.2	4.4	0.2	-1.4	100	138	6	-44

我们还发现，在两次大战期间，不仅货币供应量迅速增长，而且高能货币的增长更快于货币量的增长。而通货比率则异乎寻常地提高，以至于对货币量的增长产生了负面影响。这表明战争期间人们手持通货大大增加。这一现象的出现，可能是由于人们在战争期间有不安定的感觉，并对银行的信心下降。两次大战期间的另一反常现象是准备金比率剧烈下降，从而抵消了由于通货比率的提高而对货币量的增长产生的负面影响。

①②　卡甘：《1875～1960 年美国货币存量变化的决定及其影响》，19 页。
③　（1）至（4）列分别除以第（1）列，得（5）至（8）列。

　　第一次世界大战后货币量的增长速度远远慢于第一次世界大战前，而高能货币的增长速度则有增无减，使得高能货币的增长对货币量增长的影响大大加强，从战前的68%发展为战后的138%。这一变化说明，战后高能货币的增长速度超过了货币量本身的增长速度。与此同时，战后准备金比率则比战前提高了，从而导致了它对货币量增长的负面影响。上述高能货币和准备金比率的变化，都表明了第一次世界大战后美国政府加强了对货币的管理和控制。

　　除了分析各决定因素对长期性货币增长的影响外，卡甘更注重研究各因素在货币存量增长（及下降）率的周期性变化中的作用。这可能是因为他觉得，通过对后者的分析，更能看出各因素的决定作用以及货币对经济的影响。

　　所谓货币存量增长（及下降）率的周期性变化是指货币存量的增长率从上升、下降到再一次上升（也可能是从货币存量下降率的下降、货币存量增长、货币存量增长率的上升、货币存量增长率的下降、货币存量下降到货币存量下降率的再一次下降）的周期性变化。卡甘发现，货币存量增长（及下降）率的周期性变化同周期性的商业循环有着高度的相关性。除个别时期外，商业周期的低潮总是紧随在货币增长率的低潮后，商业周期的高潮也总是紧随在货币增长率的高潮后。"在货币变动的周期与相应的商业周期之间普遍存在着一对一的一致性（one-to-one correspondence）"[1]。

　　卡甘分析了从1877年至1953年货币存量增长率（及下降率）变化的18个周期，并区分了非战时周期和战时（即两次大战时的）周期、剧烈变动的周期和温和变动的周期。他发现（参阅表3-2），对于这18个周期，通货比率的周期性变动是最重要的，它"是货币存量变化率的周期性变动的差不多一半的来源"[2]，而"高能货币和准备金比率则分别是1/4的来源"[3]。而且，通货比率的周期性变动对货币存量的影响很有规律，而高能货币的影响却缺乏这种规律性，它的变动周期同货币存量的变动周期并不很一致。

　　但在两次大战期间，高能货币的影响比非战争时期提高了1倍以上，而通货比率的影响则下降到非战争时期的1/2以下，于是高能货币在战时完全取代了上述通货比率的地位。与此形成鲜明的对照，准备金比率的影响在战时并没有多大的变化。

---

① 卡甘：《1875～1960年美国货币存量变化的决定及其影响》。4页
② 同本页注①，134页。
③ 同本页注①，28页。

表 3 – 2　　　　　各因素对货币存量变化率的周期

的相对影响（1877 ~ 1953）①　　　　（百分率）

周　　　　期	货币量的变化	高能货币的影响	通货比率的影响	准备金比率的影响
1. 所有 18 个周期，1877 ~ 1953	100	27	46	26
2. 战时 2 个周期，1913 ~ 1918 和 1937 ~ 1948	100	51	24	25
3. 非战时 16 个周期，1877 ~ 1953	100	21	53	26
4. 10 个周期，1877 ~ 1913	100	3	48	47
5. 6 个周期，1918 ~ 1953	100	37	56	7
6. 6 个剧烈变动周期，1877 ~ 1953②	100	25	53	22
7. 3 个周期，1877 ~ 1913	100	19	36	45
8. 3 个周期，1918 ~ 1953	100	27	60	12
9. 10 个温和变动周期，1877 ~ 1953	100	15	52	31
10. 7 个周期，1877 ~ 1913	100	– 6	56	48
11. 3 个周期，1918 ~ 1953	100	65	44	– 8

　　我们还发现，在第一次世界大战前的 10 个周期中，高能货币的影响微不足道，而在第一次世界大战后的 6 个周期中，高能货币的周期性变动却成了货币存量变化率的周期性变动的主要原因之一。在下面的分析中我们将会看到，1914 年以后，美国高能货币的变化除了因黄金存量的增长而引起外，还增加了另一重要因素，即联邦储备体系的操作。这一新因素的加入，恐怕是导致上述高能货币的影响在一次大战前后发生巨大变化的主要原因。

　　有趣的是，准备金比率的影响在第一次世界大战前后的变化恰好与上述高能货币影响的变化相反，即从战前的举足轻重变为战后的微不足道。这是因为，战后随着联邦储备体系的建立和国家对金融管理的加强，银行体系的稳定性大大增强，除 20 世纪 20 年代末至 30 年代初的大危机以外，金融危机对银行的威胁已不像战前那么严重，所以，战后银行准备金比率的波动幅度也较小。

　　令人惊奇的是，在货币存量变化率的剧烈变动周期和温和变化周期中，各因素的相对影响并没有很大的变化，只是高能货币的影响和准备金比率的影响略有不同——高能货币在剧烈变动周期中的影响较大、在温和变动周期中的影

<hr>

　　①　卡甘：《1875 ~ 1960 年美国货币存量变化的决定及其影响》，26 页。

　　②　剧烈变动周期是指与 6 次剧烈的商业紧缩相一致的货币存量变化率的 6 个剧烈变动周期，而温和变动周期则包括非战时的所有其他周期。

响较小，而准备金比率的影响则相反。

毫无疑问，在与剧烈的商业紧缩相一致的货币存量变化率的剧烈变动周期中，政府的干预一定比在温和变动周期中来得大，而改变高能货币量又是政府干预的主要手段之一，所以会有上述高能货币的影响在这两种周期中的不同。

那么，为什么准备金比率在剧烈变动周期中和在温和变动周期中的影响恰好与高能货币的影响相反呢？这是由于该比率对金融危机的反应存在着一个时间上的间隔。当危机爆发时，公众迅速增加对通货的需求，而减少其银行存款。这使银行的准备金减少，从而降低了准备金比率。由于银行收缩贷款和出售债券需要一定的时间，因而准备金比率不可能在短期内迅速回升。事实上，由金融危机引致的准备金比率的较大幅度的上升，往往并不发生在货币的剧烈变动周期中，而是出现在随后的温和变动周期的最初阶段中。如果没有这一时间上的间隔，准备金比率对剧烈变动周期的影响可能会大得多。

卡甘不仅详细分析了货币存量的各个决定因素，而且深入研究了各决定因素自身变动的原因。后者是卡甘关于货币存量决定因素的分析区别于其他分析的特点之一，也是我们下面要阐述的内容。

三、各决定因素自身变动的原因

首先分析高能货币变动的原因。

在美国，高能货币由以下三部分所组成：金币和金证券；并非由黄金所担保但却构成了财政部和（自 1915 年以来）联邦储备银行负债的通货和银行存款余额；（至 1935 年止）国民银行（national banks）所发行而作为其负债的银行券。可见，美国高能货币有四大来源，即黄金存量、联邦储备银行、财政部和国民银行。但由于 1935 年后国民银行已停止发行银行券，因此，当今美国高能货币实际上有三大来源。

卡甘认为，尽管美国高能货币的发行从来没有完全集中过，但是高能货币最终决定于政府对它的控制，因为政府能改变高能货币的发行条件和发行量。所以，政府对货币的管理在绝大多数国家（尤其是在美国）的货币史上扮演了重要的角色。当然，政府对高能货币的决定也受制于货币制度。在金本位条件下（如美国 1933 年以前），高能货币的发行受黄金储备的制约。后者又决定于黄金生产和国际贸易状况。因此，从长期看，"高能货币变化的基本源泉在于黄金存量的增长"①。而美国 1914 年以来，高能货币量同时受黄金储藏量和联邦储备体系操作的影响。

深入一步看，高能货币在长期中的变化还受经济条件的影响。这些经济条件主要是物价水平、利率水平及一般经济状况。我们知道，黄金的商品价值为一般物价水平的递减函数，所以，一国物价水平的变化会影响该国黄金生产和黄金在该国的流入或流出，从而改变该国的黄金存量。也就是说，物价水平的变化将对高能货币产生负的影响。但高能货币却是利率水平的递增函数，因为利率上升使国民银行发行银行券的收益增加，从而鼓励了银行券的发行，反之则反是。此外，一般经济状况的变化也是引起高能货币变化的重要原因，因为联邦储备体系操作的最重要的目的是改善经济状况，而这一操作的重要手段则是改变高能货币量。

接下来我们讨论通货比率变动的原因。

在美国，通货比率在长期中具有下降的趋势。卡甘把这一趋势主要归因于收入和财富的增长以及城市化（urbanization）。人均实际收入和人均财富的增长会提高人均消费额，从而降低通过支票账户结算每一单位支出的成本。"这可能会增加对存款的需求，而相对减少对通货的需求"②。

在这里，卡甘似乎忽视了收入和财富的增长使通货比率下降的另一重要原因，这就是：随着收入和财富的增长，储蓄在收入中所占的比率不断上升，而消费所占的比率则相对下降；由于公众储蓄的主要形式是银行存款，所以随着经济发展和收入增长，在公众所持有的高能货币中，银行存款的比率会不断上升，而通货的比率则逐渐下降。

城市化有助于通货比率下降的原因在于它扩展了银行业而减少了通货的使用。银行存款在城市中往往比在乡村中多。城市中银行账户的使用也总是比乡村中广泛。例如，通过银行账户支付工资在城市中比在乡村中更普遍。

最后分析准备金比率变动的原因。

在卡甘所研究的年代中，美国货币当局对不同类型、不同地区的银行及不同种类的存款的准备金的要求是不同的。③ 首先，对联邦储备体系成立前的国民银行和成立后的联储成员银行所要求的准备率总是远远高于对其他商业银行所

---

①　卡甘：《1875～1960 年美国货币存量变化的决定及其影响》，98 页。

②　同本页注①，126 页。

③　20 世纪 80 年代后，美国已取消了这种对不同的存款机构的不同的准备金要求，而对所有的存款机构都实行统一的准备金要求。

要求的准备率。其次，在国民银行和联储成员银行中，对位于中心准备城市（central reserve cities）、其他准备城市（other reserve cities）及乡村地区的银行所要求的准备率依次递减。再次，对定期存款所要求的准备率低于对活期存款所要求的准备率。

1875 年以来，美国银行的准备金比率很不稳定，经常处在较大幅度的变动状态中。卡甘认为，这是由两方面的原因造成的，即存款在不同类型、不同地区的银行及不同种类的存款之间的转移和法定准备率的变化。

不难理解，存款在有着不同准备率的银行之间以及在定期存款和活期存款之间的任何重新分配都可能影响所有银行和全部存款的平均准备率。"然而，事实上，这些转移往往并不发挥重大的影响"[1]。那些主要的银行受着基本相同的法律制约，又面对类似的经济环境，因而常常采取几乎相同的准备率。而且，存款在各家银行间的许多次无规则的转移往往会互相抵消。定期存款与活期存款间的转移对准备金比率的影响也很小，因为这些转移主要发生在乡村的联储成员银行中，而在这类银行中，定期存款与活期存款的法定准备率的差别远远小于它们在准备城市中的联储成员银行内的差别。总之，"在 1875～1955 年期间，存款间的转移（对准备金比率的变化——引者注）总的来看是不重要的"[2]。

由此必然得出的结论是，法定准备率的变化是准备金比率变动的主要原因。卡甘指出，法定准备率的变化对准备金比率的影响取决于所谓"可用准备金"（usable reserves）[3] 对法定准备率变化的反应。如果法定准备率的变化为可用准备金所完全吸收，也就是银行通过将可用准备金转化为法定准备金或将法定准备金转化为可用准备金来满足法定准备率上升或下降的要求，那么，总的准备金将保持不变，准备金比率也就不会受到影响。这正是美国二次大战前的情形。那时，银行总是保持着较高的可用准备金比率，所以当法定准备率变化时，银行只需变更可用准备金比率，而不必改变总的准备率。然而，第二次世界大战后，经济环境发生了较大的变化，尤其是货币市场比以前稳定得多，所以银行已无需保持较高的可用准备率，而且可用准备率一旦发生变化，也总会迅速恢复到同以前几乎一样的水平。由于少而稳定的可用准备金难以吸收法定准备率

---

① 卡甘：《1875～1960 年美国货币存量变化的决定及其影响》，152 页。

② 同本页注①，179 页。

③ 与可用准备金相关的另外两个概念是超额准备金和自由准备金。超额准备金是指总准备金减去法定准备金，而自由准备金则表示超额准备金减去向联邦储备系统的借款。卡甘将可用准备金定义为超额准备金加上库存现金。

的变动，因此当法定准备率变动时，银行往往不得不变动总的准备金。卡甘由此得出结论，研究准备金比率的变动"可追溯至可用准备金比率"[1]。

综上所述，卡甘在深入研究了美国 1875 ~ 1960 年货币存量变动的主要决定因素后得出了以下结论：长期的和周期性的货币存量的变动决定于高能货币、通货比率和准备金比率这三个因素。高能货币的增长是货币存量在长期中增长的主要原因，而货币存量的周期性波动则主要决定于通货比率的变动。高能货币的增长在 1914 年以前主要导源于黄金储备的增长，而 1914 年以后则同时取决于黄金储备的增长和联邦储备体系的操作。通货比率在长期中的下降趋势主要归因于收入和财富的增长和城市化。至于准备金比率的变动，则主要是由法定准备率的变化所引起的。

第四节 乔顿的分析

我们发现，前述弗里德曼—施瓦兹和卡甘关于货币存量的决定因素的分析有以下两个特征：第一，采用了广义的货币定义，即货币不仅包括公众所持有的通货和活期存款，而且包括定期存款和储蓄存款，也就是 M_2；第二，未区分不同类型的银行（联储成员银行和非联储成员银行）和金融当局对不同类型存款（私人活期存款，私人定期存款及政府存款）的不同的准备金要求。[2]

20 世纪 60 年代末，美国经济学家乔顿（Jerry L. Jordan）发展了弗里德曼—施瓦兹和卡甘的分析，导出了较为复杂的货币乘数模型。[3] 在乔顿模型中，货币只包括公众手持通货和私人活期存款，即狭义的货币定义 M_1。乔顿模型还区分了联储成员银行和非联储成员银行，区分了受制于不同法定准备率的不同类型的存款。乔顿称这些区分为"货币分析家能准确地估计银行体系追加 1 美元准备金将'创造'多少货币"的关键。[4]

根据乔顿的分析，在美国，决定货币存量的要素为货币基数（Monetary

① 卡甘：《1875 ~ 1960 年美国货币存量变化的决定及其影响》，292 页。

② 卡甘在研究中曾区别了不同类型的银行以及定期存款和活期存款，但他并没有从理论上指出这些区别对货币存量决定的意义，也没有将这些区别反映在前述他的货币存量的决定模式中。

③ 乔顿：《决定货币存量的要素》（Elements of Money Stock Determination），载《圣·路易斯联邦储备银行评论》，1969（10），重印于吉布森（W. E. Gibson）和考夫曼（G. G. Kaufman）：《货币经济学——关于当前问题的读物》（Monetary Economics：Readings on Current Issues），1971。

④ 乔顿：《决定货币存量的要素》，载《货币经济学——关于当前问题的读物》，249 页。

base)、联储成员银行的准备金与存款之比、通货与活期存款之比、定期存款与活期存款之比、美国政府存款与私人活期存款之比。下面我们逐一分析这些要素。

一、货币基数

乔顿将货币基数定义为公众（包括商业银行）所持有的政府的净货币负债。而在前述弗里德曼与施瓦兹的分析中，高能货币则被定义为存款货币创造的基础。这两种定义说明了同一事物的两个方面。前者阐明了货币基数或高能货币的来源，后者则阐明了其使用。而两者包括的内容却是完全相同的，即公众所持有的通货和商业银行的存款准备金。

二、准备金比率

如上所述，乔顿模型区分了不同类型的银行和受制于不同准备率要求的不同类型的存款。据此，应将商业银行的全部准备金划分为不同类型银行的准备金和不同类型存款的准备金。如果用 RR_m、ER_m 和 VC_n 分别代表联储成员银行的法定准备金、联储成员银行的超额准备金和非联储成员银行的库存现金，则有下式：

$$R = RR_m + ER_m + VC_n \qquad (3-11)$$

式中，R 代表商业银行的全部准备金。而且，成员银行的法定准备金还可以分为对活期存款所要求的准备金和对定期存款所要求的准备金。如果以 R^d 和 R^t 分别表示成员银行的这两种准备金，就有下式：

$$RR_m = R^d + R^t \qquad (3-12)$$

将式（3-12）代入式（3-11），可得下式：

$$R = R^d + R^t + ER_m + VC_n \qquad (3-13)$$

这样，商业银行的全部准备金就被分为四个组成部分。而在前述弗里德曼—施瓦兹和卡甘的分析中，却没有这样的划分。

同样地，如果以 D、T 和 G 分别代表商业银行的私人活期存款、私人定期存款和政府存款，则商业银行的全部准备金也可以表示为全部存款的一定的百分比 r：

$$R = r(D + T + G) \qquad (3-14)$$

从理论上说，r 代表各种存款的加权平均准备率，但为了分析的方便起见，这里只是将所有准备金除以所有存款而得到 r 比率。

三、通货比率

"影响银行体系在货币基数增加一定量后能创造多少货币的重要因素之一是公众所希望持有的通货 C 与活期存款 D 的比例 k"[①]，也就是：

$$C = kD$$

或 $$k = C/D \qquad\qquad (3-15)$$

对此，乔顿解释到，这一比例越小，货币基数或所增加的货币基数中进入银行而作为准备金的部分就越大，从而银行体系所能创造的存款货币就越多。但是，笔者认为，这一解释远不足以说明为什么通货与活期存款之比会成为决定货币乘数的重要因素之一，而不应像弗里德曼—施瓦兹和卡甘那样，将商业银行的全部存款与公众手持通货之比，或将通货与货币存量之比作为货币存量的决定因素之一，因为不仅活期存款，而且定期存款与储蓄存款也能被银行用做准备金。

需要补充的是，活期存款能成为存款货币创造的基础，而定期存款却不能。我们知道，当客户将一笔通货作为活期存款存入银行时，他可以从银行得到一张等额的支票。由于这张支票能同这笔通货一样流通，因而此时公众所持有的货币并未减少，而只是由高能货币变成了存款货币；同时，银行体系所持有的货币却增加了，而且增加的是能用做准备金的高能货币。从整个社会看，由一笔手持通货转变成了活期存款，就创造出了等额的存款货币（当然，因为银行在运用这笔存款时须保持一定比例的准备金，所以实际增加的社会货币流通量小于所创造的存款货币量）。因此，公众手持通货与活期存款的比例越小，即通货转变成活期存款的数额越大，货币乘数就越大。然而，根据西方国家金融管理的规定，定期存款不能开列支票。于是当一笔公众手持通货转变成定期存款时，虽然银行体系增加了货币持有额，但公众所持有的货币却等量地减少了。而且，扣除准备金后，银行体系所增加的能实际运用的货币少于公众所减少的手持通货。也就是说，公众手持通货转变成银行定期存款，不仅不会增加而且还会减少社会货币流通量。当然，这里须有一个前提，即定期存款不包括在货币的范围内。由于乔顿采用的是狭义的货币定义，所以我们这里的分析是符合这一前提条件的。

由上可见，乔顿将弗里德曼—施瓦兹和卡甘模型中的商业银行全部存款与

---

① 乔顿：《决定货币存量的要素》，载《货币经济学——关于当前问题的读物》，252 页。

公众手持通货之比修正为通货与活期存款之比，是货币乘数研究的一大进步。略有遗憾的是他未从理论上予以阐明。

四、定期存款比率

根据乔顿的货币定义，定期存款不包括在货币的范围内。然而，银行对定期存款也得保持准备金，且联储成员银行定期存款的法定准备率远远低于活期存款的法定准备率，因而，定期存款与活期存款的比率的变化将改变银行体系创造存款货币的能力，进而改变货币量。

这就是乔顿将定期存款与活期存款之比作为决定货币存量的因素之一的理由。但这一理由却是不能成立的。根据这一理由，定期存款比率的改变将对货币乘数产生同向的影响，即该比率上升，货币乘数就将增大，而该比率下降，货币乘数则将缩小，因为"一定量的准备金所能支持的定期存款比它所能支持的活期存款多"[1]。然而，在本节结尾处读者将会看到，在乔顿的货币乘数模型中，定期存款比率的变化对货币乘数的影响是反向的。这又是为什么呢？

笔者认为，定期存款比率影响货币存量有两大原因：第一，在存款总额中，定期存款的比率越大，活期存款的比率就越小，当存款总额和公众手持通货不变时，狭义的货币量 M_1 也就越少，反之则反是；第二，如前所述，只有活期存款才能开列支票，才能创造存款货币，而定期存款则不能，所以，当采用狭义的货币定义时，定期存款在存款总额中所占的比重越大，货币乘数就越小、反之则反是。由此可见，定期存款比率的变化对货币乘数从而对货币存量的影响是反向的。如果以 T 和 t 分别表示定期存款和定期存款与活期存款之比，就可得到如下的定期存款比率：

$$T = tD$$

或 $$t = T/D \qquad\qquad (3-16)$$

五、政府存款比率

政府存款并不包括在乔顿的货币定义内，然而商业银行对政府活期存款也必须保持准备金，且其准备率须同私人活期存款的准备率相同，所以，"当基础货币或准备金量一定时，政府存款量的变化会影响银行所能支持的私人存款量"[2]。乔顿据此将政府存款与私人活期存款之比作为决定货币乘数的因素之一。

---

① 乔顿：《决定货币存量的要素》，载《货币经济学——关于当前问题的读物》，254 页。

② 同本页注①，255 页。

可是，让人不明白的是，在商品交换的过程中和在存款货币创造的过程中，政府活期存款发挥着与私人活期存款相同的作用，为什么政府活期存款不应该包括在货币的范围内？如果货币存量包括政府活期存款，则政府活期存款与私人活期存款之间的转化对货币乘数就不会有任何重大影响，区分政府存款与私人存款对于研究货币乘数和货币存量的决定也不会有任何重大意义。

如果以 G 和 g 分别表示政府存款和政府存款与私人活期存款之比，就可得到如下的政府存款比率：

$$G = gD$$

或

$$g = G/D \tag{3-17}$$

六、货币乘数

将式（3－14）、式（3－15）、式（3－16）和式（3－17）代入乔顿货币乘数方程式：

$$m = \frac{M}{B} = \frac{C+D}{C+R} \tag{3-18}$$

可得下式：

$$m = \frac{kD + D}{kD + r(D + T + G)}$$

$$= \frac{kD + D}{kD + r(D + tD + gD)}$$

$$= \frac{1 + k}{r(1 + t + g) + k} \tag{3-19}$$

这就是乔顿的货币乘数模型。根据这一模型，货币乘数 m 是行为参数 r、t 和 g 的递减函数。这意味着，商业银行各种存款的平均准备率、定期存款比率和政府存款比率的变化将对货币乘数产生反向的影响。然而，我们无法直接从式（3－19）来判断行为参数 k，即通货比率的变化对货币乘数的影响。对此，乔顿也未予以说明。我国台湾的经济学家徐义雄也曾认为式（3－19）并未说明通货比率的变动对货币乘数的影响。[①] 不过，我们可以通过求式（3－19）对 k 的导数来看出这一影响：

$$\frac{\partial m}{\partial k} = \frac{r(1 + t + g) + k - 1 - k}{(r + rt + rg + k)^2}$$

---

① 徐义雄：《货币供给》，62 页，台湾，台湾联经出版事业公司，1977。

$$= \frac{\dfrac{R}{D+T+C}\left(1+\dfrac{T}{D}+\dfrac{G}{D}\right)-1}{(r+rt+rg+k)^2}$$

$$= \frac{\dfrac{R}{D+T+G}\cdot\dfrac{D+T+G}{D}-1}{(r+rt+rg+k)^2}$$

$$= \frac{\dfrac{R}{D}-1}{(r+rt+rg+k)^2} \tag{3-20}$$

由式（3-20）可知，通货比率的变动对货币乘数的影响取决于 R/D 将小于 1 还是大于 1。如果 R/D 小于 1，则式（3-20）小于 0。这说明，货币乘数 m 是通货比率 k 的递减函数，即通货比率的变动会引起货币乘数的反方向的变动。与前述弗里德曼—施瓦兹货币乘数模型不同的是，式（3-20）中的 R 代表商业银行的全部准备金，而 D 则表示私人活期存款。所以，不能绝对地说，R/D 将小于 1 还是大于 1。不过，由于私人活期存款占了商业银行全部存款的很大一部分，而存款准备金通常只占存款的较小的比例，因而一般说来，R/D 小于 1，即 m 为 k 的递减函数。这同我们在分析通货比率时从理论上得出的结论是一致的。

问题在于，如果 R 大于 D，式（3-20）就将小于 0，于是 m 成了 k 的递增函数，也就是通货比率的变动会引起货币乘数的同方向的变动。为什么当私人活期存款在全部存款中所占的比例很小，或者当各种存款的平均准备率非常高，以致使商业银行的全部准备金额大于私人活期存款额时，公众手持通货与活期存款的比例的提高反而会使货币乘数扩大？这有悖于我们在前面所作的关于通货与活期存款各自在存款货币创造过程中的作用的理论分析，也同与此有关的各种理论相矛盾。尽管这一不合常理的现象在现实生活中可能很少见，但同样应该在理论上予以阐明。对此，笔者目前还无能为力，只能在此提出这一问题，以引起读者的关注。

对于乔顿货币乘数模型还需要说明的是，各行为参数对货币乘数的决定并不是完全独立的，而是互相影响着的。例如，若 t 比率因活期存款增加或定期存款减少而下降，平均准备金比率 r 就会上升，因为活期存款的准备率高于定期存款的准备率。t 比率的下降使货币乘数扩大，而 r 比率的上升则使货币乘数缩小。货币乘数究竟会扩大还是缩小，即上述活期存款与定期存款的相对变动对货币乘数的最终影响，将取决于这两种比率的变化对货币乘数影响的相对大小。

最后有必要指出，乔顿采用了 M_1 的货币定义，而他的不少分析却似乎又是以 M_2 为对象的，因而常常难以自圆其说，如上述乔顿对为什么将通货比率和定期存款比率作为决定货币乘数的因素的说明。

第五节 伯尔格的分析

在当代西方货币乘数模型中，美国经济学家伯尔格（Albert E. Burger）推导的模型也具有较大的影响。[①] 伯尔格的模型产生于 20 世纪 70 年代初，是在弗里德曼—施瓦兹、卡甘和乔顿等人的模型的基础上发展起来的，但又比那些模型更复杂和精密。

伯尔格分别推导了 M_1 的乘数 m_1 和 M_2 的乘数 m_2。在推导货币乘数的过程中，伯尔格使用了一个全新的概念——"净来源基数"（net source base），而不像其他经济学家那样，使用货币基数或高能货币的概念。所谓净来源基数（以 B^a 表示）就是从货币基数中减去商业银行向中央银行的贴现和借款后的余额，实际上就是银行系统的非借入准备金与公众所持通货之和。根据前面对货币基数的分析我们不难发现，货币基数中扣除商业银行向中央银行的贴现和借款后，其余的部分都是直接决定于货币当局的，也就是说，净来源基数实际上是货币当局能够直接控制的货币基数，而这正是货币当局实施货币政策所必需的，因为正如巴尔巴克和伯尔格曾经指出的"研究货币基数的来源对货币当局是极其重要的。可把这一研究作为一个框架，以分析货币当局的行为如买卖证券或向银行贷款是如何影响货币基数，从而影响货币存量的。这一研究也使货币当局能分析其他一些因素是如何影响货币基数的，从而使他们找出必须采取的能够抵消这些外在影响的各种政策行为。"[②]

在伯尔格的货币供给模型中，货币供给的决定可由以下两式来表示：

$$M_1 = m_1 B^a, M_2 = m_2 B^a \tag{3-21}$$

在推导 m_1 和 m_2 之前，先将有关符号说明如下：R 表示银行系统的存款准备金总额；C^p、D^p 和 T 分别代表非银行公众所持有的通货、活期存款和定期存款；D^t 表示政府（财政部）在商业银行的活期存款；A 表示商业银行向中央银行的贴现和借款；r 表示准备金比率，即 $R = r (D^p + T + D^t)$；b 表示商业银行向中央银行的贴现借款与其存款总额之比，即 $b = A/(D^p + T + D^t)$；t 表示定期存

---

① 伯尔格：《美国货币供给的过程》（*The Money Supply Process*），加利福尼亚，1971。

② 巴尔巴克和伯尔格：《货币基数的来源》，载《圣·路易斯联邦储备银行评论》，1976（11），6 页。

款与非银行公众活期存款之比，即 $t = T/D^p$；d 表示政府存款与公众活期存款之比，即 $d = D^t/D^p$；k 表示公众所持通货与活期存款之比，即 $k = C^p/D^p$。现在让我们来看伯尔格推导的货币乘数。

一、M_1 的乘数 m_1

根据净来源基数的概念，可得

$$B^a = R - A + C^p$$
$$= (r - b)(D^p + T + D^t) + C^p \qquad (3-22)$$

将以上等式两边同除 D^p，得：

$$\frac{B^a}{D^p} = (r - b)\left(\frac{D^p}{D^p} + \frac{T}{D^p} + \frac{D^t}{D^p}\right) + \frac{C^p}{D^p}$$
$$= (r - b)(1 + t + d) + k \qquad (3-23)$$

从而得：

$$D^p = \frac{1}{(r - b)(1 + t + d) + k}B^a \qquad (3-24)$$

根据 M_1 的定义，又有：

$$M_1 = D^p + C^p$$
$$= D^p\left(1 + \frac{C^p}{D^p}\right)$$
$$= D^p(1 + k)$$
$$= \frac{1 + k}{(r - b)(1 + t + d) + k}B^a \qquad (3-25)$$

由于 $M_1 = m_1 B^a$，因此，

$$m_1 = \frac{1 + k}{(r - b)(1 + t + d) + k} \qquad (3-26)$$

这就是伯尔格推导的第一种货币定义的乘数公式。

将式（3-26）与前述乔顿方程式相比，我们发现有两点区别：第一，伯尔格使用的是净来源基数的概念，而乔顿使用的是货币基数的概念；前者不包括而后者包括商业银行向中央银行的借款，因此，后者大于前者，且包括前者。第二，正因为净来源基数在量上一般小于货币基数，所以，伯尔格方程式中的 m_1 一般大于乔顿方程式中的 m；在上述 m_1 的推导过程中，如果用货币基数概念代替净来源基数概念，那么 m_1 的决定与乔顿方程式中 m 的决定是完全一样的。

二、M_2 的乘数 m_2

伯尔格不仅推导了 m_1 的决定公式，并且在此基础上又导出了 m_2 的决定公式。

根据 M_2 的定义，有：

$$M_2 = D^p + C^p + T$$

$$= D^p \left(1 + \frac{C^p}{D^p} + \frac{T}{D^p} \right)$$

$$= D^p (1 + k + t)$$

$$= \frac{1 + k + t}{(r - b)(1 + t + d) + k} B^a \qquad (3-27)$$

由于 $M_2 = m_2 B^a$，因此，

$$m_2 = \frac{1 + k + t}{(r - b)(1 + t + d) + k} \qquad (3-28)$$

显然，m_2 与 m_1 的关系为，

$$m_2 = m_1 + \frac{t}{(r - b)(1 + t + d) + k} \qquad (3-29)$$

$$m_2 > m_1$$

三、各决定因素对货币乘数的影响

由上可见，在伯尔格的货币供给决定理论中，货币乘数决定于五个因素，即准备金比率 r、借入准备金比率 b、政府存款比率 d、通货比率 k 以及定期存款比率 t。然而，这五个因素对货币乘数的影响方向不尽相同。伯尔格运用弹性分析和偏导数分析方法检验了这些因素对货币乘数的影响方向。

首先看 r 比率的影响。从式（3-26）和式（3-28）中很容易看出，r 上升（或下降）将使 m_1 和 m_2 下降（或上升），因而有：

$$\varepsilon(m, r) < 0 \text{[1][2]} \qquad (3-30)$$

伯尔格的货币乘数公式不包括超额准备金比率（以 e 表示）这一变量，但 e 上升（或下降）将使 r 上升（或下降），所以，

---

[1]　m 既表示 m_1，也表示 m_2，下同。

[2]　$\varepsilon(m, r) = \frac{\partial m}{\partial r} \cdot \frac{r}{m}$，表示货币乘数 m 对准备金比率 r 的弹性，即表示 r 变化引起的 m 变化的程度。$\varepsilon(m, r) < 0$，说明 r 的变化将引起 m 作反方向的变化；$\varepsilon(m, t) > 0$，则说明 r 变化将引起 m 作同方向的变化。

$$\varepsilon(m,e) < 0 \qquad (3-31)$$

与 r 相反，b 的变化将引起 m 作同方向的变化，因此，

$$\varepsilon(m,b) > 0 \qquad (3-32)$$

上式并不难理解。当总准备金比率 r 一定时，借入准备金比率 b 越大，银行系统的实际准备金比率（存款中留做准备金的部分与存款之比）就越小，反之则反是。于是，m 为 b 的递增函数。需要注意的是，净来源基数 B^a 已不包括银行的借入准备金 A，因此，A 的变化对货币量的影响自然要反映在货币乘数的变化上。

同样，很容易从式（3-26）和式（3-28）中看出，d 的变化将引起 m 作反方向的变化，也就是，

$$\varepsilon(m,d) < 0 \qquad (3-33)$$

通货比率 k 对 m 的影响难以直接从式（3-26）和式（3-28）中看出。对此，需要对式（3-26）求 k 的偏导数：

$$
\begin{aligned}
\frac{\partial m_1}{\partial k} &= \frac{(r-b)(1+t+d) + k - (1+k)}{[(r-b)(1+t+d) + k]^2} \\
&= \frac{(r-b)(1+t+d) - 1}{[(r-b)(1+t+d) + k]^2} \qquad (3-34)
\end{aligned}
$$

由于 $(r-b)(1+t+d) < 1$，因此，

$$\frac{\partial m_1}{\partial k} < 0 \qquad (3-35)$$

就是说，k 的变化将对 m_1 产生反向的影响。了解了 k 对 m_1 的影响，就不难知道 k 对 m_2 的影响了。根据式（3-29），

$$m_2 = m_1 + \frac{1}{(r-b)(1+t+d) + k} \qquad (3-29)$$

能推断出：

$$\frac{\partial m_2}{\partial k} < 0 \qquad (3-36)$$

综上所述，可得：

$$\varepsilon(m,k) < 0 \qquad (3-37)$$

上式表明，无论是狭义的货币定义的乘数 m_1，还是比较广义的货币定义的乘数 m_2，都是 k 的递减函数。

最后要讨论的是定期存款比率 t 对 m 的影响。由式（3-26）可知，

$$\varepsilon(m-t) < 0 \qquad (3-38)$$

即 t 的变化将引起 m_1 作反方向的变化。

但是，在式（3-28）中，t 同时出现在分子和分母中，这就使我们无法直接从该式中看出 t 对 m_2 的影响。然而，可以通过对该式求 t 的偏导数来看出这一影响：

$$\frac{\partial m_2}{\partial t} = \frac{(r-b)(1+t+d)+k-(r-b)(1+k+t)}{[(r-b)(1+t+d)+k]^2} \qquad (3-39)$$

简化上式分子得：

$$(r-b)d+k-(r-b)k$$

因为，$(r-b)d > 0$，$k > (r-b)k$，所以，

$$\frac{\partial m_2}{\partial t} > 0 \qquad (3-40)$$

即：

$$\varepsilon(m_2,t) > 0 \qquad (3-41)$$

式（3-41）表示，定期存款在存款总额中所占比率越大，m_2 就越大，于是 M_2 也就越大，反之则反是。从原理上讲，因为 M_2 包括定期存款，而定期存款的法定准备率低于活期存款的法定准备率，所以定期存款在存款总额中所占比率越大（也就是活期存款所占比率越小），m_2 和 M_2 就越大，反之则反是。但是，M_1 不包括定期存款，于是，当 t 上升时，m_1 和 M_1 就减少，当 t 下降时，m_1 和 M_1 就增加。

第六节　布伦纳—梅尔泽的分析

美国著名经济学家布伦纳（Karl Brunner）与梅尔泽（Allan Meltzer）关于货币存量决定因素的分析较之于 20 世纪 60 年代出现的其他任何一种分析都更数学化和更复杂。他们在关于货币供给过程的理论模型的基础上发展了一种货币供给函数。这一函数概括了决定货币存量及其变化的各种要素，并且反映了政府、银行和公众的货币行为。由于不同的要素对货币存量的影响不同，因而布伦纳—梅尔泽在其货币供给函数中对各种要素分别估算了不同的参数。"布伦纳—梅尔泽的工作不仅仅是试图预测这些经济变量的大小：以活期存款和非银行的公众所持有的通货来定义的货币；包括定期存款的货币以及银行信用。这项工

作还试图阐明货币存量和银行信用的决定过程。"① 并且，布伦纳—梅尔泽还试图采用一种货币供给理论与货币政策的操作相联系的形式。

布伦纳—梅尔泽的线性货币供给函数中的主要因素是货币基数 B、"自由"（liberated）准备金 L、公众所持通货 C、商业银行的定期存款 T 和银行超额准备金 ER。

所谓自由准备金是指"因法定准备率的变化而引起的法定准备金变动的累积额"以及由于存款的转移而导致的准备金的变动额②。这里所谓存款的转移指的是存款在受制于不同法定准备率的不同类型的联储成员行之间、在联储成员行与非联储成员行之间以及在定期存款与活期存款之间的转移。布伦纳—梅尔泽将货币基数与自由准备金（即 $B+L$）合称为"扩大了的货币基数"（extended monetary base）。

公众对通货与定期存款的需求首先取决于货币财富的多少。所谓货币财富是指公众所持有的通货、活期存款及定期存款。随着货币财富增加，公众对通货和定期存款的需求也会增加。布伦纳—梅尔泽将这一现象称为"外部效应"（spillover effect）。此外，利率、活期存款与定期存款账户的成本以及非货币财富等变量的变化也会引起通货和定期存款的变动。现在用 C_0 和 T_0 来表示由这些因素引起的通货和定期存款的变化。

根据布伦纳—梅尔泽的分析，银行超额准备金的变化是货币存量变化的基本因素，而超额准备金的变化又可导源于许多变量的变化。这些变量包括银行的全部私人存款、法定准备率、银行保持超额准备金的机会成本（利率）以及银行因准备金不足而冒的风险。布伦纳—梅尔泽将超额准备金的变化分为两种类型：一种是由全部私人存款的变化，即由直接的外部效应造成的超额准备金的变化；另一种则是由上述其他各种变量的变化而引起的超额准备金的变化。现在用 ER_0 来表示这后一种类型的超额准备金的变化。

在上述分析的基础上，布伦纳—梅尔泽分别根据狭义的和广义的货币定义建立了货币供给函数，而他们的分析重点则放在狭义的货币供给量上。美国已故经济学家安德森（Leonall C. Andersen）将布伦纳—梅尔泽的狭义的货币供给

---

① 伯尔格：《美国货币供给的过程》，4 页，加利福尼亚，1971。布伦纳—梅尔泽的货币供给函数主要有他们称之为非线性的货币供给假设和线性货币供给假设两种。伯尔格的以上评论是针对非线性假设的；但笔者认为它也适用于线性假设。本书将要阐述的就是布伦纳—梅尔泽的线性货币供给函数，因为它比非线性函数既简明又重要。

② 布伦纳—梅尔泽：《货币需求和供给函数的再探讨》（*Some Further Investigation of Demand and Supply Functions for Money*），载《金融杂志》（*The Journal of Finance*），1964（5），245 页。

函数简化成下式：

$$M = m_0 + m_1(B + L) - m_2 C_0 - m_3 T_0 - M_4 ER_0 \text{[1]} \qquad (3-42)$$

上式左边的 M 代表狭义的货币存量。右边第一项 m_0 为一常数。第二项 m_1 $(B+L)$ 表示扩大了的货币基数的变化对货币存量的影响。"将 B 和 L 组合在一个单一的加法表达式中反映了这样一个为许多验证所支持的经验的假设，即 M^1 和 M^2（指狭义的和广义的货币量 M_1 和 M_2——引者注）对 B 的变化的反应恰好与对 L 的变化的反应相一致。"[2] 右边第二项中的 m_1 为一货币乘数，它的大小主要取决于各种存款的平均法定准备率和上述通货、定期存款及超额准备金的外部效应。

外部效应对货币供给的影响体现在 m_1 中，上式右边的后三项则代表了其他要素的影响，即公众所持通货的影响（$m_2 C_0$）、商业银行定期存款的影响（$m_3 T_0$）以及联储成员银行超额准备金的影响（$m_4 ER_0$）。乘数 m_2、m_3 和 m_4 不仅不同于 m_1，且相互间也各不相同。我们还发现，这三个乘数都是负值，因为 C_0、T_0 和 ER_0 的变化会对货币存量产生反方向的影响。

可能有人会问，为什么在布伦纳—梅尔泽的线性货币供给函数中没有私人活期存款出现？这或许是因为：当活期存款发生变化时，它不是转变为定期存款就是转变为公众手持通货。即使活期存款的持有者并不将它直接转变为定期存款或手持通货，而是转变为其他资产，原先以活期存款形式存在的资金，在变换了所有者之后，还是以活期存款、定期存款或手持通货的形式存在。因此，活期存款的变化实际上已经反映在定期存款或手持通货的变化中了。所以在布伦纳—梅尔泽的货币供给函数中，既然已有专项以反映手持通货和定期存款的变化对货币存量的影响，也就没有必要另列一项来表示活期存款的影响了。

如前所述，在布伦纳—梅尔泽的分析中，银行的剩余超额准备金是货币存量变化的基本因素。货币存量的这一变化有两种过程。一是单个银行因出现剩余准备而调整其资产构成的过程；二是整个银行体系吸收单个银行的剩余准备金的过程。

所谓剩余超额准备是指实际超额准备与意愿超额准备之差。当由于某一原因，如货币基数的增加，而使银行出现剩余准备时，银行就会调整其资产构成，直到消除剩余准备为止。而在这一调整过程中，银行的赢利资产包括其贷款以

---

① 安德森：《对货币存量决定的三种分析》（*Three Approaches to Money Stock Determination*），载《圣·路易斯联邦储备银行评论》，1967（10），10 页。

② 布伦纳—梅尔泽：《货币需求和供给函数的再探讨》，载《金融杂志》，1964（5），248 页。

及银行存款都发生了变化，公众所持通货以及其他银行准备金状况也都发生了变化。这就是上述第一个过程。这第一个过程又导致了下述第二个过程。

在第一个过程中出现的其他银行实际超额准备与意愿超额准备的差异促使这些银行调整其资产构成。这一调整过程从一个银行扩展到另一个银行，直到最初的剩余准备金在整个银行体系内得到重新分配并为整个银行体系所吸收为止。

在上述两个调整过程中，货币财富扩大了，并产生了 C、T 及 ER 的外部效应。这些都引起了 m_1 的变化。m_1 和扩大了的货币基数的变化导致了货币存量的变化。这就是在布伦纳—梅尔泽的分析中，由于银行出现剩余超额准备而使货币存量发生变化的传导过程。

布伦纳—梅尔泽关于货币存量决定因素的分析有两个重要结论：第一，扩大了的货币基数及公众对通货的需求的变化是引起货币存量变化的主要原因；第二，联邦储备体系的公开市场操作是决定货币基数的变化，从而决定货币存量变化的主要因素。

我们发现，对于决定货币存量的要素，布伦纳—梅尔泽得出的结论同弗里德曼—施瓦兹的结论差不多是一致的，但他们使用的分析方法却不相同。弗里德曼—施瓦兹的货币乘数是概念性的，而布伦纳—梅尔泽的货币乘数则是经验性的。前者偏重于理论分析，后者则偏重于统计分析。例如，布伦纳—梅尔泽通过统计分析发现，美国狭义货币的 m 约为 2.5，即扩大了的货币基数的变化将导致 2.5 倍于这一变化的货币存量的变化。

布伦纳—梅尔泽分析的另一特点是，不像大多数经济学家那样采用传统的货币存量为基础货币与一乘数之积的分析方法，而是区分了决定货币存量的各要素的乘数，以精确地反映各要素的变化对货币存量的影响。在这四个乘数中，m_1 是最重要的，因为它不仅决定了扩大了的货币基数对货币存量的影响程度，而且体现了各要素的外部效应。

此外，布伦纳—梅尔泽在他们的货币供给函数中引入了扩大了的货币基数这一概念，并把它置于突出的地位，这可能是为了强调法定准备金的变动对货币存量的影响，从而强调货币当局在货币供应量决定中的作用。

第七节　"可用准备金"分析

同弗里德曼—施瓦兹和卡甘等人的分析一样，"可用准备金"（reserves avaiable) 分析也是 20 世纪 60 年代出现的一种较有影响的关于货币存量决定的分析。这一分析曾被美国圣·路易斯联邦储备银行所广泛使用，而它的主要倡导者则是美国已故经济学家 L. C. 安德森。

可用准备金分析注重联储成员银行的私人活期存款，因为它们是货币存量的主要部分。由于联邦储备体系的公开市场操作改变了该体系的资产持有额，尤其是美国政府债券的持有额，而这一变化对成员银行私人活期存款的准备金又有很大的影响，因此，可用准备金分析的重点在于联储的公开市场操作。此外，还有许多不受联储直接控制的因素也影响着货币供给，从而使联储所持有的政府债券的变化率与货币存量的变化率往往很不一致，为此，这一分析还研究了造成联储公开市场操作与货币供给的变化（主要是成员银行私人活期存款的变化）不一致的因素。

在具体阐述可用准备金分析前，让我们先介绍这一分析所使用的几个基本概念。首先，安德森等人采用了狭义货币的概念，即货币只包括商业银行的私人活期存款与公众手持通货。同时，他们还区分了两种类型的存款——货币性存款与非货币性存款。货币性存款指商业银行的私人活期存款；非货币性存款则包括商业银行的所有其他存款，主要是美国政府活期存款、商业银行相互间的存款和定期存款及储蓄存款。货币性存款又进一步被分成联储成员银行的货币性存款和非成员银行的货币性存款。成员银行的货币性存款构成了货币供给的主要部分。

现在让我们来看安德森等人对货币供给量决定的分析。根据这一分析，"影响货币供给行为的主要因素是：(1) 联储所持政府债券的变化，(2) 影响成员银行准备金的其他一些因素的变化，(3) 非货币性存款的变化，(4) 成员银行超额准备金的变化和 (5) 公众所持通货的变化"[1]。

公开市场操作是联储管理货币的主要工具之一。这一操作改变了联储所持有的政府债券等资产的数额。联储所持政府债券的增加，一般会使成员银行的准备金增加，因为这些债券是成员银行在联储的存款的主要部分，而后者又是成员银行准备金的两个组成部分之一（另一组成部分是成员银行的窖藏现金）。

---

[1] L. C. 安德森：《联储公开市场操作与货币供给》（*Federal Reserve Open Market Transactions and the Money Supply*），载《圣·路易斯联邦储备银行评论》，1965，12 页。

同样，联储所持政府债券的减少，一般也会使成员银行的准备金减少。[①]

此外，还有其他一些因素也影响着成员银行准备金的变化。使准备金增加的因素主要有：成员银行向联储的借款、财政部的通货发行及黄金存量。使准备金减少的因素则主要有：联储的财政余额、财政部所持现金及公众所持通货。这些因素是联储所不能直接控制的。它们的变化会抵消或加强联储的公开市场操作对成员银行准备金的影响。所以，安德森等人认为，在分析货币量的决定时，不能不考虑这些因素。

在成员银行的全部准备金中，有一部分是被用来支持非货币性存款的，因为联储要求其成员银行不仅对货币性存款，而且对非货币性存款也必须保持一定的准备金。显然，当准备金一定时，非货币性存款的增长会降低货币性存款。而在支持非货币性存款的准备金中，大部分是被用来支持定期存款和储蓄存款的，所以，成员银行定期存款和储蓄存款的变化会对其货币性存款产生很大的影响。

安德森等人进一步指出，成员银行的准备金并非全都用于支持存款，其中一部分还以超额准备金的形式存在着。这些超额准备金是成员银行经营所必需的。超额准备金不能给银行带来收益，所以银行总是试图将超额准备金降到有效经营所必需的最低限度。但是，个别银行资金的流入和流出是很难预料的，因而超额准备金在短期内波动的幅度往往很大。显然，当准备金总额一定时，超额准备金的增加将减少用于支持存款的准备金；反之则反是。

由上可知，成员银行的全部准备金减去支持非货币性存款的准备金和超额准备金，余下部分才能用来支持货币性存款，即私人活期存款。这大概也就是安德森等人把他们的分析称为"可用准备金"分析的原因吧。

对货币供给有较大影响的再一个因素就是公众手持通货。"公众手持通货在货币供给的决定中扮演着双重的角色。它既是使银行准备金总额趋于减少的一个因素……又是直接增加货币供给的一个因素。总的说来，由于货币中通货部分的扩大而减少的活期存款额大于因这一扩大而直接增加的货币存量。这一结果源于我们的部分准备金制度。靠着这一制度，准备金支持着数倍（目前为 6

---

① 联储一般是用自己的支票在公开市场上购买政府债券的。由于债券的出卖者大多是商业银行的顾客，因此他们往往把所获得的联储支票存入商业银行。经过票据交换所的清算，这些支票最终成了商业银行在联储的存款账户上的余额。同样，当联储出售它所持有的政府债券时，商业银行在联储的存款就会减少。

倍）于自身的活期存款"①。"因而，通货（从银行）流入公众手中……是抵消联储公开市场操作对货币供给的影响的一个主要因素"②。如此清晰和深入地阐述公众手持通货在货币供给决定中的作用，这在西方经济学家中是很少见的。

将可用准备金分析与前述各项分析相比较，我们发现，安德森等人主要是通过分析成员银行准备金的变化，来分析货币供给量的决定，而弗里德曼—施瓦兹、卡甘和乔顿则强调高能货币或基础货币在货币供给量决定中的作用。根据可用准备金分析，似乎只有成员银行的准备金才是名副其实的高能货币，因为任何较大幅度的货币供给的变化都是由于准备金的变化而引起的，或通过准备金的变化而实现的。③ 在这一点上，可用准备金分析倒是比较接近布伦纳—梅尔泽的分析，只是布伦纳—梅尔泽分析的重点在于银行超额准备金的变化，并且也不像可用准备金分析那样，始终强调成员银行准备金的惟一重要性。读者可能会感到，可用准备金分析似乎比其他各项分析更具有实践性，因为成员银行准备金受联储的直接控制，并且受联储公开市场操作的直接影响。

以上我们评述了几种在西方较有影响的货币供给的决定理论。在结束本章前有必要指出的是，20 世纪 80 年代以来，随着人们越来越深刻地认识到货币量变动对经济的巨大影响，货币供给问题的研究也越来越面对货币政策操作的实际需要，即中央银行控制货币供给的需要。

"关于货币对经济活动的重要性的问题，主要同货币需求函数的具体和稳定有关，而关于控制货币的问题，则主要同货币供给函数的具体和稳定有关"④。中央银行控制货币供给的能力的大小，取决于它能否准确地预测货币乘数及其决定因素的变化；而中央银行能否准确地作此预测，又取决于这些变化是否稳定。这些变化越稳定，中央银行的预测就越准确，其控制货币供给的能力也就越大。所以，当前西方货币供给问题的研究，已转向对货币乘数及其决定因素的稳定性和可测性的研究了。单纯研究货币供给量决定的已不多见。这些对稳定性和可测性的研究一般都运用了比较复杂的数学方法，所以不适宜了作为本

---

① ② L. C. 安德森：《联储公开市场操作与货币供给》，载《圣·路易斯联邦储备银行评论》，1965（4），13 页、16 页注 13。

③ 这一点很重要。联想到中央银行控制货币供给的各项措施，大部分都是通过改变商业银行的准备金，来改变货币供给量的。

④ 吉布森和考夫曼：《货币经济学——关于当前问题的读物》，223 页。

书讨论的对象。① 但这些研究的理论基础仍是以上介绍的货币供给量的决定理论。

复习思考题

1. 货币基数的最本质的特征是什么？

2. 货币基数与高能货币这两个名词有何细微的区别？

3. 货币基数的主要决定因素有哪些？

4. 为什么通货和法定准备金是货币基数的组成部分？

5. 试述弗里德曼—施瓦兹的货币供给决定因素的分析。

6. 卡甘如何分析货币供给的决定因素以及这些决定因素自身的变动？其基本结论是什么？

7. 根据乔顿的分析，决定货币乘数的因素有哪些？试分别说明各因素的基本含义及其对货币供给量的影响。

8. 试述伯尔格货币乘数模型中 m_1 和 m_2 的决定公式。

---

① 对此有兴趣的读者可参阅这方面的一本有代表性的著作——拉希和约翰尼斯：《控制货币总量的增长》（Robert H. Rasche & James M. Johannes, *Controlling the Growth of Monetary Aggregates*），波士顿，1987。

第四章　利率理论

利率是从属于信用的一个经济范畴。只要有信用，就会有利息，从而也就会有利率。这些经济现象在人们头脑中的反映，就形成了有关信用、利息及利率的理论或这些理论的某些片断。据以色列经济学家唐·帕廷金（Don Patinkin）考证，"信用安排可追溯到史前时期，甚至可追溯到货币经济出现之前。"[①] 因此，尽管在现代货币信用经济中，信用活动通常表现为货币资金的借贷，利息的收付通常以货币的形式来完成，因而，利率理论已成为现代货币经济学中的一个重要的组成部分，但从理论本身的形成来看，利率理论其实是早于货币经济理论，甚至早于纯粹货币理论而产生的。这就说明，在西方经济学界，利率理论有着十分悠久的历史。[②]

完整的利率理论是一个内容十分丰富的课题，除了利率决定理论外，还有利率结构理论、利率作用理论及利率政策理论等等。[③] 但是，在各种利率理论中，利率决定理论无疑是最基本的利率理论。为了研究利率对实际经济活动的影响，以制定适当的利率政策，我们首先必须从总体上分析利率水平的决定与变动。[④] 只有在这种分析的基础上，我们才能进一步深入地研究现实经济中的各种利率及其相互关系，才能分析利率水平的变动和利率结构的调整对实际经济活动的影响，从而以这些研究和分析为依据，制定和执行适当的利率政策，或进行必要的利率体制改革。因此，利率决定理论既是整个利率理论的基础，也是整个利率理论的出发点。

利率决定理论研究利率水平的决定与变动。具体而言，在利率决定理论中，

---

① 唐·帕廷金：《货币经济学研究》（D. Patinkin, *Studies in Monetary Economics*），英文版，121 页，1972。

② 有关利率决定理论的发展概况及早期利率决定理论的具体内容，请参见刘絜敖：《国外货币金融学说》，第五章，北京，中国金融出版社，2010。

③ 参见施兵超等著：《利率理论与利率政策》，北京，中国金融出版社，2003。

④ 一般而言，利率决定理论的研究对象乃是一种比较抽象的、代表一国经济总体利率水平的利率。但具体而言，不同的经济学家在阐述其利率决定理论时通常以不同的某种利率作为其研究的对象。如有些经济学家以债券的利率，尤其是以政府债券的利率作为研究的对象，也有一些经济学家以银行存贷款利率作为研究的对象。在本章中，我们所谓的利率将是那种比较抽象的利率，而并不特指某种具体的利率。

我们要分析利率水平的各种决定因素，以及这些决定因素对利率水平的影响，包括影响的方向、影响的程度以及影响的过程。由于利率水平及其变动受着许多因素的复杂影响，而人们对这些因素及其对利率的影响又有着大不相同的认识，所以，在经济学界就产生了形形色色的利率决定理论。在本章中，我们将对利率决定理论中最重要、最有影响的几种理论作一比较具体的评析。

第一节　古典利率理论

现代利率决定理论一般以古典利率理论作为分析的起点。所谓古典利率理论，是指沿着古典学派利率理论的基本思路发展而来的利率理论。古典学派，乃指亚当·斯密（Adam Smith）前后至约翰·斯图亚特·穆勒（John Stuart Mill）为止的所有早期经济学家。[①] 在利率决定理论上，这些早期经济学家都坚持实物资本的供求决定利率的基本观点。古典利率理论接受了这种基本观点和基本结论，并对实物资本本身的供求关系及其决定因素进行了进一步深入的研究，从而形成了现代意义上的实物利率理论。

一、从货币利率理论到实物利率理论

美国著名经济学家欧文·费雪（Irving Fisher）是古典利率理论的重要代表人物之一。在他的经典著作《利息理论》一书中，费雪指出："在经济学中，要证明学说的创始性是不容易的，因为一切新思想都可在早期的作者中重复不断地找到它的萌芽。"[②] 所以，要明确地理解和把握现代利率理论，我们也有必要对早期利率理论的形成和发展作一简略的回顾。

如上所述，虽然有关利息和利率的思想产生于货币理论之前，但是，作为

---

① "古典学派"这一概念原是马克思首先提出并使用的。根据马克思的定义，古典学派在英国系从威廉·配第（W. Petty）开始，经亚当·斯密发展，至大卫·李嘉图（D. Ricardo）完成；而在法国，则从布阿吉尔贝尔（Boisguillebert）开始，经重农学派发展，至西斯蒙第（Sismondi）完成。在马克思之后，西方经济学家也沿用古典学派这一名称，但扩大其范围。其中，以马歇尔为代表的新古典经济学家所谓的古典学派系指从亚当·斯密至约翰·斯图亚特·穆勒为止的所有早期经济学家。凯恩斯则更将古典学派的范围扩大到从李嘉图前后直至他出版《通论》以前的所有经济学家。所以，在经济学界，古典学派这一概念在不同场合有不同的含义。本章所谓的古典学派，系指新古典经济学家的规定。在我国出版的有关著述中，通常将这种意义上的古典学派及凯恩斯所谓的古典学派用引号标出，以与马克思的规定相区别。但在本书中，为方便起见，我们在不致引起误解的情况下，略去引号。

② 费雪：《利息理论》，原序第3页，上海，上海人民出版社，1959。

一种独立的理论体系，利率理论大致形成于17世纪中叶的晚期重商主义时期。在此之前，人们出于反对高利贷的政策主张的需要，往往从根本上否定贷出货币以收取利息的合理性。特别是中世纪的一些欧洲哲学家，更是以"金钱不能生蛋"为由，将收取利息看做是一种罪恶，从而对收取利息的行为大加抨击。17世纪中叶，英国古典政治经济学的创始人威廉·配第（William Petty）通过对地租理论的分析引申出利息理论。他从人们出租土地以收取地租的合理性，来说明人们贷出货币以收取利息的合理性，并从人们借贷货币这一现象出发，提出货币供给决定利率的基本观点。

威廉·配第指出："假如一个人在不论自己如何需要，在到期之前都不得要求偿还的条件下，出借自己的货币，则他对自己所受到的不方便可以索取补偿，这是不成问题的。这种补偿，我们通常叫做利息。"依配第之意，利息是人们在一定时期内因放弃货币的支配权而获得的报酬。很显然，配第关于利息本质的这种观点与凯恩斯的流动性偏好理论是完全一致的。因为在流动性偏好理论中，凯恩斯认为利息是人们放弃流动性的报酬。[①] 那么，这种报酬的高低（即利率水平）应如何决定呢？配第首先说明了利息的"自然标准"。配第认为："在安全没有问题的情况下，它至少要等于用借到的货币所能买到的土地所产生的地租；但是，在安全不可靠的情况下，除单纯的自然利息外，还必须加上一种保险费。"[②] 很显然，在土地价格和地租一定的条件下，配第所提出的那个利息的自然标准是相对稳定的。但是，如果货币数量的变动引起了土地价格的变动，则利息的这一自然标准也将随之而变动。另外，在安全没有保证的情况下，利率水平的高低还将决定于那种所谓的"保险费"。而至于那种保险费的高低及由此而决定的利率的高低，也将决定于货币的数量。所以，配第认为，利率水平的高低，应由货币的供求关系所决定。在配第看来，利率的上升或下降都不是一国的法律所能决定的，而是由货币的数量所决定的。他从当时贷款利率不断下降这一现象出发，提出如下解释："利息的自然降低是由于货币增加的结果。"[③]

17世纪末，另一英国经济学家约翰·洛克（John Locke）继承并发展了威廉·配第的这一货币利率理论。他将利息作为货币的价值，并从当时的实际出发，分析了"降低利息和提高货币价值的后果"，旗帜鲜明地提出反对通过法律

[①] 凯恩斯在批评马歇尔等人的利息理论后，明确地指出，利息不是对人们等待或延期消费的报酬，而是对人们"不贮钱"的报酬。参见凯恩斯：《就业利息和货币通论》，155页，北京，商务印书馆，1983。

[②] 威廉·配第：《赋税论》，见《配第经济著作选集》，45~46页，北京，商务印书馆，1981。

[③] 同本页注[②]，76页。

降低利率的政策主张。洛克认为，利率是由货币的供求关系所决定的，通过法律来限制利率是徒劳无益的。洛克指出："我认为货币的自然利息是由于两种情况而提高的。第一，一个国家的货币太少，与其居民彼此间的债务不相适应。……第二，货币太少，与全国贸易情况不相适应。"所以，"我所说的自然利率，是指在货币平均分布的条件下，现在的货币缺乏情况所决定的利率"① 可见，洛克的利率决定理论也是一种坚定的货币利率理论。根据这种理论，利率提高的主要原因甚至唯一原因，就在于"货币太少"，即货币的供给不能满足货币的需求。由此也可推论，要使利率不变或使利率下降，则除非货币供给增加，以满足人们对货币的需求。所以，洛克的这种利率决定理论实是凯恩斯流动性偏好理论的思想渊源。

在利率理论史上，由威廉·配第和约翰·洛克所提出的这种货币供求决定利率的理论，通常被称为"早期货币利率理论"。在这种早期货币利率理论提出后，一大批其他经济学家对此理论加以强烈反对，并在此基础上提出与之相反的实物资本的供求决定利率的理论。自17世纪末开始，巴本（N. Barbon）、诺思（D. North）、马西（J. Massie）等经济学家就批评威廉·配第和约翰·洛克的这种货币利率理论，提出实物资本的供求决定利率的基本理论。② 在他们看来，人们借贷货币只是现象，而不是实质。其实质是借贷实物资本，因为他们借贷货币的目的就是用于购买他们所需要的实物资本。因此，利率并不决定于货币的供求关系，而是决定于实物资本的供求关系。自该理论提出后，又有很多经济学家，特别是在当时占正统地位的古典政治经济学家，如大卫·休谟（D. Hume）、亚当·斯密、大卫·李嘉图及约翰·斯图亚特·穆勒等人都继承并发展了这一理论。他们对这一利率理论加以进一步的发挥、充实和完善。这种利率理论一般被称为"早期的实物利率理论"。该理论在西方经济学界占统治地位长达近200年之久。然而，该理论却没有进一步说明实物资本本身的供求关系及其决定因素，因而被认为是不完善的理论。古典利率理论正是为弥补早期实物利率理论的这一缺陷而被提出的。

二、古典利率理论的基本内容

一般认为，古典利率理论产生于19世纪末20世纪初。倡导这一理论的主要

---

① 约翰·洛克：《论降低利息和提高货币价值的后果》，6～7页，北京，商务印书馆，1962。
② 这些早期经济学家虽然都生活在亚当·斯密之前，但他们对后世利率理论的贡献却是不容忽视的，其中有不少理论至今仍然具有重要的现实意义。尤其值得指出的是，马西所提出有关利息是利润的一部分，因而平均利润率是利率的最高限等重要的见解，成为马克思主义利率理论的直接来源。

有四个国家的四位著名经济学家，他们分别是：奥地利经济学家庞巴维克（E. V. Böhm - Bawerk）、英国经济学家马歇尔（Alfred Marshall）、瑞典经济学家魏克赛尔（Knut Wicksell）以及美国经济学家费雪（Irving Fisher）。他们四人的理论都是彼此独立地提出的，因此，其具体的思路和分析的角度各不相同，但是，其基本的结论却相同，这就是储蓄与投资的均衡决定利率水平。下面，我们就对这四位经济学家分别提出的利率决定理论作一简述。①

（一）庞巴维克的利率决定理论

庞巴维克是奥地利学派的重要代表。利率理论是他在经济学上的主要成就之一。庞巴维克有关利率理论的著作主要是两卷本的《资本与资本利息》。该书的第一卷是出版于 1884 年的《资本与利息》；第二卷则是出版于 1889 年的《资本实证论》。前一部著作原名为《资本利息理论的历史与批判》，在该书中，庞巴维克对他之前几乎所有有关资本利息与利率的理论进行了系统的评述。而在后一部著作中，他则提出了一整套以边际效用论为基础的资本与利息理论。据庞巴维克自称："利息理论是《资本实证论》的重点。"所以，在该书中，他要对利息现象"提出一个完全属于开辟新领域的解释"。② 下面，我们就根据《资本实证论》，对庞巴维克的利率决定理论作一简要评介。

1. 利息的来源——时差利息说

为了说明庞巴维克的利率决定理论，我们首先要对庞巴维克关于利息之来源的一种理论——"时差利息说"作一简介。这一理论的基础是边际效用价值论。根据庞巴维克的分析，各种商品的价值都取决于人们对它的主观评价。所以，不但同一种商品的价值因不同的人对它的主观评价不同而不同，而且同一个人对同一数量的同一种商品在不同时间也会有不同的主观评价，从而有不同的价值。于是，庞巴维克根据人们持有商品的时间不同而将商品分成"现在物品"和"未来物品"，并认为人们一般都看重现在物品，而看轻未来物品。也就是说，人们对现在物品的主观评价较高，因而其价值较大；对未来物品的主观评价较低，因而其价值较小。庞巴维克断言："这种价值上的差别是一切资本利息的来源"。③ 因为在借贷活动中，对借入者而言，是将未来物品转化为现在物品；而对贷出者而言，则是将现在物品转化为未来物品。所以，为使贷出者不

---

① 这四位经济学家的利率理论并不局限于利率决定理论，而包括很多其他利率理论。尤其是魏克赛尔和费雪更是如此。但在本章中，我们将先对他们的利率决定理论分别作一简要述评，而至于他们的其他利率理论，我们将在以后有关章节中另作介绍和评析。

② 庞巴维克：《资本实证论》，中文版，36 页，北京，商务印书馆，1964。

③ 同本页注②，285 页。

因贷出而蒙受损失，借入者不仅必须在约定的到期日归还借入的数额，而且还必须加上一定的"贴水"，这一贴水就是利息。可见，利息是在借贷活动中因产生时差而对贷出者的一种补偿。用庞巴维克的话来说，因为"一笔借贷无非是现在物品对未来物品的一个实际而真正的交换"，所以，"利息是由现在物品和未来物品之间价值上的差别所产生的"。①

2. 利率水平的决定——迂回生产说

庞巴维克认为，资本主义生产是一种迂回生产。所谓迂回生产，是相对于直接生产而言的。庞巴维克认为，生产有两种方式：一种是直接生产，另一种是迂回生产。直接生产是指人们利用原始生产要素直接生产出消费品；而迂回生产则是指人们先将原始生产要素生产成各种中间产品，然后再用中间产品生产出消费品。在庞巴维克看来，迂回生产要比直接生产更有效率。但是，在迂回生产中生产出来的中间产品不能直接用于消费。于是，在生产中间产品的过程中，人们首先必须具有生活必需的消费基金。而这种消费基金主要来源于两个方面：一是自己的储蓄；二是向他人借入（实际是他人的储蓄）。庞巴维克认为，这种消费基金是维持迂回生产所必需的。所以，他称这种消费基金为"生活维持基金"，对于整个国家来说，这种消费基金被称为"国家维持基金"。这种基金越多，由这种基金所赡养的工人人数越少，则迂回生产的过程就越可延长，由这种迂回生产所产生的剩余收益也就越多。然而，随着迂回生产过程的延长，所增加的剩余收益将是递减的。利率就决定于最后一次延长生产过程所能增加的剩余收益。很显然，庞巴维克在这里所说的那个最后一次延长生产过程所能增加的剩余收益，实际上很类似于美国经济学家克拉克（John Bates Clark）所提出的资本的边际生产力。

庞巴维克指出："利率是受制于并决定于经济上容许的最后一次延长的生产过程的生产力，以及经济上不容许的进一步延长的生产过程的生产力；在这样的方法下，使这种生产过程的延长成为可能的单位资本，总要产生一些利息，它比第一个生产过程延展的剩余收益小一些，而比最后一个生产过程延长的剩余收益大一些。在这些边际限度之内，价格将按照供求规律被更加确实地决定于工资基金量和工人数目之间的比例关系。"② 所以，在庞巴维克看来，在迂回生产的条件下，决定利率的因素主要有三个：一是国家维持基金的总量；二是由这种基金所赡养的工人的人数；三是生产期延长的生产力程度。根据庞巴维

---

① 庞巴维克：《资本实证论》，中文版，285~286 页，北京，商务印书馆，1964。
② 同本页注①，380 页。

克的分析，"在一个社会内，国家维持基金越少，该基金所雇佣的工人人数越多，生产期进一步延长所得的剩余收益仍然很高，那么利息就越高。反过来，生活维持基金越多，工人人数越少，剩余收益减少得越快，则利息越低"。① 很显然，庞巴维克所谓的生活维持基金实际上就是储蓄。而在迂回生产中生产中间产品的实质又显然是一种投资。要进行这种投资，首先必须有储蓄。因此，庞巴维克利率理论的实质，仍然是古典利率理论的基本结论：储蓄与投资的均衡决定借贷活动中的利率水平。

庞巴维克还指出，在均衡利率的形成过程中，一个国家的不同地区可能存在着不同的均衡利率，但这种不同的均衡利率将随着套利行为的进行和资本的自由流动而很快地趋于一致。可见，庞巴维克的这种分析很符合市场经济中利率决定机制的实际情况。因此，虽然他的这种理论发表于 19 世纪末，但这种理论对我国利率市场化以后分析均衡利率的决定仍然有着重要的现实意义。

（二）马歇尔的利率决定理论

马歇尔是凯恩斯革命前最负盛名的英国经济学家。1890 年出版的《经济学原理》一书是他的代表作。在该书中，马歇尔建立了一个以价格理论为中心、以边际分析和局部均衡分析为主要方法的经济学体系。马歇尔的利率理论是其均衡价格理论的一部分。根据马歇尔的分析，利率也是一种价格，而这一价格将决定于资本供给与资本需求的均衡关系。也就是说，当资本的供给与资本的需求达于均衡时，就形成了一个均衡的利率水平。所以，要说明利率的决定，我们就必须分别说明资本的供给和资本的需求。

根据马歇尔的分析，资本的供给系由人们延期消费或等待（即储蓄）所决定，而利息就是对人们延期消费或等待的一种报酬。他指出："资本的利息是享受物质资源的等待所含有的牺牲之报酬，因为，如果没有报酬，很少人会大量储蓄；正像我们说工资是劳动的报酬是一样的，因为，如果没有报酬，很少人会努力工作。"② 在马歇尔看来，"财富积累之所以受到限制，利率之所以迟迟不落，是由于绝大多数的人喜欢现在的满足，而不喜欢延期的满足，换言之，由于他们不愿意'等待'。"③ 这就是马歇尔的利息本质理论，也是马歇尔关于资本供给的理论。对于马歇尔的这一理论，凯恩斯在《通论》一书中提出了批评，认为这种理论是完全错误的。对于凯恩斯的批评，我们将在下一节中作专门的

---

① 庞巴维克：《资本实证论》，中文版，387 页，北京，商务印书馆，1964。

② 马歇尔：《经济学原理》（上卷），中文版，248 页，北京，商务印书馆，1964。

③ 马歇尔：《经济学原理》（下卷），中文版，247 页，北京，商务印书馆，1965。

介绍。

在分析了资本的供给后，马歇尔又分析了资本的需求。根据马歇尔的分析，资本的需求系由资本的收益与生产性所决定。他指出："对于资本的主要需求，是由于资本的生产性和它所提供的服务而发生的。"[①] 因此，"借款人所愿付的利率，是他使用资本所预期的收益的尺度"。[②] 很显然，在马歇尔看来，资本本身具有生产性，它能为人们提供某种服务。人们从资本的使用中可获得一定的收益。所以，人们对资本的需求程度，就决定于资本的生产力。资本的生产力越大，为人们带来的收益越多，则人们愿意支付的利率也就越高。人们愿意支付的利率越高，就反映了人们对资本的需求越大。

通过以上分析，马歇尔得到如下基本结论：即当资本的供给与资本的需求达到均衡时，就决定了一个均衡的利率水平。虽然马歇尔并没有直接地用储蓄和投资来分别代替资本的供给和资本的需求，但从他的分析中，我们可以看出，他所谓的资本供给，实际上就是储蓄；而他所谓的资本需求，实际上就是投资。如同他在分析一般商品的价格决定时所采用的方法一样，马歇尔的利率决定理论也可用均衡价格图形加以直观地表示（如图 4 - 1 所示）。

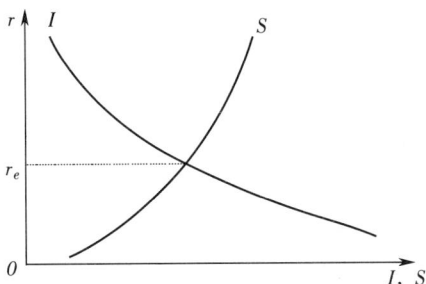

图 4 - 1　古典利率理论

在图 4 - 1 中，S 表示储蓄，I 表示投资，r 表示利率。可见，储蓄是利率的增函数，而投资则是利率的减函数。当储蓄与投资达于均衡时，就决定了一个均衡利率，即图中的 r_e。

以上所述的，就是马歇尔的利率决定理论。这一理论可说是最为典型的古典利率理论。古典利率理论所强调的，是实物资本的供求决定利率水平。但是，马歇尔在提出这一理论的同时，也并不否认在短期内货币因素对市场利率将产

① 马歇尔：《经济学原理》（上卷），中文版，101 页，北京，商务印书馆，1964。
② 马歇尔：《经济学原理》（下卷），中文版，258 页，北京，商务印书馆，1965。

生一定的影响。这种认为利率在长期中决定于实物因素，而在短期内又受货币因素影响的观点，是李嘉图以来的古典利率理论的一贯传统。实际上，这种观点比以后由罗伯森等人所提出的可贷资金理论要来得合理些，因为可贷资金理论将实物因素与货币因素合在一起，从而将长期中决定的实际利率与短期内决定的货币利率也合在一起。这种将没有可比性的因素及由这些因素决定的利率加以合并，实是不合理的。

（三）魏克赛尔的利率决定理论

魏克赛尔是瑞典学派创始人之一。在利率理论方面，魏克赛尔的代表作分别是1898年出版的《利息与物价》（中译本名为《利息与价格》）及1906年出版的《国民经济学讲义》的下卷。在该二书中，魏克赛尔提出了著名的自然利率理论。什么是自然利率呢？魏克赛尔先后提出了多种既有联系又有区别的定义。在第一次定义自然利率时，魏克赛尔就指出：“贷款中有某种利率，它对商品价格的关系是中立的，既不会使之上涨，也不会使之下跌。这与如果不使用货币、一切借贷以实物资本形态进行、在这样情况下的供求关系所决定的利率，必然相同。我们把这个称之为资本自然利率（natural rate of interest on capital）的现时价值，其含义也是一样的。”[①] 后来，魏克赛尔又对自然利率这一概念作了进一步的解释。他指出：“借贷资本的需求与储蓄的供给完全一致所形成的利率，并与新创造的资本的预期收益基本一致的利率叫做正常的或自然的实物利率。”[②]

根据他的解释，我们可以发现，魏克赛尔所谓的“自然利率”，实际上有着如下四个彼此联系的定义：第一，自然利率是由实物资本的供给与需求所决定的利率；第二，自然利率是由投资与储蓄所决定的利率；第三，自然利率是相当于新投资的预期收益率的利率；第四，自然利率是使一般物价水平保持稳定不变的利率。

对于魏克赛尔从不同的角度定义自然利率，人们作出了不同的解释。有人认为这四个定义是相互矛盾的，但也有人认为这四个定义是相互联系或相互补充的。我国著名学者刘絜敖在其所著的《国外货币金融学说》一书的第二版中作了如此解释：“这四个含义看起来好象互不相同，实际上却是彼此相通的。储蓄、投资虽均以货币形式进行，但所储所投则仍是实物；因而储蓄与投资相等就与实物资本的供求相等无甚区别。资本的预期收益率实即资本的预期利润率，

---

① 魏克赛尔：《利息与价格》，中文版，83页，北京，商务印书馆，1959。
② 魏克赛尔：《国民经济学讲义》，中文版，374页，上海，上海译文出版社，1983。

自然利率既等于资本的预期利润率，企业家将既无赢利，也无亏损，于是就既不扩张生产，也不收缩生产，物价就既不因扩张生产而上涨，也不因收缩生产而下跌，因而自然利率就是对物价保持中立的利率。"① 奥地利经济学家哈耶克（F. A. Hayek）则作了另一种解释。他认为魏克赛尔关于自然利率的几个定义之间是矛盾的。哈耶克指出："异常明显的是：为了使现实资本的供求平衡，银行贷出的数量必须等于所收进的储蓄存款的数量（包括节省下来加以贮藏的新增数额在内）。当然，这就是说，银行无论何时绝不应当允许货币有效流通量有所变动。同时，同样明显的是：为了使物价水平保持不变，货币流通量必须随生产量之增减而有所变更。银行或者是把现实资本的需求保持在储蓄供给量所规定的范围以内，或者是保持物价水平的稳定，但它们却不能同时完成这两项职能。"② 可见，在哈耶克看来，魏克赛尔对自然利率所作的几个定义之间是相互矛盾的。

自然利率是魏克赛尔利率理论的基本概念。与自然利率相对应的是货币利率。所谓货币利率，是指在借贷市场上实际形成并据以计算借款人必须向贷款人支付利息的利率。根据魏克赛尔的分析，这种货币利率主要是由货币因素所决定的，但在现实中，它往往受到一些大的金融机构的操纵。很显然，魏克赛尔将利率分为自然利率与货币利率，并分别说明这两种利率的决定因素，即自然利率决定于实物因素，而货币利率则决定于货币因素。这种分析的方法与前述马歇尔的分析方法是比较一致的，也是比较合理的。

（四）费雪的利率决定理论

费雪是现代美国著名经济学家。在货币金融理论上，他的贡献主要有两个方面：一是提出了著名的现金交易数量说，成为传统货币数量说的主要代表；二是对利息与利率问题作了全面系统的研究。

费雪对利率问题的研究长达数十年。1896 年，他出版《增值与利息》一书；1907 年，他出版《利率论》一书；1930 年，他又出版《利息理论》一书。其中，《利息理论》一书在利率学说史上具有非常重要的地位。美国著名经济学家熊彼特（J. A. Schumpeter）曾对费雪的这部著作给予了高度的评价，他指出："就它自己的结构范围内的完善程度来说，这本书是极好的作品，是利息文献中最高的成就。"③

---

① 刘絜敖：《国外货币金融学说》，492 页，北京，中国展望出版社，1989。
② 哈耶克：《物价与生产》，上海，29 页，上海人民出版社，1958。
③ 熊彼特：《从马克思到凯恩斯十大经济学家》，中文版，228 页，北京，商务印书馆，1965。

在利息来源和利率决定问题上，费雪的理论实际上与上述庞巴维克和马歇尔的理论是比较接近的。[①]

首先，在利息之来源问题上，费雪几乎完全接受庞巴维克和马歇尔的观点。如上所述，庞巴维克认为利息是对时差的贴水，马歇尔认为利息是对等待的报酬，而费雪则认为利息是对"人性不耐"（human impatience）的报酬。那么，何谓"人性不耐"呢？费雪解释道："在利息理论中，利率只是现在财货与将来财货进行交换时的一种贴水，有一部分也是由主观的因素（边际欲求的导数）决定的，换句话说，这就是现在财货优于将来财货的边际偏好。这种偏好叫做时间偏好，或者叫做人性不耐。"[②] 在费雪看来，人们一般都有着这样一种时间偏好，即人们对现在财货的主观评价高于对将来财货的主观评价。因此，如果牺牲现在财货以换得将来财货，则必须得到一定的补偿。而这一补偿的部分就是利息。

其次，在利率决定问题上，费雪认为，利率系决定于如下两个因素：一是由时间偏好或人性不耐所决定的资本供给（储蓄）；二是由投资机会和超本收益率所决定的资本需求（投资）。在费雪看来，前者是主观因素，而后者则是客观因素。利率正是由此主观因素和客观因素所共同决定的。可见，费雪的利率决定理论实际上与马歇尔的利率决定理论是比较一致的。如上所述，根据马歇尔的分析，利率决定于储蓄和投资的均衡关系。其中，决定或影响储蓄的主要因素是等待，而决定或影响投资的主要因素则是投资机会和投资收益率。根据费雪的分析，决定或影响储蓄的主要因素是人性不耐，而决定或影响投资的主要因素则是投资机会和超本收益率。从其基本含义而言，费雪所谓的人性不耐实际上就相当于马歇尔所谓的等待，而他所谓的"超本收益率"（rate of return over cost）则又与马歇尔所谓的投资收益率是基本一致的。

第二节 凯恩斯的流动性偏好理论

在当代西方经济学界，约翰·梅纳德·凯恩斯（John Maynard Keynes）无疑是知名度最高、从而对当代西方经济学最有影响的经济学家。从凯恩斯一生所

---

① 当然，在某些具体问题上，他们之间（尤其是费雪和庞巴维克之间）也有着较大的争议。请参见费雪：《利息理论》，中文版，上海，上海人民出版社，第二十章，1959。

② 费雪：《利息理论》，中文版，51页，上海，上海人民出版社，1959。

从事的主要工作及所撰写的主要著作来看，他显然对货币金融理论有着重大的贡献，并对后世经济学家有着十分深远的影响。在利率理论方面，凯恩斯不仅对古典利率理论提出了批评，而且还独树一帜地提出了其著名的流动性偏好理论。

一、凯恩斯推翻古典利率理论的原因

凯恩斯的利率理论与他的整个货币经济理论一样，也曾经历了由《货币论》到《通论》的演变发展过程。在出版于 1930 年的《货币论》一书中，凯恩斯也是古典利率理论的积极支持者和倡导者。在该书中，他几乎完全承袭现代货币经济理论的奠基者魏克赛尔的理论，认为利率系决定于储蓄和投资的均衡关系。但是，在他出版于 1936 年的《就业利息和货币通论》一书中，凯恩斯却一反古典利率理论，而另倡流动性偏好理论，力说利率系由货币的供求关系所决定。

凯恩斯之所以推翻他自己也曾倡导过的古典利率理论，而另创流动性偏好理论，主要有如下两个原因：一是他发现古典利率理论本身有着逻辑上的错误；二是他发现古典利率理论同他在《通论》一书中所要建立的新的理论体系无法调和。

如前所述，根据马歇尔等人的理论，利率决定于储蓄和投资的均衡关系。储蓄是利率的增函数，投资则是利率的减函数。利息是对人们储蓄的一种报酬，也就是对人们等待或延期消费的一种报酬。对此，凯恩斯提出反诘。他指出："很明显，利率不能是对于储蓄本身或等待本身之报酬；盖设一人以其储蓄贮钱，则虽彼照常储蓄，但赚不到利息。反之，就字面讲，利率一词就直截了当告诉我们：所谓利息，乃是在一特定时期以内，放弃周转灵活性之报酬。盖利率只是一个比例，其分母为一特定量货币，其分子乃在一特定时期中，放弃对此货币之控制权，换取债票，能够得到的报酬。"[1] 依凯恩斯之意，如果人们将货币收入中未消费的部分（即储蓄的部分）不是用于贷放，而是以货币形式用于窖藏，则他们照样在储蓄，照样在等待，照样在延期消费，但他们却得不到任何利息。因为他们实际上并没有因为这种窖藏而丧失流动性。可见，利息不是对人们等待或延期消费的报酬，而是对人们放弃流动性的报酬。而只有将自己所持有的货币贷放于人，人们才是真正地放弃了货币的流动性。因此，只有当人们将货币用于贷放时，他们才能从借款人那里取得利息。

---

[1]　凯恩斯：《就业利息和货币通论》，中文版，142～143 页，北京，商务印书馆，1983。

我们不难看出，凯恩斯对古典利率理论的这种批判不无道理，但这并不是他的新见解。他指责古典利率理论错误地将利息看做对人们储蓄或延期消费的报酬，并提出如果人们将货币窖藏起来，则同样是储蓄，同样是延期消费，但人们却不会因此而得到任何利息。应该说，这种批评无疑是正确的，也是有力的。但是，我们必须指出，这一观点实际上并非凯恩斯之新观点。早在古典利率理论产生之前，马克思即已明确地提出借贷资本的供求关系影响利率的理论。根据马克思的理论，利率的高低首先要受制于它的上下限。利率的下限为零，上限则为平均利润率。在此上下限之间，利率究竟决定于哪一点，则由借贷资本的供求关系所决定。而所谓借贷资本，是指出借于人以收取利息的货币资本。由此可知，现金窖藏当然并不包括在借贷资本中，因为它只是一笔货币收入，而尚未转化为借贷资本，因此，它当然也不会影响利率。只有当这笔被窖藏起来的货币收入被转化为借贷资本，即用以贷放于人时，它才会影响利率，贷款人也才能因此而取得利息收入。

凯恩斯推翻古典利率理论的第二个原因，是他发现古典利率理论与他在《通论》一书中所要建立的新的理论体系相矛盾。凯恩斯在《通论》中所要建立的新的理论体系是有效需求原理。根据这一原理，经济之所以萧条，工人之所以失业，皆因有效需求不足所引起。为了弥补有效需求之不足，必须增加投资。由于投资系决定于资本的边际效率与利率，因此，当资本之边际效率一定时，降低利率可刺激投资，从而可通过乘数作用而使收入成倍增加。然而，根据古典利率理论，要降低利率，不外乎有三条途径：一是减少投资；二是增加储蓄；三是既减少投资，又增加储蓄。很显然，如果通过减少投资来降低利率，则与降低利率的目标相矛盾；而如果通过增加储蓄来降低利率，则投资乘数将缩小，从而抵消投资增加所产生的实际效果。所以，如何能做到既降低利率，从而增加投资，而同时又不使储蓄减少，从而使投资乘数不致缩小，凯恩斯认为只有推翻古典利率理论，而重新创立一种新的利率决定理论。在《通论》一书中，这一被凯恩斯所重新创立的利率理论就是流动性偏好理论。

除了以上所述的两个主要原因外，我们还应看到凯恩斯对古典利率理论（尤其是对魏克赛尔的自然利率理论）的评价中所发生的重大的转变。如前所述，在《货币论》一书中，凯恩斯基本上完全接受并发展了魏克赛尔的自然利率理论。但在《通论》一书中，他却对自然利率这一概念加以否定。他说："我当初觉得'自然'利率这一个概念非常有前途；我现在不再这么想，反之，我觉得这个概念对于我们的分析没有多大用处，也没有多大重要性。自然利率只是一个维持现状的利率，而一般说来，我们对于现状本身并不感觉特殊兴趣。"①根据希克斯的分析，凯恩斯之所以在《货币论》中接受魏克赛尔的自然利率概念，而在《通论》中却抛弃了这一概念，是因为"他想抛弃魏克赛尔的长期均衡。"② 自然利率本是一个长期均衡的概念。在魏克赛尔的理论中，与自然利率这一长期均衡的概念相对应的，是货币利率这一短期均衡的概念。凯恩斯的理论主要是一种短期均衡理论，所以，他更加注重对货币利率及其决定因素的分析。

二、流动性偏好理论的基本内容

(一) 货币供求决定利率

在凯恩斯看来，利息并不是对人们储蓄的报酬，而是对人们放弃流动性的报酬。在借贷活动中，借者之所以要向贷者支付利息，乃因为人们都有流动性偏好。所谓"流动性偏好"（liquidity preference，一译"灵活偏好"），是指人们普遍具有的喜欢持有可灵活周转的货币的心理倾向。人们持有货币虽然没有收益，但持有货币却有着高度的安全性和流动性。在借贷活动中，借者必须向贷者支付一定的利息，以作为获得流动性的代价，贷者索取利息也正是为了对自己丧失流动性的补偿。可见，利息实是买卖一定时期内的货币持有权的一种价格，这种价格的高低，也与其他商品的价格一样，系由它的供求关系所决定。凯恩斯指出："利率乃是一种'价格'，使得公众愿意用现金形式来持有之财富，恰等于现有现金量。这就蕴含：设利率低于此均衡水准（设把现金脱手所可得之报酬减少），则公众愿意持有之现金量，将超过现有供给量；设利率高于此水准，则有一部分现金会变成多余，没有人愿意持有。假使这种解释是对的，则货币数量与灵活偏好二者，乃是在特定情况下，决定实际利率之两大因素。"③很显然，凯恩斯所说的"货币数量"，实际上是指货币的供给，而他所说的"灵活偏好"，实际上是指人们对货币的需求。当货币需求恰等于货币供给时，也就是说，当货币市场达于均衡时，就形成了一个均衡的实际利率。④

根据凯恩斯的分析，货币的供给是一外生变量。也就是说，货币的供给并

---

① 凯恩斯：《就业利息和货币通论》，中文版，207 页，北京，商务印书馆，1983。
② 希克斯：《经济学展望——再论货币与增长论文集》，中文版，79 页，北京，商务印书馆，1986。
③ 同本页注①，143 页。
④ 在现代利率理论中，"实际利率"乃是相对于"名义利率"而言的。这种实际利率约等于名义利率减去预期的通货膨胀率。但凯恩斯在《通论》中所说的"实际利率"，乃指借贷活动中由货币的供求关系所决定的利率。所以，这种"实际利率"，其实与现代利率理论中的"名义利率"倒是比较一致的。

不决定于经济运行的内在规律，而是外在地决定于一国货币当局或中央银行的主观决策。在现代经济中，货币的发行权都由一国中央银行所垄断，在这种情况下，即使利率（凯恩斯所说的"货币的价格"）相对于其他商品的价格再高，人们也不能将生产其他商品之劳力转用于生产货币。所以，货币的生产弹性为零。

凯恩斯认为，与货币的供给不同，货币的需求完全是一内生变量。所以，在《通论》一书中，凯恩斯对货币的需求进行了详尽的分析。凯恩斯货币需求理论的显著特点在于注重对货币需求的各种动机的分析。根据凯恩斯的分析，人们持有货币的动机主要有三种，即交易动机、预防动机和投机动机。[①] 人们对货币的总需求就是由这三大动机所共同促成的。其中，交易动机和预防动机的货币需求都是收入的递增函数，而投机动机的货币需求则是利率的递减函数。如以 M 表示货币总需求，M_1 表示交易动机和预防动机的货币需求（通常被合称为"交易性的货币需求"），M_2 表示投机动机的货币需求（也称"投机性的货币需求"），Y 表示收入，r 表示利率，L_1 表示 M_1 与 Y 的函数关系，L_2 表示 M_2 与 r 的函数关系，则凯恩斯的货币需求理论就可用函数式来加以表示（如式（4－1）所示）。

$$M = M_1 + M_2 = L_1(Y) + L_2(r) \tag{4-1}$$

根据以上分析，凯恩斯的利率理论可用图 4－2 来加以直观地表示。在图 4－2中，M 表示货币供给，L 表示货币需求，r 表示利率。从图 4－2 中可看出，货币需求曲线向右下方倾斜，这反映了货币需求与利率的负相关关系；而货币供给曲线则垂直于横轴，这是因为，凯恩斯认为货币供给为一个外生变量。在货币需求一定时，当货币供给由 M_0 增加到 M_1 时，利率就由 r_0 下降到 r_1。但是，当货币供给继续由 M_1 增加到 M_2 时，利率却不再继续下降。这种当货币供给增加时利率保持不变的现象，就是下文将要说明的所谓"流动性陷阱"。

（二）流动性陷阱

所谓"流动性陷阱"（liquidity trap），原是由凯恩斯的后继者根据凯恩斯在《通论》一书中所表述的理论提出的一个概念。如前所述，根据凯恩斯的分析，投机动机的货币需求决定于市场利率。市场利率越高，投机动机的货币需求就越少；而市场利率越低，则投机动机的货币需求就越多。而从另一方面来看，货币的供求将决定利率水平的高低。在货币需求一定时，若货币供给增加，则

[①] 参见本书第二章第二节。

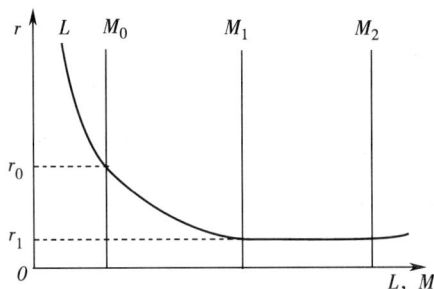

图 4 - 2　凯恩斯的流动性偏好理论

利率将下降。在一极端点上，当市场利率被降到一个极低的水平时，因整个经济中的所有人都预期利率将上升，而债券价格将下跌。所以，所有人都将持有货币而不持有债券。此时，投机动机的货币需求将趋于无穷大。而在这种极端情形下，若货币当局再增加货币供应量，将如数地被人们无穷大的投机动机的货币需求所吸收，从而利率不再下降。这种经济现象，就被称做"流动性陷阱"。

　　在一个长达数十年的历史时期内，流动性陷阱一直只是一个理论上的概念，而很少应用于经济实践或经济政策的分析。凯恩斯在《通论》一书中也只是指出了出现流动性陷阱这一经济现象的可能性，或者说，他只是指出了在理论上可能有这么一种趋势，而他又强调指出，这种情况"迄今尚无实例"。[①]

第三节　可贷资金理论

　　从 17 世纪末到 20 世纪 30 年代凯恩斯提出流动性偏好理论之前，以古典利率理论为代表的实物利率理论在西方经济学界占统治地位长达二百多年，早已深入人心，因而被一般经济学家所普遍接受。凯恩斯在 1936 年出版的《通论》一书中将此理论一举推翻，并以货币利率理论取而代之，自然不能被大多数经济学家所接受。所以，《通论》一出，经济学界立即掀起了一场关于利率理论的大论战。当时，参与论战的经济学家很多，其中尤以英国经济学家和瑞典经济学家为最多。在 20 世纪 30 年代，许多著名经济学家，特别是当时较有影响的英国经济学家，纷纷围绕凯恩斯的利率理论展开了异常热烈的讨论。其中，大多

---

①　凯恩斯：《就业利息和货币通论》，中文版，176 ~ 177 页，北京，商务印书馆，1983。

数经济学家都力图维护古典利率理论的正统地位，从各个角度对凯恩斯的利率理论加以批评和指责，并在争论中形成新的利率理论。由英国经济学家罗伯森（D. H. Robertson）首先提出，后由瑞典经济学家俄林（B. Ohlin）等人加以支持和发展的可贷资金理论①就是在与凯恩斯争论的过程中被提出的。

一、罗伯森等人的可贷资金理论

罗伯森原是凯恩斯在剑桥大学执教时的学生。在凯恩斯于1936年出版《通论》一书，推翻古典利率理论后，罗伯森等人与凯恩斯围绕利率决定问题展开了比较广泛的学术论争。

在关于利率决定理论的论战中，论战双方各自作出一定的让步，都从对方的理论中受到一定的启示，以弥补自己理论之不足。在这场论战中，罗伯森代表凯恩斯的对手，吸收了凯恩斯理论中重视货币因素对利率的影响的思想，提出著名的可贷资金理论。罗伯森提出的这一理论得到瑞典学派经济学家俄林（B. Ohlin）、米尔达尔（G. Myrdal）及林达尔（E. Lindahl）等人的支持和补充，然后又由英国经济学家勒纳（A. P. Lerner）加以公式化，从而使该理论成为一种很有影响的利率理论。

可贷资金利率理论的倡导者力图维护古典利率理论的正统地位，对凯恩斯在《通论》一书中所提出的那种完全否定实物因素的"纯货币"的利率理论大加抨击。但是，他们也从凯恩斯的流动性偏好理论中受到启发，承认古典利率理论完全忽视货币因素的不足。于是，他们在保留古典利率理论关于投资与储蓄决定利率的基本结论的基础上，加进货币因素，提出利率系由可贷资金的供求关系所决定的新理论。这种新理论就是可贷资金理论。

当时，根据罗伯森的分析，可贷资金的供给和需求各来源于四个方面，即决定于四个因素。但后来经过分析，在这些因素中，有些因素可加以合并或抵消。于是，在现代利率理论中，可贷资金的供给和需求就各决定于两个因素。其中，可贷资金的供给决定于储蓄和银行新创造的货币；而可贷资金的需求则决定于投资和货币的净窖藏。在这些因素中，储蓄和投资是古典利率理论中决定利率的因素，而这两个因素显然是实物因素。可贷资金利率理论所补充的只

---

① 在我国出版的有关利率理论的著述中，可贷资金理论（The Theory of Loanable Funds）通常也被译为"借贷资金理论"、"借贷基金理论"或"可贷放资金理论"等。这些译法都是可以的。但据作者所见，在有些有关利率理论的"专著"或教材中，却将"可贷资金理论"和"借贷资金理论"作为两种不同的利率理论来加以介绍，并将"借贷资金理论"说成是由费雪所提出的理论，这种"介绍"是完全错误的，因为"可贷资金理论"与"借贷资金理论"只不过是同一理论的不同译名而已。

是两个货币因素。而这两个货币因素都不是一种总量的概念，而是一种增量的概念。

现在，我们以 S 表示储蓄，以 I 表示投资，以 ΔM 表示银行新创造的货币，以 ΔH 表示货币的净窖藏，并设 LF_s 和 LF_d 分别表示可贷资金的总供给和总需求，则

$$LF_S = S + \Delta M \qquad (4-2)$$
$$LF_d = I + \Delta H \qquad (4-3)$$

根据罗伯森等人的可贷资金理论，利率就决定于可贷资金的总供给和总需求的均衡点，如图4-3所示。

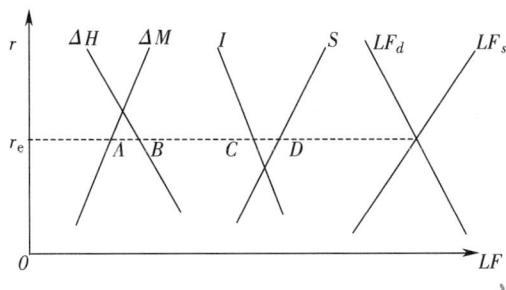

图4-3　可贷资金理论

以上所述的，就是由罗伯森等人所提出的可贷资金利率理论。罗伯森对他所提出的该理论颇为自负，认为可贷资金理论既弥补了古典利率理论忽视货币因素的不足，又修正了凯恩斯流动性偏好理论忽视实物因素的缺陷，因而是一种比较完善的利率理论。但是，可贷资金利率理论也受到来自各方面的批评。

二、对可贷资金理论的评论

从图4-3可看出，当可贷资金的总供给与总需求均衡时，实物市场与货币市场都并不均衡。也就是说，当可贷资金总供求均衡，从而决定均衡利率 r_e 时，实物市场上表现为 $S > I$，而货币市场上则表现为 $\Delta M < \Delta H$。对可贷资金而言，前者为可贷资金的供给大于需求，后者则为可贷资金的供给小于需求。若两个市场的缺口正好相等，则两相抵消后，可贷资金的总供给与总需求自然是均衡的。但问题在于，在实物市场和货币市场都不均衡时，仅仅由可贷资金的总供给与总需求相等而决定的这一利率究竟是不是一个均衡利率呢？很多经济学家都持否定的观点。作者也同样持否定的观点。这是因为，无论是实物市场上的供大于求，还是货币市场上的求大于供，都是一种紧缩的情形。在这种紧缩的

情形下，由可贷资金的总供求相等所决定的这一利率能否保持在一个均衡的水平，这显然是很值得怀疑的。

实际上，古典利率理论的倡导者并没有忽视货币因素对利率的影响。他们强调实物因素（即储蓄与投资的均衡）决定利率，乃是就一个较长时期中的利率变动趋势而言的。在他们强调这种长期趋势的同时，他们也曾明确地分析过短期内货币因素对利率的影响作用。当然，在他们的分析中，一般是将那种在长期中由实物因素所决定的利率和在短期内由货币因素所影响的利率加以区分。例如，魏克赛尔将利率区分为自然利率和货币利率，认为自然利率决定于储蓄与投资的均衡关系，而货币利率则决定于货币的供求关系，且在一定程度上要受到一些大金融机构的操纵。又如，费雪将利率区分为实际利率与货币利率，他所谓的"货币利率"实际上是指那种尚未剔除物价因素的名义利率。在实际利率一定时，名义利率就决定于物价变动率，而费雪是货币数量说的杰出代表，物价系由货币数量所决定。于是，货币数量的变动通过物价的变动而引起名义利率的变动就是顺理成章的了。可见，古典利率理论的倡导者不但没有从根本上否定货币因素对利率的短期影响，而且还正确地将由实物因素决定的利率和由货币因素影响的利率加以区分。

在凯恩斯的流动性偏好理论与罗伯森等人的可贷资金理论争论不休之际，英国著名经济学家希克斯（J. R. Hicks）提出了一种别具一格的见解。在希克斯看来，凯恩斯的流动性偏好理论与罗伯森等人的可贷资金理论实际上是一致的。希克斯认为，根据瓦尔拉斯的一般均衡理论，在一个有着 n 个市场的经济中，只要有 $n-1$ 个市场均衡，则剩下来的一个市场也必然是均衡的。所以，在 n 条方程式中，可去掉任意一条方程式，其结果将是一样的。希克斯认为，凯恩斯的流动性偏好理论强调货币市场的均衡决定利率，而罗伯森等人的可贷资金理论则强调证券市场的均衡决定利率。所以，货币市场与证券市场所决定的实际上是同一种价格——利率。于是，无论是去掉货币市场的方程式还是去掉证券市场的方程式，其结果将是一致的。[①] 当然，对于希克斯的这种分析，理论界也有不少人提出质疑。例如，有人提出，如果在整个经济的所有市场所形成的联立方程组中，既不去掉货币市场的方程式，也不去掉证券市场的方程式，而是去掉任何其他商品市场的一条方程式，则很显然，希克斯的上述结论就无法成立。

---

① 希克斯：《价值与资本》，中文版，第十二章，北京，商务印书馆，1962。

第四节　IS－LM 分析

由前面分析可知，古典利率理论将利率作为一个纯粹的实物范畴，认为它决定于储蓄与投资的均衡关系；而凯恩斯的流动性偏好理论则将利率作为一个纯粹的货币范畴，力说利率决定于货币需求与货币供给的均衡关系。1937 年，希克斯发表《凯恩斯先生与古典学派》一文，创造性地用 IS－LM 分析的方法，将古典利率理论与凯恩斯的流动性偏好理论有机地结合起来。1949 年和 1953 年，美国凯恩斯主义者汉森（A. H. Hansen）先后出版《货币理论与财政政策》及《凯恩斯学说指南》两部著作，对希克斯的 IS－LM 模型加以全面系统的阐发，从而提出一般均衡的利率理论。

一、希克斯的分析

希克斯对经济学的贡献是多方面的，几乎涉及经济学的所有各个研究领域。然而，他对货币金融理论的研究可说是最有成就的。尤其是在利率理论上，他所提出的一些重要的观点或分析的方法至今仍具有重大的现实意义。他强调指出，利率理论是"现代货币理论讨论中排列在最前列的问题之一"。[①] 而在 1937 年由他所首创的 IS－LM 分析，则更是对后世利率理论产生了极为深远的影响。

实际上，希克斯当时首创 IS－LM 模型的初衷，并不是为了提出一种新的利率理论，而是为了说明凯恩斯经济学与古典经济学的关系，并论证凯恩斯经济学与古典经济学一样，也只是一种特殊理论，而不是一般理论。根据希克斯的分析，凯恩斯经济学的特殊性，就在于它只适用于经济萧条的特殊情况，而并不适用于经济正常的一般情况。所以，"《通论》是萧条经济学"。[②]

为了论证他的这一结论，希克斯对古典经济学与凯恩斯在《通论》中所表述的经济学作了比较分析。根据希克斯的分析，古典经济学大致可由如下三条方程式表示：

$$M = kY \tag{4－4}$$

$$I = C(r) \tag{4－5}$$

[①]　希克斯：《价值与资本》，中文版，142 页，北京，商务印书馆，1962。

[②]　John Hicks，"Mr. Keynes and the 'Classics'". *Econometrica*，Vol. V，No. 2，1937，Reprinted in *Critical Essays in Monetary Theory*. p. 138.

$$I = S(r, Y) \qquad (4-6)$$

式中，M 表示货币需求，k 表示以货币形式持有的收入占总收入的比例，Y 表示收入，I 表示投资，C 表示投资与利率的函数关系，r 表示利率，S 表示储蓄。

由此三条方程式可知：（1）只要货币需求和货币流通速度一定，则收入也一定；（2）投资是利率的函数；（3）储蓄是利率和收入的函数；（4）均衡的条件是投资等于储蓄；（5）在收入一定时，投资与储蓄的均衡决定了利率。

与古典经济学不同，凯恩斯经济学则可由如下三条方程式表示：

$$M = L(r) \qquad (4-7)$$

$$I = C(r) \qquad (4-8)$$

$$I = S(Y) \qquad (4-9)$$

希克斯指出，与上述代表古典经济学的三条方程式相比，代表凯恩斯经济学的这三条方程式存在着如下两点区别：一是提出了货币需求决定于利率，因而货币需求不是收入的函数，而是利率的函数；二是否定了利率与储蓄的函数关系。[1] 这样，投资引诱的增强、消费倾向的提高都不会提高利率，而只会引起就业和收入的增加。

希克斯认为，凯恩斯对古典经济学的修正有其合理的方面，但也有其不合理的方面。尤其是在强调货币供求决定利率的同时，凯恩斯完全忽略了收入对货币需求，从而对利率所起的重要作用。而这方面却正是古典经济学所强调的。同时，凯恩斯所谓的货币需求不仅包括投机动机的货币需求，而且还包括交易动机的货币需求与预防动机的货币需求。在这三种货币需求中，只有投机动机的货币需求才是利率的函数，而后两种货币需求则都是收入的函数。因此，只有将凯恩斯理论与古典理论相互补充，才可形成一种真正的一般理论。为此，希克斯认为，上述表示凯恩斯理论的三条方程式应改写为

$$M = L(Y, r) \qquad (4-10)$$

$$I = C(r) \qquad (4-11)$$

$$I = S(Y) \qquad (4-12)$$

很显然，若货币量一定，则式（4-10）就可表示收入与利率的各种可能的组合。而这些组合可描绘出一条向右上方倾斜的曲线，希克斯称该曲线为"LL曲线"。LL曲线之所以向右上方倾斜，乃因为收入增加将使货币需求增加，而利率上升将使货币需求减少。所以，只有当收入与利率作适当的同方向变动时，

---

[1] John Hicks，"Mr. Keynes and the 'Classics'"．*Econometrica*，Vol. V，No. 2，1937，Reprinted in *Critical Essays in Monetary Theory*. p. 132.

货币需求方可保持均衡。同时，根据式（4-11）和式（4-12），当利率一定时，资本边际效率表将决定投资，并通过乘数作用增加收入。而要使投资等于储蓄，则收入应保持在适当的水平。于是，我们可描绘出另一条反映收入与利率关系的曲线，希克斯将该曲线称为"IS 曲线"。IS 曲线表示使投资与储蓄保持相等的收入与利率的关系，它是一条向右下方倾斜的曲线。

图 4-4 所示的就是 *LL* 曲线与 *IS* 曲线，*P* 点为两曲线的交点。希克斯认为，收入与利率就是在该交点上同时决定的。

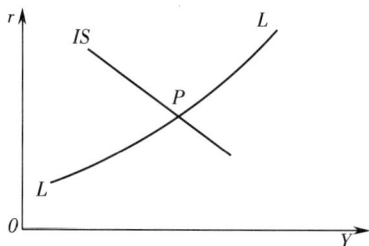

图 4-4 希克斯的 IS-LL 分析（1）

希克斯又指出，根据古典经济学，若投资引诱增强，从而资本边际效率表上升，则 IS 曲线向右上方移动，于是，就业和收入将增加，利率也将上升。凯恩斯则认为，即使投资引诱增强，从而资本边际效率表上升，利率也不会上升。为什么会产生如此分歧呢？希克斯认为，这是由 *LL* 曲线的特殊形状所决定的（如图 4-5 所示）。

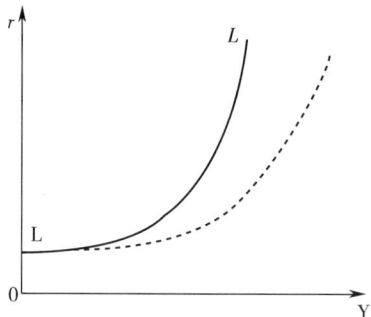

图 4-5 希克斯的 IS-LL 分析（2）

在图 4-5 中，我们可看到，在 *LL* 曲线的左方（即当收入与利率都较低时），*LL* 曲线几乎成为水平线，这反映了利率的下降有一个不能再降的最低点。而在 *LL* 曲线的右方（即当收入和利率都较高时），*LL* 曲线几乎是垂直的，这反映了在货币量一定时，所能融通的收入水平有一个不能再高的最高点。实际上，古典学派所强调的是 IS 曲线在 LL 曲线的右方移动，所以，当投资引诱增强或消费倾向提高时，不但就业和收入会增加，而且利率也会上升。相反，凯恩斯所强调的则是 IS 曲线在 LL 曲线的左方移动。所以，资本边际效率表的上升只会使就业和收入增加，而利率将并不上升。另外，我们再看货币量增加的影响。货币量的增加，固然使 LL 曲线向右移动，但是 LL 曲线的左方却不变。所以，如果 IS 曲线位于 LL 曲线的右方，则增加货币量可使就业和收入增加，同时使利率下降。但如果 IS 曲线位于 LL 曲线的左方，则增加货币量将既不影响就业和收入，也不影响利率。

所以，希克斯认为，无论古典学派的理论，还是凯恩斯的理论，实际上都是特殊理论，要使它成为一般理论，则以上方程式应改写为

$$M = L(Y, r) \tag{4-13}$$

$$I = C(Y, r) \tag{4-14}$$

$$I = S(Y, r) \tag{4-15}$$

以上所述的，就是希克斯的 IS－LL 分析。由此分析可知，希克斯当时之所以首创这种分析的方法，并不是为了提出一种新的利率理论，而只是为了论证凯恩斯理论（尤其是流动性偏好理论）与古典理论的关系。通过这种论证，他发现，凯恩斯理论与古典理论都是特殊理论，所以，只有将此两种理论加以相综合，才能成为一种真正的一般理论。但是，在这种分析中，希克斯却无意地提出了一种新的利率理论。根据该理论，利率将同时决定于投资与储蓄的均衡关系及货币供求的均衡关系。这种利率理论显然是将古典利率理论与凯恩斯的流动性偏好理论有机地结合了起来。

二、汉森的分析

汉森是美国早期凯恩斯主义的主要代表。在利率理论方面，他进一步阐发了希克斯的 IS－LL 分析，并将希克斯的 LL 曲线改为 LM 曲线，从而提出了一种比较系统的一般均衡利率理论，对后世利率理论产生了深远的影响。

1953 年，汉森出版《凯恩斯学说指南》一书。在该书的第七章，汉森分析了古典利率理论、凯恩斯的流动性偏好理论及新古典的可贷资金理论。他发现，这三种理论都旨在说明利率的决定，但是，这三种理论却都不能说明利率的决定。其原因在于这三种理论都脱离了收入这一重要的因素以说明利率的决定。

在《通论》一书中，凯恩斯曾指摘古典利率理论，认为该理论忽略了收入

对储蓄的影响，因而不能对利率的决定作出确切的说明①。汉森认为，凯恩斯的这种指摘是完全合理的。如前所述，根据古典利率理论，利率决定于投资与储蓄。"但是，由于储蓄表的位置随着实际收入水平而变化，这种说法不可能得出答案。收入增加，储蓄表就将向右移动。因此，除非我们早已知道收入水平，我们就无法知道利率究竟多少。而如果我们不先知道利率，我们也不能够知道收入水平，因为利率的降低意味着投资量的增大，因而，通过倍数作用，也意味着实际收入水平的提高。所以，古典学派的分析，对问题的解决不能作出什么贡献。"②

汉森又指出，凯恩斯对古典利率理论的这种批评，也正可以适用于他自己的流动性偏好理论和新古典的可贷资金理论。根据凯恩斯的流动性偏好理论，利率决定于货币的供给与货币的需求（即流动性偏好）。汉森认为，这种分析法也不能对利率作出确切的决定，因为流动性偏好表也将随着收入的变动而上下移动。所以，"就凯恩斯学说而论，除非我们早已知道收入水平，货币供给表和需求表不能决定利率；而在古典学说的场合，则除非收入为已知，储蓄需求表和供给表也不能作出答案。"③ 这就说明，"凯恩斯对于古典学说的批评，同样可以适用于他自己的学说。"④

在汉森看来，利率与收入必须同时决定，因为利率与收入互为因果。所以，在说明利率时，如果不考虑收入，则难免陷于循环论证。例如，根据古典利率理论，利率系由储蓄与投资所决定。投资本身是利率的递减函数，故为说明利率的决定，人们必须知道储蓄。但储蓄不仅是利率的函数，而且更主要地是收入的函数。这样，要知道利率，必须知道储蓄；要知道储蓄，必须知道收入；要知道收入，必须知道投资；要知道投资，必须知道利率。如此，利率系由利率所决定。又如，根据凯恩斯的流动性偏好理论，利率系由货币供给与货币需求所决定。货币供给为一外生变量。所以，在货币供给一定时，利率即由货币需求所决定。但根据凯恩斯的流动性偏好理论，货币需求系由人们持有货币的三大动机所决定，其中，交易动机的货币需求和预防动机的货币需求都是收入的函数。所以，要知道利率，必须知道货币需求；要知道货币需求，必须知道收入；要知道收入，必须知道投资；要知道投资，必须知道利率。可见，凯恩斯的利率理论也同样是一种循环论证。

---

① 凯恩斯：《就业利息和货币通论》，中文版，153～155页，北京，商务印书馆，1983。
② 汉森：《凯恩斯学说指南》，中文版，123页，北京，商务印书馆，1963。
③④ 汉森：《凯恩斯学说指南》，中文版，124页，北京，商务印书馆，1963。

如何解决这一问题呢？汉森认为，如果将古典利率理论、新古典的可贷资金理论及凯恩斯的流动性偏好理论结合起来，即可得到一种比较适当的利率理论。而在这种结合中，汉森应用了希克斯的 IS－LL 曲线分析，并将其中的 LL曲线改成 LM 曲线。通过这种 IS－LM 分析，汉森得出了一种一般均衡的利率决定理论。

首先，汉森通过古典利率理论导出一条 IS 曲线。根据古典利率理论，利率系由储蓄与投资的均衡关系所决定。但古典利率理论未考虑收入，或假定收入为一定，因此，只有一条唯一的储蓄曲线与投资曲线相交于一点，从而得到一个唯一的均衡利率。但是，由以上分析可知，储蓄首先是收入的函数。因此，即使利率不变，也将在不同的收入水平上有着不同的储蓄。于是，在一个关于利率与储蓄的平面中，由收入变动所引起的储蓄的变动就表现为整个储蓄曲线的移动。从图 4－6 中，我们可以清楚地看到，当收入由 Y_1 增加到 Y_2，再由 Y_2 增加到 Y_3 时，储蓄曲线就由 $S_{(Y1)}$ 向右移至 $S_{(Y2)}$，再由 $S_{(Y2)}$ 向右移至 $S_{(Y3)}$。随着储蓄曲线的向右移动，利率就相应地由 r_1 下降为 r_2，再由 r_2 下降为 r_3。这就说明，不同的收入决定了不同的储蓄，而不同的储蓄又决定了不同的利率。如果将收入与利率的关系用一个收入与利率的平面来加以反映，那么，我们即可得到一条 IS 曲线，如图 4－6 中的右半部分所示。

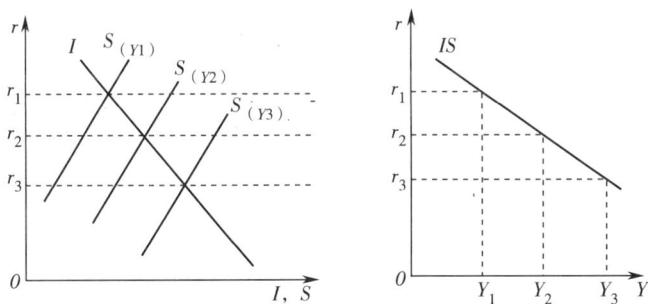

图 4－6　IS 曲线的推导

由此可见，IS 曲线的实质，是使投资（I）等于储蓄（S）的收入与利率的各个组合点的轨迹，它反映了实物市场的均衡。也就是说，IS 曲线上的每一个点，都代表收入与利率的一种组合，每一种组合都能使投资等于储蓄。由图 4－6 可看出，IS 曲线是一条向右下方倾斜的曲线。它之所以呈这样的形状，是由它的性质所决定的。因为随着收入的增加，储蓄也必然随之而增加。当储蓄增加后，要使储蓄与投资继续保持相等，则投资亦必须相应地增加。而为使投资增加，利率就必须下降。因此，根据 IS 曲线，要使投资等于储蓄，则收入与利率必须呈反方向的变动关系。

然后，汉森又通过凯恩斯的流动性偏好理论导出一条 LM 曲线。根据凯恩斯的流动性偏好理论，利率系由货币的供求关系所决定。货币的供给为一外生变量，而货币的需求则是收入的增函数和利率的减函数。但是，在利率决定理论上，凯恩斯也未将收入这一因素加以考虑，或者简单地将收入假定为不变。所以，当货币供给一定时，只有一条唯一的流动性偏好曲线与表示货币供给的垂直线相交于一点，从而决定了一个唯一的均衡利率。然而，如果我们将收入作为一个可变的因素加以考虑时，则凯恩斯的这种理论便与古典利率理论一样，实际上也不能真正说明利率的决定。由图 4-7 可看出，当收入由 Y_1 增加到 Y_2，再由 Y_2 增加到 Y_3 时，流动性偏好曲线就由 $L_{(Y1)}$ 移动到 $L_{(Y2)}$，再由 $L_{(Y2)}$ 移动到 $L_{(Y3)}$。而随着流动性偏好曲线的移动，利率也相应地由 r_3 上升到 r_2，再由 r_2 上升到 r_1。这就说明，不同的收入决定了不同的货币需求，而在货币供给不变时，不同的货币需求就决定了不同的利率。从图 4-7 中可看到，收入水平越高，则货币需求越大，由此货币需求决定的利率也就越高。如果将收入与利率的这种关系反映在一个关于收入与利率的平面中，我们即可得到一条 LM 曲线，如图 4-7 中的右半部分所示。

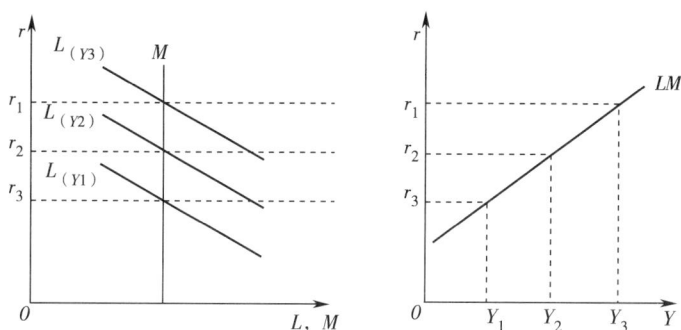

图 4-7　LM 曲线的推导

从图 4-7 中，我们可看出，LM 曲线的实质，是使货币需求（L）等于货币供给（M）的收入与利率的各个组合点的轨迹。它反映了货币市场的均衡。也就是说，LM 曲线上的每一个点，也都代表收入与利率的一种组合，每一种组合都能使货币需求等于货币供给。同时，我们还可看出，LM 曲线是一条向右上方倾斜的曲线。它之所以呈这样的形状，也是由它的性质所决定的。因为随着收入的增加，货币需求必然随之而增加。要使增加了的货币需求与既定的货币供给继续保持相等，则利率就必须上升。因此，根据 *LM* 曲线，要使货币需求与货币供给保持相等，则收入与利率必须呈同方向的变动关系。

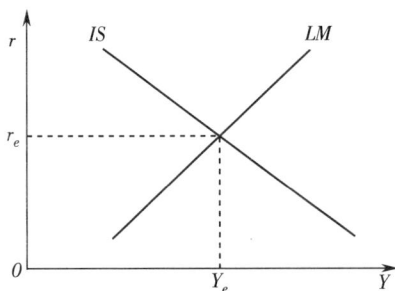

图 4 - 8   IS - LM 模型

在分别导出 IS 曲线和 LM 曲线后，我们可将此二曲线放入同一个平面中。由此二曲线的交点，可分别决定均衡利率和均衡收入。可见，利率必须与收入同时决定。由于 IS 曲线上的每一点都是实物市场的均衡点，而 LM 曲线上的每一点都是货币市场的均衡点，所以，二曲线的交点就表示实物市场均衡，货币市场也均衡。两个市场的同时均衡，就是通常所谓的一般均衡或全面均衡。由于利率是在这种一般均衡的条件下决定的，所以，这种利率决定理论被称为"一般均衡的利率理论"。

第五节   现代实物利率理论

由以上各节的分析可知，利率决定理论大致可分成三种基本的类型：一是货币利率理论，强调货币的供求关系决定利率；二是实物利率理论，强调实物因素，尤其是投资与储蓄决定利率；三是一般均衡的利率理论，认为只有在货币市场与实物市场同时均衡的条件下，均衡利率与均衡收入才能同时决定。在长期的利率理论研究中，利率决定理论就是这三种基本类型的理论的交替发生。所以，在凯恩斯提出流动性偏好理论后，就有不少经济学家对凯恩斯的理论提出质疑，试图维护实物利率理论。在这些经济学家中，较有代表性的主要有美国经济学家莫迪利安尼（Franco Modigliani）、弗里德曼及以色列经济学家帕廷金[①]。在本节中，我们拟对弗里德曼和帕廷金的理论加以简述。

一、弗里德曼的三效应理论

如本章第二节所述，根据凯恩斯的流动性偏好理论，当货币需求一定时，增加货币供给，则利率将下降。弗里德曼于 1968 年发表《利率水平的决定因素》一文，通过对货币供给变动的三个效应的分析，得到与凯恩斯正好相反的结论：即货币供给增加，只能在短期内使利率有所下降，但经过一段时间后，利率将回升到原来的水平，甚至将升至原来的水平之上。兹根据弗里德曼的上述论文，对他所提出的三个效应及其对利率的影响依次简述之。

（一）流动性效应

根据弗里德曼的分析，人们的货币需求系由许多因素所共同决定。但在决定货币需求的各种因素中，收入水平对货币需求的影响无疑是最大的。[②] 而在弗里德曼的货币需求理论中，决定货币需求的收入又是一种"恒久性收入"，那种收入显然是比较稳定的。所以，弗里德曼认为，人们的货币需求也是相对稳定的。于是，当收入水平一定且货币需求也一定时，若中央银行增加货币供给，则利率将下降。这与凯恩斯的流动性偏好理论是一致的，故称为"流动性效应"。根据弗里德曼的分析，货币供给的增加之所以产生这种流动性效应，是因为在货币需求不变的条件下，货币供给的增加，必将使人们实际持有的货币余额超过其意愿持有的货币余额。于是，他们将进行资产组合的调整，将过多持有的货币余额用于购买证券或商品。如果人们用过多的货币购买证券，则因证券需求增加而使证券价格上升，利率将下降。这就是货币供给增加为什么使利率下降的原因。[③] 但是，如果人们用过多的货币购买商品，则就整个经济而言，收入水平将提高，且在供给不变而需求增加时导致物价的上涨。于是，货币供给的增加将产生第二种效应，即"收入与物价效应"。

（二）收入与物价效应

凯恩斯之所以认为增加货币供给只能使利率下降，是因为他假设人们资产

---

① 有关莫迪利安尼和帕廷金利率理论的简要介绍，可参见刘絜敖：《国外货币金融学说》，北京，中国展望出版社，增补第四章，1989。

② 根据弗里德曼与施瓦兹的实证研究，货币需求的收入弹性系数高达 1.84，而其利率弹性系数却只有 −0.15。

③ 与弗里德曼一样，另一货币学派经济学家菲利普·卡甘（Phillip Cagan）也认为，当货币供给量增加后，人们为保持适当的流动性，必将进行资产组合的调整，或流动性调整，从而使证券价格上升，利率下降。所以，卡甘将这一效应称为"资产调整效应"。

组合的调整只能在货币与债券这两种资产之间进行。因此，在货币需求不变的条件下，增加货币供给的唯一结果是增加对债券的购买，从而使债券的需求增加，债券价格上升，利率下降。但弗里德曼认为，人们资产组合的调整范围应扩大到货币与债券这两种资产之外，并且应包括各种实物资产和消费品。所以，如果人们实际持有的货币余额超过了他们意愿持有的货币余额，则他们既可购买债券或其他非货币的金融资产，也可购买实物资产或消费品。而在利率业已下降的条件下，人们的投资需求将增加，消费需求也将增加。这样，如果人们用过多持有的货币购买投资品，则可通过乘数作用使收入成倍增加；而如果人们用过多持有的货币购买消费品，则也可直接地增加收入。弗里德曼指出，对某一个人而言，他可通过这种购买行为来消除其过多持有的货币余额，但对整个经济而言，却不能做到这一点。这是因为，一个人的支出必然成为其他人的收入。而其他人一旦增加了收入，他们也将增加其支出。所以，货币供给的增加，必然使整个经济的收入水平提高。收入水平既已提高，则货币需求必将增加。于是，随着货币需求曲线向右上方移动，利率必将上升。

与此同时，货币供给的增加还将导致一般物价水平的上升。这是货币数量说的基本结论。弗里德曼作为新货币数量说的倡导者，他自然也会得出同样的结论。于是，在名义货币余额不变的条件下，物价水平的上升，必将使人们持有的实际货币余额相应地减少，从而使实际货币供给曲线向左移动。实际货币供给曲线的这种移动，又必然使利率进一步上升。

（三）价格预期效应

此效应最初系由费雪提出，故又称"费雪效应"。费雪认为，在物价持续上涨的条件下，人们必将对未来的物价变动产生继续上涨的预期，而这一预期又必将使名义利率进一步上升。之所以如此，是因为当物价上涨时，人们往往预期物价将继续上涨，于是，投资者为避免本金和利息的贬值而要求收取更高的利率，而借款者也因预期的投资收益率较高而愿意支付更高的利率。所以，在弗里德曼看来，当时为降低利率而增加的货币供给，最后反将使利率上升到远高于原来的水平。在一般情况下，名义利率可大致等于实际利率与预期通货膨胀率之和。所以，根据费雪效应，若货币持续增加，物价持续上升，则名义利率亦将因人们预期通货膨胀率的上升而上升。

（四）弗里德曼三效应理论图解

弗里德曼的三效应理论也可通过图4-9来比较直观地加以分析。在图4-9中，横轴表示货币供给（M）和货币需求（L），纵轴表示利率（r）。与凯恩斯一样，弗里德曼也强调货币供给的外生性，因而在图4-9中，货币供给曲线表现为垂直于横轴的直线。在短期内，当货币供给由 M_1 增加到 M_2 时，物价水平尚未相应提高。因此，这一货币供给的增加导致了人们实际货币余额的增加。于是，人们实际持有的货币余额超过了他们对货币的需求。为消除这一过多持有的货币余额，人们纷纷增加对证券的购买，从而使利率由 r_1 下降到 r_2。这就是弗里德曼所分析的流动性效应。但是，随着人们支出的增加，整个经济的收入也随之而增加，而收入的增加又必然引起货币需求的增加。所以，货币需求曲线就由 $L_{(Y1)}$ 向右移动到 $L_{(Y2)}$，其中，Y_1 与 Y_2 分别表示不同水平的收入，且 $Y_2 > Y_1$。从图4-9中可看到，随着货币需求曲线的向右移动，利率由 r_2 回升到 r_3。同时，货币供给的增加必然引起物价水平的上涨，而物价水平的上涨又使货币的实际余额减少。这也将使利率进一步回升。为方便起见，我们假定物价上涨的幅度正好等于货币增加的幅度，即 $\dfrac{M_2 - M_1}{M_1} = \dfrac{P_2 - P_1}{P_1}$，于是 $\dfrac{M_2}{P_2} = \dfrac{M_1}{P_1}$。也就是说，随着物价水平由 P_1 上涨到 P_2，货币的实际余额又回复到原来的水平。在这种情况下，利率就由 r_3 上升到 r_4。这就是弗里德曼所分析的收入与物价效应。至于第三个效应，即"费雪效应"，是指在物价业已上涨的情况下，由于人们对未来的物价走势产生了继续上涨的预期，所以利率将随着这种预期的作用而进一步上升到 r_4 以上的水平。

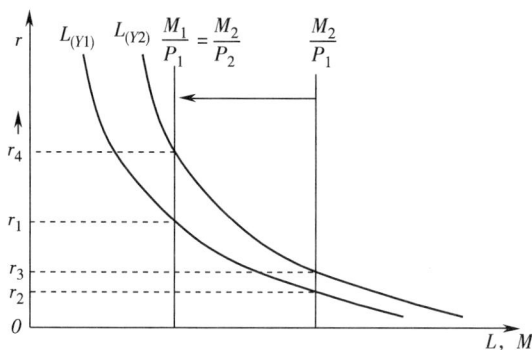

图4-9　弗里德曼的三效应理论

可见，根据弗里德曼的分析，货币供给的增加，只能使利率一时下降，经过一段时间后，利率即会回升到原来的水平，甚至会上升到原来的水平之上。在《货币政策的作用》一文中，弗里德曼强调中央银行只能控制货币供给量，而无法控制利率。所以，他认为货币政策的中间目标应是货币供给量，而不该是利率。

从弗里德曼的分析中，我们不难看出，他通过三效应分析得出了货币供应量增加导致利率上升的结论。这里的利率显然是名义利率，而不是实际利率。同时，我们也要看到，在利率决定问题上，弗里德曼所得到的结论与上述凯恩斯的结论正好相反。其原因主要在于，弗里德曼对利率决定问题的分析乃是一种长期分析，而凯恩斯的分析则是一种短期分析。所以，凯恩斯的流动性偏好理论实际上只是分析了其中的流动性效应，而弗里德曼则在此基础上再进一步分析了其他两个效应及其对利率水平的影响。

二、帕廷金的实物利率理论

帕廷金是著名的以色列经济学家。在货币经济理论方面，他在整个西方经济学界享有盛名。其代表作是出版于 1955 年、再版于 1965 年的《货币、利息与物价》一书。在该书中，帕廷金通过引进实际余额效应（real balance effect）将货币理论与价值理论加以结合，从而在保留传统货币数量说的基础上，成功地解决了古典经济学中的两分法问题。

在利率理论上，帕廷金倡导实物利率理论，认为利率水平决定于各种实物因素，而与货币量的变动无关。在帕廷金看来，货币量的变动只影响物价，而不影响利率。为简化分析，我们以货币量增加的比较静态分析为例，来看看帕廷金是如何得出这一结论的。[①]

帕廷金指出："如果货币量为 M_0，系统可在工资率 w_0、物价水平 p_0 和利率 r_0 的水平上均衡，那么，货币量为 $2M_0$，该系统也可在工资率 $2w_0$、物价水平 $2p_0$ 和利率 r_0 的水平上均衡"[②]。这就说明，货币量增加，只会导致工资率和物价水平按比例提高，而利率不变。

现在，我们假定货币量由 M_0 增加到 $(1+t)M_0$，其中 t 为一正的常数，则在工资率和物价水平不变时，均衡将被打破。但是，货币量增加必定使工资率和物价水平按比例提高。由于物价水平与工资率都增加了 $(1+t)$ 倍，因此，实际现金余额和实际工资都不变，于是，劳动市场和商品市场必然保持均衡。

从货币市场和债券市场来看，如果货币供给增加而货币需求不变，则利率就不能不变。但是，货币需求实际上将与货币供给同比例增加。这可从两个方

---

①　在《货币、利息与物价》一书中，帕廷金对货币量变动的效应作了很充分的分析，既有比较静态分析，还有动态分析，同时，他还对货币需求变动的效应也作了分析。但各种分析都能证明，无论是货币供给的变动，还是货币需求的变动，都不影响利率。因受篇幅所限，我们在此仅对帕廷金关于货币量增加的比较静态分析作一简述。

②　帕廷金：《货币、利息与物价》，英文版，236 页，1965。

面加以说明：（1）由货币需求函数可知，只要物价水平变动，名义货币需求就会按比例变动。[①]（2）根据货币数量说的基本结论，货币供给增加将使物价水平按比例提高，于是，名义货币需求也会按比例增加。既然货币需求与货币供给同比例变动，利率自然会保持不变。而既然利率不变，则家庭和厂商的实际现金余额也不变。他们不会改变其资产偏好，即不会调整其资产结构。所以，债券市场也会保持原来的均衡状态。

根据瓦尔拉斯定律，在四个市场中，只要三个市场均衡，则第四个市场也必然会均衡。在《货币、利息与物价》一书中，帕廷金将货币市场作为第四个市场，所以，既然劳动市场、商品市场和债券市场都均衡，则货币市场也必然均衡。

由此可见，当货币量由 M_0 增加到 $(1+t)M_0$ 后，经济将在工资率 $(1+t)w_0$、物价水平 $(1+t)p_0$ 和利率 r_0 的水平上达到新的均衡，如图4-10所示。

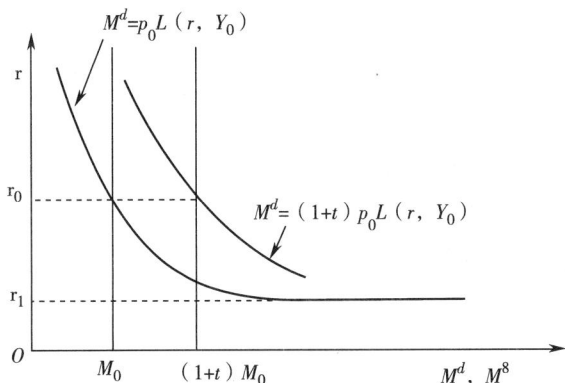

图 4 - 10 货币量增加的比较静态影响

由图4-10可见，若货币供给由 M_0 增加到 $(1+t)M_0$，而货币需求不变，则在利率为 r_0 时，货币市场不能保持均衡。但是，根据货币数量说，货币供给增加必使物价水平按比例上涨。而在物价水平按比例上涨而利率不变时，名义货币需求也将按比例增加。这在图4-10中就表现为货币需求曲线向右边移动，与新的货币供给曲线相交。于是，货币市场则在利率为 r_0 的水平上继续保持均衡，只是均衡点向右边移动而已，而这种移动反映了物价水平随货币量增加而上涨的现象。

---

① 帕廷金的货币需求函数中加入了物价水平这一变量。

我们知道，在利率理论的长期发展过程中，形成了两种不同的利率决定理论：即实物利率理论与货币利率理论。实物利率理论认为利率水平决定于各种实物因素，如储蓄、投资、生产要素、生产技术、资本的边际生产力及资本收益率等等。而货币利率理论则认为利率水平决定于货币的供给与货币的需求。在现代利率理论中，古典利率理论是一种典型的实物利率理论，认为利率水平决定于储蓄与投资的均衡，而凯恩斯的流动性偏好理论是一种典型的货币利率理论，认为利率水平决定于货币供给与货币需求的均衡。在这两种利率理论的争论过程中，理论界又形成了两种新的利率决定理论：一是新古典可贷资金理论；二是希克斯和汉森的 IS – LM 分析。这两种利率理论实际上是将实物利率理论和货币利率理论加以某种形式的综合，其中新古典可贷资金理论就试图以凯恩斯理论中的合理成分修正古典利率理论，以维护古典利率理论的正统地位。

帕廷金对凯恩斯的利率理论提出批评，并通过修正古典的或新古典的利率理论，而形成一种新的实物利率理论。如前所述，根据凯恩斯的分析，在正常情况下（撇开"流动性陷阱"这一极端情况），货币数量的增加将引起利率的下降。帕廷金则指出："不管边际投资倾向与边际消费倾向的值是怎样，也不管货币贮藏倾向非零点的存在，这种货币量的增长，最后必然要引起价格按比例的提高，而利息率则不受影响。从这里看来，凯恩斯论点是有欠正确的。"[1]

帕廷金认为，凯恩斯之所以得出货币利率理论，主要是因为该理论产生于资本生产率十分低下的萧条时期，而在战后资本短缺的高涨时期，该理论就失去其存在的基础了。另外，凯恩斯认为利率决定于货币供给与货币需求，实际上是因为他认为货币量的变动只影响债券市场，而不影响商品市场。也就是说，凯恩斯实际上假设商品市场没有实际余额效应之存在。帕廷金认为，这种理论显然是错误的。

根据帕廷金的分析，利率理论可分为实物利率理论与货币利率理论。实物利率理论视利息为一实物现象，而货币利率理论则视利息为一货币现象。帕廷金指出："若利率只影响商品市场，则我们可称它为'实物'现象；而若利率只影响债券市场或货币市场，则我们可称它为'货币'现象"[2]。但是，依一般均衡的观点，利率实际上将影响所有的市场，而利率本身也将决定于所有市场的超额需求。这是因为，相对价格、利率和绝对价格水平的均衡值将同时决定于

---

[1]　帕廷金：《凯恩斯经济学与数量论》，载肯尼斯·栗原编：《凯恩斯学派经济学》，中文版，146页，北京，商务印书馆，1964。

[2]　帕廷金：《货币、利息与物价》，英文版，378 页，1965。

该经济的所有市场，而且所有市场之间也会相互作用。所以，上述划分并不有用。有用的划分不能根据市场的不同而作出划分。帕廷金指出："若利率如相对价格那样变动，则它为一实物现象，而若利率如绝对价格那样变动，则它为一货币现象。更具体地说，若其长期均衡值不受那些不影响相对价格的外生变量的影响，而受那些影响相对价格的外生变量的影响，则它为一实物现象，而若其长期均衡值受到那些只影响绝对价格水平的外生变量的影响，则它就为一货币现象。依此观点，我的一个明显的结论，就是利息为一实物现象：货币量的变化和流动性偏好的变化都不会使相对价格变化，从而也不会使利率变化"[1]。由此可见，帕廷金强调，利率完全为一实物现象，货币量变动和流动性偏好变动都不影响利率。很明显，帕廷金的这种观点实际上是否定了凯恩斯的流动性偏好理论，而对古典的或新古典的利率理论作了重新解释。

复习思考题

1. 什么是古典利率理论？其倡导者主要有哪些？该理论的基本结论是什么？

2. 凯恩斯在《货币论》中提出怎样的利率理论？而在《通论》中，他又提出怎样的利率理论？为什么会有如此重大的理论上的转变？

3. 什么是可贷资金说？你认为它是一种一般均衡的利率理论，还是一种局部均衡的利率理论？为什么？

4. 根据汉森的分析，古典利率理论、凯恩斯的流动性偏好理论及可贷资金理论均不能说明利率的决定，为什么？汉森是怎样解决这一问题的？

---

[1] 帕廷金：《货币、利息与物价》，英文版，379～380 页，1965。

第五章　货币与经济均衡及
经济波动理论

经济均衡与经济波动其实是同一事物的两个方面：经济均衡即经济波动的停止；而经济波动则是经济均衡的破坏。有关经济均衡与经济波动的理论，从古典经济学到现代经济学已经历了漫长的发展过程。在这一发展过程中，经济学家们对经济波动，特别是对所谓商业循环的解释可谓众说纷纭、莫衷一是。有的以消费不足或储蓄过多来解释；有的则用投资过度或资本短缺来说明；有的认为企业家的心理预期导致经济繁荣与经济萧条的更替；有的则认为太阳黑子的周期性出现造成农业收成的丰歉，从而带动整个经济的周期性波动。

由于经济的均衡和波动往往集中反映于商品流通领域，且与货币信用活动密切相关，因此，在所有有关经济均衡及经济波动的理论中，以货币信用因素来加以解释的最为普遍。即使撇开极端的"纯货币"理论不说，其他有关经济均衡和经济波动的理论，也往往以较多的篇幅阐述货币信用因素在经济均衡或经济波动中的作用。

货币信用在经济均衡与经济波动中究竟有无作用？作用的程度如何？作用的过程怎样？这是西方经济学说史上一直争论不休的问题。古典学派视货币为覆盖于实物经济之上的一层面纱，因而他们认为经济的均衡与否完全取决于各种实物因素，而与货币信用因素无关。根据这种理论，货币只是充当商品交易的媒介，它对实际经济并不产生任何积极的影响，货币经济与实物经济也并无实质性的区别。因而就整体而言，供给会自动地创造需求，普遍的生产过剩的危机不可能出现，经济总是处于均衡状态，经济波动只是暂时的和偶然的，而且即使是这种暂时的或偶然的经济波动也是由货币信用以外的实物因素引起的。

在较长一段时期中，古典学派的这种"货币面纱观"一直在经济学界占统治地位。直到 19 世纪末，瑞典经济学家魏克赛尔才首先否定这种"货币面纱观"，倡导货币的经济理论，阐明货币对经济均衡和经济波动的重要作用。魏克赛尔的这一理论对西方经济学界产生了重大而深远的影响。20 世纪二三十年代，奥地利的米塞斯（Mises）、哈耶克，英国的凯恩斯、霍曲莱，瑞典的米尔达尔

（Myrdal）、林达尔（Lindahl）等不少经济学家受魏克赛尔理论的启发，先后提出各自的理论，从不同角度、不同方面修正和发展了魏克赛尔的理论，并围绕这一理论在英国展开了一场异常激烈的大论战。参加这场大论战的主要有哈耶克、凯恩斯、斯拉法（P. Sraffa）、霍曲莱、庇古、罗伯森等人。他们在论战中各执己见，相持不下。直至 1936 年凯恩斯出版《就业利息和货币通论》一书，这场论战才暂告平息，然其影响却一直延续至今。当前凯恩斯学派与货币学派的理论分歧，也不能不说是 30 年代那场大争论的继续。

在本章中，我们将对魏克赛尔及其后有关货币与经济均衡和经济波动的主要理论作一扼要的评述。

第一节　魏克赛尔的累积过程理论

在魏克赛尔看来，古典学派之所以得出"货币面纱观"的结论，是因为他们未能全面地认识货币的各项职能。也就是说，他们只看到货币作为交易媒介的职能，而忽视了货币作为价值贮藏手段的职能，更忽视了货币在媒介资本转移、实现储蓄配置过程中的重要作用。魏克赛尔认为，货币经济是迥异于实物经济的。在货币经济中，由于货币对经济活动的渗透和参与，货币绝不只是商品交易的媒介，它将通过实现价值贮藏、媒介资本转移等职能对实际经济产生重大影响。因此，若货币使用得当，则货币可对经济产生积极作用，能维持经济均衡，促进经济增长；反之，若货币使用不当，则货币也可对经济产生消极作用，导致经济波动。

一、货币利率与自然利率

魏克赛尔认为，货币之所以对实际经济产生积极影响，主要是由于货币在资本形成和资本转移过程中发挥着重要作用。在货币经济中，尽管生产仍以实物形态进行，但资本借贷及利息支付却并不采取实物形态而采取货币形态。这样，利率的高低就会直接影响储蓄的供给和贷款的需求，影响一般物价水平，影响生产的扩张和收缩。

如本书第四章第二节所述，魏克赛尔把利率区分为货币利率与自然利率。所谓货币利率（也称市场利率），是指在借贷活动中实际形成并用以计算借款人应付利息的利率；而所谓自然利率的概念比较复杂，它主要是指相当于新投资的预期收益率的利率。①

　　根据魏克赛尔的分析，如果货币利率与自然利率一致，则货币经济就与实物经济一样。在这种经济中，借贷资本的供给与需求正好平衡，即储蓄与投资恰好相等。于是，一般物价水平将既不上升，也不下跌；企业家们的生产规模也将既不扩张，也不收缩，整个经济将在原有的轨道上均衡地、周而复始地运行。总之，只要货币利率等于自然利率，则货币对经济就能保持中立，经济就能保持均衡，这种均衡就是所谓的"货币均衡"（monetary equilibrium）。

　　但是实际上，货币利率却未必总是等于自然利率。因此，货币也未必对经济和物价保持中立，经济也未必总能维持均衡状态。因为货币利率与自然利率都是可变的，而且它们变动的方式又是不同的。在魏克赛尔看来，货币利率主要决定于货币的过剩或不足，而且它往往受那些大金融机构的支配，因此其可变性是不言而喻的。至于自然利率，则"是决定于生产的效率、固定和流动资本的现有量以及劳动和土地的供给的，总之是决定于决定一个社会当前经济情况的那些数不清的事物的；这个量就跟着这些因素不断地变动"②。正因为货币利率与自然利率有着不同的决定因素，所以两者的变动方式也是不同的。自然利率的变动一般是连续的、不间断的，而货币利率的变动则往往是不连续的、跳跃式的。所以，魏克赛尔认为，货币利率与自然利率"准确的吻合是不会有的"，"货币利率比自然利率可以高一些，也可以低一些"③。

　　在货币利率与自然利率不相一致的情况下，一般物价水平就会上升或下降，生产就会扩张或收缩。于是，经济均衡将被打破，经济波动就会发生。

二、累积过程

　　根据魏克赛尔的分析，在货币利率低于自然利率的情况下，企业家从事生产时除了取得正常利润外还会取得超额利润，于是他们就纷纷扩大生产规模。生产规模的扩大将会导致两种结果：一是一般物价水平上升；二是投资大于储蓄。为了扩大生产规模，企业家们一方面要增加对银行贷款的需求，另一方面又要增加对原材料、劳动力和土地等生产要素的需求。在企业家们相互竞争而价格又具有完全伸缩性的情况下，生产要素的价格势必提高，而生产要素所有者的货币收入亦将因此而增加。但在货币利率偏低的情况下，人们增加货币收

---

① 魏克赛尔的自然利率共有四个定义，详见本书第四章第二节。
② 魏克赛尔：《利息与价格》，中文版，86 页，北京，商务印书馆，1959。
③ 同本页注②，86 ~ 87 页。

入后往往不是增加储蓄而是增加消费。于是，对消费品的需求就必然会增加。可与此同时，因货币利率较低，生产资本密集度较高的资本品变得较为有利，故一部分原可用于生产消费品的生产要素被抽去用于生产资本品。因而在消费品需求增加的同时，它的供给却反而减少了。于是，消费品价格就必然会上涨。消费品价格的上涨，刺激了企业家生产消费品的积极性，但在迂回生产的条件下，为了生产更多的消费品，又必须有更多的资本品。于是，通过对资本品需求的增加，资本品价格也将随之而上涨。资本品价格上涨后，又进一步刺激了企业家生产资本品的积极性。这样，一般物价水平将随着生产规模的扩张而一步一步地上升。在魏克赛尔看来，只要货币利率继续低于自然利率，则生产的扩张不会结束，一般物价水平的上升也不会停止，即这种生产扩张和物价上升的过程是累积性的。这种累积性的生产扩张过程和物价上升过程就是经济处于上升时的所谓"魏克赛尔累积过程"（Wicksellian Cumulative Process）。

不过，在金本位制条件下，这种累积过程终究是有限制的。因为货币利率低于自然利率，必然使储蓄减少而投资增加，其结果必然是投资大于储蓄，银行信贷供不应求，导致银行金准备不足，从而迫使银行提高货币利率。当货币利率被提高到与自然利率一致时，上述那种经济上升的累积过程遂告结束，经济又恢复均衡。

与上述情形相反，如果货币利率高于自然利率，则企业家从事生产非但得不到超额利润，而且还会蒙受损失。于是，企业家们就会缩减生产规模，进而导致经济收缩、物价下跌这种经济下降的累积过程。这种经济下降的累积过程与上述那种经济上升的累积过程正好相反。而这种经济下降的累积过程也不是没有止境的。因为在货币利率高于自然利率的情况下，储蓄必然增加而投资必然减少，从而使储蓄大于投资，银行信贷供过于求，致使银行准备金过多。于是，银行就会降低货币利率以扩大信贷规模。当货币利率被降低到与自然利率相一致时，经济收缩过程就会结束，经济又可达到均衡。

三、货币与商业循环

由以上分析可知，魏克赛尔通过对货币利率与自然利率相背离的分析，说明了物价的上升和下降，也说明了经济的扩张和收缩，从而阐明了货币信用因素对商业循环的影响。

但是，应该指出，魏克赛尔并不把货币信用的变化看成商业循环的根本原因。他曾明确地指出，"商业循环应归因于独立于商品价格运动的真正原因。因而商品价格变动只具有次要的意义。尽管在实际生活里，它在危机的演变中常起着重要的甚至是支配的作用。"[1] 在魏克赛尔看来，货币利率与自然利率的背离固然要引起商品价格的上升或下降，也会引起生产的扩张或收缩，因而在经济均衡且自然利率不变的条件下，货币利率的变动会在一定程度上导致经济的波动，但是，造成经济波动或商业循环的根本原因却是货币因素以外的实物因素的变动，而不是属于货币因素的货币利率的变动。魏克赛尔指出，货币利率与自然利率的不一致，可能由两种情况中的一种造成：一是自然利率不变而货币利率变动；二是货币利率不变而自然利率变动。魏克赛尔认为，货币利率与自然利率之所以不一致，其原因往往不在于第一种情况，而在于第二种情况，即在自然利率业已发生变动的情况下，货币利率未能及时地、相应地作出变动，以致与已经变化了的自然利率发生背离。[2] 因此，经济周期性波动的真正原因往往不是由银行主动作出的货币利率的变动，而是处于主动地位的自然利率经常地、连续地变动而处于被动地位的货币利率未能适时地和适当地作出相应的调整，致使货币利率时而高于自然利率，时而低于自然利率，从而引起经济的周期性扩张和收缩。这就说明商业循环是由引起自然利率变动的实物因素的变动导致的。

米尔达尔在评论魏克赛尔货币理论时也指出："魏克赛尔十分谨慎地着重指出他无意用他的货币理论来对商业循环给予全面的解释。相反地，魏克赛尔认为商业循环的主要原因是引起自然利率的变动的技术变革，不能把货币利率调整得和它相适应，自然便迫使这一情况成为商业循环。"[3]

可见，如果认为魏克赛尔将商业循环的根本原因仅仅归结为货币因素的变化，那就是对魏克赛尔理论的误解。奥地利经济学家米塞斯就是这样地误解了魏克赛尔的理论，他认为错误的信用政策是经济繁荣和萧条趋向的根源。对于米塞斯的这一错误观点，魏克赛尔则抱着批评的态度。[4] 所以，尽管魏克赛尔第一个强调了货币对实际经济的积极影响，并通过对货币利率与自然利率一致性的分析来说明货币在经济波动中的重要作用，但他没有将货币因素看成是商业循环和经济危机的根本原因，也没有认为单纯地依靠货币措施就能从根本上消除商业循环和避免经济危机，而只是认为旨在维持货币均衡的货币政策能消除

---

① 魏克赛尔：《国民经济学讲义》，中文版，388 页，上海，上海译文出版社，1983。
② 同本页注①，385 页。
③ 米尔达尔：《货币均衡论》，中文版，30 页，北京，商务印书馆，1963。
④ 参见俄林为魏克赛尔《利息与价格》一书所写的序言。在该序言中，俄林还详细地考证了魏克赛尔理论的演变和发展。

货币因素对经济均衡的扰乱作用，从而能在一定程度上缓和可能出现的经济危机，或者在一定程度上缩小商业循环的幅度。因此，哈伯勒认为，尽管魏克赛尔的理论被后来的一些经济学家发展成"货币的投资过度理论"[①]，但是魏克赛尔本人的理论却实在是一种"非货币的投资过度理论"[①]。哈伯勒还明确地指出："魏克赛尔本人并没有提出纯货币理论，但米塞斯和哈耶克（这里姑且只提到两位）是抱着这种主张的。"[②]

第二节　熊彼特的非常信用理论[③]

熊彼特是 20 世纪世界著名的经济学家。出版于 1912 年的《经济发展理论》是他的成名作。书中，他提出了以"创新"为核心，以"非常信用"为契机的经济发展理论。这一理论在西方经济学界产生了较大的影响。

一、经济发展的特征与本质

熊彼特把社会经济运动归结为经济循环和经济发展两种形式，相应地，经济理论也被划分为静态理论与动态理论两大体系。所谓经济循环，就是经济年复一年地在同一轨道内流转，虽然在运动中也有变化，但却是一种连续的和量上的变化。"在循环流转中，每年都以同样的方式生产出同样的产品。在经济体系中，对于每一种供给，都存在着相应的需求，对每一种需求也总存在着相应的供给。所有的商品都以确定的价格进行交换，……"[④]。由于在循环流转中，经济处在均衡的、非质变的状态中，因此研究这一运动的经济学也就被称为静态经济学。相反，"我们所说的发展，却是一种性质迥异的现象，与我们在循环流转或向着均衡的趋势中所看到的现象截然不同。它是循环轨道的自发和不连续的变更，是对均衡的扰乱，并永远改变和移置了既存的均衡状态。"[⑤] 这种研究经济从一种均衡状态向着另一种均衡状态运动的经济学就叫做动态经济学。熊彼特认为，他的经济发展理论就是一种动态的经济理论。

熊彼特进而指出，流转轨道的变更和均衡的重建，总是从生产领域发端的，

---

① 哈伯勒：《繁荣与萧条》，中文版，47 页，北京，商务印书馆，1963。
② 同本页注①，489 页。
③ 本节由盛松成撰写，曾发表于《金融研究》，1985（2）。
④ 熊彼特：《经济发展理论》，英文版，108 页，1934。
⑤ 同本页注④，64 页。

并且是通过生产要素的新组合来实现的，因此，"经济发展的本质就在于对现存的劳动和土地所提供的服务加以不同于从前的使用"和生产要素的"新组合"。① 这种新组合就叫做创新。在熊彼特看来，经济发展只能来自于经济内部的变化，而由人口增长和资本积累等外部因素所引起的生产扩张，在严格意义上是不能算做经济发展的，因为后者并不能使经济发生质的变化。

二、非常信用及其在新组合中的作用

熊彼特认为，讨论经济发展，必须从均衡状态的循环流转出发，而"在循环流转中，并不存在企业家所需要的闲置的存货"②，因为此时生产要素都已被充分利用，因此，企业家要实行生产要素的新组合，就必须把生产要素从原来的用途中拨出。这样，就发生了企业家所需要的购买力问题。企业家的新购买力既不可能像循环流转中的生产者那样，通过出卖前一时期生产的产品来获得，也不能指望从社会储蓄中获得，因为储蓄是经济发展的结果，是创新成功的标志，而在正常的循环流转中，照例是不存在丰富的储蓄来源的。那么，企业家实行生产要素新组合所需要的购买力又从何而来呢？答案很简单，只能来自银行信用。但也不是所有的银行信用都能成为企业家所需资金的来源，因为按照熊彼特的分析，信用有"正常信用"（normal credit）和"非常信用"（abnormal credit）之分。前者指的是生产者在生产并出售产品后，通过商业票据的贴现而获得的银行信用，这种信用是在商品流通的基础上产生的。而后者则纯粹是流通工具的创造，它并不以现实的商品流通为基础，如借款人以通融汇票而获得的信用。熊彼特指出："区分正常信用和非常信用对于我们是很重要的。正常信用创造了对社会利润的享有权，它是提供服务和现存商品的证明。非常信用也创造了对社会产品的要求权，然而它并不提供过去创造的生产性服务，而只是未来的服务和尚未生产出来的商品的凭证。因此，这两种信用，无论在本质上，还是在它们所起的作用上都是根本不同的。作为支付手段，两者所起的作用是相同的。但前者代表了对现存社会产品的贡献，而后者则没有任何既存的商品与之相对应，表明它没有对现存的社会产品有过贡献。"③ 熊彼特由此而得出结论说，正常信用的作用在于保证生产的正常循环流转，而只有非常信用才能为企业家重新组织生产提供购买力。

---

① 熊彼特：《经济发展理论》，英文版，108 页，1934。
② 同本页注①，96 页。
③ 同本页注①，101~102 页。

现在遇到的问题是，企业家如何才能获得非常信用。对此或许会出现两种情况：一种情况是，企业家可能以某种资产作为银行信用的担保。"但这不是典型的非常信用的本质，因为从原则上说来，企业家的机能是不与财产的所有相联系的"①。另一种情况是，企业家先借入购买力，并以此购得商品，然后将这些商品作为抵押，以取得银行的信用。这样，信用的供给就先于了商品的生产，银行也就创造了没有现存商品作为基础的新购买力。所以熊彼特认为，"在资本主义社会中，企业家是典型的债务人"②。"只有企业家才需要信用，只有为了产业的发展，信用才扮演一个基本的角色。对这一角色的探究，是理解整个经济过程所必不可少的"③。

三、非常信用与商业循环

如上所述，银行的非常信用之所以能在熊彼特的经济发展理论中居于重要地位，其原因在于企业家借助于这个工具，就能把生产要素从原有的用途中拨出，以进行新的组合。熊彼特认为，生产要素的新组合将提高企业的生产效率，降低成本，增加产出，并生产出新的产品和开辟新的市场，从而使企业家获得高额利润。个别企业家一旦成功，其他企业家就会竞相仿效，于是产生了创新丛生（clustering of innovation）的局面。创新的高涨，使生产要素所有者的收入骤增，后者又导致人们消费需求的激增，使物价普遍上涨。需求增加和物价上涨又促进了生产的发展。于是收入再增，消费再增，生产再增。如此反复，就达到了经济"繁荣"的阶段。

上述由于银行非常信用的供给和新组合的成群出现而促成的经济繁荣，无疑是对现存的均衡状态的一种扰乱。熊彼特认为，随着繁荣的发展，萧条必将接踵而来。通过这个清算过程（process of liquidation），经济将在新的轨道上复归于均衡状态，以此完成经济发展的全过程。就像银行的信用创造最终促成了繁荣的到来一样，信用收缩也是导致经济萧条的一个重要因素。

熊彼特认为，企业家在生产要素新组合的基础上完成其生产后，就一方面能以货币形式偿还银行贷款，另一方面又向市场提供了商品，这些商品可用来补偿其借助于银行信用所获得的生产要素。并且，在预期的情况下，经过新组合后生产出来的商品的价值总额将远远地大于企业家所接受的信用额，亦即远

---

① 熊彼特：《经济发展理论》，英文版，101 页，1934。
② 同本页注①，102 页。
③ 同本页注①，105 页。

远地大于他所借用的生产要素的价值额。"这样，就不仅恢复了商品和货币原先的对应关系，消除了信用膨胀，使物价下降到原来的水平"①，而且使商品相对地多于货币，使信用紧缩，物价大幅度下跌。于是，繁荣终止，萧条开始。这就是由信用收缩而促成的经济萧条。

以上我们简要地叙述了熊彼特关于货币、信用同经济发展之关系的分析。正是在这些分析的基础上，熊彼特才在 1918 年 7 月发表的一篇论文中断言："货币和信贷今后即将成为真正的杠杆。"他还肯定地指出："商品的供给和商品的需求都不再能任意支配经济了。货币因素——赤字、货币、信贷和税收——将成为决定商情和资金分配的因素。"②

作为熊彼特经济发展理论的支柱，非常信用理论在西方经济发展理论中占据相当的地位；作为货币经济理论的先驱，非常信用理论又在西方货币信用学说史上写下了重要的一章。如上节所述，魏克赛尔从分析利率对经济的影响入手，创建了货币的经济理论。而熊彼特则通过分析信用同经济增长的关系，同样说明了货币因素对于经济的重大影响。再进一步说，由于非常信用理论以货币因素解释经济增长，这就为当代西方经济学者研究货币与经济增长的关系开辟了道路。

对于如何利用货币来促进经济发展，熊彼特的非常信用理论能给人们以启发和新的思路。但是，这一理论本身却包含着许多错误。这里，我们指出其中主要的几点。

第一，这一理论把信用的膨胀或收缩作为资本主义经济周期性变动的根本原因之一，这是错误的。我们知道，资本主义经济周期性变动的根本原因在于资本主义制度下生产能力无限扩大的趋势和广大群众有支付能力的需求相对狭小之间的矛盾，在于资本主义生产关系对生产力的束缚，而货币只能起到加速或促进周期性变动的作用，它绝不可能是周期性变动的根本原因。

第二，这一理论只是从简单再生产出发来讨论经济的发展，而未涉及在扩大再生产条件下储蓄和投资对经济发展的影响，并由此得出结论说，企业家所需要的资金只能来自于银行的信用创造。这一分析不仅在理论上是片面的，而且也不符合资本主义经济的实际情况。因为资本主义生产的典型形式是扩大再生产，且企业家筹集资金的渠道也是多方面的，可以通过金融市场，可以来自于银行存款，也可以借助于商业信用，等等。

---

① 熊彼特：《经济发展理论》，英文版，110 页，1934。

② 彼得·德鲁克：《凯恩斯和熊彼特对经济认识的比较》，载《世界经济译丛》，1984（10），24页。

第三，这一理论是以充分就业的均衡为前提的。不然的话，企业家就无需依靠银行信用以把新组合所需要的生产要素从其原来的用途中拨出，而可以直接取之于闲置的生产资料和劳动力。但是，这一充分就业均衡的假设并不符合资本主义经济的一般情况，它只是一种极少出现的特例。更常见的倒是存在着大量闲置的生产资料和大批失业劳动人口的现象，以及经济波动的不均衡状态。

第三节　霍曲莱的纯货币商业循环理论

霍曲莱是当代英国著名经济学家，他长期以政府官员的身份致力于经济理论的研究。在西方经济学界，他以所谓"纯货币"的商业循环理论著称。从20世纪初到20世纪30年代末，他先后出版了一系列著作，一再申述他的这种"纯货币"理论及其政策主张。

在各种有关经济波动的理论中，霍曲莱的这种纯货币商业循环理论可谓独树一帜。它完全以货币信用因素解释周期性的经济波动，在商业循环理论中自成一家之言。

一、货币信用的内在不稳定性

霍曲莱认为，商业循环完全是一种货币现象，是由货币流量的增加或减少所引起的。在现代信用经济中，所谓货币，不仅包括现金，而且包括银行信用。在霍曲莱看来，现金只适用于那些小额零星的支付，因而只是辅助性的，只有银行信用才是经济中主要的流通工具。所以他认为，经济活动之所以发生周期性的波动，其根源在于银行信用的周期性扩张和收缩。银行信用扩张可带来经济的高涨和繁荣；银行信用收缩则会造成经济的危机与萧条。

霍曲莱认为，银行信用之所以发生周期性的扩张和收缩，是因为信用本身具有一种内在的不稳定性。霍曲莱指出，信用制度的某些特性决定了信用调节的复杂性。"工商业者的借款活动不但受银行贷款条件的影响，还要受需求状况，及其所在市场未来物价动态的影响"[1]。"假令银行增加贷款，现金便随而放出，消费者收入与支出亦随而扩大。消费者支出增加即是一般货物的需求增加，工商业者的存货因而减少。充其所至，对生产者的定货更多，生产更活跃，消

---

[1]　霍曲莱：《中央银行经营论》，50 页，世界书局，1947。

费者收入和支出更扩大，需求更增加，存货更减少。生产活动增加即是需求增加，而需求增加又使生产活动增加。这就是恶性循环（a vicious circle），即生产活动按照累积行程扩大的开始"[1]。当生产活动扩大到"使各种产业陆续达到生产力极限的时候，生产者便将价格步步提高了。恶性循环并不就此终止，但生产活动按照累积行程发展，必使物价按照累积行程上腾，这样，通货膨胀的恶性循环便开始了"[2]。相反，"假令银行采取减少贷款的措施，则随之而来的是现金的吸收，消费者收入与支出的缩小。需求降落，工商业者成品存货日渐堆积，对生产者的定货减少。生产活动减少即是需求减少，需求减少转而又使生产活动减少"[3]。这就是生产活动累积缩减的恶性循环。在此恶性循环中，由于需求的累积减少和生产者的争相削价，一般物价水平必然按累积行程下跌，于是便出现了通货紧缩的恶性循环。

霍曲莱指出："信用所以有内在不稳定的特质，就是因为通货膨胀的恶性循环与通货紧缩的恶性循环所致。均衡一旦打破，则离开均衡有愈趋愈远之势，一直要到反面的扰乱因素发生作用为止。"[4]

由于信用有这样一种内在不稳定的特质，因而信用一经扩张或收缩，总会愈演愈烈，以至走向极端，陷于过度，遂使银行不得不采取相反的措施。于是，银行信用便不断地由扩张转向收缩，又由收缩转向扩张。

二、商人的利率敏感性

根据霍曲莱的分析，银行信用的扩张或紧缩往往是通过贷款利率的降低或提高来实现的。霍曲莱认为，银行利率的变动，将对两种借款人产生完全不同的影响：一种是生产者，另一种是商人。[5] 对于生产者来说，由于银行贷款在其资本总额中所占比重不大，因此，利息支出在其总成本中也微不足道。于是，银行贷款利率的变动对其利润水平的影响及借款需求的刺激是非常有限的。但对于商人来说，由于他们从事商品买卖所需的资金主要来源于银行贷款，利息支出占其总成本的比重较大。因此，即使贷款利率有细微的变动亦将对其利润水平产生较大的影响，故商人对贷款利率的变动是十分敏感的。假如银行的贷款利率降低，则商人的利润水平就会相应提高，商人们就会扩大借款，增加向生产者定货以扩充其存货的数量。反之，假如银行的贷款利率提高，则商人的

---

① 霍曲莱：《中央银行经营论》，50～51 页，世界书局，1947。
②③④ 同本页注①，51 页。
⑤ 参见霍曲莱：《商业的盛衰》（*Good and Bad Trade*），61～63 页，1913。

利润水平就会相应下降，于是他们就会减少借款，减少向生产者定货以减少其存货的数量，甚至削价倾销其原有的存货以及时偿还银行贷款。可见，银行贷款利率的变动会直接影响商人所愿意保有的存货以及他们向生产者定货的数量。

在霍曲莱看来，商人定货数量的变动对生产者来说无疑是一个极为重要的信号。因为生产者的生产规模主要是根据商人向他们定货的数量来决定的。如果商人的定货数量增加，生产者就会扩大生产规模。反之，如果商人的定货数量减少，则生产者就会缩减生产规模。

所以，银行利率的变动虽然不会直接地对生产者的生产决策和借款需求产生重大的影响，但能通过对商人定货数量的影响而间接地影响生产者的生产规模。也就是说，在银行信用的扩张或收缩对经济的影响中，商人起了重要的传递作用。正是由于霍曲莱强调商人的这种传递作用，并强调商人对银行贷款利率（尤其是短期贷款利率）的敏感性，所以他认为贴现率是实行信用统制的有效工具。

三、商业循环的过程

霍曲莱认为，银行究竟采取信用扩张措施还是采取信用收缩措施，是由其金准备的多少来决定的。他说："收缩信用乃因为金准备短少，扩充信用则因为金准备过多。通过金准备法律与其实际的运用，商业循环和各国中央银行的信用政策之间，无疑有密切而紧凑的关系。"[1] 依霍曲莱之意，当银行感到其金准备过多时，就会采取扩张信用的措施。为了扩张信用，银行必须放宽信贷条件，降低贷款利率。银行的这一扩张措施首先对从事商品买卖的商人产生影响，并通过商人的反应来影响生产者的生产规模。也就是说，当银行的贷款利率降低时，商人就会增加借款以扩大定货，生产者则因接到比以前更多的定货数量而扩大生产规模。生产者在扩大生产规模时，既要增雇工人，又要增加原材料和中间产品的采购。于是，消费者收入和消费者支出就会增加，总需求就会扩大，物价水平就会上升。在霍曲莱看来，物价上升与利率下降一样，也会提高商人的利润水平。同时，在生产扩大、物价上升的时候，商人们会预期物价将进一步上升。所以，物价水平的上升又进一步刺激了商人扩充存货、增加定货的积极性，从而使银行信用进一步扩张，生产规模进一步扩大。因此，由银行信用

---

① 霍曲莱：《中央银行经营论》，83 页，世界书局，1947。

扩张所引起的经济高涨一旦开始，便会产生一种内在的惯性，使经济逐步趋于繁荣。而且，只要银行信用继续扩张，则经济繁荣将不会停止。[①]

那么，银行何不无限制地把信用扩张下去以使经济永保繁荣呢？则依霍曲莱之意，当银行信用扩张到一定限度时，经济中的某些限制因素就会阻碍信用的进一步扩张，其中最主要的限制因素便是银行的金准备。在银行信用逐步扩张、生产规模逐步扩大的同时，消费者收入和消费者支出也在逐渐增加，于是对现金的需求也日益增加。因此，随着银行信用的扩张，将使越来越多的现金流出银行，遂使银行的金准备逐渐减少。当金准备减少到低于其必须保有的最低限额时，银行就不得不停止信用扩张。但由于消费者收入的增加落后于银行信用的扩张，且信用扩张已引起通货膨胀的恶性循环，因此，即使银行信用已经停止了扩张，但消费者收入仍在增加，现金仍在流失。于是，银行为避免因金准备枯竭而引起破产就被迫采取果断而有力的措施，即收缩信用。

为了收缩信用，银行必须提高贷款利率。贷款利率提高后，商人们就会减少或者停止向生产者定货，甚至不惜削价抛售已有的存货以及时地减轻债务负担。这样，一方面，生产者因商人定货减少而缩减其生产规模，遂使消费者收入与支出随之减少，总需求也随之缩小；另一方面，商人们则竞相削价倾销其原有的存货，而使总供给增加。于是，物价水平必然急剧下降。因此，如同信用扩张导致经济活动的累积性上升一样，信用收缩也必然造成经济活动的累积性下降。经济危机和经济萧条就是这样由银行信用的收缩所引起的。

在经济萧条时期，生产萎缩，物价低落，消费者收入不足以抵补其支出。于是，消费者就从其"消费者余额"（consumer's balances）中抽出现金来购买消费品，以维持生活。所以，经过一段时间的经济萧条之后，企业家所积压的商品逐渐得以销售，他们也可用其销货收入清偿银行贷款。于是现金又逐渐流回银行，银行的金准备又逐渐恢复并超过正常水平，最终形成过多的金准备。但在经济萧条时期，企业家对投资前景抱悲观态度，因而并不乐于借款以扩大生产。这样，银行为鼓励客户借款，自然就会降低贷款利率，放宽贷款条件。于是，银行信用又由收缩转向扩张，经济活动则由萧条进入复苏。随着银行信用的步步扩张，经济活动不断高涨并达到繁荣。但信用扩张的最终结果必然是金准备短缺，银行又不得不收缩信用。

霍曲莱认为，周期性的经济变动过程就是这样地由周期性的信用扩张和信

[①]　霍曲莱：《商业与信用》（*Trade and Credit*），98 页，伦敦，1928。

用收缩所引起的。因此，为了消除经济波动，实现经济均衡，就必须对银行信用实行必要的统制，以使消费者收入与总需求保持在相对稳定的水平。

以上所述就是霍曲莱纯货币商业循环理论的梗概。现在我们试对这一理论略作评论如下：

第一，霍曲莱认为商业循环系由周期性的信用扩张和信用收缩所引起，这完全是错误的。因为商业循环的根本原因在于资本主义经济的内在矛盾性，货币信用的扩张与收缩充其量只能对已经存在的商业循环起某些加剧或缓和的作用。

第二，霍曲莱的"纯货币理论"与前述魏克赛尔的累积过程理论有较多的相似性。如霍曲莱所谓的通货膨胀的恶性循环和通货收缩的恶性循环正是魏克赛尔所谓的经济上升的累积过程及经济下降的累积过程。但如前所述，魏克赛尔将商业循环的根本原因归结为货币因素以外的实物因素，尽管他也认为货币因素对商业循环过程有重要的、积极的影响；而霍曲莱则把商业循环说成是一种"纯货币现象"。因此，如果说魏克赛尔的理论尚有某些不足或错误，则霍曲莱的理论就更显得错误而荒谬。

第三，霍曲莱认为，信用膨胀一定会导致经济繁荣，而信用收缩则必然要造成经济危机和经济萧条，这也是不切实际的主观臆断。我们知道，货币信用对经济活动是否有积极的影响，不仅要取决于货币信用的供给，而且还要取决于货币信用的需求。在某些情况下，如在经济严重萧条的时期，即使银行利率降得很低，人们也不愿借款投资（这一点，连霍曲莱自己也清楚地意识到了[1]）。在这样的情况下，银行的信用扩张措施绝不会对实际经济产生任何积极的影响。既如此，霍曲莱怎能武断地说信用扩张和信用收缩必然导致商业循环呢？

第四节　哈耶克的中性货币理论

哈耶克是当代西方著名经济学家。他原籍奥地利，曾先后任教于奥地利的维也纳大学、英国的伦敦大学、美国的芝加哥大学及德国的弗莱堡大学。1974年，他与米尔达尔同时获得诺贝尔经济学奖。据瑞典皇家科学院公告所称，授予他们该奖的原因之一是"他们在货币和经济波动理论中的先驱工作"[2]。

---

[1]　霍曲莱：《中央银行经营论》，55 页，世界书局，1947。
[2]　王宏昌编译：《诺贝尔经济学奖获得者讲演集》（1969—1981），189 页，北京，中国社会科学出版社，1986。

哈耶克对货币和经济波动问题的研究开始于 20 世纪 20 年代。1925 年，他发表《一九二〇年危机复苏以后美国的货币政策》一文，初步提出这方面的研究成果。1929 年，他出版《货币理论与商业循环》一书。1930 年，他应英国伦敦大学之聘作了四次讲演。翌年，他将这四次讲演稿刊印成书，取名为《物价与生产》。在此两书中，哈耶克修正和发展了前述魏克赛尔的理论，提出著名的"中性货币"理论。

一、"中性货币"的内涵

"中性货币"这一概念原是魏克赛尔提出的。根据魏克赛尔的理论，所谓"中性货币"是指在经济活动中只充当交换媒介而不对实际经济活动产生影响的货币。如前所述，魏克赛尔认为，当货币利率与自然利率一致时，一般物价水平就会稳定，经济就会均衡，货币对经济就是中性的。哈耶克接受了魏克赛尔关于中性货币的概念以及对货币利率与自然利率是否一致的分析，但他反对魏克赛尔把一般物价水平稳定不变作为货币中性的条件。哈耶克认为，要使货币利率与自然利率相一致，就必须使银行贷款的数量限于银行所能吸收的储蓄，也就是说，必须使货币流通的数量保持不变；而要使一般物价水平稳定不变，则货币流通的数量就必须随着生产的增减而变动。因此，要么使货币利率与自然利率相一致，要么维持一般物价水平稳定不变，而不能对此二者同时兼顾。[①]

那么，究竟在何种条件下货币对经济才是中性的呢？哈耶克认为，只要货币数量保持不变，从而使货币利率等于自然利率，货币便是中性的。

在哈耶克看来，对实际经济产生影响的乃是相对价格而不是一般物价水平。只要相对价格保持不变，即使一般物价水平有所变动，货币也还是中性的。也就是说，经济能否均衡，货币是否中性，只与相对价格有关而与一般物价水平无关。

那么，如何使相对价格保持不变以使货币保持中性呢？哈耶克指出："几乎货币数量的任何变动（无论它对物价水平影响与否）都总会影响相对价格。而且，决定生产的数量与方向的无疑是相对价格。"[②] 在哈耶克看来，只要货币数量有所变动，即使一般物价水平稳定不变，生产也会因相对价格发生变动而受到影响，所以货币对经济也仍然是非中性的；反之，如果货币数量保持不变，即使一般物价水平有所变动，生产也因相对价格没有变动而不受影响，所以货币也还是中性的。

---

① 哈耶克：《物价与生产》（*Prices and Production*），27 页，伦敦，1935 年增订本。
② 同本页注①，28 页。

可见，哈耶克所谓的"中性货币"与魏克赛尔所谓的"中性货币"有着不同的内涵。在哈耶克的理论中，货币中性的基本条件是货币数量不变及由此而保持的相对价格的稳定。

二、生产结构与经济均衡

为了论证货币数量的变动对实际经济活动的影响，哈耶克对生产过程及其变动作了分析。哈耶克的这种分析主要以庞巴维克的资本、利息理论为基础，因此它带有浓厚的奥地利学派传统理论的色彩。

哈耶克认为，现代资本主义的生产是迂回生产，即原始生产资料（土地和劳力）并不直接用于生产消费品以满足当前的需要，而是先将其生产成中间产品，然后再用中间产品生产出更多的消费品以更好地满足将来的需要。在原始生产资料一定的条件下，生产的迂回过程越长，即由原始生产资料到消费品所需经过的生产阶段越多，或用哈耶克的话来说就是生产越"资本化"，则生产出的消费品就越多。因此，生产过程延长、生产阶段增多，就是生产扩张，经济发展；相反，生产过程缩短、生产阶段减少，则就是生产萎缩，经济萧条。于是，经济均衡就表现为生产过程与生产阶段的稳定，而经济波动则表现为生产过程的伸缩和生产阶段的增减。

在迂回生产的条件下，为了生产一定数量的消费品，必须具有相应数量的中间产品。在消费品与中间产品之间必然存在一定的比例关系，这种比例关系及由此引起的生产过程的长短和生产阶段的多少，就是哈耶克所谓的"生产结构"。在哈耶克看来，经济均衡就是生产结构的稳定，而经济波动就是生产结构的变动。那么什么因素会造成生产结构的变动呢？哈耶克认为是消费品与中间产品的相对价格。如果相对价格稳定，则消费品与中间产品之间将保持稳定的比例关系；而如果相对价格变动，则这种稳定的比例关系就会遭到破坏。那么，相对价格又是由什么因素决定的呢？哈耶克认为是由消费品和中间产品的总需求之比和它们的现实产量之比所决定的。在均衡条件下，亦即在消费品与中间产品的产量一定的条件下，如果两者的总需求之比不变，则相对价格也不变；如果两者的总需求之比变动，则相对价格也会随之变动。

根据哈耶克的分析，在货币经济中，生产结构是以货币表示的消费品总额与各生产阶段的中间产品总额之间的比例关系。在有货币参与的迂回生产过程中，既有商品的流转，又有货币的流通。货币的持有者以货币购买消费品，消费品的生产者以所得的货币购买生产消费品所需的中间产品和原始生产资料，中间产品的生产者又以所得的货币购买上一生产阶段的中间产品以及原始生产资料。这样，经过各生产阶段的一系列流转过程，这些货币便流入生产要素的所有者手中，形成他们的货币收入，而他们又以这些货币收入购买消费品。在这种商品流转和货币流通的过程中，要使它能够以稳定的状态进行，就需要保持消费品与中间产品的总需求之间的比例关系的稳定。哈耶克指出："用于购买消费品的货币与用于购买中间产品的货币之间的比例，等于消费品的总需求与为连续生产所必需的中间产品的总需求之间的比例。而在均衡状态下，这一比例又必须反过来与一定时期内的消费品产量和同一时期内以前各阶段的中间产品产量的比例相一致。"① 依哈耶克之意，用于购买消费品的货币量形成对消费品的总需求，而用于购买中间产品的货币量则形成对中间产品的总需求。如果消费品和中间产品的总需求之比与消费品和中间产品的现实产量之比相一致，则生产结构就可稳定，经济就可均衡；反之，如果消费品和中间产品的总需求之比与它们的现实产量之比不一致，则生产结构就会发生变化，经济就会出现波动。

三、影响生产结构的因素

由以上分析可知，为使经济保持均衡，必须使生产结构保持稳定。生产结构是否稳定，取决于消费品与中间产品的相对价格是否稳定，而消费品与中间产品的相对价格是否稳定又取决于此二者的总需求之比与其现实产量之比是否一致。于是，在均衡条件下，生产结构是否稳定归根结底取决于消费品与中间产品的总需求之比是否稳定。那么，什么因素引起这种总需求之比发生变动呢？哈耶克对此进行了细致的分析。

哈耶克的分析是从一种充分就业和技术不变的均衡状态出发的。在这种均衡状态下，每个生产阶段的企业家均得到大致相同的正常利润（即各生产阶段的产品之间的价格差相等，且正好为利息所吸收），因而他们既不扩大生产，又不缩减生产，各个生产阶段的企业家都在原有的生产规模的基础上一次又一次地从其产品的销售收入中提取通常的比例用于再投资，以继续生产相同数量的该种产品。②

在所有资源均被充分利用而生产技术又不变的假定前提下，这种均衡状态能否维持，只取决于各种商品之间，尤其是消费品与中间产品之间的总需求之

---

① 哈耶克：《物价与生产》，46 页，伦敦，1935 年增订本。
② 同本页注①，35～36 页。

比是否稳定。如果这种总需求之比稳定，则上述均衡状态将得以维持；反之，如果这种总需求之比发生变动，则上述均衡状态将被破坏，从而引起经济波动。

根据哈耶克的分析，引起这种总需求之比发生变动的因素可能有如下两个：一是消费者的自愿储蓄；二是货币数量的增减[①]。这两个因素都将造成相对价格的变动，从而引起生产结构的变化。但是它们所导致的结果却是大不一样的：由自愿储蓄引起生产结构变化从而引起的经济波动以后能自动恢复均衡；而由货币数量增减引起生产结构变化从而引起的经济波动以后却不能自动恢复均衡，而往往发生经济危机。

让我们先看自愿储蓄这一因素。在货币数量不变的条件下，如果消费者将其货币收入的一部分用于储蓄并将它存入银行，银行又将这部分货币储蓄贷放给生产者以用于增加投资。这样，就发生了货币由消费者流向生产者的现象，即消费者用于消费的货币减少了，而生产者用于投资的货币却相应地增加了。哈耶克认为，这种货币流动的现象将使消费品与中间产品的总需求之比发生变动，从而使相对价格发生变动。也就是说，消费品的价格因消费者的消费需求减少而下降，而中间产品的价格则因生产者的投资需求增加而上升，而且，在中间产品中，越是远离消费品的中间产品，其价格上升的幅度也越大。所以，在整个迂回生产过程的各个生产阶段中，与消费品比较接近的生产阶段（哈耶克称之为晚期的或较低级的生产阶段）将会因价格差变得小于均衡利息而使利润减少；而与此同时，那些离消费品较远的生产阶段（早期的或较高级的生产阶段）将会因价格差变得大于均衡利息而使利润增加。于是，那些可供不同生产阶段使用的资源（非专门化货物）将由晚期生产阶段转移到早期生产阶段，亦即晚期阶段的生产将被缩减，而早期阶段的生产将被扩大。同时，原来因无利可图而不被生产的那些只能用于早期生产阶段的资本货物也将变得有利可图而被生产。这样，整个迂回生产过程将被延长，生产阶段将被增多。这就是哈耶克所谓的由资本化程度较低的生产方法向资本化程度较高的生产方法的过渡。当完成这一过渡后，消费品与中间产品之间将构成新的比例。这种转化是由消费者的自愿储蓄所引起的。同时，由于过渡到资本化程度较高的生产方法以后，消费品的产量增加了，而其价格降低了，因而，消费者支出同样的货币用于消费却得到较以前更多的消费品。所以，他们就没有必要减少储蓄的比例。这样，消费品与中间产品之间的这种新的比例一经构成便将持续下去。这就说明，原

---

① 哈耶克：《物价与生产》，50 页，伦敦，1935 年增订本。

有的经济均衡在受到短期的破坏之后又会自动地建立新的均衡。这种由原有的均衡向新均衡的过渡，就是经济的增长和发展。

现在让我们再看引起生产结构变动的另一个因素，即货币数量变动。在消费者的自愿储蓄不变的条件下，如果货币数量增加，将发生与上述情况类似的生产结构的变化，只是这种变化不能自动地建立新的均衡。一旦货币停止增加或者出现货币紧缩，就会引起生产结构朝相反方向作剧烈的变化，即发生经济危机。

假定银行通过信用创造向生产者增加贷款而扩大了货币流通量，则消费者用于购买消费品的货币数量保持不变，而生产者用于购买生产品（包括中间产品和原始生产资料）的货币数量却增加了。在完全竞争的条件下，生产品的价格不但绝对地提高了，而且更重要的是相对于消费品的价格也相对地提高了。于是，如同自愿储蓄增加后所发生的变化一样，那些非专门化货物将由较低级的生产阶段流向较高级的生产阶段，而有些原来不生产的专门化货物也开始生产了。也就是说，货币数量的增加也会使资本化程度较低的生产方法向资本化程度较高的生产方法过渡。这种过渡也将使迂回生产过程延长，生产阶段增多，即也会使经济出现高涨。而且，只要货币数量继续增加，则这种过渡还将继续发生，经济亦将继续高涨。不过，哈耶克指出，在这种高涨的背后已经潜伏了危机的种子。如上所述，货币数量增加会引起可用资源由消费品生产领域转向资本品生产领域，从而使消费品可供量减少，而与此同时，消费者的消费倾向并没有改变，他们用以购买消费品的货币数量也并没有相应地减少，因此，消费品的价格必然上涨。于是，消费者支出与过去相同的货币数量，却得到比过去较少的消费品。这就说明，由信用膨胀引起的货币数量增加迫使消费者减少消费以增加"储蓄"。但这种消费的减少并非出于消费者自愿，而是被迫的。所以由这种消费减少而形成的储蓄就是所谓的"强迫储蓄"。正因为这种储蓄是"强迫的"，因此，只要消费者的货币收入增加，则他们就会立即使自己的消费恢复到原来的水平。[1] 这就是强迫储蓄与自愿储蓄的根本区别所在。显然，随着货币流通量的增加，消费者的货币收入也必然会增加。因为生产者取得银行信用支持后就会增加对原始生产资料的需求。通过生产者之间的竞争，原始生产资料的价格就会上升。于是这些原始生产资料的所有者就会增加货币收入。他们的货币收入增加后就将增加对消费品的需求，使消费品价格更趋上涨。此时，

---

[1]　哈耶克：《物价与生产》，57 页，伦敦，1935 年增订本。

若货币流通量不能继续增加，则消费品的价格上升幅度将大于中间产品和原始生产资料的价格上升幅度。于是，低级生产阶段的利润将扩大，资本化程度较高的生产方法就会向资本化程度较低的生产方法过渡。[1] 而在哈耶克看来，"这样一种向资本化程度较低的生产方法的过渡必然带来一次经济危机"[2]。

现在有两个问题需要说明：一是货币数量的增加究竟有无限制，二是由货币数量增加所引起的经济扩张为什么必然会带来经济危机。

根据哈耶克的分析，货币数量的增加是通过商业银行的信用创造实现的。所以货币数量增加实际上就是商业银行的信用扩张。在哈耶克看来，这种信用扩张是不能无限进行的。因为银行信用的扩张将受到金准备和其他有关规定的限制，而且即使没有这些限制，信用扩张也因其他种种原因而不能持续进行。特别是随着银行信用的步步扩张，货币数量日益增加，物价水平势必愈涨愈烈。最终必将发生恶性通货膨胀，导致整个货币制度的崩溃。因此，当银行信用扩张到一定限度时，这种扩张过程终将停止，甚至在某些情况下银行还必须实行信用紧缩。[3]

但是，由于在信用扩张的过程中，生产过程已经延长，生产阶段已经增多，即生产已经更加资本化，因此，一旦信用停止扩张或者出现信用紧缩，则这种更加资本化的生产过程将因资本短缺而无法完成。同时，由于对消费品需求的增加落后于投资的增加，因此，在信用扩张业已停止以后，对消费品的需求还会在一个时期内继续增加，于是，消费品的价格更趋上涨。当消费品价格上涨到使早期生产阶段无利可图时，大量的非专门化货物便由早期生产阶段转而被用于晚期生产阶段，而那些在信用扩张过程中已经生产出来的只能用于早期生产阶段的专门化货物（各种中间产品）将相对地出现过剩，其价格势必下跌，而且在哈耶克看来，"中间产品的价格下跌将是累积性的"[4]。因此，如果说信用扩张能使生产过程得以延长，生产阶段得以增多，能使经济趋于繁荣，那么，信用扩张一旦停止，则生产过程必将骤然缩短，生产阶段亦将急剧减少，遂使繁荣的经济一下子跌入危机的深渊。

---

[1] 哈耶克：《物价与生产》，89~90 页，伦敦，1935 年增订本。

[2] 同本页注[1]，58 页。

[3] 哈耶克：《资本与工业波动》，载《计量经济学》，1934（4），161 页。1935 年，该文被作为附录重印于《物价与生产》一书的增订版。

[4] 同本页注[1]，92 页。

四、中性货币政策

由以上分析可知，哈耶克认为，通过自愿储蓄以扩大生产可实现经济的均衡增长，而通过增加货币量来人为地刺激投资，则必然造成经济动荡，引发经济危机。因此，他反对实行弹性通货制，而主张维持货币数量不变，依靠自愿储蓄来发展经济。

主张实行弹性通货制的经济学家如卡塞尔、庇古等人都认为，在实行纸币流通的条件下，中央银行可适时地调节货币流通的数量，使之与产出的变动相适应，从而保持一般物价水平的稳定。他们认为，随着生产力的提高和产出的增加，必须相应地增加货币供应量以维持物价稳定。但哈耶克则认为："实物生产量的变化并不为货币供应量的变动提供充足的理由。"[1] "当货币数量不变而生产增加时，物价必然随着生产力的提高而按比例地下跌，这种情况不但全无害处，而且在事实上还是避免生产误导的惟一办法。"[2] 因此，哈耶克的中性货币政策就是维持货币数量不变的政策。他认为，为了保持货币中性，就必须使货币数量保持不变。

但是，应该指出，对哈耶克的这种货币数量不变的中性货币政策不能作绝对的和片面的理解，而应该进行全面的具体的分析。

首先，哈耶克所谓的货币数量不变是就一个封闭经济或就整个世界的各种货币的总体而言的。因此，对某一个单独的开放经济而言，其货币量不但可以变动，而且必须变动。[3]

其次，哈耶克所谓的货币数量不变是指货币流通的总量不变。这种货币流通的总量不仅包括现金和银行存款，而且也包括其他各种货币代用品，如各种不受中央银行控制的商业信用等等。同时，在货币流通速度发生变动的时候，必须使货币的流通量作相反方向的变动，以抵消货币流通速度变动的影响，维持货币流通的总量不变。

再次，哈耶克主张货币流通的总量不变，只是在货币需求不变的条件下，为了维持生产结构的稳定，使经济均衡免受货币因素的影响。因此，尽管实物生产量的变化不能成为变动货币量的理由，但其他一些因素的出现却往往需要货币量作相应的变动。如企业组织形式的变动，使一个企业一分为二，或使两

---

① 哈耶克：《物价与生产》，118 页，伦敦，1935 年增订本。
② 同本页注①，105 页。
③ 同本页注①，109～112 页。

个企业合而为一，这种情况将使货币需求增加或减少。此时，变动货币流通的总量就只是为了适应这一变化了的货币需求。因此，这种货币数量的变动不但不会破坏经济的均衡状态，而且还是维持这种均衡状态所必需的。①

最后，哈耶克指出，"由货币影响所引起的相对价格的扭曲和生产方向的误导，只有在如下条件下才能得以避免：第一，货币的总流通量保持不变；第二，一切价格都是完全伸缩自如的；第三，一切长期契约均建立在对未来价格变动的正确预期的基础上。这将意味着，如果第二个和第三个条件不具备，则通过任何一种货币政策都不能实现以上目标。"② 由此可见，哈耶克所主张的保持货币数量不变的中性货币政策还有赖于其他条件的配合，才能实现预期的保持货币中性的目标。

总之，哈耶克的这一货币数量不变的中性货币政策是十分复杂的，以致连哈耶克自己也认为，在现有的条件下，这一政策还无法付诸实施，因而只能作为一种理论分析的工具。

以上所述的中性货币理论是哈耶克早期的主要经济理论，也是西方经济周期理论中至今尚有影响的所谓货币的投资过度论的突出代表。十分明显，就总体而言，这一理论无疑是错误的。首先，它回避了资本主义经济中周期性经济危机的根本原因，而只是在经济波动的一些表面现象中兜圈子，因而把货币信用的扩张和收缩说成是经济波动的决定因素，甚至断言"循环往复的经济萧条只能用我们货币机构的行动来解释"③。这显然是十分荒谬的无稽之谈。其次，哈耶克的中性货币理论既以完全竞争为前提，又以充分就业为出发点，此二者均不符合垄断资本主义经济的现实。因而这种理论既缺乏应有的理论意义，更没有相应的实用价值，而根据这种理论提出的政策主张也只能是凭空想象、纸上谈兵而已。

当然，我们也应当看到，在哈耶克的中性货币理论中，某些具体分析是合理的，某些具体观点也是可取的：第一，哈耶克批评魏克赛尔将一般物价水平稳定不变作为货币中性的条件，认为一般物价水平与经济均衡和货币中性无关。同时，他又指出，货币利率等于自然利率与一般物价水平稳定不变不能同时做到。这些分析至少在理论上说是有一定道理的。第二，哈耶克关于生产结构变动的分析对我们具有一定的参考价值。它启示我们要注意积累和消费的比例关

① 哈耶克《物价与生产》，118～121 页，伦敦，1935 年增订本。
② 同本页注①，131 页。
③ 同本页注①，128 页。

系，不能通过"强迫储蓄"来降低人们必要的消费水平，片面地追求高积累和高速度，也不能脱离财力、物力的可能盲目地搞基建，以避免因基建规模过大而流动资金缺乏或原料、动力等配套供应不足所造成的浪费①。第三，哈耶克主张依靠自愿储蓄来发展经济，反对通过信用膨胀和通货膨胀来人为地刺激经济。他明确地指出：那种想搞一点通货膨胀以对付经济衰退的建议虽用意良好却有着危险性。② 哈耶克的这一观点被 20 世纪 50 年代以后资本主义各国的经济实践证明是正确的，因而可以而且应该为我们所借鉴和接受。

第五节　凯恩斯关于货币与经济均衡及经济波动的理论

在 20 世纪 30 年代有关货币与经济波动的那次大论战中，凯恩斯与哈耶克既是论战的发起者，也是论战的主角。他们两人的理论都源于上述魏克赛尔的理论，但他们对每一问题的看法却几乎都是针锋相对的。正如希克斯所生动地指出的那样："魏克赛尔加凯恩斯说的是一回事，魏克赛尔加哈耶克说的则完全是另一回事。"③ 关于哈耶克的理论我们已在上一节作了简介。下面，我们就凯恩斯的理论进行简要的介绍和分析。

凯恩斯关于货币与经济均衡及经济波动的理论与他的一般经济理论一样，也曾经历了一个由《货币论》到《通论》的演变发展过程。1930 年，凯恩斯出版两卷本的巨著《货币论》，提出著名的货币价值基本方程式。根据这一方程式，凯恩斯分析了经济均衡的条件，并提出了由中央银行实行管理通货制而保持经济均衡的政策主张。1936 年，凯恩斯又出版了划时代名著《就业利息和货币通论》，以资本边际效率与利率的相对变动说明了周期性的经济波动，并提出降低利率以克服经济萧条，使经济永保繁荣的政策主张。

一、《货币论》中的凯恩斯理论

凯恩斯的《货币论》分为上、下两卷，上卷为"货币的纯理论"，下卷为

---

① 哈耶克《物价与生产》，94~95 页，伦敦，1935 年增订本。
② 同本页注①，125 页。
③ 希克斯：《货币理论评论集》，204 页，伦敦，牛津大学出版社，1967。

"货币的应用理论。"① 在上卷中，凯恩斯"提出了一种研究货币理论基本问题
的新方法，"② 其目的在于"发现一种方法，它不仅在描述静态均衡的性质，而
且在描述不均衡的性质时都是有用的，同时还要发现货币体系由一种均衡状态
过渡到另一种均衡状态的动态规律。"③据凯恩斯自称，这是《货币论》上卷中
关于货币纯理论的主体。而《货币论》的下卷则主要是根据上卷提出的理论来
分析、阐述管理通货的目标及其具体的方法。因此，货币价值的基本方程式以
及据此而阐发的关于货币与经济均衡之关系的理论，可以说是整部《货币论》
的核心内容。

（一）货币价值的基本方程式

在《货币论》中，凯恩斯几乎完全因袭魏克赛尔的理论，只是在具体的表
述方式以及对某些问题的看法上，才与魏克赛尔稍有不同。为了说明货币与经
济均衡及经济波动的关系，凯恩斯首先提出了两个所谓"货币价值的基本方程
式"，即物价水平的基本方程式，其中一个是消费品价格水平的基本方程式，另
一个则是全部产品价格水平的基本方程式。

设 E 为社会在单位时间内的货币总收入，I' 为生产投资品所取得的报酬，因
而它也等于新投资品的生产费用。于是 $E-I'$ 就是本期产出的消费品的生产费
用④。

又设 S 为储蓄量，则 $E-S$ 为本期收入中用于购买消费品的支出。

再设 O 为社会商品总量，R 为消费品与劳务的可供量，C 为投资的净增量，
这样，$O=R+C$，$E \times \dfrac{C}{O}$（$=I'$）则为新投资的生产费用。其中，O、R、C 均表
示以生产费用相同的某种单位计算的商品数量。

如以 P 表示消费品的价格水平，则 $P \times R$ 便是本期支出中花费于消费品的部
分。

"由于社会用于消费品的支出等于其收入与储蓄之差"，⑤ 故得：

$$P \times R = E - S = \frac{E}{O}(R + C) - S = \frac{E}{O} \times R + I' - S$$

---

① 凯恩斯的《货币论》（*A Treatise on Money*）初版于 1930 年，后被收入《凯恩斯全集》（*The Collected Writings of John Maynard Keynes*）第 5 卷和第 6 卷，皇家经济学会，1971。以下凡引《货币论》，均引自《凯恩斯全集》。

②③ 凯恩斯：《货币论》序言。

④ 在凯恩斯的《货币论》中，社会的货币收入＝生产要素的收入＝生产费用。见《凯恩斯全集》，第 5 卷，111 页。

⑤ 凯恩斯：《货币论》，见《凯恩斯全集》，第 5 卷，122 页。

或
$$P = \frac{E}{O} + \frac{I' - S}{R} \qquad (5-1)$$

凯恩斯指出，如果设 W 为单位劳动的报酬率，则 $\frac{1}{W}$ 就是货币的劳动支配力。又设 W_1 为单位产量的报酬率，即效率报酬率，而 e 为效率系数，则 $W = e \cdot W_1$，或者 $W_1 = \frac{1}{e} \cdot W$。于是上述方程式可改写为如下形式：

$$P = W_1 + \frac{I' - S}{R} \qquad (5-2)$$

$$= \frac{1}{e} \cdot W + \frac{I' - S}{R} \qquad (5-3)$$

这就是凯恩斯的第一个基本方程式，即有关消费品价格水平的基本方程式。根据这一方程式，凯恩斯指出："消费品的价格水平（货币购买力的倒数）系由两项构成，第一项代表效率报酬水平，即代表生产费用；第二项则根据新投资的费用超过、等于还是不足本期储蓄的数量而为正数、零或负数。由此可知，货币购买力的稳定有两个条件，即效率报酬必须不变以及新投资的费用必须等于本期储蓄的数量。"[1] 在凯恩斯看来，如果新投资的费用恰好等于本期储蓄量，则消费品的价格水平就决定于其生产费用。但是，在现实经济生活中，由于企业家将其产品分为投资品与消费品两大类别，消费者则将其收入分为储蓄与消费两大部分，而这两种划分又是分别由企业家和消费者彼此独立地作出的，故投资品和消费品的比例不一定与储蓄和消费的比例正好一致，于是，新投资费用也不一定与当期储蓄量恰巧吻合。因此，消费品的价格水平未必正好等于其生产费用。在下面的分析中我们将会看到，凯恩斯将消费品价格水平与其生产费用的背离视为经济波动的重要原因。

既然企业家的生产品被分为消费品与投资品两大类别，则社会全部产品的价格水平便是消费品价格水平与投资品价格水平的加权平均数。

凯恩斯说："消费品的价格水平是完全独立于投资品的价格水平的"，"这后一种价格水平取决于一组不同的决定因素。"[2]

现在假定新投资品的价格水平（以 P' 表示）是已知的，并假定 I（$= P' \times C$）为新投资品增量的价值（与其生产费用 I' 不同），则可得到如下关于全部产品价格水平（以 π 表示）的方程式：

---

[1] 《凯恩斯全集》，第 5 卷，122 页。
[2] 同本页注[1]，123 页。

$$\pi = \frac{P \times R + P' \times C}{O}$$

$$= \frac{(E - S) + I}{O}$$

$$= \frac{E}{O} + \frac{I - S}{O} \tag{5-4}$$

这便是凯恩斯的第二个基本方程式，即全部产品价格水平的基本方程式。

如前述第一个方程式一样，这一方程式也可改写为如下形式：

$$\pi = W_1 + \frac{I - S}{O} \tag{5-5}$$

$$= \frac{I}{e} \times W + \frac{I - S}{O} \tag{5-6}$$

可见，全部产品的价格水平也是由两个因素所决定的：一是全部产品的生产费用，二是投资和储蓄的差额。当投资与储蓄正好相等时，则全部产品的价格水平就完全由其生产费用所决定。

由以上分析可清楚地看出，为凯恩斯所自鸣得意的那两个货币价值基本方程式其实并无任何新颖之处，只是亚当·斯密早已提出并由萨伊加以综合的生产费用论的翻版。所不同的只是凯恩斯在强调了生产费用对价格水平的绝对的决定作用以外，还考虑了投资与储蓄是否相等这一因素。而这一点，实际上又是凯恩斯从魏克赛尔的理论中学来的。因此，凡是早期的生产费用论和魏克赛尔理论所具有的庸俗性，在凯恩斯的这一理论中也同样存在。如凯恩斯将 O、R、C 等定义为以生产费用相同的某种单位计算的商品数量，但这个生产费用本身又以什么计算呢？若以实物形态计算，则没有可比性；若以价值形态计算，则说明价格为已知，再用基本方程式求商品价格就无异于同义反复。

（二）利润的定义

在提出货币价值的两个基本方程式之后，凯恩斯就对利润及其性质进行了分析。

在《货币论》中，凯恩斯把社会的货币收入、生产要素的收入与生产费用这三者解释为完全等同的事物，而利润则被定义为"本期产品的生产费用与其实际销售收入之间的差额。"[①]

设 Q_1 为生产和销售消费品所得的利润，Q_2 为生产和销售投资品所得的利润，Q 为总利润，则：

———————

① 《凯恩斯全集》，第5卷，111页。

$$Q_1 = P \times R - \frac{E}{O} \times R$$
$$= E - S - (E - I')$$
$$= I' - S \qquad (5-7)$$
$$Q_2 = I - I'$$

从而：
$$Q = Q_1 + Q_2$$
$$= I - S \qquad (5-8)$$

由此可见，"生产和销售消费品所得的利润等于新投资的费用与储蓄之差。当储蓄超过新投资费用时，该种利润即为负数。而全部产品的总利润则等于新投资的价值与储蓄之差。当储蓄超过新投资价值时，该种利润即为负数。"[①]

显然，凯恩斯所说的"利润"与一般人所谓的利润不是同一概念。在凯恩斯看来，对企业进行经营管理的企业家也是投入生产过程的一种"生产要素"。但这种"生产要素"与其他生产要素不同，它的收入可分为两部分：一部分被称为企业家的"正常报酬"（normal remuneration），它是生产费用的一部分；另一部分则被称为"利润"，它是企业家的实际销售收入减去包括企业家正常报酬在内的生产费用之后的差额。若这个差额为负数，则被称为负利润，它表示企业家所遭受的损失。

因此，凯恩斯所谓的利润，实际上是指通常所谓的"意外利润"或超额利润，即企业家所取得的实际报酬与其正常报酬之间的差额。

那么，什么是企业家的正常报酬呢？依凯恩斯之意，它是指企业家在维持原有经营规模时所必需的报酬率。也就是说，在这一报酬率水平上，企业家将既无扩大经营规模的动机，也无缩小经营规模的意向。[②] 所以，在凯恩斯看来，利润（无论是正数还是负数）是导致企业家变动经营规模的原动力。

（三）均衡的条件

如前所述，凯恩斯认为，利润是企业家所取得的实际报酬与其正常报酬之间的差额，而所谓正常报酬则是使企业家维持其原有的经营规模所必需的报酬率。根据凯恩斯的分析，利润的存在既是物价涨跌的原因，又是经济波动的根源。若企业家的实际报酬等于其正常报酬，则物价水平就稳定于生产费用，企

---

① 《凯恩斯全集》，第5卷，124页。

② 同本页注①，112页。

业家的经营规模就既不会扩大，也不会缩小，经济就处于均衡状态中；反之，若企业家的实际报酬超过或不足其正常报酬，则物价水平就会高于或低于生产费用，企业家则因获得意外利润而扩大其经营规模，或因蒙受损失而缩减其经营规模，于是，经济就会出现波动。

所以，凯恩斯认为，物价稳定和经济均衡的首要条件是利润必须等于零。他说，"均衡要求 Q_1、Q_2 和 Q 均必须为零。若 Q_1 或 Q_2 不为零，则一部分企业家就会受到刺激而扩大其产量。若总利润 Q 不为零，则企业家们将在既定的报酬率下尽可能地改变他们提供给各生产要素的就业总量。若利润为正数，则增加就业量；若利润为负数，则减少就业量。因此 W_1 从而 P 就将处于不均衡状态中。这种不均衡状态将一直持续到利润（无论是 Q_1 还是 Q_2）回复到零时为止。"[①] 显然，在凯恩斯看来，只要有利润存在，则物价水平就会偏离生产费用，产量和就业就会发生波动。

当然，凯恩斯所说的会造成物价变动和经济波动的利润，不是就个别企业而言的利润，而是就整个经济而言或就整个产业而言的利润。他说："零利润的条件意味着总利润为零。"[②] 依凯恩斯之意，只要从总体上来看利润为零，则即便个别企业存在正利润或负利润，也不会影响整个物价水平的稳定和整个经济的均衡。

那么，如何消除利润以使价格等于生产费用，从而达到稳定物价和实现经济均衡的目的呢？凯恩斯认为必须使储蓄等于投资。

如前所述，凯恩斯把利润定义为本期产品的实际价值与其生产费用的差额。根据货币价值的基本方程式，他又分别说明了生产消费品所得的利润和生产投资品所得的利润，并据以推出总利润等于投资与储蓄之差的结论（即 $Q = I - S$）。由此，凯恩斯指出："货币购买力均衡的条件要求银行体系调节其放款利率，以使投资的价值等于储蓄。否则，企业家们将在正利润或负利润的影响下，根据他们自己的意愿，并受他们可支配的银行信用多少的影响，增加或减少他们提供给各生产要素的平均报酬率 W_1。但均衡的条件也要求新投资的费用等于储蓄，否则，消费品的生产者将在利润或损失的影响下，力求改变其生产规模。"[③] "所以，在均衡状态下，本期投资的价值和费用都必须等于本期储蓄的数量，利润必须为零。在此情况下，货币的购买力和全部产品的价格水平就都与各生产要素的货币的效率报酬率相一致（$P = \pi = W_1$）"。[④]

---

① 《凯恩斯全集》，第 5 卷，136 页。
②③④ 同本页注①，137 页。

在《通论》出版以前，凯恩斯一直把投资与储蓄的不平衡看做是商业循环的重要原因。他的这一思想早在《货币论》出版之前即已形成。在1929年的一篇文章中他就指出："当投资走在储蓄的前面时，我们就获得了繁荣，获得了高度就业，同时也就有了通货膨胀的倾向。当投资落在储蓄的后面时，我们就陷入了萧条状态，发生了不正常的失业现象，……"[1]

因此，在凯恩斯看来，要消除商业循环，以使物价稳定和经济均衡，就必须使投资等于储蓄。但如何使投资等于储蓄呢？凯恩斯认为，可以由银行体系通过对利率水平的调整来影响投资和储蓄的规模，促使这两者趋于平衡。

与魏克赛尔一样，凯恩斯也把利率区分为自然利率和市场利率。凯恩斯认为，"自然利率是使储蓄与投资价值刚好平衡，以致使全部产品的价格水平（π）刚好与生产要素的货币效率报酬率相一致的利率，"[2]而市场利率则是实际通行的利率，其实就是魏克赛尔所说的货币利率。在凯恩斯看来，储蓄与投资是否相等，取决于市场利率与自然利率是否一致。若市场利率与自然利率一致，则储蓄就等于投资；若市场利率与自然利率不一致，则储蓄就不等于投资。这样，储蓄是否等于投资，从而利润是否为零，便取决于市场利率与自然利率是否相等。也就是说，"凯恩斯断定Q决定于市场利率与自然利率间的差额，如自然利率超过市场利率，Q即大于零，如两种利率相等，则Q等于零，如市场利率大于自然利率，则Q小于零。"[3]所以，根据凯恩斯的分析，当市场利率与自然利率发生偏差使储蓄不等于投资，从而形成正利润或负利润时，银行体系就应该调整市场利率，以影响储蓄与投资。

在凯恩斯看来，当自然利率一定时，若市场利率提高，则投资减少而储蓄增加；反之，若市场利率降低，则投资增加而储蓄减少。因此，银行体系通过对市场利率的适当调整，总可以使它与自然利率达成一致，从而使储蓄等于投资，使利润等于零。也就是说，银行体系通过对市场利率的操纵和管理，就可以消除周期性的经济波动，使经济保持均衡。

从以上分析可知，凯恩斯所提出的均衡条件共有三个：一是利润必须为零；二是储蓄必须等于投资；三是市场利率必须等于自然利率。然而，这三个均衡条件并不是彼此独立的，而是相互联系的。利润是否为零取决于储蓄是否等于投资，而储蓄是否等于投资又取决于市场利率是否等于自然利率。因此，这三

① 凯恩斯：《劝说集》，中文版，96～97页，北京，商务印书馆，1962。
② 《凯恩斯全集》，第5卷，139页。
③ 克莱因：《凯恩斯的革命》，中文版，26页，北京，商务印书馆，1962。

个均衡条件实际上是等同的和统一的，而从政策意义上来说，只有第三个均衡条件，即市场利率等于自然利率才具有可操作性。只要第三个均衡条件得到满足，则其余两个均衡条件也自然得到满足。所以，凯恩斯说："如果银行体系能调节其放款的数量，以使市场利率等于自然利率，则投资的价值就会等于储蓄的数量，总利润就会等于零，全部产品的价格就会处于均衡水平。"① 那么银行体系能否做到这一点呢？对此，凯恩斯的回答是肯定的，而且是充满自信的。他说："通过控制银行信用的价格与数量，银行体系一定能控制用于产品上的总支出，"② 也一定能控制投资的价值。因此，银行信用条件的松与紧可以影响甚至决定物价水平和经济活动水平，"繁荣与萧条只不过是信用条件在其均衡位置上下波动的结果。"③ 为了充分发挥银行体系这种调节经济活动的作用，凯恩斯"主张长期实行管理通货制。"④ 在他看来，只要中央银行坚持不懈地实行管理通货制，以适时调节货币供应量和利率水平，使市场利率经常地、稳定地与自然利率相一致，则经济波动是完全可以避免的。

但是，大量的事实证明凯恩斯的这种论断是完全错误的。众所周知，西方各资本主义国家自 20 世纪 30 年代相继放弃金本位制以来，实行的都是所谓的"管理通货制"。然而在这些国家中却没有一个国家能像凯恩斯所断言的那样，可以克服经济危机和避免经济波动。

凯恩斯的这一论断之所以是错误的，是因为其理论基础本身是错误的。资本主义国家经济波动的根本原因在于资本主义经济的内在矛盾性，而绝不是如凯恩斯所宣称的那样是由什么"信用与银行制度方面的欠缺造成的"。⑤因此，要克服经济危机、避免经济波动也只能从社会制度方面寻找出路，如果在维护资本主义制度的条件下，妄图单纯地依靠中央银行的通货管制来达到目的，那只能是不切实际的空想。

二、《通论》中的凯恩斯理论

如前所述，在《货币论》中，凯恩斯曾十分自信地认为，只要中央银行自觉地调节货币供给量，借以调节市场利率，使市场利率经常地与自然利率相一致，则储蓄与投资即可相等，利润即可消除，经济即可均衡。可是，在凯恩斯

---

① 《凯恩斯全集》，第 5 卷，142 页。
② 同本页注①，164 页。
③ 同本页注①，165 页。
④⑤ 凯恩斯：《劝说集》，中文版，177 页，北京，商务印书馆，1962。

的这一理论还没有来得及公诸于众时，资本主义世界便爆发了史无前例的经济大危机。面对那种异常深重的经济危机和异常持久的经济萧条，凯恩斯不禁怀疑"仅仅用货币政策操纵利率到底会有多大成就"。[1] 他深刻地认识到，商业循环是一种十分复杂的经济现象，不是用一种因素就能解释的，更不是用一种措施即可消除的。因此，与《货币论》不同，在《通论》中，"凯恩斯并不把商业循环看成是一种纯粹货币现象，也不主张单纯的货币补救办法。"[2]

在题为"略论商业循环"的《通论》第22章，凯恩斯根据其所谓就业、利息和货币的一般理论分析了商业循环的原因，并提出了降低利率、增加消费、实行赤字预算等克服经济危机的政策主张。

（一）商业循环的原因

凯恩斯指出：能引起经济发生周期性波动的因素有许多，"其尤著者，当推消费倾向、灵活偏好状态，以及资本之边际效率。此三者之变动，在商业循环中各有作用。但我认为商业循环之所以可以称为循环，尤其是在时间先后上及期限长短上之所以有规则性，主要是从资本之边际效率之变动上产生的。虽然当资本之边际效率改变时，经济体系中之其他重要短期因素亦随之而变，因之情况更趋复杂，更趋严重，但我认为商业循环之主要原因，还是资本之边际效率之循环性变动。"[3]

可见，在凯恩斯看来，虽然商业循环由许多因素造成，但其中最主要的因素则是资本边际效率的变动。

什么是资本的边际效率呢？凯恩斯说："我之所谓资本之边际效率，乃等于一贴现率，用此贴现率将该资本资产之未来收益折为现值，则该现值恰等于该资本资产之供给价格。"[4] 在这里，所谓资本资产的未来收益是指预期新投资在投产以后的各年份所能取得的一系列利润；而所谓资本资产的供给价格，则并不是在市场上购买该种资本资产时实际所付的价格，而是足以引起企业家增产一个单位该种资本资产所需要的价格，亦即该种资本资产的重置成本。所以，资本的边际效率决定于两个因素：一个是资本资产的预期收益，另一个则是资本资产的重置成本。在此两因素中，凯恩斯尤其注重第一个因素，即投资者对未来收益率的预期。凯恩斯说："一特定量资本之边际效率与预期之改变有

① 凯恩斯：《就业利息和货币通论》，中文版，140 页，北京，商务印书馆，1983。

② 狄拉德：《货币经济理论》，载肯尼斯·栗原《凯恩斯学派经济学》，中文版，17 页，北京，商务印书馆，1964。

③ 同本页注①，271 页。

④ 同本页注①，115 页。

关——这一点非常重要。因为有这种关系，资本之边际效率才会有急剧变动，商业循环才会产生。"①

那么，资本边际效率的变动为什么会引起商业循环呢？"因为商业循环只不过是全部就业、收入和生产水准的周期波动。"② 而在凯恩斯看来，这种周期波动则主要是由投资波动所引起的。根据凯恩斯的分析，决定投资的因素有两个：一个是资本的边际效率，另一个是利率。所以，"繁荣之后所以有不景气，不景气之后所以又有繁荣，可以用资本之边际效率与利率之相对变动来分析与说明。"③ 下面就让我们来看一看凯恩斯是如何进行这种"分析与说明"的。

(二) 商业循环的过程

凯恩斯以繁荣后期作为分析的起点。他认为，当经济逐渐高涨时，资本品的产量逐渐增多，其收益逐渐下降。同时，生产要素越来越缺乏，而企业家之间的竞争必然促使其价格上涨，使资本品的生产成本提高。在这种情况下，资本边际效率应该是下降的，而投资也应该是减少的。但是，在经济繁荣时，由于人们普遍对投资前景抱乐观态度，坚信经济会继续繁荣下去，因此，投资者所预期的资本资产的收益将远高于实际可能获得的收益。于是，上述情况不但不足以阻碍投资，相反，投资还将继续增加。这就说明："只要乐观情绪仍占优势和对将来的信心保持不变，资本边际效率依然是高的。然而新资本资产提供的高报酬率可以无限继续的信念，终于要变成幻想。生产成本继续提高，来自竞争性投资的产品继续流入市场。于是成本和竞争的现实终于战胜精神上的乐观情绪。当这种情形发生时（它必然是要发生的），乐观就变为怀疑，再变为悲观。这时，资本边际效率突然崩溃下去。"④ 经济危机由此而爆发。而且，当资本边际效率崩溃以后，人们普遍对未来感到悲观和不确定，同时为避免破产又急需现款以清偿债务，因而流动性偏好迅速增加，利率急剧上升。这样，投资又进一步减少。而投资的减少还通过乘数作用使就业、产出和收入更快地减少。所以，凯恩斯说："在乐观过度，购买过多之市场，当失望来临时，来势骤而奇烈。"⑤

由此可知，在凯恩斯看来，经济危机的主要原因和初始原因是资本边际效率的突然崩溃，而流动性偏好和利率的变动则进一步加剧了经济危机。

既然经济危机是由资本边际效率的下跌所引起的，那么，经济复苏也就必

---

① 凯恩斯：《就业利息和货币通论》，中文版，122 页，北京，商务印书馆，1983。
② 狄拉德：《凯恩斯经济学》，中文版，242 页，上海，上海人民出版社，1963。
③ 同本页注①，122～123 页。
④ 同本页注②，245 页。
⑤ 同本页注①，273 页。

然以资本边际效率的回升为条件。虽然在正常时期，利率的下降可刺激投资增加，但在危机时期，由于资本边际效率跌落得异常严重，"以致在实际可行范围以内，利率无论如何减低，都不足使经济复苏。"① 所以，在凯恩斯看来，在经济危机时期，仅仅依靠货币政策来降低利率是不够的，要使经济复苏，必须使资本边际效率复苏。但是，"要使资本之边际效率复苏，并不容易，而且决定资本之边际效率者，乃是不受控制、无法管理的市场心理。用平常话来说，在个人主义的资本主义经济体系中，信任心最难操纵，最不容易恢复。"②

根据凯恩斯的分析，"信任心的恢复需要时间，"③ 也就是说，资本边际效率的复苏，从而整个经济由危机到复苏需要一段时间，这一时间的长短取决于以下两个因素：第一，持久性资产的平均寿命。在经济危机爆发之初，资本品的数量非常多。当投资骤然缩减时，资本品就会严重过剩，遂使资本边际效率下跌到非常低的水平，甚至为负数。但经过一段时间之后，由于有形损耗和无形损耗的影响，资本品的数量日益减少，于是，资本边际效率随之回升。第二，吸收过剩存货所需要的时间。危机一经发生，则在繁荣时期所积累起来的大量存货都成为过剩存货而必须加以出清。这一过程所需的时间，首先取决于企业家采用何种办法来出清这些存货。如果企业家在危机之后立即将过剩存货削价出卖而不顾损失，则所需时间可能较短，但在危机期间，即使削价出卖恐也很少有购买者。而如果企业家将这些存货保藏起来以便等价格水平回升到有利可图时再出卖，则所需时间可能较长，但也不可能太长，因为采取这一办法时，企业家必须付出相应的保藏费。保藏费的存在促使企业家加速出清过剩存货。所以，在危机之后的一定时期内，过剩存货必须吸收完毕。"这个时期既不甚短，亦不甚长。"④ 据凯恩斯估计大致为 3～5 年。

随着持久性资产的损耗和过剩存货的吸收，资本边际效率逐步回升。同时，由于物价下跌，交易量减少，引起交易性货币需求减少，因而即使货币供给不变，亦因可用于满足投机动机的货币数量增加而使利率下降。在资本边际效率上升而利率又下降的情况下，企业家的投资终将增加，从而使经济逐步复苏，并由复苏进入高涨和繁荣。其后，则又由于繁荣过度，使资本品的增多和生产要素的减少达到一定程度，使资本边际效率又突然崩溃，并由此而引起利率的急剧上升，于是经济又再度爆发危机。

---

① ② 凯恩斯：《就业利息和货币通论》，中文版，274 页。

③ 汉森：《凯恩斯学说指南》，中文版，178 页，北京，商务印书馆，1963。

④ 同本页注①，275 页。

（三）商业循环的对策

在分析了商业循环的各种原因之后，凯恩斯又提出了对付商业循环的政策主张。根据凯恩斯的分析，经济危机是由有效需求不足所引起的，故要克服经济危机，就必须设法增加有效需求。有效需求由消费需求和投资需求所构成，但经济危机主要地而且首先地是由投资需求的突然减少所引起的。所以，要克服经济危机，亦最好以增加投资需求为主要措施。为增加投资需求，必须使资本边际效率上升，利率下降。但是，在经济危机爆发之初，因资本边际效率下跌得十分厉害，因而利率的任何下降都不足以增加投资。因此，要使投资增加，就必须使资本边际效率回升。但资本边际效率却决定于"不受控制、无法管理的市场心理。"所以在凯恩斯看来，在经济危机的初期，要迅速增加投资需求是不可能的。于是，"真正的补救办法，是用各种方法，例如所得之重分配等来增加消费倾向，使得一个较小的投资量就可维持某特定就业水准。"①

在货币政策方面，凯恩斯坚决反对提高利率而极力主张降低利率。他对那些主张提高利率以消除商业循环的投资过度论及其他理论提出了尖锐的批评，认为即使经济危机是由投资过度引起的，也不应该采取提高利率的措施以阻止经济达到繁荣。因为提高利率会阻遏一切有用的、合理的投资，并对消费需求产生抑制作用。"故要挽救经济繁荣，其道不在提高利率，而在降低利率，后者也许可使繁荣延长下去。补救商业循环之良方，不在取消繁荣，使我们永远处于半衰退状态；而在取消衰退，使我们永远处于准繁荣情况。"②

在凯恩斯看来，经济的过度繁荣并不是由利率太低所引起的，而是利率已经太高（与充分就业不相容），但由于预期不准确，使过度的乐观还能战胜利率，③使投资继续增加，从而导致投资过度。所以，凯恩斯认为，采取提高利率的办法以避免经济的过度繁荣是十分愚蠢的。

总之，依凯恩斯之意，要对付商业循环，就必须降低利率，而要降低利率，就必须实行扩张性的货币政策。④但是，凯恩斯又认为，利率的降低是有限度的，当利率被降低到一定水平时，增加的货币供给将全部为投机性货币需求所吸收，即出现流动性陷阱。⑤所以，为了刺激投资，增加有效需求，凯恩斯还提

① 凯恩斯：《就业利息和货币通论》，中文版，280 页，北京，商务印书馆，1983。
② 同本页注①，278 页。
③ 同本页注①，278~279 页。
④ 参见本书第四章第三节。
⑤ 参见本书第二章第二节。

出了举办公共工程、实行赤字预算等扩张性的财政政策。

以上所述的就是凯恩斯在《通论》中所表述的商业循环理论。很显然，凯恩斯的这一理论与他在《货币论》中提出的理论有很大的不同。在《通论》中，凯恩斯已抛弃了对经济波动的"纯货币"解释，货币因素在促使商业循环的各种因素中已退居次要地位。这不能不说是凯恩斯在创建这一理论时能正视现实的一面。但尽管如此，凯恩斯的这一商业循环理论也同样是错误的，它同样不能正确地揭示商业循环的原因。在《通论》中，凯恩斯把所谓资本边际效率的循环性变动作为商业循环的主要原因，而同时他又十分强调资本边际效率主要为人们的心理预期所决定，这就无异于说，商业循环的主要原因乃是人们主观心理的循环变动。这种对商业循环的原因的解释与19世纪就已提出并由庇古作系统论述的所谓"心理说"毫无本质的差别。所以，哈伯勒将凯恩斯列入"心理说"的最著名的代表是颇有道理的。[①]

但是，以人们的心理因素来解释经济的周期性波动是完全错误的，因而基于这种理论所提出的种种对策也自然是难以取得成效的。特别是凯恩斯所极力主张的降低利率以使经济持续繁荣这一措施，其有效性连凯恩斯理论的忠实信徒汉森也明确地加以否定。[②]

第六节　弗里德曼和施瓦兹的货币失衡理论

在20世纪二三十年代，以货币信用因素解释经济波动和商业循环的理论曾经盛极一时。但自从20世纪30年代经济大危机以后，特别是凯恩斯出版《通论》以后，许多经济学家对货币在经济波动中的作用逐渐抱怀疑甚至否定的态度。有关货币与经济均衡及经济波动的理论也逐渐消沉下去，以致到四五十年代，这种理论几乎已无人问津。面对这种情况，米尔顿·弗里德曼和安娜·施瓦兹于20世纪60年代初通过对美国货币史的实证研究，将商业循环同货币存量的变动紧密地联系在一起，得出商业循环纯属货币现象的结论。[③]

在前几节中，我们已分别介绍了霍曲莱的纯货币商业循环理论，哈耶克的

---

① 哈伯勒：《繁荣与萧条》，中文版，164页，北京，商务印书馆，1963。
② 汉森：《凯恩斯学说指南》，中文版，180页，商务印书馆，1963。
③ 弗里德曼和施瓦兹：《货币与商业循环》(*Money and Business Cycle*)，载《最适货币量及其他论文集》；《1867～1960年的美国货币史》，纽约，1963。

中性货币理论和凯恩斯的货币价值基本方程式。我们看到，尽管这些理论有着不同的侧重点和具体的表述方法，但它们有一个共同的特征，就是将银行信用的周期性扩张和收缩看做商业循环的原因。因此，弗里德曼和施瓦兹明确地指出，这些所谓商业循环的货币理论，其实是信用循环理论的误称，"因为除了因信用条件的改变而附带地提出以外，他们都不重视货币存量变动的作用。"[1] 而弗里德曼和施瓦兹的理论则强调了货币存量的变动而不是银行信用的变动对商业循环的决定作用。所以有人认为，只有弗里德曼和施瓦兹的理论才是真正的纯货币理论。[2]

弗里德曼与施瓦兹对美国近百年的货币史进行了统计分析，发现货币存量的循环变动与一般商业的循环变动有着非常密切的联系。他们证实，虽然因时滞的存在，货币存量的循环变动与一般商业的循环变动有着时间上的差距，但此二者变动的方向是一致的，而且变动的幅度又是成比例的。

根据弗里德曼和施瓦兹的统计验证，在 1867～1960 年期间，美国的货币存量就总体而言呈增加的趋向，但也有若干次重大的例外，出现了货币存量减少的情况。这些例外可列表如下：

表 5-1

年度	货币存量减少的百分比（%）
1873～1879	4.9
1892～1894	5.8
1907～1908	3.7
1920～1921	5.1
1929～1933	35.2
1937～1938	2.4
1948～1949	1.4
1959～1960	1.1

弗里德曼与施瓦兹指出，每次货币存量的减少都与重大的经济收缩相一致，而在 1867～1960 年期间，再也没有其他的经济衰退比表 5-1 所列时期的经济衰退更为严重[3]。

---

[1] 弗里德曼和施瓦兹：《货币与商业循环》，载《最适货币量及其他论文集》，189 页。

[2] А. Г. 米列伊科夫斯基等：《现代资产阶级政治经济学批判》，中文版，101～102 页，北京，商务印书馆，1985。

[3] 同本页注[1]，192 页。

不仅如此，弗里德曼与施瓦兹还分析了货币存量的变动幅度与国民生产总值或国民收入波动幅度的关系。根据他们所作的统计验证，货币存量循环变动的幅度大致相当于货币收入循环变动幅度的一半。[①]

总之，在弗里德曼和施瓦兹看来，货币存量的增加或减少总是与经济的扩张或收缩紧密地联系在一起。弗里德曼甚至还断言，没有任何国家在任何时间有过任何严重的经济萧条而又不伴随着货币数量的急剧下降；而同样地，没有任何货币数量的下降不伴随着严重的经济萧条。[②]

但是，既然货币存量的循环变动与一般商业的循环变动有着紧密的联系和一致性，而且这种紧密联系和一致性已由统计资料所证实，那么，在此二者之间究竟有何因果关系呢？也就是说，在货币存量的循环变动与一般商业的循环变动之间，究竟孰为因，孰为果？对此，弗里德曼与施瓦兹的分析结果表明，就大的收入变动而言，货币存量变动率的巨幅变动是货币收入变动率巨幅变动的充分必要条件；而就小的收入变动而言，虽不能排除其他因素的影响，但货币存量的变动率仍起着重要而独立的作用[③]。因此，弗里德曼和施瓦兹认为，货币存量的周期性波动是商业循环的原因，而不是相反。对此，弗里德曼提出如下三个论据[④]：

第一，由实证观察可知，货币存量的变动早于一般商业情况的变动；

第二，许多历史事实证明，导致货币存量发生变动的各种因素显然不受当时或者以前的商业情况的影响；

第三，在各种不同的货币制度下，货币存量的循环变动与一般商业的循环变动之间，无论在时差方面还是在幅度方面均有着相同的关系，可见，不同的货币制度只影响货币本身的变动，而不影响货币与商业循环的关系。

由上可见，弗里德曼和施瓦兹将货币存量的周期性波动看做商业循环的原因。他们认为，货币存量的每一次减少都无不导致经济的收缩。特别是关于20世纪30年代世界经济大危机的原因的分析，弗里德曼和施瓦兹更是坚持他们的纯货币解释。根据他们的统计验证，在1929～1933年期间，美国的货币存量减少了35.2%，"以致把否则会是一次缓和的经济收缩转变为一场大的灾难"[⑤]，

---

① 弗里德曼和施瓦兹：《货币与商业循环》，载《最适货币量及其他论文集》，205页、234页。
② 弗里德曼：《资本主义与自由》，中文版，50页，北京，商务印书馆，1986。
③ 同本页注①，235页。
④ 弗里德曼：《货币政策效果的时滞》（*The Lag in Effect of Monetary Policy*），载《最适货币量及其他论文集》，240～241页。
⑤ 同本页注②，38页。

而假如货币数量像它显然能够和应该的那样保持不变，经济活动的收缩不但会比较短暂而且要远为缓和。[①]

所以，弗里德曼和施瓦兹主张实行"单一规则"的货币政策[②]，以避免货币存量的巨幅增减，从而避免剧烈的经济动荡。

复习思考题

1. 根据魏克赛尔的分析，货币利率往往不等于自然利率，为什么？你认为魏克赛尔是不是纯货币的商业循环论者？试作简要评论。

2. 试述霍曲莱的纯货币商业循环理论，并作简要评价。

3. 什么是中性货币？哈耶克所谓的中性货币与魏克赛尔所谓的中性货币有何不同的内涵？

4. 根据哈耶克的分析，自愿储蓄与强迫储蓄对经济均衡有何不同的影响？

5. 弗里德曼和施瓦兹怎样分析货币与商业循环的关系？这一理论的政策含义是什么？

---

① 弗里德曼：《资本主义与自由》，50 页。
② 详见本书第九章第五节。

第六章 货币与就业、产出及收入理论

在现代西方宏观经济学中，就业、产出和收入是三个重要的变量。所谓货币对实际经济的影响，实质上主要是对这三个变量的影响。

根据西方经济学家的分析，收入（指名义收入）乃是实际产出与物价水平之乘积，而在短期内，实际产出又是就业量的函数，因此，就业、产出与收入这三个变量在一般情况下总是呈同方向、甚至同比例的变动。如以 Y 表示名义收入，P 表示物价水平，y 表示实际产出，N 表示就业量，$\bar{K}$ 表示既定的资本存量，则

$$Y = Py \tag{6-1}$$
$$y = y(N, \bar{K}) \tag{6-2}$$

由此可知，收入的决定实际上就是物价水平与产出的决定，从而也就是就业量的决定[①]。同时，由式（6-1）及式（6-2）可知，Y 是 y 的函数，而 y 又是 N 的函数，因此，N 是决定其余两个变量的自变量。所以，如果货币能对就业产生影响，那么，它也必将对产出和收入产生影响。

货币究竟对就业、产出和收入有无影响？如有影响，则影响的方向如何，影响的程度多大，影响的过程又怎样，这些问题历来为经济学家们所重视，并引起了持久和广泛的讨论。

一般地说，古典学派大都持货币面纱观，认为货币只是充当商品交换的媒介，其重要性也只在于便利商品交换的进行。因此，货币数量的增减只会引起物价水平的涨跌，而不会对就业、产出和实际收入产生任何影响。当然，在这种正统理论占绝对统治地位的条件下，某些古典经济学家也曾提出过一些独特的、与正统理论不同的见解，在一定程度上肯定了货币对就业、产出和收入等实际变量的影响。这些见解对后世经济学家富有启发性，从而成为现代货币经济理论的重要渊源。

---

① 高兰：《货币、通货膨胀与失业》（David Gowland, *Money, Inflation and Unemployment*），1页，1985。

但尽管如此，在凯恩斯出版《通论》以前，几乎所有的经济学家均以充分就业作为理论分析的前提。而当经济中出现失业时，他们又往往将它归结为各种非货币因素，并认为它可自动消除，经济可自动趋于充分就业。于是，关于货币与就业的理论未能得到应有的发展。

面对 20 世纪 30 年代异常深重而持久的失业，凯恩斯深感古典学派理论之不足。于是他一反古典经济学传统，承认非充分就业的存在。在《通论》中，凯恩斯把失业归因于货币，并指出在研究整个社会的产出与就业时，不能不考虑货币因素。

自《通论》出版之后，经济学家们围绕凯恩斯提出的理论展开了激烈的争论。在争论过程中，一些凯恩斯主义者形成了所谓的凯恩斯学派，企图发展凯恩斯的理论。可发展的结果却丢掉了凯恩斯注重货币因素的理论特征，将货币因素看成是无足轻重的因素，把货币政策看成是无效的政策。他们片面夸大财政政策的作用，指望通过实行扩张性的财政政策来解决失业问题。然而事与愿违，凯恩斯学派的这种理论和政策不仅未能解决失业这一老问题，而且又迎来了通货膨胀这一新问题。于是，货币学派、其他各种新自由主义者以及所谓新凯恩斯主义者纷纷对凯恩斯学派的理论和政策提出批评。在这种形形色色的批评的基础上，他们普遍认识到货币对就业、产出及收入的重大影响。于是，他们又各自提出关于货币与就业、产出及收入的理论，并在整个经济学界展开广泛、深入的讨论，从而使这一理论大大地丰富起来。

第一节　古典学派的理论

一、古典学派就业理论的基本内容

就总体而言，古典学派基本上都是货币中性论者。他们认为货币对实际经济并没有任何积极的影响，就业、产出和收入等实际变量均只受各种实物因素的影响，而与货币因素无关。

在古典学派看来，资本主义经济有一种自发调节的机制，通过它的自动调节，经济即可达到充分就业。古典学派的这一理论是以"萨伊定律"为基础，并以完全竞争为前提的。

根据萨伊定律，货币的唯一职能是充当商品交换的媒介。若货币数量增加，则人们的货币支出也增加①。但在充分就业的条件下，商品供给量并不随之而增加，这样，货币数量的增加必然使一般物价水平与货币数量同比例上升。

在完全竞争的条件下，工资、物价和利率均可自由伸缩。工资的自由升降可调节劳动的供给与需求。古典学派认为，劳动的需求是劳动的边际产出的函数，而劳动的供给则是实际工资的函数。故除了自愿失业和摩擦性失业之外，凡愿意接受现行工资和现行劳动条件的劳动者都可找到工作。如果存在失业，则通过劳工之间的自由竞争，货币工资必然下降，直到实现充分就业为止；物价的自由升降可调节商品的供给与需求，故总供给恒等于总需求，普通的生产过剩不可能出现，充分就业也能持久保持；利率的自由升降可调节资本的供给与需求，即调节储蓄和投资，使储蓄全部转化为投资。

这样，劳动市场、商品市场和资本市场都会自动地趋于均衡。货币供给的变动不会破坏这些市场的均衡，而只是使它们在新的货币工资和物价水平上达到新的均衡。也就是说，货币供给的增减只会引起货币工资和物价水平按同一比例上升或下降，实际工资则不变，就业和产出也不变。这就说明，"在古典学派体系中，在决定产出和就业时，货币市场不起作用。"②

二、古典学派关于货币与就业、产出及收入的几种论述

以上所述的是古典学派就业理论的基本内容，这也是凯恩斯所抨击的主要对象。但是，在古典学派提出这些理论的过程中，某些经济学家的某些论述倒是值得重视的。这些论述为后世经济学家所继承和发展。另外，也有些在当时被视为非正统的理论家也曾提出过某些理论，明确地论述了货币对就业、产出及收入的积极影响，他们的这些理论为现代货币经济理论开了先河。在这些经济学家中，比较重要的有桑顿（Thornton）、乔普林（Joplin）、休谟、马尔萨斯（Malthus）、费雪及庇古等。这里，我们选择休谟、马尔萨斯和费雪的理论作一简要评述。

（一）休谟的理论

在古典学派关于货币与就业、产出和收入的理论中，休谟的理论值得一提。在经济学说史上，休谟以货币数量说著称。休谟认为，在货币数量与一般物价

---

① 在古典学派看来，人们都是有理性的。他们之所以持有没有收益的货币，只是因为货币能购买一切商品和劳务。因此，货币只是转瞬即逝地存在于人们的手中。换言之，人们不会持有闲置的货币余额。因此，随着货币数量的增加，若货币持有额超过人们的意愿持有额，则他们必然增加货币支出，以消除过多的货币余额。

② 布赖恩·摩根：《货币学派与凯恩斯学派》，中文版，41页，北京，商务印书馆，1984。

水平之间总是存在着固定的、正比例的因果关系，若货币数量增加一倍，物价水平就上升一倍。

但是，与当时的其他货币数量论者不同，休谟不是简单地提出货币数量变化必然引起物价变化这一基本结论，而是同时还分析了货币数量对物价的影响过程。通过这样的分析，"休谟认识到货币数量增加不但会提高物价，而且可以扩充就业。"①

休谟指出：自从美洲发现了金银矿，不光矿主，连欧洲各国的生产情绪都普遍高涨；这种劲头的形成，除了别的原因，把它归之于金银的增加，是不过分的。因此我们看到，在货币输入空前激增的各国，一切都有了起色，面貌一新：各行各业朝气蓬勃，干劲十足，商人更加雄心勃勃，力图进取，制造业者更加兢兢业业，精益求精，连农民扶犁也手脚轻捷格外用心了。② 为什么货币的增加会产生如此结果呢？休谟解释道："虽然商品价格的腾贵是金银增加的必然结果，可是这种腾贵并不紧跟着这种增加而来，而是需要一些时间，直到货币流通到全国并使各界人民都感觉到它的影响的时候。起初，看不出有什么变化，慢慢地，先是一种商品，随后是另一种商品，物价就一步步地上涨了，直到全部商品最终同国内新的货币量达成合适的比例为止。"③ 这就说明，在货币增加与物价上涨之间存在着一个时间间隔。在休谟看来，正是这种时间间隔的存在，货币的增加才有利于就业的扩大和产出的增多。④ 之所以这样，是因为货币的增加"并不是一开始就分散到许多人的手里，"⑤ 而只是被少数人得到，这少数人便可以利用增加的货币增雇工人，扩大生产。不仅如此，当工人稀少时，他们还将增加工资，使工人的货币收入和货币支出均得以增加。于是，通过一系列的商品需求增加、物价上涨的连锁反应，各行各业的生产普遍增加。⑥ 所以休谟说："追溯货币在全体国民中流通的过程是很容易的，我们将看到：货币在提高劳动价格之前，必然首先刺激每个人的勤勉心。"⑦ 他还说："在货币的增加尚未引起劳动和粮食的价格上涨的间歇期……工业发展是货币增加的正常结果。"⑧

由以上引文和分析，我们可以看出休谟关于货币与就业、产出及收入的理论有如下几个要点：第一，休谟认为货币数量的增加在一定时间内有利于刺激经济，使就业、产出和收入都有所增加。第二，休谟认为"只有在人们获得货

---

① 埃德蒙·惠特克：《经济思想流派》，中文版，105 页，上海，上海人民出版社，1974。
② 休谟：《论货币》，载《休谟经济论文选》，中文版，32 页，北京，商务印书馆，1984。
③④ 同本页注②，33 页。
⑤⑥⑦ 同本页注②，33 页。
⑧ 同本页注②，51 页。

币同物价上涨之间的间隙或中间状态，金银量的不断增加才有利于提高生产情绪。"① 依休谟之意，货币增加对实际经济的积极影响只有在货币量增加后的短期内才存在，而不是永远存在。因此，若就长期而言，则货币对经济仍然是中性的。第三，休谟认为，虽然一个国家货币的绝对量与该国经济的增长和发展无关，但一个国家货币数量的变化却对其经济的增长和发展具有重要的影响。休谟指出："一个货币在减少的国家确实要比当时货币虽不多却在上升的国家贫弱。这一点不难说明，只要我们承认货币量的那种变化，不论是消是长，都并不立即伴随发生商品价格的相应变化。在形势调整到一个新局面出现之前，总有间歇，在这个间歇期，金银减少会挫伤积极性，同样，金银增加会刺激积极性。"②

休谟的这一理论虽然简单朴素，却对后世经济学家具有重要的启发意义。萨缪尔森（Samuelson）指出："他（指休谟——引者注）是最先认识到 M 和价格的上升需要一段时间的人物之一。当上升的 M 和上升的价格第一次出乎意料之外地出现时，它会使价格增长得比成本要快，从而会使工商业人士得到利润。他认为，在短期内，这种情况有利于充分就业和资本形成。"③

不难看出，费雪的过渡时期理论、弗里德曼的时滞理论及名义收入的货币理论都无不源于休谟的上述理论。

（二）马尔萨斯的理论

在各种经济学说史的文献中，马尔萨斯的名字总是与他的人口理论紧密地联系在一起。因而人们对他的一般经济理论往往介绍得不多，而对他的货币理论，则更是鲜有评述。

其实，从马尔萨斯的各种著述中我们可以清楚地看出，他在不少场合曾就货币问题提出过自己独特的理论。特别值得指出的是，在相当程度上可以说，马尔萨斯还是一个货币非中性论者。在这方面，也是马尔萨斯和他的同时代经济学家如萨伊、李嘉图等完全不同的。凯恩斯在《传记集》一书及其他有关的论文中曾对马尔萨斯的货币理论及由此引申的有效需求理论作过高度评价，并称赞马尔萨斯能在货币水平上对货币经济进行分析。④

我们知道，根据萨伊和李嘉图等人的分析，货币只是商品交换的媒介。因

---

① 休谟：《论货币》，载《休谟经济论文选》，英文版，33 页，北京，商务印书馆，1984。
② 同本页注①，34～35 页。
③ 萨缪尔森：《经济学》（下册），中文版，7 页，北京，商务印书馆，1982。
④ 凯恩斯：《传记集》（*Essays in Biography*），英文版，138 页，1933。

此，交换的实质依然是商品与商品相交换。人们之所以接受货币，只是因为用货币能购买到他们所需要的其他商品，因此，人们真正需要的乃是商品而不是货币。这样，就其实质而言，货币经济与实物经济完全一样，所以，就业、产出和实际收入完全决定于各种实物因素，而与货币因素无关。

马尔萨斯对萨伊等人的这种理论提出了尖锐的批评。他正确地指出，在货币经济中，货币的作用已不再限于作为商品交换的媒介，因而货币对实际经济活动是有影响的。

马尔萨斯说："政治经济学的理论家们，也许由于怕自己会显得过分重视货币，所以在他们的论证中很容易把货币撇开不谈。我们需要商品而不需要货币，这是抽象的真理。可是，事实上，没有一种我们可以立刻用我们的货物去换取的商品能够适当地替代流通媒介，也没有一种商品能像流通媒介那样，使我们可以预先准备子女的教养费、购置产业，或者支配一两年后的劳动和粮食。"[1]一种流通媒介对大量的节储是绝对必要的，如果工厂主"不得不用实物形式把他的工人的全部工资积累起来，他的事业就只能进行得很慢。因此，他需要货币而不需要其他商品，是不足为奇的。在文明国家里，如果农场主和工厂主不能从出卖他们的产品中获得一笔用货币计算的利润，他们的勤勉努力就一定会立刻松懈。流通媒介在财富的分配和对勤勉努力的激励上起着非常重要的作用，我们在论证中撇开货币不谈，是很不妥当的。"[2]

所以，马尔萨斯认为，要分析货币经济就不能不考虑货币因素。他指出："十分令人惊讶的是，许多有名的政治经济学家竟然会不提货币而运用其他例证，根本不管这种例证多么笨拙和不切实际。我想他们是怕人家硬说他们认为财富就是货币。的确，财富肯定并不就是货币，但货币在财富分配方面确实是最有力的因素，这也是同样确凿的事实。如果一个国家的一切交易实际上都是通过货币进行的，而有人竟仍然企图主要提出帽、鞋、谷物、衣服等来解释供求原理以及利润与工资的变化，那是注定要失败的。"[3]

在《论纸币的贬值》[4] 一文中，马尔萨斯分析了货币对实际经济的影响。根据马尔萨斯的分析，货币对实际经济并不是中性的。他认为，虽然货币绝对量的多少对一国资本的积累和产出的增减并无影响，但是，货币数量在社会不同

---

[1] [2] 马尔萨斯：《政治经济学原理》，中文版，268 页，北京，商务印书馆，1962。
[3] 同本页注[1]，27 页。
[4] 原载《爱丁堡评论》，1811（2），第 17 卷，后被收入马尔萨斯：《政治经济学论文五篇》，悉尼，1953。

阶级之间的分配却对资本积累和产出具有重要的影响。马尔萨斯指出：如果流通媒介的分配使一国的产品支配权主要归于生产阶级，也就是说，如果大量的通货从有闲阶级和依靠固定收入为生的人手中转移到农业家、工业家和商人手中，那么资本与收入的比例就会大大有利于资本，该国的产品在短期内就会大大增加。①

在这里，马尔萨斯所说的乃是原有货币量在社会不同阶级之间的重分配，即在货币数量不变的条件下，货币由非生产阶级手中转移到生产阶级手中。在马尔萨斯看来，货币数量的这种重分配将使收入转化为资本，所以能增加一国的资本总量，从而能使生产规模扩大，使产出增加。

在分析了原有货币的重分配对生产的影响之后，马尔萨斯又分析了货币数量的增加对生产的影响。他指出，如果新增的货币不是被平均分配于社会各阶级，而只是被生产阶级用来兴办或扩充企业，则这种新增的货币就能成为新增的资本，所以也能使生产扩张和产出增多。但是，与原有货币的重分配不同，新增货币一旦被生产者拥有以后，他们就自然能够购买更多的物资以用来扩充生产规模。但由于在货币数量增加的同时，国家的总产品并没有相应地增加，所以，"任何人要取得更多的产品就不能不减少其他人的份额。这种减少是由于价格上涨造成的，而价格上涨则是由于新钞票的竞争造成的，这种竞争使只购买而不销售的人无法购得以往那样多的产品。"② 可见，在由货币数量增加所引起的生产扩张的过程中，生产者的生产扩张是以消费者被迫减少消费为代价的。很显然，马尔萨斯所分析的这种现象，便是后来被哈耶克等人所进一步分析的所谓"强迫储蓄"的现象。所以，哈耶克在其《物价与生产》一书中称马尔萨斯为首先在出版物上详细地讨论"强迫储蓄"问题的经济学家。同时，马尔萨斯所分析的原有货币数量在不同阶级之间的重分配能增加资本从而扩大生产、增加产出的现象，又与哈耶克所分析的"自愿储蓄"是何等地相似！但马尔萨斯提出这种理论却比哈耶克要早 120 年之久。为此，我们不能不说马尔萨斯的上述理论是哈耶克中性货币理论③的重要来源之一。

（三）费雪的理论

如本书第二章第一节所述，在费雪的现金交易数量说中，有一重要的假设，就是货币流通速度与产出均不受货币数量变动的影响。若没有这一假设，他的

① 马尔萨斯：《政治经济学论文五篇》，中文版，25 页，北京，商务印书馆，1961。
② 同本页注①，26 页。
③ 见本书第五章第四节。

货币数量说便不能成立。

可事实上，连费雪本人也承认这一假设并非总是合乎现实。他指出，所谓物价水平与货币量作同比例的变动，是就货币量变动的最终效果而言的，而在从货币数量变动到物价水平随之作正比例变动的整个"过渡时期"（transition period），不仅物价水平，而且利率、产量和货币流通速度也随着货币量的变动而不断变动。在《货币的购买力》一书的第四章，费雪详细地论述了这些变动过程。现简述如下。

货币量增加的最初影响是引起物价上涨。由于利率不可能迅速调整，使得投资者的利润增加，从而鼓励他们增加向银行的借款，以扩大投资。投资扩大使就业和产出增加。同时，银行贷款的扩张又导致存款通货的扩张，于是物价继续上涨。只要利率的上升赶不上物价上涨的速度，上述变动过程就会持续下去。费雪还认为，物价上涨也会加快货币流通速度，因为人们预期物价可能继续上涨，都急于将货币换成价值稳定的实物，于是物价进一步上涨。随着银行贷款的扩大，利率必然提高。一旦利率的上升超过物价上涨速度，则会通过一个相反的变动过程，使银行借款减少，投资减少，从而使就业和产出也减少。同时，由于存款通货的收缩，物价停止上升，甚至下跌，货币流通速度也随之下降。经过这样一个循环变动过程，除了流通中的货币量和物价水平外，其他所有变量几乎都回复到原来的水平。费雪因此指出，"货币量与存款的突然变动将会暂时地影响它们的流通速度和交易量……因此，在过渡时期就很难说'数量说'是绝对正确的"；[1] 而在长期中，货币量的变动并不影响货币流通速度和交易量，所以货币数量说在长期中是能够成立的。总之，在费雪看来，在长期中，货币供给量变动的惟一持久的影响是改变物价水平，产出水平则是由其他非货币因素决定的。可见，费雪也是一个货币中性论者。

除了在《货币的购买力》一书中所表述的上述理论之外，费雪还就货币价值的变动对就业的影响作了分析。1926 年，费雪发表《失业与价格变动之间的统计关系》一文，通过对大量的统计资料的分析和研究，得出失业与价格上升率存在交替关系的结论。这一结论显然与 32 年后菲利普斯（A. W. Phillips）的统计结果完全一致。[2] 不过，在弗里德曼看来，费雪的分析与菲利普斯的分析有着本质的区别。因为他们对价格变动与失业变动之间的因果关系的认识完全不同。费雪是将价格的变动率作为整个过程的自变量，而把就业水平作为因变量；

---

① 费雪：《货币的购买力》，161 页，1911。
② 详见本书第八章第四节。

菲利普斯则相反，他把就业水平作为整个过程的自变量，而把工资变动率作为因变量。弗里德曼认为费雪的分析是正确的，而菲利普斯的分析是错误的。[1]

费雪写道："当美元贬值，或者说物价水平上涨时，工商业者的平均收益将随物价上涨同步增加，但他们的支出却并不增加，这是因为支出已在很大程度上被合同固定了……这样就会刺激就业——至少是暂时地刺激就业。"[2] 依费雪之意，物价上升时，企业家的收益水平必随之上升。但由于合同的存在，支出却不会因物价上升而同步增加。因此，物价上涨将使企业家增加利润。这当然会刺激企业家扩大生产，从而增加就业和产出。同时，由于费雪是一个货币数量论者，因而他所谓的物价上涨或美元贬值自然是由货币数量增加所引起的。由此可推论：在费雪看来，货币数量增加至少在短期内能增加就业和产出。

费雪的这一理论不仅为弗里德曼所赞赏，而且实际上还为某些凯恩斯主义者所接受[3]，因而至今仍在西方经济学界具有很大的影响。

第二节　凯恩斯与凯恩斯学派的理论

如前章所述，在《货币论》中，凯恩斯提出了货币价值的两个基本方程式，并据以分析了利润的性质。在凯恩斯看来，当利润为零时，生产与就业就处于均衡状态；当利润大于零时，生产将扩张，就业将增加；当利润小于零时，生产将缩减，就业将减少。而利润是否为零，取决于储蓄是否等于投资；储蓄是否等于投资，取决于市场利率是否等于自然利率；而市场利率是否等于自然利率，则又取决于货币数量是否适当。由此可见，在《货币论》中，凯恩斯已经明确地认识到货币对就业和产出的变动具有重要的影响。

但是，正如美国凯恩斯主义者狄拉德所指出的那样，凯恩斯的"《货币论》仍然接近于价格理论而与产量理论离得较远，到了1936年出版的《通论》，才完成了由货币价格分析到货币收入分析的转变。"[4] 正是在《通论》中所完成的这种货币收入分析中，凯恩斯才全面地论证了货币对就业、产出和收入的影响。

① 参见弗里德曼：《失业还是通货膨胀？》，中文版，9～15页，北京，商务印书馆，1982。
② 费雪：《失业与价格变动之间的统计关系》（*A Statistical Relation between Unemployment and Price Changes*），载《国际劳工评论》（*International Labour Review*），1926（6），187页。
③ 萨缪尔森、诺德豪斯（Nordhaus）：《经济学》第12版，93～94页，纽约，1985。
④ 狄拉德：《货币经济理论》，载肯尼斯·栗原：《凯恩斯学派经济学》，15页。

一、货币经济的特征与货币的重要性

在《通论》第 21 章，凯恩斯批评古典学派将货币理论与经济理论分开的传统的两分法，并提出一种新的两分法。凯恩斯说："我以为正确的两分法应当是：一面是关于一厂或一业之理论，研究如何把一特定量资源分配于各种用途，其报酬为如何等；另一面是适用于社会全体的产量论及就业论。"① 很显然，凯恩斯的这种两分法，是指将经济学区分为微观经济学与宏观经济学两大部分。

凯恩斯认为，他之所以要对经济学作如此划分，是因为在研究整个社会的产量和就业量的决定时必须考虑货币因素，而不能像研究个别企业的产量与就业量的决定时那样，可置货币因素于不顾。他指出："假使我们所研究的，只限于一业或一厂，假使就业资源之总数不变，又暂时假定他业或他厂之情况亦不变，则我们的确可以不顾货币之特性；但当我们进而讨论何者决定社会全体之产量及就业量时，我们就需要一个关于货币经济之全盘理论。"②

我们知道，凯恩斯的《通论》正是这样一种研究社会全体之产量和就业量的决定的著作。因此，在《通论》的序言中，凯恩斯便开门见山地指出了货币经济不同于实物经济的特征，他说："货币经济之特征，乃是在此经济体系之中，人们对于未来看法之改变，不仅可以影响就业之方向，还可以改变就业之数量。"③ 凯恩斯认为，货币经济之所以有此特征，是由货币的重要性所决定的，而"货币的重要性主要是从货币乃现在与未来之联系这一点产生的。"④ 依凯恩斯之意，在货币经济中充满着各种不确定因素。这些不确定因素使人们无法确知未来的有关经济情况，但人们的各种决策，尤其是投资决策又必然在相当程度上受他们对未来之预期的影响。货币则是联系现在与未来的桥梁，它将通过影响人们的预期，进而影响人们的决策，从而对就业、产出和收入产生重要的影响。

1937 年，即《通论》出版后的第二年，凯恩斯又发表了《就业的一般理论》一文，对《通论》中提出的关于不确定性、预期及货币的作用等作了进一步的分析和说明。凯恩斯指出，货币的作用主要有两个：一是充当商品交换的媒介；二是作为贮藏财富的手段。就货币作为商品交换的媒介而言，"它只是一

① 凯恩斯：《就业利息和货币通论》，252～253 页。
② 同本页注①，253 页。
③ 同本页注①，2 页。
④ 同本页注①，253 页。

种便利，没有什么重要性和实际影响。"① 但就货币作为贮藏财富的手段而言，它将通过影响利率而影响投资，从而影响就业、产出和收入。古典学派因只看到货币的第一个作用，而未看到它的第二个作用，因而得出了货币中性的结论；而凯恩斯则正是因为看到并且强调了货币的第二个作用，所以才得出货币影响就业的结论，甚至将货币的存在看做持续性失业的根本原因。

二、有效需求原理

在《通论》中，凯恩斯"倾向于把货币理论推展为社会总产量论。"② 为此，他建立了以有效需求为核心的货币经济理论体系。

为了说明凯恩斯关于货币与就业的理论，我们必须首先对凯恩斯的有效需求原理作一概述。根据《通论》第 3 章及狄拉德、汉森等人的注释，有效需求原理可归纳为以下几点：

1. 总收入（Y）决定于总就业量（N），即 $Y = f(N)$。

2. 总就业量（N）决定于有效需求（D），而有效需求则由消费需求（C）和投资需求（I）两部分构成，即 $N = f(D)$，$D = C + I$。

3. 消费需求决定于消费倾向和收入水平，它在短期内是比较稳定的；而在长期中，随着收入水平的提高，边际消费倾向递减，即消费支出在收入中所占比例逐渐下降。

4. 在均衡时，总需求（D）等于总供给（Z），即 $D = Z$。所以，在收入水平一定时，若总供给超过消费需求，则必须由相应的投资需求加以弥补。否则，就会产生有效需求不足，从而引起失业。所以，在收入一定时，有效需求，从而总就业量就决定于投资需求。

5. 投资需求决定于资本边际效率和利率。若前者高于后者，投资需求就增加；相反，若后者高于前者，投资需求就减少。

6. 资本边际效率决定于预期投资收益和资本财产的重置成本。它在短期内上下波动，在长期中则趋于下降。

7. 利率决定于货币的供给与货币的需求。货币的供给由货币当局决定，而货币的需求，即流动性偏好则由人们持有货币的三大动机决定。③

可见，根据凯恩斯的有效需求原理，由货币供求决定的利率是决定投资水

---

① 凯恩斯：《就业的一般理论》，载《经济学季刊》，1937（2），216 页。
② 凯恩斯：《就业利息和货币通论》，2 页。
③ 详见本书第二章第二节。

平，从而决定就业和产出的重要因素之一。同时，在关于利率与资本边际效率的关系上，凯恩斯又认为是利率决定资本边际效率，而不是资本边际效率决定利率。① 因此，"在凯恩斯就业和收入的一般理论里，货币利率理论是这个体系的制轮楔，缺少它就不会有确定的答案。"②

三、货币的特性及其对利率的影响

如前所述，古典学派假设人们都具有充分的理性和预见性，都能够准确无误地预期未来。因此，他们无需持有闲置的货币余额，即无需以没有任何收益的货币作为持有财富的形式。于是，货币的惟一职能就是作为商品交换的媒介，而利率则由实物资本的供给和需求决定。在这种情况下，通过市场机制的自发调节作用，利率就会下降，投资就会增加，直到实现充分就业为止。

凯恩斯批评了古典学派的上述假设。他认为，货币经济中有着许多不确定因素。这些不确定因素的存在使人们不能准确地预期未来。为了避免因不测事件的发生而造成的损失，或企图在投机中获得利益，人们对货币的需求就不只出于交易动机，除了交易动机之外，还有预防动机和投机动机。这就说明，人们不仅要持有流动的货币余额以作为交换媒介，而且还要持有不流动的货币余额以作为价值贮藏的手段。正是这部分不流动的货币余额才对利率具有重大影响，而利率又是决定投资量和就业量的一个重要因素。

既然利率由货币的供给和需求所决定，那么，为什么在货币经济中，利率往往不能通过自发的市场调节机制降低到足以实现充分就业的水平呢？在《通论》第17章中凯恩斯对此问题作了详尽的说明。

在凯恩斯看来，利率并非货币所独有。除货币外，其他各种商品均有其本身利率（own-rates of interest）。但货币的本身利率与其他商品的本身利率有很大的不同：前者难以下降，而后者容易下降。凯恩斯认为，这种不同是由货币的特性所决定的。

根据凯恩斯的分析，货币的特性主要有如下三个：

第一，"货币之生产弹性等于零，至少很小。"③ 所谓生产弹性是指一种商品的供给量（即生产量）对其价格变动的敏感程度。对一般商品来说，若它的价格提高，则供给量必然增加，供给量增加就使它的价格下降。但对货币来说，

---

① 凯恩斯：《就业的一般理论》，载《经济学季刊》，1937（2），223 页。

② 狄拉德：《凯恩斯经济学》，中文版，181～182 页，上海，上海人民出版社，1963。

③ 凯恩斯：《就业利息和货币通论》，195～196 页。

当货币利率提高时，"雇主们不能随意用其所雇劳力，转而增加货币之生产……这一个特征已经使我们有初步理由，为什么货币之本身利率较之其他商品之本身利率难于下降。"① 凯恩斯认为，在不兑现纸币流通或实行管理通货制的条件下，货币的这一特性尤为显著。因为在此种条件下，纵使货币利率提得很高，或者比任何其他商品的本身利率都高，私人企业也不能增雇劳力以生产货币，或者将其他行业的劳力转用于生产货币。

第二，"货币之替换弹性等于零，或几乎等于零。"② 我们知道，对一般商品而言，当一种商品的价格相对提高时，其需求量必然减少，因为在这种情况下，人们可用价格较低的其他商品来代替它。因此，要是货币有较合适的替代品，则当货币需求增加时，替代品的加入就可阻止利率的上升。但凯恩斯认为，货币是没有替代品的，因为没有任何一种其他商品能够有效地代替货币执行其职能。所以，当货币需求增加，而货币供给又一定时，利率势将上升。

第三，"因为有灵活偏好动机，故当货币数量较之其他财富（以货币计算）相对增加时，利率也许不大起反应。"③ 在凯恩斯看来，人们之所以持有货币，特别是持有闲置的货币余额，一方面是因为持有货币有周转灵活的好处，尤其是在对未来感到不确定，对投资前景比较悲观时更是如此；另一方面，相对于持有其他商品而言，持有货币的保藏费是很低的。因此，在某些情况下，比如在利率已经下降到某一很低的水平时，货币数量的增加便不能进一步降低利率，而增加的货币将全部被投机动机的货币需求所吸收。

货币的这些特性使利率不能下降到足以实现充分就业所需的水平。也就是说，因货币利率不能降低，其他商品的生产就受到了阻碍。

根据凯恩斯的分析，货币利率的高低制约着其他商品之本身利率所能下降的程度。这是因为，为了取得最大的收益，每一个财富持有人都将合理地安排其财富持有的形式，使每一种资产的边际效率都相等。货币利率则是货币的边际效率。随着实物资本数量的增加，即投资的增加，实物资本的边际效率就会下降。当实物资本的边际效率下降到与货币利率相等时，投资就会停止，而那时即使尚未实现充分就业，经济也将达到均衡，即非充分就业的均衡。因此，货币利率不易下降这一特性，必然使其他商品的本身利率不能降低到充分就业所要求的程度，从而成为失业的根源。

所以，凯恩斯得出结论：货币的存在是失业的根源。他指出："设无货币，

---

① ② 凯恩斯：《就业利息和货币通论》，196 页。
③ 同本页注①，199 页。

又设无其他商品具有货币之特征，则各种利率只有在充分就业下，方才达到均衡。"① 所以，"失业问题之所以发生，就是因为人们要造空中楼阁——如果人民所要的东西（例如货币）不能生产，而对此东西之需求又不容易压制，劳力便无法就业。惟一补救之道，只有要公众相信：纸币也是货币，而由政府来统制纸币工厂，换句话说，由政府来统制中央银行。"② 这就是说，在凯恩斯看来，既然失业是由货币因素引起的，则只有通过实行适当的货币政策才能减少或避免失业。具体地说，在存在失业时，中央银行可实行扩张性的货币政策以增加货币，降低利率，促进投资。投资扩大，则失业减少。

然而，凯恩斯的这一理论未免过于武断。20世纪30年代之后，特别是二次大战之后，西方各资本主义国家已无一例外地实行不兑现纸币流通的制度，又无一例外地"由政府来统制中央银行，"但又无一例外地存在着凯恩斯所说的"非自愿失业"。可见，凯恩斯将失业归因于货币的理论是不切实际的，因而以这种理论为依据的政策措施也自然不能取得预期的效果。

以上所述的是凯恩斯本人在《通论》及其他论著中所提出的关于货币与就业的基本理论。

自从凯恩斯的《通论》出版以后，特别是二次大战以后，凯恩斯的一些追随者逐渐地形成了所谓的凯恩斯学派，对凯恩斯在《通论》中提出的上述理论进行了修正、补充和发展，以建立现代的收入与就业理论。但是，正如狄拉德所指出的那样，"……现代的收入与就业理论，虽然主要是出于凯恩斯的启发，但是跟他原来着重于货币这一点的情况已经有了改变。"③

前已指出，根据凯恩斯的理论，货币政策对实际经济活动的影响主要是经由利率的变动而传导的。也就是说，在经济萧条和存在失业的时期，中央银行可实行扩张性的货币政策，以增加货币供给量，压低利率，刺激投资，增加有效需求，从而扩大就业，增加产出和收入。但是，在凯恩斯学派看来，货币政策的这一作用往往难以取得，其原因如下：

1. 货币需求的利率弹性很大，因而即使货币供给量大幅度增加，利率也下降得很少。尤其在出现流动性陷阱的情况下，即使货币供给量增加得再多也无济于事。因为在此情况下，所增加的货币都将被投机动机的货币需求所吸收，

---

① ② 凯恩斯：《就业利息和货币通论》，200 页。

③ 狄拉德：《货币经济理论》，载肯尼斯·栗原：《凯恩斯学派经济学》，13 页，北京，商务印书馆，1964。

而利率则保持不变。① 利率既不能下降，则投资也自然不会增加。因此，货币政策就难以取得预期的效果。

2. 投资支出的利率弹性很小，即投资决策很少受利率变动的影响，或者说，投资支出对利率变动缺乏敏感性。这样，即使扩张性的货币政策能够压低利率，投资也不一定会增加。投资既不增加，则有效需求依然不足，失业依然存在。

由于凯恩斯学派认为货币政策难以奏效，所以他们特别强调财政政策，企图通过实行适当的财政政策来解决失业问题。但事实证明，凯恩斯学派的理论和政策也同样是不切实际的，因而是无效的。

由于凯恩斯学派的片面理解和发挥，凯恩斯经济学竟成为不重视货币因素，或认为"货币不重要"的理论。所以，凯恩斯学派的这种理论遭到了来自各方面的抨击。其中，克劳沃（R. W. Clower）、莱荣霍夫德（A. Leijonhufvud）等新凯恩斯主义者批评凯恩斯学派曲解了凯恩斯理论，因而认为有必要重新评价凯恩斯理论，以还其本来面目。货币学派则更是向凯恩斯学派发起猛烈进攻。他们以"惟有货币最重要"这一极端论点来攻击凯恩斯学派"货币不重要"的另一极端论点。更为有趣的是，在长期的争论过程中，本来水火难容的两种理论竟出现了某种程度的合流。所以，凯恩斯学派开始承认"货币也重要"。如萨缪尔森和诺德豪斯在《经济学》第十二版中，已吸收了货币学派、理性预期学派的某些观点，承认货币因素至少在短期内将对就业、产出和实际收入产生积极的影响。

第三节　新凯恩斯主义者的理论

自从凯恩斯出版《通论》以后，西方不少经济学家对《通论》进行了注释和阐发，以推动凯恩斯经济理论的传播和发展。在这一过程中，西方经济学界逐渐形成了形形色色的所谓凯恩斯学派，其中尤以新古典综合派为最主要。

新古典综合派以希克斯、汉森的 IS－LM 模型为基本工具，提出收入—支出理论，以解释并发展凯恩斯的理论。② 但是，根据 IS－LM 模型，商品市场与货币市场便成为相互独立的两个方面，这显然与凯恩斯所强调的货币必须与实际经济相融合的理论相违背。同时，IS－LM 模型系以瓦尔拉一般均衡论为基础，

① 详见本书第二章第二节。
② 关于 IS－LM 模型，请参阅本书第四章第五节。

根据这一模型，人们无法说明凯恩斯关于货币经济中信息不完全和对未来充满不确定性的特征，更无法说明非自愿失业的存在和持续。因此，在西方经济学界，有人对凯恩斯学派经济学与凯恩斯经济学进行了全面的比较和分析，得出凯恩斯学派经济学不等于凯恩斯经济学的结论。他们指责凯恩斯学派曲解并庸俗化了凯恩斯经济学，因而主张重新评价凯恩斯经济学，以恢复其本来面目。在西方经济学界，这些经济学家被称为"新凯恩斯主义者,"[1] 其主要代表为克劳沃和莱荣霍夫德。[2]

一、克劳沃的"双重决策"假说

克劳沃于 1965 年发表《凯恩斯学派的反革命：一种理论评价》[3] 一文，1967 年又发表《货币理论之微观基础的再考虑》[4] 一文，批评凯恩斯学派在理论上的反革命，并提出"双重决策"假说（the dual decision hypothesis），对凯恩斯经济学作了重新解释。

克劳沃认为，凯恩斯学派的根本错误在于，不适当地用瓦尔拉的一般均衡体系或瓦尔拉定律来解释凯恩斯的理论。根据瓦尔拉定律，整个经济的各个市场必将在一个统一的价格水平上达于一般均衡。如果某一市场存在超额供给，则其他市场必然存在相应的超额需求，并会通过迅速的价格调整消除这种暂时的不均衡。

显然，利用瓦尔拉定律无法解释凯恩斯经济学的核心问题，即非自愿失业的存在和持续。

---

① 劳伦斯·哈里斯：《货币理论》，中文版，336 页，北京，中国金融出版社，1989。
② 克劳沃和莱荣霍夫德的理论分别产生于 20 世纪 60 年代中后期。他们的理论一经提出，即在西方经济学界引起强烈反响。但事实上，美国经济学家狄拉德早在 1948 年出版的《凯恩斯经济学》一书中，就开宗明义地指出凯恩斯经济学与凯恩斯学派经济学之间存在着区别，并强调"这个区别是重要的。"（见狄拉德：《凯恩斯经济学》，1 页，上海，上海人民出版社，1963。）在《货币经济理论》一文中，狄拉德更是明确地指出："凯恩斯本人的理论与一般所惯称的凯恩斯学派经济学说这两者之间的明显区别，就是……关于收入与就业的现代理论虽然在形式上使用了凯恩斯的工具，它的实质与……凯恩斯基本观念是有出入的。"（狄拉德：《货币经济理论》，载肯尼斯·栗原：《凯恩斯学派经济学》，13 页，北京，商务印书馆，1964。）但狄拉德的这一观点在当时并未引起广泛的重视，这可能与当时凯恩斯学派的理论正处于极盛时期有关。
③ 克劳沃：《凯恩斯学派的反革命：一种理论评价》（R. W. Clower, "The Keynesian Counter - revolution: A Theoretical Appraisal"），收入哈恩等编：《利率理论》，103 ~ 125 页，伦敦，1965。
④ 克劳沃：《货币理论之微观基础的再考虑》（A Reconsideration of the Microfoundation of Monetary Theory），原载《西方经济杂志》（Western Economic Journal），第 6 卷，1967（12），后收入克劳沃编：《货币理论》（Monetary Theory），1969。

克劳沃指出："非自愿失业的另一面似乎是非自愿的消费不足"。[①] 所以，只要存在非自愿失业，则劳动市场的超额供给（失业）将与商品市场的超额供给（商品滞销）同时并存，而"在低于充分就业的条件下，经济中的任何地方可能都不会出现超额需求。"[②] 可见，这种情况与瓦尔拉定律是不一致的。

为了说明上述观点，克劳沃将需求区分为两种：一种是观念需求（notional demand），另一种是有效需求（effective demand）。所谓观念需求，是以计划销售能够全部实现为假定前提的需求，也就是说，假定企业家能够销售他们希望销售的货物，而工人则能够得到他们希望得到的就业机会，即在市场出清的条件下，人们所愿意购买的商品或劳务的数量。而所谓的有效需求，则是以实际销售为基础的需求，亦即有现实支付能力的需求。显然，在市场未出清的条件下，即在一些企业家未能如愿以偿地出售其产品，一些工人又未能如愿以偿地获得就业机会时，有效需求必然小于观念需求。克劳沃认为，正是这种有效需求的相对不足，造成非自愿失业的存在和持续。如果所有的观念需求都能转化为有效需求，则萨伊定律便能够成立，非自愿失业也将不复存在。

但是，在货币经济中，有效需求却往往小于观念需求。克劳沃认为，这是由货币经济的特殊性所决定的。货币经济有何特殊性呢？克劳沃用一句著名的格言来加以说明。他说，在这种经济中，"货币购买商品，商品购买货币，但商品并不购买商品"。[③] 这就是说，货币经济与物物交换经济有着本质的不同。在货币经济中，一切交易均以货币为媒介，因此，一切货币支出都必然受到实际取得的货币收入的制约。

克劳沃指出，在货币经济中，人们通常要经过"双重决策"的过程，即消费者的消费决策与企业家的生产决策都要经过两次决策过程。在效用最大化或利润最大化的原则下，第一次决策以计划的收入作为预算限制条件，第二次决策则以实际取得的收入作为预算限制条件。例如，工人如果不能获得他们希望获得的就业机会，则他们实际取得的收入必然少于他们计划的收入。于是，他们就不得不修正其原来的消费政策，使之满足新的预算限制条件——实际取得的收入。在这种情况下，工人所能购买的商品的数量就少于其原计划购买的数量。同样，企业家如果不能销售他们希望销售的产品，他们也必须修正其原来

---

① 克劳沃：《凯恩斯学派的反革命：一种理论评价》，载哈恩等编：《利率理论》，119 页，伦敦，1965。

② 同本页注①，122 页。

③ 克劳沃：《货币理论之微观基础的再考虑》，载克劳沃编：《货币理论》，207～208 页，1969。

的生产决策，使实际雇佣的工人的数量少于其原计划雇佣的工人的数量。

在克劳沃看来，在货币经济中，由于货币起着交易媒介的特殊作用，因而即使人们对商品或劳务存在着潜在的或观念上的需求，他们也无法将此信息传递给供给者，因为供给者只是根据有效需求来制定或调整其供给决策的。因此，一方面，企业家因其产品销路不畅而无钱支付工资，不能为工人提供就业机会；另一方面，工人虽然需要这些产品却因得不到就业机会而没有支付能力。于是，在任何市场都不存在超额需求的条件下，商品市场却与劳动市场同时存在超额供给，而不是如瓦尔拉定律所说明的那样，一个市场的超额供给适为其他市场的超额需求所抵消。而一旦出现这种非均衡现象，则劳动市场的超额供给将与商品市场的超额供给交互影响，形成累积性的恶性循环。

由此可知，根据克劳沃的分析，瓦尔拉定律之所以不适用于分析凯恩斯经济学，是因为凯恩斯经济学是以有效需求作为分析的基础，而瓦尔拉定律却只能说明观念需求，而不能说明有效需求。在货币经济中，观念需求往往不等于有效需求，即相对于观念需求而言，有效需求往往不足。所以，如以瓦尔拉定律解释凯恩斯经济学，当然就不能不陷于错误。

克劳沃认为，上述那种观念需求与有效需求不一致的情况在物物交换经济中是不会存在的。他指出，假如所有企业家都能够以其产品作为工资支付给工人，借以扩大就业，而工人再以自己所取得的产品同别人交换所需的其他产品，则非自愿失业就可避免。因此，克劳沃得出结论：在货币经济中，失业反比物物交换经济中来得多。不过，他并不因此而主张取消货币，回到物物交换经济，而只是主张政府应对货币经济实施有效的干预，通过适当的货币政策来减少或避免非自愿失业。

以上所述的就是克劳沃"双重决策"假说的基本内容。在克劳沃看来，只有这种双重决策的思想才真正符合凯恩斯经济学的原意。他指出：虽然在《通论》中，我们不能找到任何直接的证据，但可找到无数间接的证据，这些间接的证据足可证明：凯恩斯在写作其《通论》时，事实上曾考虑了家庭行为的双重决策问题。①

根据以上分析，我们可清楚地看出：克劳沃批评凯恩斯学派的反革命，指出用瓦尔拉定律解释凯恩斯经济学的不适当性，并以"双重决策"假说来重新评价凯恩斯经济学，这些都有着一定的合理内核，而由克劳沃所创立的那种非

---

① 克劳沃：《凯恩斯学派的反革命：一种理论评价》，载哈恩等编：《利率理论》，120 页，伦敦，1965。

均衡理论更在西方经济学界产生了重要的影响，而且它对我们也不无启发意义。但是，克劳沃对凯恩斯学派的批评似乎有点矫枉过正，他认为在货币经济中失业多于物物交换经济的观点更是值得怀疑的。针对这一观点，一些西方经济学家提出质疑。如古德哈持（Goodhart）反驳道，既然不确定性和信息不完全会减少就业和产出，而货币的存在将减少不确定性，增加信息量，那么，在货币经济中，失业理应少于物物交换经济，而不是多于物物交换经济。[①]

事实上，所谓非自愿失业乃是资本主义制度的必然产物，克劳沃将它归咎于货币的存在，这不仅与事实不符，而且在理论上也难以自圆其说。

二、莱荣霍夫德的非均衡失业理论

莱荣霍夫德是克劳沃的嫡传弟子。1968 年，他出版《论凯恩斯学派经济学与凯恩斯经济学》一书，引起西方经济学界的极大重视。著名经济学家约翰逊把这本书誉为解释《通论》的不朽著作。[②] 在该书中，莱荣霍夫德充分发挥了克劳沃的上述理论，对凯恩斯学派经济学与凯恩斯经济学作了全面的对比和系统的分析，提出凯恩斯学派经济学不等于凯恩斯经济学。在此基础上，莱荣霍夫德对凯恩斯经济学作了重新解释，并针对某些重大的经济理论问题提出完全不同于凯恩斯学派的新见解。在这里，我们仅根据本章的主题，将莱荣霍夫德关于货币与失业的理论作一简要的述评。

（一）价格调整与数量调整

根据凯恩斯学派的解释，凯恩斯经济学所着重分析的是非充分就业的均衡，即存在着非自愿失业的均衡，而在均衡状态下之所以存在这种非自愿失业，是由于工资、物价与利率存在完全向下的刚性。

莱荣霍夫德认为，这种解释是错误的。在他看来，失业是一非均衡现象。"失业不是产生于货币工资率或利率的完全刚性，而是产生于货币工资率、利率或其他价格不能迅速调整到它们的均衡水平这一事实。"[③]

为了说明这一问题，莱荣霍夫德首先批评了凯恩斯学派将凯恩斯理论解释为静态理论的错误。他认为，凯恩斯虽然在形式上采用了静态分析的方法，但其理论的实质却是对短期非均衡问题的分析。也就是说，"他的模型是静态的，

---

①　高兰：《货币、通货膨胀与失业》，161 页，1985。

②　约翰逊：《货币理论的最新发展》（H. G. Johnson：*Recent Development in Monetary Theory—A Commentary*），载约翰逊：《货币经济学论文续集》（*Further Essays in Monetary Economics*），29 页，1972。

③　劳伦斯·哈里斯：《货币理论》，中文版，359 页。

但他的理论是动态的。"① 在莱荣霍夫德看来，凯恩斯这种以静态的或比较静态的均衡分析法来分析动态的非均衡问题的做法是有其不适当之处的，但不能因此而将凯恩斯的理论解释成静态的、研究均衡状态的理论，而应该将它理解为动态的、研究均衡过程，即研究连续的非均衡状态的理论。

在本章第一节我们已看到，古典学派假设工资、物价和利率均可自由伸缩，因而经济可自动调节到充分就业的均衡状态。按照凯恩斯学派的解释，凯恩斯对古典学派的革命就在于抛弃了工资、物价和利率都可自由伸缩这一假设，而代之以工资、物价和利率的完全刚性。所以，在凯恩斯的理论中，经济的自动调节功能失灵，非自愿失业会持续存在。

莱荣霍夫德认为，凯恩斯实际上并没有作过价格刚性的假设，而且要说明非自愿失业的存在和持续性，事实上也无须作出此种绝对的假设。在莱荣霍夫德看来，凯恩斯与马歇尔等古典经济学家的不同之处，只是颠倒了价格调整与数量调整的快慢的顺序。② 也就是说，在古典学派的理论体系中，当某种干扰因素出现并导致经济失衡时，价格（包括货币工资和利率）将作出即时的调整，以恢复经济的均衡。所以，如果存在非自愿失业，则货币工资必然立即下降到充分就业所必需的水平。但是，在凯恩斯的理论体系中，当干扰因素出现，以致经济失衡时，价格在短期内维持不变，经济主体则通过数量调整对此失衡作出反应。在此种情况下，由于交易按非均衡价格进行，有效需求将与观念需求脱节。同时，由于收入限制及市场之间的相互影响，由最初干扰因素所引起的与充分就业的均衡状态的偏离将逐渐扩大，而不是逐渐缩小。例如，因需求减少，厂商的实际销售量小于充分就业的供给量，此时，价格虽有下降的趋向，但并不会立即下降到其均衡水平。在一般情况下，厂商将根据过去的经验估计一个保留价格（reservation price），并不愿以低于这一保留价格的价格出售其产品。在经过一段时间后，厂商因产品积压而减少产量。于是，失业增加，有效需求更不足，商品销售更困难。

所以，在莱荣霍夫德看来，当经济出现失衡时，价格调整是缓慢的，而数量调整（如就业量、产出量等的调整）倒是主要的。换言之，价格调整的速度慢于数量调整的速度。失业正是由这种价格调整的缓慢所造成的。

---

① 莱荣霍夫德：《论凯恩斯学派经济学与凯恩斯经济学》（*On Keynesian Economics and the Economics of Keynes*），36 页，伦敦，牛津大学出版社，1968。
② 同本页注①，37 页、52 页。

（二）价格调整缓慢的原因

那么，为什么价格不能迅速地调整到其均衡水平呢？在莱荣霍夫德看来，这是由于经济中存在着不确定因素，人们也不能及时地且无成本地取得所需的信息，所以，他们难以作出准确的预期，并据以作出合理的决策。

在存在不确定因素的情况下，当需求减少时，人们不知道这种减少是暂时的还是持久的，也不知道价格应下降到哪一水平才是最合适的。因此，他们对需求减少的反应往往不是立即降低价格，而是减少数量。而这种数量的减少又会波及其他市场，引起连锁反应，从而使失业更增加，需求更减少，以致形成一种累积性的紧缩过程，使失业持续存在且越来越严重。

我们知道，在瓦尔拉的一般均衡模型中，市场总是出清的，非自愿失业自然也不会存在。因为在这一模型中，任何交易都是以惟一的均衡价格进行的，而这一均衡价格则是通过拍卖商的连续喊价而形成的。由于假设存在这样一个拍卖商，因此，任何人都能及时地且无代价地取得完全信息，从而作出完全准确的预期和完全合理的决策。

但是，莱荣霍夫德指出，在现实经济生活中，瓦尔拉体系中的那个拍卖商并不存在，交易双方也不能及时地和无代价地取得完全信息。也就是说，经济主体为了搜集有关的信息，必须花费时间，并支付一定的代价。所以，当均衡被打破时，价格就不能迅速地被调整到其均衡水平。这样，交易未必以均衡价格进行，市场也未必出清。这种情形就是莱荣霍夫德所分析的非均衡状态。

需要指出的是，莱荣霍夫德所谓的价格是个比较广义的概念，这不仅包括消费品的价格，而且更包括资本品的价格、证券的价格以及劳动的价格（即货币工资）。其中，资本品价格的调整是莱荣霍夫德分析的中心。这是因为：一方面，与消费品价格的调整相比，资本品价格的调整更受到不确定性和信息不完全的影响；另一方面，资本品价格的调整将更直接地影响投资的规模，从而影响就业和产出。

（三）货币的存在是失业的根源

在上一节中，我们已分析了凯恩斯的理论。凯恩斯将失业归咎于货币的存在。莱荣霍夫德完全接受凯恩斯的这一观点，并对它作了进一步明确的阐释。

根据莱荣霍夫德的分析，失业的直接原因是货币工资、利率和其他价格不能及时地调整到充分就业所必需的均衡水平，而这种情况又是由不确定性和信息不完全造成的。在货币经济中，货币的存在增加了不确定性，并影响了信息的传递。所以，归根结底，货币的存在是失业的根源。

　　莱荣霍夫德指出："在凯恩斯对劳动的需求决策与供给决策不能协调的说明中，作为支付手段的货币的使用是一个基本的环节。同样，在他关于利率为什么不能使储蓄'等于'投资的说明中，作为价值贮藏手段的货币的使用也起着基本的作用。"[1] 莱荣霍夫德正是通过进一步发挥凯恩斯的这两种说明，以揭示货币与失业的关系的。

　　与克劳沃一样，莱荣霍夫德也认为，货币作为商品交换的媒介是它区别于其他一切商品的最基本的特征。他说："在一个货币交换的体系中，支付手段是'一种可用于一切市场上交换的商品'，在这里，它与一切其他商品都不同……一种恰当的货币经济理论，首先要反映货币的这个独一无二的性质"。[2]

　　根据莱荣霍夫德的分析，在货币经济中，由于一切交换均以货币为媒介，因此，人们在购买商品或劳务之前，必须首先得到货币。于是就产生了这样的情况，"工人寻找工作是为了货币，而不是为了商品。他们对商品的观念需求并不被传达给生产者，生产者则因未能看出对其产品的这种潜在的需求而不愿吸收超额供给的劳动力"。[3] 这样，生产者的商品滞销将与劳动者的非自愿失业持续并存。因此，莱荣霍夫德认为，"可以把货币的存在作为失业的根源。通过货币进行交换这一事实妨碍了厂商获得这样一个信息，即如果他们雇用更多的工人，他们的消费品的销售将增加。"[4]

　　现在让我们再来看一下，为什么在货币经济中，利率不能使储蓄等于投资。

　　根据莱荣霍夫德的分析，这是由于在货币经济中，储蓄不是采取实物形式，而是采取货币形式，即人们以货币作为价值贮藏的手段。

　　那么，为什么储蓄采取货币形式后易与投资发生背离呢？问题还是出在信息的传达方面。在莱荣霍夫德看来，储蓄决定了未来的商品需求，而投资则决定了未来的商品供给。在储蓄者与投资者分离的情况下，二者是否一致往往不是取决于利率的高低，而是取决于有关的信息是否能及时而有效地传达。若以实物形式储蓄，则未来对何种商品有何种程度的需求这一信息将被迅速地传达给供给者，供给者则根据这一信息安排相应的投资来生产出该种商品以满足需求。因此，在这种情况下，储蓄与投资将是一致的。但在货币经济中，储蓄采取货币形式，而货币可以在任何时候与任何其他商品相交换。因此，虽然就总

① 莱荣霍夫德：《论凯恩斯学派经济学与凯恩斯经济学》，272 页，伦敦，牛津大学出版社，1968。
② 同本页注①，80 页。
③ 同本页注①，90 页。
④ 劳伦斯·哈里斯：《货币理论》，中文版，367 页。

体而言，储蓄增加也反映了对未来商品需求的增加，但是，究竟对何种商品的需求增加，则恐怕连储蓄者本人也未必知道。因为在许多情况下，储蓄者只是为防不测而储蓄，他们在储蓄时，对将来如何使用这笔储蓄未必有所打算。这样，有关未来何种商品的需求将增加的信息就未能传达给供给者，而供给者只能根据其产品目前的有效需求确定投资的规模。在这种情况下，若储蓄增加，则消费减少；消费减少则有效需求缩小；有效需求缩小则投资自然会缩减。显然，储蓄与投资是不一致的。

另外，根据传统经济理论，储蓄增加，投资减少，则利率必下降以使二者达到均衡。但是，莱荣霍夫德认为，由于投机动机的货币需求的存在、货币的生产无弹性以及证券的保留价格（即正常利率）的限制，利率的伸缩也是缓慢的，而且是有限的。所以，在货币经济中，利率不能调整到使储蓄与投资相等的均衡水平。

根据以上所述，可见莱荣霍夫德对货币与失业的分析与克劳沃的分析如出一辙。他们都继承了凯恩斯的衣钵，错误地将失业的原因归结为货币的存在，甚至荒谬地认为，在货币经济中失业反比物物交换经济中来得多。所以，前面我们对凯恩斯理论和克劳沃理论的评介，也完全适用于对莱荣霍夫德的这一理论的评介。

第四节　弗里德曼的理论

从二次大战结束到 20 世纪 50 年代中叶这一时期，被称为凯恩斯主义的"黄金时期"。在这一时期，不仅凯恩斯主义的经济理论在资产阶级经济学界占据统治地位，而且凯恩斯主义的经济政策也纷纷为资本主义各国所采用。

根据凯恩斯主义，失业是有效需求不足造成的。为消除失业，政府就必须实行扩张性的财政政策和货币政策，以增加货币供给量，降低利率，刺激投资。但是，持续推行凯恩斯主义的结果却是物价水平持续上升。从 20 世纪 50 年代后期起，西方各国普遍发生了日益严重的通货膨胀，并在通货膨胀加剧的同时伴随着失业的增加。在这种情况下，如继续实行扩张性的财政金融政策，则通货膨胀必将愈演愈烈；而如果实行紧缩性的财政金融政策，则又会使失业更趋严重。在此进退两难的困境下，凯恩斯主义开始失灵，而作为正统凯恩斯主义的新古典综合派也因此而遭到了来自各方面的攻击，其中尤以货币学派领袖弗里德曼的攻击最为猛烈。

在关于货币与就业、产出及收入的关系问题上，弗里德曼也提出了与凯恩斯主义针锋相对的理论。

一、货币存量的变动与物价水平的变动

弗里德曼整个货币理论结构的基础是经过他重新表述的货币数量说。而关于货币存量变动与物价水平变动之间的关系的分析，则是他分析货币对经济活动的影响的理论基础和必要环节。

就总体而言，弗里德曼接受传统货币数量说的基本结论，认为货币存量的变动是一般物价水平变动的主要原因。但是，弗里德曼的新货币数量说与传统货币数量说有着明显的区别。

根据传统货币数量说，货币存量的任何变动都必将使一般物价水平作同方向且同比例的变动，即使在短期内也是如此。弗里德曼则认为，货币存量变动与一般物价水平的变动不一定存在精确的比例关系。他指出："货币存量变动与物价变动之间的关系当然不是精确的或机械式地呆板的，尽管这种关系是密切的。产生这种差异的主要因素有两个，即产出的变动及公众所意愿持有的相对于其收入的货币量的变动"。[①] 依弗里德曼之意，若货币存量不变，产出变动，则物价水平就会上升或下降。所以，如果在货币存量增加的同时，产出也增加，则物价水平就不会随货币存量的增加而等比例地上升。正因为如此，弗里德曼认为，影响物价水平的乃是平均每单位产出的货币量，而不是货币存量总额。

同时，与传统货币数量说不同，弗里德曼不是假定货币流通速度为一个制度决定的常数，而是将它看做由几个可观察到的变量所决定的稳定的函数。这些可观察到的变量大致有两类：一是实际收入；二是持有货币的机会成本。

在弗里德曼看来，人们持有的货币余额是一种"奢侈品"因而其需求的收入弹性大于1。随着实际收入的增加，人们对实际货币余额的需求也将增加，而且将以更快的速度增加，于是，人们意愿持有的货币余额占其收入的比率将上升。所以，在长期中，货币存量的增长速度将快于物价水平的上升速度。同时，持有货币的机会成本，即持有其他资产所能取得的收益，也将对人们的货币需求产生一定的影响。不过，弗里德曼指出，根据实证研究，货币需求的利率弹性是很低的。至于物价水平，则只有当它发生持续且快速的变动时，才会对货币需求产生较为明显的影响。

[①] 弗里德曼：《货币供给与物价和产出的变动》（ *The Supply of Money and Changes in Prices and Output*)，载《最适货币量及其他论文集》，174 页。

弗里德曼指出，除了上述两个因素的影响之外，"人们意愿保持的现金余额与其收入的比率在相当长的时期内将是比较稳定的。"[①] 在货币需求相对稳定的条件下，若货币供给变动，则货币供需之间必将产生失衡。为消除这种失衡，人们必将进行一系列的调整，以使其实际持有的货币余额等于其意愿持有的货币余额。通过这种调整，物价水平必将发生变动。因此，尽管在货币存量的变动与物价水平的变动之间并不存在固定的正比例关系，但货币存量的变动往往导致物价水平的变动，至少"货币存量的大幅度变动是一般物价水平大幅度变动的充分必要条件。"[②]

二、名义收入的货币理论

弗里德曼货币理论的重要特征之一，在于特别注重实证分析，即通过对大量统计资料的验证来得出相应的结论。有人因此而指责弗里德曼的货币理论只是一种单纯的经验研究的结果，而缺乏坚实的理论分析的基础。[③]

为了回击这种指责，弗里德曼于 1970 年在《政治经济学杂志》上发表了《货币分析的理论构架》一文，对货币在收入决定中的作用进行了理论上的阐释。翌年，他又在同一杂志上发表《名义收入的货币理论》一文，对前文提出的理论作了进一步的分析。在此两文中，弗里德曼提出了所谓"名义收入的货币理论。"这种理论的要旨是：货币供给的变动必然导致名义国民收入的变动。名义国民收入由物价水平和实际产出两个因素决定。在短期内，货币供给的变动既引起物价水平的变动，又引起实际产出的变动；而在长期中，货币供给的变动却只会引起物价水平的变动，而不会引起实际产出的变动。也就是说，在长期中，实际产出只受实际因素的影响，而与货币供给的变动无关。

（一）货币供给变动的短期效应

弗里德曼认为，上述货币供给的变动在短期内和在长期中所产生的影响，是通过人们资产组合的调整，从而通过人们货币支出的变动而实现的。

与凯恩斯及凯恩斯学派一样，弗里德曼也把货币作为人们持有资产的一种形式。由于人们的货币需求是相对稳定的，因此，当货币供给发生变动时，人

---

① 弗里德曼：《货币供给与物价和产出的变动》，载《最适货币量及其他论文集》，175 页。

② 同本页注①，173 页。

③ 实际上，这种"指责"是没有充分根据的。虽然弗里德曼在提出其货币理论时，曾进行了大量的经验研究，但这种经验研究无不以检验或证实某一既定的结论为目的，而这一既定的结论本身实际上就是理论分析的结果。何况弗里德曼系统阐述其货币理论的第一篇论文——《货币数量说的重新表述》，就是以理论分析而不是以经验研究为特征的。

们实际持有的货币余额必将与他们意愿持有的货币余额发生背离，或前者大于后者，或后者大于前者。这两种情况都将促使人们调整自己的资产组合，以使实际持有的货币余额等于意愿持有的货币余额。

我们知道，根据凯恩斯的理论，当货币余额的实际持有额与意愿持有额不一致时，人们可通过货币与债券的相互替代来消除这种不一致。若实际持有额过多，则人们可通过购买债券来消除过多的货币余额；相反，若实际持有额过少，则人们可出售其持有的债券来换回货币，以补充实际持有额的不足。因此，在凯恩斯看来，货币供给的变动将引起债券价格发生变动，从而导致利率的上升或下降；而利率的上升或下降又会通过投资的变动而影响就业、产出和收入。

弗里德曼认为，货币供给的变动确会引起人们资产组合的调整，但这种调整可直接地对就业、产出和收入产生影响，无需通过利率来传导。弗里德曼说："我们与凯恩斯学派的分歧，主要的不是在传导过程的性质上，而是在所考虑的资产的范围上。凯恩斯学派倾向于将注意力集中在小范围的适销资产和市场利率上，而我们则坚持认为必须考虑范围广得多的资产和利率，如耐用的和半耐用的消费品、建筑物及其他不动产。结果，我们认为凯恩斯学派所强调的市场利率只是全部有关的利率系列中的一小部分而已。"[1] 由此可见，在弗里德曼看来，人们资产组合的调整范围不只限于货币与债券，而应扩大到各种金融资产和实物资产。弗里德曼认为，货币不仅与债券及其他金融资产存在替代关系，而且更与实物资产存在替代关系。这样，当人们实际持有的货币余额与其意愿持有的货币余额不一致时，人们资产组合的调整就不仅可以在货币与债券或其他金融资产之间进行，而且更可以在货币与实物资产之间进行。所以，资产组合的调整未必引起利率的升降，但这种调整将引起各种资产之相对收益率的变动，从而引起生产、就业和收入的变动。

根据弗里德曼的分析，在货币需求一定的条件下，若货币供给增加，则人们实际持有的货币余额必将多于其意愿持有的货币余额。为消除这一过多的货币余额，人们必然会增加支出，以购买比过去更多的非货币金融资产或实物资产。[2]"但是，作为一个整体，他们却不能这样做。一个人的支出是另一个人的

---

① 弗里德曼：《货币分析的理论构架》，载戈登编：《米尔顿·弗里德曼的货币理论构架》，28 页，1974。

② 在弗里德曼看来，货币与实物资产的替代性较强，而与其他金融资产的替代性较弱。因此，货币市场与产品市场直接挂钩，不必由利率来连接。

收入。一个人只有通过劝说别人增加名义货币余额，才能减少他自己的名义货币余额。一般地说，作为一个整体的社会不能使支出多于收入。"①

但尽管如此，在货币供给增加时，每个人增加货币支出的企图仍然是十分重要的。也就是说，当货币供给增加时，虽然整个社会不能以支出大于收入的办法吸收增加的货币量，但由于每个人总是力图增加支出以消除自己过多持有的货币余额，因而货币总流量必然扩大，物价水平势将提高。在人们的预期尚未调整到与新的物价水平相适应的短期内，由于产品价格的上升幅度大于生产要素价格的上升幅度，因而实际工资降低，企业利润相对提高，这就刺激了生产的扩张和产出的增多。所以，在短期内，货币供给增加的结果往往具有二重性：一方面使物价水平上升，另一方面又使实际产出增加。

但是，既然在短期内货币供给的变动既对物价水平有影响，又对实际产出有影响，那么，能否对这两种影响作一明确的划分呢？也就是说，能否准确地区分在货币供给变动对名义国民收入的影响中，究竟有多少作用于物价水平，又有多少作用于实际产出呢？弗里德曼认为，根据人们现有的知识水平，这是很难做到的，但这种划分倒是十分重要的。因此，他指出："关于货币收入的变动如何在物价与数量（指产量——引者注）之间进行划分的问题，亟待更多的研究。"②

在《货币分析的理论构架》一文中，弗里德曼又指出，无论是简单的货币数量说，还是简单的收入—支出说，都未曾对短期内名义收入变动在物价与产出之间的划分作过什么说明，因而它们都将名义收入的变动简单地归结为其中的一个因素。也就是说，前者将名义收入的变动全部归结为物价水平的变动，而后者则将名义收入的变动全部归结为实际产出的变动。弗里德曼认为，这两种理论都是有缺陷的。③ 在他看来，在短期内，由货币供给变动所引起的名义收入的变动，乃是物价变动与产出变动的共同结果。不过，如何对此两种变动作出准确的划分，目前仍是一个有待进一步探讨的问题。因而，有人将这一问题称为"弗里德曼难题"（the Friedman puzzle）。④

---

① 弗里德曼：《货币分析的理论构架》，载戈登编：《米尔顿·弗里德曼的货币理论构架》，3 页，1974。

② 弗里德曼：《国家经济研究局的货币研究》（*The Monetary Studies of the National Bureau*），载《最适货币量及其他论文集》，279 页，1969。

③ 同本页注①，44 ~ 45 页。

④ 温特劳布：《凯恩斯、凯恩斯学派与货币学派》（Sidney Weintraub, *Keynes, Keynesians and Monetarists*），124 页，宾夕法尼亚大学出版社，1978。

（二）货币供给变动的长期效应

弗里德曼认为，在短期内，货币供给的变动既影响物价水平，又影响实际产出，但在长期中，货币供给的变动却只能影响物价水平，从而只能影响各种名义变量，至于各种实际变量，如就业量、产出量、实际收入及实际利率等，均决定于各实物因素，而不受货币供给变动的影响。

根据弗里德曼的分析，在短期内货币供给变动之所以既对物价水平有影响，又对实际产出有影响，是因为在短期内，人们还来不及进行预期调整，因而还存在预期误差。这种预期误差的存在将使实际工资上升或下降，使企业利润增加或减少，从而引起生产的扩张或收缩。但是，从长期来看，人们的各种预期都将得到修正，因而不存在预期误差。在这种情况下，若实际因素不变，则实际工资也不变，企业利润也不变，于是生产的规模自然也不变。

同时，根据货币数量说，货币供给增加，物价水平必然上升；货币供给减少，则物价水平必然下降。在名义货币余额一定时，物价水平的变动将引起实际货币余额的相应变动。在长期中，随着物价水平的变动，人们将根据物价变动率重新调整资产组合，以使实际持有的实际货币余额等于其意愿持有的实际货币余额。这种调整将使上述那种在短期内变动的实际量值回复到其原来的水平。所以，货币供给变动的长期效应将只影响物价水平，而使各实际量值保持不变。

弗里德曼的上述理论可用 IS - LM 模型加以分析，如图 6 - 1 所示。

在图 6 - 1 中，i 为利率，M 为货币量，y 为实际收入，$L(y_1)$ 和 $L(y_2)$ 分别为实际收入等于 y_1 和 y_2 时的货币需求曲线，其中 y_2 高于 y_1。在名义货币供给一定的条件下，物价水平上升，则实际货币供给减少；物价水平下降，则实际货币供给增加。假定 P_1 和 P_2 为不同的物价水平，其中 P_2 高于 P_1，则 $\dfrac{M^s}{P_1}$ 和 $\dfrac{M^s}{P_2}$ 分别为物价水平在 P_1 和 P_2 时的实际货币供给。

由图 6 - 1（a）可知，若名义货币供给由 M_0^s 增加到 M_1^s，在物价水平不变（仍为 P_1）的条件下，实际货币供给也由 $\dfrac{M_0^s}{P_1}$ 增加到 $\dfrac{M_1^s}{P_1}$，于是，货币供给与货币需求将在较低的利率水平上达到均衡，因而 LM 曲线右移，即由 LM_0 移到 LM_1 [见图 6 - 1（b）]。又由于投资与储蓄均与物价水平无关，故在产品市场上只有一条唯一的 IS 曲线。因此，LM 曲线右移，则实际收入增加，如图 6 - 1（b）所示。这说明，在货币供给增加的初期，由于流动性效应的作用，利率下降，而物价则尚未上涨，因而将刺激就业和产出的增加。

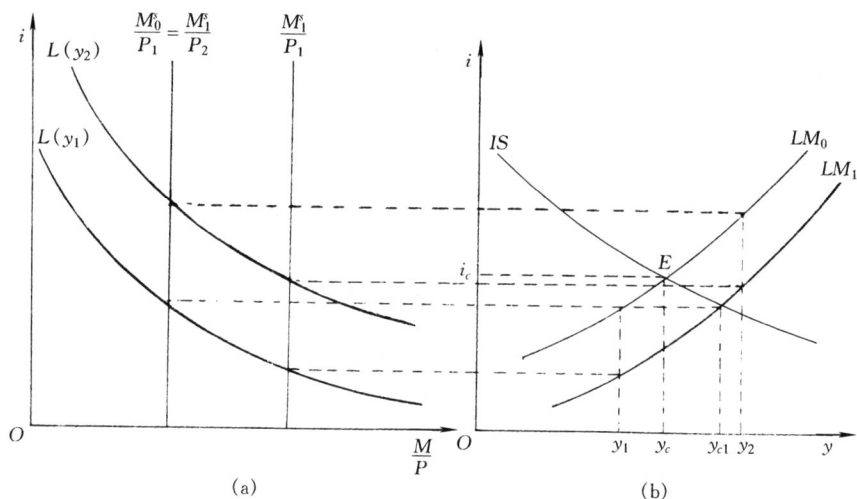

图 6 - 1

但是，这种情况只能是暂时的。因为货币供给增加必使物价水平上涨。随着物价水平的上涨，实际货币余额减少。再看图 6 - 1 （a），假定物价水平由 P_1 上涨到 P_2，则实际货币供给由 $\dfrac{M_1^s}{P_1}$ 减少到 $\dfrac{M_1^s}{P_2}$，再假定 $\dfrac{M_1^s}{P_2} = \dfrac{M_0^s}{P_1}$，则 LM 曲线左移到其原来位置，于是，实际收入也恢复到其原有水平。从经济学原理来看，随着物价水平的上升，人们持有的实际货币余额减少。因此，他们必须重新调整资产持有形式，即通过缩减支出、增加收入来使自己持有的实际货币余额恢复到意愿持有的水平。于是，利率回升，投资减少，就业和产出均回复到其原来的水平。因此，在短期内，货币供给增加的确能暂时地使就业和产出增加，但从长期来看，增加的货币供给必将完全由物价水平的上升所吸收，而对实际产出和实际收入并不产生影响。

总之，根据弗里德曼的分析，货币供给的变动总会引起名义收入的变动。他说："物价或名义收入的大幅度变动几乎总是名义货币供给变动的结果"。[1] 但是，在短期内和在长期中，货币供给变动的结果却是不同的。在短期内，货币供给的变动不仅影响着名义收入，而且还影响着实际收入。但是，"在长期中，货币数量的变动对实际收入的影响是微不足道的。所以，对于长达数十年的实

---

① 弗里德曼：《货币分析的理论构架》，载戈登编：《米尔顿·弗里德曼的货币理论构架》，3 页，1974。

际收入的变动来说，非货币的力量是'至关重要的'，而货币则是'不重要的'。"① 也就是说，从长期来看，实际收入只受实际因素影响，而不受货币因素影响。因此有人认为，与其把弗里德曼等货币学派经济学家称为"货币主义者"，倒不如把他们称为"实际主义者"（realist）②。

三、"自然失业率"假说

所谓"自然失业率"，是弗里德曼为批评凯恩斯学派的经济理论和经济政策而提出的一个新的概念。在《货币政策的作用》一文中，弗里德曼首次提出并分析了这一概念，其后，他又在其他有关论著中对此概念作了反复申述和补充说明。

弗里德曼指出，他提出"自然失业率"这一概念，是受魏克赛尔"自然利率"这一概念的启发。因此，他所谓的自然失业率中的"自然"二字与魏克赛尔所谓的自然利率中的"自然"二字有着相同的内涵。③

何为自然失业率呢？弗里德曼的定义非常晦涩难懂。他说："所谓'自然失业率'是这样一种失业率，它可以根据瓦尔拉的全面均衡方程体系计算出来，只要给予这些方程式以劳动力市场和商品市场的现实的结构性的特征，这些特征包括市场不完全性，需求和供给的随机变化，获得有关工作空位和可利用的劳动力的情报的费用，劳动力的流动的费用，等等。"④ 他又说，自然失业率是与魏克赛尔的自然利率相平行的一个概念，它的高低完全由实际因素决定，而与货币因素无关。⑤

依弗里德曼之意，所谓自然失业率是指在没有货币因素影响的条件下，由劳动力市场和商品市场自发的供求力量所决定的、处于均衡状态时的失业率。换言之，自然失业率是由影响劳动力供给和需求的各种实物因素所决定的失业率。这种失业率系由两部分失业所形成：一是自愿失业，二是结构性失业。其中，所谓"结构性失业"，实际上就是通常所说的"摩擦性失业"。显然，这两类失业都不是由政府的财政金融政策所能改变的。同时，这两类失业的存在又

① 弗里德曼：《货币分析的理论构架》，载戈登编：《米尔顿·弗里德曼的货币理论构架》，27 页。
② 鲍尔：《货币与就业》（R. J. Ball, *Money and Employment*），50 页，麦克米兰公司，1982。
③ 关于魏克赛尔"自然利率"的含义，可参见本书第四章第二节。
④ 弗里德曼：《货币政策的作用》，载《现代国外经济学论文选》（第一辑），120 页，北京，商务印书馆，1979。
⑤ 参见弗里德曼：《通货膨胀和失业：政治学的新领域》，载王宏昌编译：《诺贝尔经济学奖获得者讲演集》，292 页，北京，中国社会科学出版社，1986。

都是与充分就业并不矛盾的。

需要指出的是，尽管弗里德曼认为自然失业率是均衡状态下的失业率，但他并不认为它是固定不变的。他强调指出："在使用'自然'失业率这一名词的时候，我并不认为它是永远不变的和不能改变的。相反，决定着它的水平的许多市场特征是人为的和政策造成的……因此，我用'自然'这个词的理由和魏克赛尔一样——试图把实物因素同货币因素区分开来。"[1]

由以上分析，我们可看出如下几点：

1. 弗里德曼使用自然失业率这一概念的目的，在于区分影响就业状况的货币因素和非货币因素。[2] 由此可推知，弗里德曼认为货币因素对就业状况是有影响的。这是因为，如果货币对就业没有影响，则任何失业率便都是所谓自然失业率，因而就没有必要区分影响就业状况的实物因素和货币因素，也没有必要提出自然失业率这一概念。

2. 弗里德曼认为自然失业率是可变的。之所以可变，是因为影响和决定自然失业率的各种实物因素是可变的，而且其中有些因素还是"人为的和政策造成的。"弗里德曼以美国为例说明了这一点。他指出，自 20 世纪 60 年代以来，美国的自然失业率呈明显上升的趋势，其主要原因有两个：第一，在美国的劳动力中，妇女、青年及部分时间工作者的比重越来越大。这些人的流动性较大，转移工作岗位也较频繁，因而这些人在劳动力总数中的比重增大，会使平均失业率上升。第二，失业保险和其他救济金的增加，使失业者的生活较有保障，从而减轻了他们寻找工作的压力，因此，失业者在寻找工作时可以等待更长的时间，而就业者也可更为频繁地转换工种，以获得更好的工作，这样，失业率自然会上升。

3. 弗里德曼认为，自然失业率并不是最低失业率，而是与劳动力市场现实状况相适应的失业率。因此，消除劳动力市场的障碍，减少劳动者流动的阻力，有效地传播有关工作空位的信息等等，都可以降低自然失业率；反之，则会提高自然失业率。[3]同时，由于自然失业率不是最低失业率，因此，一定的财政金融政策可在短期内使实际失业率低于自然失业率。

4. 弗里德曼之所以提出自然失业率这一概念，是为了反对凯恩斯主义的国家干预政策，主张由市场力量调节经济生活。在弗里德曼看来，既然自然失业

---

① 弗里德曼：《货币政策的作用》，载《现代国外经济学论文选》（第一辑），121～122 页，北京，商务印书馆，1979。

②③ 弗里德曼：《失业还是通货膨胀？》，中文版，23 页，北京，商务印书馆，1982。

率是由货币因素之外的实际因素决定的，那么，任何增加货币供给量或降低利率的财政金融政策都不能使自然失业率有所降低。虽然在短期内，这种政策能使实际失业率暂时地低于自然失业率，但从长期来看，它却只能使通货膨胀率不断提高，且以越来越快的速度提高，而不能使实际失业率长期地低于自然失业率。因此，自然失业率是与通货膨胀率无关的①，或者说，它是与任何水平的通货膨胀率相适应的失业率②。

综上所述，我们不难看出弗里德曼的自然失业率假说真可谓毫无新意！与古典学派的就业理论相比，它实质上只是老产品换上了新包装。

根据古典学派的就业理论，劳动力的供给与需求都完全取决于实际因素，而与货币因素无关。从整个经济来看，劳动力的供给与需求总是平衡的，因而经济能保持充分就业。但即使在这种充分就业的均衡状态下，整个经济中也还是存在一部分失业，即自愿失业与摩擦性失业。这种自愿失业与摩擦性失业是任何经济政策都不能消除的，同时，它们也是与充分就业并行不悖的。很显然，弗里德曼所谓的自然失业率，实际上就是自愿失业与摩擦性失业占劳动力总数的比率。所不同的只是这样一点：古典学派认为就业水平仅由实际因素决定，而不受货币因素的影响，不仅在长期中是如此，而且在短期内也是如此。弗里德曼则认为，只有在长期中，就业水平才完全由实际因素决定，因而实际失业率总能与自然失业率相一致；而在短期内，就业水平也会受货币因素的影响，从而实际失业率有可能偏离自然失业率。但是，就连这一不同点也不是弗里德曼的"创见"。由本章第一节可知，早在200多年前，休谟即已明确地分析过货币因素对就业水平的这种短期影响；20世纪初，费雪也同样明确地论述过这种影响。所以，弗里德曼的"创新"之处，就在于借用了魏克赛尔的"自然率"概念，以所谓自然失业率来代替传统庸俗经济学中的自愿失业和摩擦性失业。

更需指出的是，弗里德曼的自然失业率假说完全是反科学的。他自称其理论是"凯恩斯革命"的"反革命"，这话倒是说对了，他提出自然失业率假说，就充分证明了他已完全彻底地回到了凯恩斯之前的传统庸俗经济学的老路上去了。

我们知道，失业本是资本主义基本经济矛盾的必然结果。马克思指出："过

---

① 莱德勒：《"需求管理"的终结：如何减少七十年代的失业》，载弗里德曼：《失业还是通货膨胀?》，中文版，48 页。

② 弗里德曼关于失业与通货膨胀之关系的理论，将在本书第八章第四节作比较详细的评述。

剩的工人人口是积累或资本主义基础上的财富发展的必然产物，但是这种过剩人口反过来又成为资本主义积累的杠杆，甚至成为资本主义生产方式存在的一个条件。"[①] 由资本主义经济的现实我们可清楚地看到，大量的失业后备军是资本主义社会所经常存在的。而在这种失业后备军中，绝大部分失业者都既不是所谓"自愿失业"，也不是什么"摩擦性失业"。所以，连凯恩斯这样的资产阶级经济学家也不得不承认，在资本主义经济中经常地存在着大量的"非自愿失业"，因而充分就业只是一种特例。相反，弗里德曼却根本无视资本主义经济的这种现实，否认"非自愿失业"的存在，把资本主义经济中经常存在的大批失业者说成是"自然失业"，因而它与资本主义制度是毫不相干的。由此足见弗里德曼的自然失业率假说有着十分明显的辩护性。

复习思考题

1. 根据凯恩斯的分析，货币主要有哪些特性？为什么说货币的存在是失业的根源？

2. 你认为用 IS－LM 模型解释凯恩斯经济学是否合理？请说明理由。

3. 根据克劳沃的分析，在货币经济中失业反比物物交换经济中来得多，为什么？

4. 什么是"自然失业率"？试加以简要评论。

5. 根据弗里德曼分析，货币供给的变动对经济的影响在短期内和长期中有何不同？

---

① 马克思：《资本论》，中文版，第 1 卷，692 页，北京，人民出版社，1975。

第七章　货币与经济增长
及经济发展理论

20 世纪 60 年代，西方经济学界出现了所谓的"货币增长理论"（monetary growth theory）。这一理论旨在研究货币同经济增长的内在联系及货币政策对经济增长的影响。货币增长理论可分为以托宾、哈里·约翰逊（Harry G. Johnson）和唐·帕廷金（D. Patinkin）等人为代表的所谓新古典的货币增长理论和以杰罗姆·斯泰因（Jerome L. Stein）等人为代表的被称为凯恩斯—魏克赛尔型的货币增长理论这两大类。

货币增长理论一方面标志着西方货币理论发展的最新阶段，另一方面又是西方经济增长理论的新的一页。在 20 世纪 60 年代以前，西方经济增长论者都只是从实物方面，而没有同时从货币方面来讨论经济增长问题。货币增长理论的出现，正好弥补了以往经济增长理论的这一缺陷。因为货币增长理论的许多基本概念和定义都来自于实物增长理论，所以有必要从实物增长理论谈起。

第一节　实物经济增长理论

一、哈罗德—多马经济增长模型[①]

哈罗德经济增长模型"是投资必然总是等于储蓄这一事实的动态化的表述，"[②] 即有恒等式：

$$I \equiv S \qquad\qquad (7-1)$$

同时，根据储蓄函数和加速原理，又设储蓄和投资分别与收入和收入的增量成固定的百分比关系，即：

$$S = sY \qquad\qquad (7-2)$$

---

① 哈罗德模型和多马模型都产生于 20 世纪三四十年代。由于多马模型在基本点上与哈罗德模型并无二致，故本书且以哈罗德模型为代表。

② 哈罗德：《动态经济学》，中文版，22 页。

$$I = v\dot{Y} \qquad (7-3)$$

将以上两式分别代入式（7-1）的左右两边，就得到下式：

$$sY = v\dot{Y} \qquad (7-4)$$

$$或 \quad \frac{\dot{Y}}{Y} = \frac{s}{v} \qquad (7-5)$$

这就是哈罗德的经济增长模型。它表明，为了维持储蓄等于投资的均衡增长，产出的增长率就必须等于储蓄率与资本—产出率之比。换句话说，储蓄率需同经济增长率成正比关系，这是因为，储蓄在收入中所占的份额越大，产出的增长率就需越高，以引致足够的投资来吸收所有的储蓄；而加速系数 v 则同增长率成反比关系，这是因为，v 越小，一定量产出的增加所引致的投资就越小，从而，所要求的产出的增长率也就越高，以便能顺利地吸收全部储蓄。

哈罗德将在上述条件下所实现的增长率称为"有保证的增长率"（G_w），因为"这个增长率，是与人们想要进行的那个储蓄以及人们拥有为实现其目的而需要的资本货物额相适应的。"[①]

但是，有保证的增长率只能保证生产能力的充分利用，而不能保证社会的充分就业，且更重要的还在于，经济的增长最终取决于劳动力的供给和劳动生产率的提高，为此，哈罗德还引入了"自然增长率"（G_n）的概念。G_n 取决于劳动力供应的增长率以及由于技术进步而引起的劳动生产率的增长率。由于 G_n "是与经济的潜力相适应的增长率"，是经济"可能达到的最大增长率"，[②] 所以"实际的增长（G）不可能超过 G_n"[③]。

这样，哈罗德就定义了三种增长率，即实际发生的增长率 G、有保证的增长率 G_w 和自然增长率 G_n。由于 G_w 是使储蓄和投资相等的增长率，而 G_n 则是使劳动力的供给和需求相等的增长率，因此，只有当 G 同时等于 G_w 和 G_n 时，才能使经济达于充分就业的稳态增长（Steady-state growth）[④]，而三者的任何背离都

---

① 哈罗德：《动态经济学》，中文版，24 页。
② 同本页注①，34 页。
③ 同本页注①，38 页。
④ 稳态增长以及与此密切相关的平衡增长（balanced growth）是当代西方经济增长理论的两个中心概念。前者是指经济中的所有变量（产出、劳动人口、资本存量等等）都以固定的百分率增长，而后者指的是，所有变量都以固定的且以彼此相同的百分率增长。在西方增长经济学文献中，两者往往混用，而没有严格的界线，且一般所谓稳态增长实际上指的是平衡增长。

将导致持续的经济萧条或经济膨胀。根据哈罗德模型，储蓄率、资本—产出比率和人口增长率是分别独立地决定的，尤其是后者，同经济过程并没有直接的联系，故除了偶然的巧合外，稳态增长在现实经济中是很难实现的。

由此可见，哈罗德模型将凯恩斯的国民收入决定理论长期化和动态化，提出了在长期中实现经济均衡增长的条件。但是，"在哈罗德模型中，却不存在能保证达到这一'黄金时代'（Golden Age）的机制"。[1] 这是因为，在哈罗德看来，资本主义市场经济本身并不能保证充分就业的均衡增长，只有同时诉诸于国家对经济的干预才能达到这一目的。因此，哈罗德以其经济增长模型再次得出了传统凯恩斯主义的结论。鉴于哈罗德—多马模型在许多方面都具有凯恩斯主义的特征，在西方经济学界，就常有人把它们称为"后凯恩斯主义的经济增长模型"。[2]

二、新古典经济增长模型

从以上分析中我们已经能够看出，哈罗德—多马模型的基本假设在于固定的资本—产出比 v，因此，对于任何既定的 s，只有一个惟一数值的 G_w 才能与之相适应，于是就产生了哈罗德模型中稳态增长能否实现的问题。[3] 但是，索洛却认为，"在任何不稳定的经济中，资本对产出的比例是很容易变化的，因为从一个时间序列看，资本存量变化必然是很缓慢的，而产出则可能在短期内就发生巨大变化"。[4] 20 世纪 50 年代中期，索洛、斯旺等经济学家从可变的资本—产出比和可变的资本—劳动比的假设出发，建立起新古典的经济增长模型，并试图以此解决哈罗德—多马模型中稳态增长的实现问题。

现在，让我们首先导出新古典增长模型的基本方程式，然后通过对这一基本方程式的分析来审视新古典增长理论的基本内容。设资本存量、劳动人数和人均资本分别为 K、L 和 k 显然有：

$$k = \frac{K}{L} \tag{7-6}$$

① 琼斯：《现代经济增长理论导论》（Hywel G. Jones: *An Introduction to Modern Theories of Economic Growth*），50 页，1976。
② 亨利·旺：《经济增长》（Henry Y. Wan: *Economic Growth*），10 页，1971。
③ 许多西方经济增长模型都致力于解决这样两个问题：一是实现稳态增长是否可能，二是在经济体系内部是否存在着使经济趋于稳态增长的内在力量。前者被称为"存在性"问题，后者则被称为"稳定性"问题。由于这些问题不是本书论述的重点，因此，暂且把它们归结为稳态增长能否实现的问题。
④ 索洛：《增长理论——一种说明》（R. M. Solow: *Growth Theory—An Exposition*），3 页，1977。

根据对数原理，可由上式导出：

$$\ln k = \ln K - \ln L \qquad (7-7)$$

求式（7-7）的微分：

$$\frac{1}{k} \cdot \frac{\mathrm{d}k}{\mathrm{d}t} = \frac{1}{K} \cdot \frac{\mathrm{d}K}{\mathrm{d}t} - \frac{1}{L} \cdot \frac{\mathrm{d}L}{\mathrm{d}t} \qquad (7-8)$$

上式等价于：

$$\frac{\dot{k}}{k} = \frac{\dot{K}}{K} - \frac{\dot{L}}{L} = \frac{\dot{K}}{K} - n^{[1]} \qquad (7-9)$$

其中，n 代表劳动人口的增长率。上式表示：人均资本的增长率为总资本的增长率与劳动人口的增长率之差。

至此，需追述新古典增长理论的几个基本假设：（1）固定的储蓄—收入比，即 $S = sY$；（2）在经济均衡的条件下，储蓄必定等于投资，即 $S = I$；（3）不考虑资本的折旧问题，于是资本增量 K 即为投资 I；（4）规模常数收益的线性齐次生产函数 $Y = F(K, L)$，或以人均收入来表示：$y = f(k, 1) = f(k)$。

根据上述假设，将式（7-9）中的各项同乘 $\dfrac{K}{L}$，就可得到：

$$\dot{k} = \frac{\dot{K}}{L} - nk = \frac{sY}{L} - nk = sf(k) - nk \qquad (7-10)$$

其中，$sf(k)$ 为人均储蓄，nk 则代表当劳动力以固定的百分率 n 增长时为维持既定的资本—劳动比所需要的人均投资。可见，$sf(k)$ 超过 nk 的部分才能用于增加人均资本。这就是新古典增长模型的基本方程式。索洛等人认为，利用这一基本方程式，就能解决哈罗德模型中稳态增长的实现问题。

我们知道，稳态增长的基本要求就是产出、劳动人口和资本存量都以相同的百分率增长。这一要求可以归结为人均资本的增量 $\dot{k}$ 等于零，即 k 保持不变。因为，若 $k = K/L$ 不变，当 L 的增长率为 n 时，K 也必定以相同的百分率增长，即 $\dot{K}/K = n$。同样，在没有技术进步的情况下，固定的资本—劳动比意味着固定的人均产出，后者又意味着总产出的增长率将同劳动人口的增长率相同，

---

[1]　根据西方经济学文献的一般规定，任何变数符号上加点者为其时间导数，如 $\dot{k} = \dfrac{\mathrm{d}k}{\mathrm{d}t}$，表示在某一时点上资本流量对于时间的变化率。

也就是 $\dot{Y}/Y = n$。从而，当人均资本不变时，各有关变量都将以相同的百分率 n 增长。用哈罗德的话来说，就是各变量的增长率都同自然增长率相一致。

索洛等人认为，资本主义的市场机制能满足稳态增长的这一基本要求。也就是说，k 会自动趋于某一均衡值，使式（7-10）中的 $\dot{k}$ 等于零。这一结论可以通过反证来加以证明。若 $\dot{k} > 0$，就意味着：

$$sf(k) > nk \tag{7-11}$$

由此可推得：

$$\frac{sY}{K} > n \tag{7-12}$$

根据上述新古典增长理论的基本假设［假设（2）和（3）］，式（7-12）可改写成：

$$\frac{\dot{K}}{K} > n \tag{7-13}$$

上式表明，当 $sf(k) > nk$ 时，资本存量的增长率必然大于劳动力的增长率，换句话说，实际发生的人均储蓄（或人均投资）大于为维持既定的资本—劳动比所需要的人均储蓄（或人均投资）。显然，k 将由此而上升，直到 $sf(k) = nk$ 为止。

基于上述推理，新古典增长论者就断言，在资本主义市场经济内部，存在着一种自动调节机制。只要资本—劳动比低于稳态增长所要求的水平，这一机制就会发生作用，促使资本—劳动比上升，并使之达到均衡水平；反之，当资本—劳动比高于稳态增长所要求的水平时，这一机制也会使资本—劳动比下降，同样使之达到均衡水平。新古典增长论者由此得出结论说，资本主义的市场机制能使经济自动趋于充分就业的稳态增长。

关于对哈罗德—多马增长模型和新古典增长模型的评价问题，国内许多经济学文献中都已有精辟的论述。我们在这里只是想再次指出，哈罗德—多马模型只是描述了资本主义经济过程中所呈现的一些表面现象。因为单凭一些简单的数量间的关系是无法揭示出某一事物的本质和特征的。更何况决定资本主义经济发展的多种因素远非这一模型中的几个变量所能包括得了。至于新古典增长模型，它在理论上甚至比哈罗德—多马增长模型更浅薄、更无价值。因为后者毕竟还反映了资本主义再生产过程的一些表面联系，且它所得出的关于资本主义市场经济本身并不能保证充分就业的稳态增长的结论也已为资本主义经济的现实所证实；而前者只是从既定的前提出发来推得既定的结论的一种文字和数学的游戏。不难看出，在新古典增长模型中，人均资本向着均衡值的移动，从而稳态增长的实现，是以整个社会的储蓄必定全部转变成投资为前提条件的。而事实上，该条件本身也只有在经济均衡的状态下才能得到满足。这岂不是从资本主义经济均衡的前提出发来得出资本主义经济均衡的结论吗？这种循环推论又有什么理论意义呢？

第二节　新古典货币增长理论

我们以上讨论的都是实物增长理论。这些理论主要阐述资本积累、人口增长和技术进步等实际变量同长期的经济发展和国民收入增长的关系。在实物增长模型中只有一种形式的资产，即实物资产，而完全排除了货币资产。这些经济学家所研究的虽然也是货币经济，但他们却很少注意到货币因素在经济增长中所起的作用。他们认为，货币供应具有完全的弹性，因而不会像实际变量一样，成为经济增长的制约因素。同时他们还认为，货币只能在短期内影响商业循环，而增长理论则是对长期的经济增长的分析。由于这些增长理论只注意经济的实物方面，而忽视了经济的货币方面，因而被有些经济学家认为"从某种意义上来说是不完善的。"[①]

为了弥补实物增长模型的这一缺陷，20世纪60年代以来，在西方经济学界出现了所谓的"货币增长理论"。这一理论旨在研究货币同经济增长的内在联系。1955年，托宾发表了《动态总体模型》一文，第一次把货币因素引入经济增长的研究中。1965年，托宾又发表了题为《货币和经济增长》的著名论文，从而初步奠定了货币增长理论的基础。接着，哈里·约翰逊在1966年发表了《新古典的单一部门的增长模型》一文，戴维·莱福哈里（D. Levhari）和唐·帕廷金则在1968年合作发表了《货币在单一的增长模型中的作用》这一重要论文，同时，西特拉斯克（M. Sidrauski）等经济学家也都先后著文。这些论文全面阐述并发展了托宾的模型，于是形成了所谓新古典的货币增长理论。

一、托宾的货币增长模型

我们在论述新古典的实物增长模型时已经指出，索洛等人是通过改变资

---

① 亨利·旺：《经济增长》，243页，1971。

本—产出比来"解决"哈罗德模型中稳态增长的实现问题。而托宾却认为，这一解决还不够彻底，因为他们还未考虑货币因素。因此，托宾在《动态总体模型》一文中就开宗明义地指出："当代关于商业循环和经济增长的理论模型有两个典型的相互关联的特征：（1）它们假设生产中的各要素间不存在替代关系，（2）所有变量都是实物量，货币和价格现象是没有意义的。由于这些特征，这些模型就展现了一幅经济过程的呆板的画面：一条笔直而又狭窄的路，稍一偏向，就会遭致灾祸……这些模型具有很大的启发性。但是，它们对经济的描绘又使人们怀疑，它们是否忽视了某些基本的调节机制。"

"本文的目的在于提出一个单一的总体模型。这一模型既顾及各要素间的相互替代，又考虑到货币的作用。"①

从这段话中不难看出，托宾试图以其货币增长模型来"彻底解决"哈罗德模型中稳态增长的实现问题，并以此发展新古典的实物增长理论。

除了新古典经济增长理论的一般假设外，托宾还作了如下一些特殊的规定：（1）所有的货币都以"外在"货币的形式存在，这种外在货币"惟一地由中央政府所发行"，② 因此它既是政府的负债，又是公众的净财富；（2）货币不具有直接的收益，其收益间接地取决于物价的变动，因此，"货币的自身收益完全是由政府所决定的"；③ （3）不考虑发行货币的成本；（4）社会财富由实物资产和实际现金余额两个部分所组成；（5）人们以实际现金余额的形式持有一部分收入；（6）物价是灵活可变的。

根据规定（4），实际现金余额的增加意味着人们净财富的增加。因而在名义现金余额不变条件下的价格水平的下降，或在价格水平不变条件下的名义现金余额的上升，都将使人们的收入增加。托宾由此引入了一个新的可支配收入的概念，这一概念在托宾的货币增长理论中占有重要的地位。因为"在托宾的模型中，货币对经济运行的影响主要是通过其对实际可支配收入的影响来实现的。这一可支配收入决定了人们的消费（或同一意义地，决定了人们的储蓄行为）"。④

---

① 托宾：《动态总体模型》，载托宾：《经济学论文集》（A Dynamic Aggregative Model，Essays in Economics），第 1 卷，115 页。

②③ 托宾：《货币和经济增长》（Money and Economic Growth），载托宾：《经济学论文集》，第 1 卷，138 页。

④ 帕廷金和莱福哈里：《货币在单一的增长模型中的作用》，载帕廷金：《货币经济学研究》（The Role of Money in a Simple Growth Model，Studies in Monetary Economics），206 页，1972。以下凡引此文，均只注明引文在《货币经济学研究》中的页数。

帕廷金和莱福哈里根据托宾的定义，将可支配收入表述为：

$$Y_D = Y + \frac{\mathrm{d}\left(\dfrac{M}{P}\right)}{\mathrm{d}t} = Y + \frac{M}{P}(u - \pi) \qquad (7-14)$$

或以人均收入来表示：

$$y_D = y + m(u - \pi) = f(k) + m(u - \pi) \qquad (7-14')$$

式中，$\dfrac{M}{P}$ 为实际现金余额，$u = \dot{M}/M$ 为货币增长率，$\pi = \dot{P}/P$ 为物价上升率，

$m = \dfrac{M}{PL}$ 为人均实际现金余额，Y 为实际国民收入，Y_D 为实际可支配收入。上式表示，"实际可支配收入等于实际国民净收入（Y）加上所增加的名义货币量的实际价值（uM/P），再减去由于价格上升而引起的现有货币余额之实际价值的下跌额（$\pi M/P$）"。[1][2]

帕廷金和莱福哈里进一步阐述到，上式所包含的两种资产——实物资本和实际现金余额的收益率分别为资本的边际生产率 $r = \partial F(K, L)/\partial K = f'(K)$ 和通货紧缩率 $-\pi$。于是，$r - (-\pi) = r + \pi$ 就成了人们持有现金余额的机会成本。鉴于货币具有较大的流动性和安全性，在同等收益下，人们总是愿意保持货币，而不愿意保持实物资本，可以认为，在均衡条件下，$-\pi < r$ 总能成立，也就是说，这一机会成本总是大于零。

根据规定（5），实际余额占收入的一定的百分比 λ，而 λ 的大小则取决于上述机会成本的高低，即：

$$\frac{M}{P} = \lambda(r + \pi)Y, \lambda'(r + \pi) < 0 \qquad (7-15)$$

上式表明，意愿实际余额率 λ 为持有实际余额的机会成本的减函数，而意愿实际余额 M/P 则为收入的增函数。根据后一结论，又可得到以下等式：

$$\frac{\mathrm{d}\left(\dfrac{M}{P}\right)}{\mathrm{d}t} = \lambda g Y \qquad (7-16)$$

式中，等式左边为追加实际余额，等式右边的 g 则代表国民收入的增长率。由规定（6）可知，物价将根据货币量和产出量的对比关系而随时得到调整，这就

---

① 帕廷金：《货币经济学研究》，207 页。

② 这里需要解释的是，当货币供应量的增加超过产出的增加时，物价就会上升，从而导致现有货币余额之实际价值的下降。因此，只有减去这一项，才能得到实际的可支配收入。

保证了式（7-15）和式（7-16）能够成立。

若将式（7-16）代入式（7-14），可支配收入就成了：

$$Y_D = Y(1 + \lambda g) \tag{7-17}$$

或以人均收入来表示：

$$y_D = y(1 + \lambda g) \tag{7-17'}$$

式（7-17）同样表明，"可支配收入为产出与实际货币存量的增加额之和"。[1] 当产出增加时，实际货币余额总是随之而同步增加。因此，按照托宾的定义，货币经济中人们的可支配收入往往大于实物经济中的实物收入。根据新古典经济增长理论的固定的储蓄—收入比的假设，由托宾的这一结论又可得到如下推论，即当其他条件不变时，货币经济中的储蓄往往大于实物经济中的储蓄，前者为 $sY(1 + \lambda g)$。

但是，货币经济中的储蓄却不能像实物经济中的储蓄那样全部转化为投资，这是由于，"实际余额的增长同样要吸收储蓄，因为追加的实际余额必须为人们所持有"。[2] 结果，能实际转化为投资的储蓄就只剩下：

$$s'(Y) = sY_D - \lambda gY = sY(1 + \lambda g) - \lambda gY$$
$$= sY + s\lambda gY - \lambda gY \tag{7-18}$$

或以人均储蓄（投资）来表示，则为：

$$s'(y) = sy + s\lambda gy - \lambda gy \tag{7-18'}$$

由以上两式可以看出，实际余额的增加虽然导致了总储蓄的增加（$s\lambda gy$），但同时又必须从这些总储蓄中减去所增加的实际余额（λgy），余下的部分才能用于扩大实物资本。由于 $s < 1$，因此追加实际余额的"净效果只是降低了用于创造实物资本的储蓄同产出之比（与在纯粹实物经济中所能获得的这一比例相比）。当总产出的增长率既定时，意愿实际余额同产出之比（即 λ——引者注）愈大，实际余额的绝对增加额就愈大，从而实物资本投资对产出的比率的下降就愈烈。"[3] 用托宾自己的话来说，就是"货币的引入降低了资本密集度的均衡

---

① 托宾：《最适度货币增长之解说》（*Notes on Optimal Monetary Growth*），载托宾：《经济学论文集》，第 1 卷，151 页。

② 约翰逊：《新古典的单一部门增长模型中的货币》，载约翰逊：《货币经济学论文选》（*Money in a Neo-Classical One-Sector Growth Model, Selected Essays in Monetary Economics*），164 页，1978。以下凡引此文，均只注明引文在《货币经济学论文选》中的页数。

③ 约翰逊：《货币经济学论文选》，164 页。

值（equilibrium capital intensity）"。①② 这就是著名的"托宾反论"（Tobin-para-dox）。它的基本含义是：货币作为一种资产，对人们的储蓄和投资行为的影响是不同的。由于这一原因，使得人均资本在货币经济中反而比在实物经济中来得少。货币经济中的资本—产出比和人均产出因而也比较低。

托宾反论是托宾货币增长理论的基本结论，而这一结论又比较玄虚，因此有必要根据笔者的理解再加以说明如下。

在托宾看来，实际余额总是以相同的速率和收入一起增长 $\left[前者的增长额为 g\left(\dfrac{M}{P}\right)\right]$。同时，货币又集资产功能与交换手段职能于一身。作为前者，追加实际余额成了可支配收入的一部分；作为后者，它又必须全部以手持现金的形式存在。同可支配收入的其他组成部分一样，追加实际余额也须分为消费和储蓄两部分。就是说，追加实际余额中的一部分被其所有者用以消费了。但产出业已增加，为了保证交换的顺利进行，追加实际余额一点也不能少，被消费掉的部分必须加以补偿。若储蓄率既定，亦即消费在可支配收入中所占的比例既定，实际余额的这一损失就只能通过减少资本投资来补偿。追加实际余额被消费掉多少，投资就减少多少。从式（7－18）看，减少了 $(1-s)\lambda gY$。这就是人均资本在货币经济中反而比在实物经济中少的原因。

现将式（7－18′）稍加变换：

$$s'(y) = y[s-(1-s)\lambda g]$$
$$= sy\left[1-\left(\frac{1}{s}-1\right)\lambda g\right] \qquad (7-19)$$

根据新古典经济增长理论的基本原理，可将托宾模型中稳态增长的实现条件概括成如下等式：

$$sy\left[1-\left(\frac{1}{s}-1\right)\lambda g\right] = nk \qquad (7-20)$$

上式叫称为托宾货币增长模型的基本方程式。我们认为，这一方程式至少说明了：（1）由 $\dfrac{1}{s}-1>0$ 可知，货币经济中的人均资本比实物经济中的少。（2）托宾货币增长模型只是在新古典的实物增长模型中加进了货币因素。若不考虑货币因素，式（7－20）就会变成索洛模型中稳态增长的实现条件：$sy=nk$。（3）

---

① 托宾：《最适度货币增长之解说》，载《经济学论文集》，第1卷，153~154页。
② 根据托宾的解释，"资本密集度的均衡值"是指劳动者在每一有效的劳动小时内所占有的资本量。

可以通过意愿实际余额率 λ 的变化来改变均衡状态下的资本—劳动比 k。托宾认为，借助于国家的货币政策，不难改变 λ 的值。换句话说，只要通过适当的货币政策，就能实现经济的稳态增长。以上三点概括了托宾货币增长理论的基本内容。尤其是第三点，更是托宾模型的要旨所在。对此，我们再借助于约翰逊的下列著名图表[①]来作进一步的分析。

图中，横轴代表资本密集度，纵轴代表人均产出，oy 是人均产出曲线，osy 是实物经济中的人均储蓄曲线，直线 okn 代表为维持现有资本密集度的均衡值所必需的追加投资（斜率 n 即为人口增长率），oy' 为人均可支配收入曲线，osy' 为货币经济中的人均总储蓄曲线，$os'(y)$ 曲线代表人均总储蓄中能转化为实物资本的部分。在实物增长模型中，根据储蓄能全部转化为投资的假设，曲线 osy 与直线 okn 的交点 T 就成了均衡点。与该点相对应的资本密集度的均衡值和人均产出分别为 ok_e 和 oy_e。而在货币增长模型中，由于 y' 大于 y，使得 sy' 大于实物经济中的 sy；但同时，$s'(y)$ 却小于 sy，结果导致较低的资本密集度的均衡值（k'_e）和较低的人均产出（y'_e）（因为在货币增长模型中，实物储蓄曲线 $os'(y)$ 与直线 okn 的交点 T' 才是均衡点）。

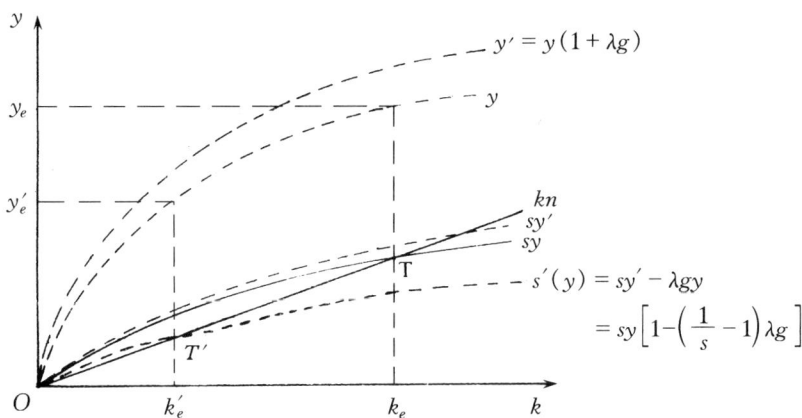

图 7-1

但是，托宾认为，在货币经济中，$os'(y)$ 曲线会随着意愿实际余额率 λ 的变化而上下移动，从而 k'_e 和 y'_e 也是可变的。如上所述，持有货币的机会成本为 $r+\pi$，其中 π 代表通货膨胀率。当资本边际生产率 r 既定时，π 值越大，这

---

① 引自：《货币经济学论文选》，166 页。

一机会成本就越高，意愿实际余额率 λ 就越小。由于假设财富的持有形式只有实际余额和实物资本这两种，且两者具有完全的替代性，因此，随着通货膨胀率的上升，人们会把越来越多的现金余额转换成资本商品。人均资本和人均产出随之也越来越高。如图，$os'(y)$ 曲线就会不断上移，点 T'、k'_e 和 y'_e 也分别向点 T、k_e 和 y_e 靠拢。当通货膨胀率达到相当的高度，以至意愿实际余额率变得微不足道时，货币的资产功能将丧失殆尽。这时，曲线 oy' 和 $os'(y)$ 就分别与曲线 oy 和 osy 重合，点 T'、k'_e 和 y'_e 也分别上升到 T、k_e 和 y_e 的位置。此时，我们又回到了纯粹的实物经济中。反之，若通货膨胀率下降（或通货紧缩率上升），曲线 $os'(y)$ 就会离开 osy 而向横轴靠近，T'、k'_e 和 y'_e 这三点也将缩短它们与原点的距离。

基于上述分析，可以认为，在托宾的模型中，"货币是非中性的……可以利用货币政策使经济满足黄金规律（golden rule[①]）的要求。如果储蓄行为使实物投资对产出的比例超过了这一要求，就可以通过紧缩货币供应，以产生物价下跌的趋势，来消除这一超额投资……反之，如果储蓄行为使实物投资对产出的比例低于黄金规律的要求，则可以通过扩大货币供应，使该比例接近这一要求。"[②] 托宾自己也说，"当由于投资者不愿意在低报酬率下进行投资而使资本密集度受到限制时，就产生了有保证的增长率同自然增长率相背离的凯恩斯主义（经济增长理论）的困难。"这时，若"把政府的货币负债视做价值贮藏的另一形式"，就能"说明如何把足够的储蓄引入这一形式，以使资本的有保证的增长率下降到与自然增长率相一致的水平。"[③] 托宾这里说的是，当出现 $Gw > Gn$ 时，可以通过紧缩货币供应的政策，相对提高持有实物资本的机会成本，来降低意愿资本—产出比率，并进而使 $Gw = Gn$ 时。与此相反，当 $Gw < Gn$ 时，则应扩大货币供应，以提高资本—产出比率，同样可使 $Gw = Gn$。

我们在第一节中已经指出，新古典实物增长理论通过资本—产出比率的变动，"解决"了哈罗德模型中稳态增长的实现问题。现在我们又看到，托宾论述了如何通过国家的货币政策来改变资本—产出比率，以解决这一问题。所不同的是，在实物增长模型中，资本—产出比率的变动是在经济调整过程中自动实现的。这意味着资本主义的市场机制能使经济自动趋于均衡状态。而在托宾货

---

① 所谓"黄金规律"是美国经济学家 E. 费尔普斯于 1961 年首先提出来的，后成为西方最优增长理论的基本定律之一。这一定律是说，在经济稳态增长的过程中，当资本积累维持在一定的限度内而使资本的边际生产率等于人口增长率的时候，人均消费就能达到极大，从而产生最大限度的社会福利。

② 约翰逊：《货币经济学论文选》，167 页。

③ 托宾：《货币和经济增长》，载《经济学论文集》，第 1 卷，133 页。

币增长模型中，资本—产出比率的变化是通过国家货币政策的运用才得以实现的。这就肯定了国家对经济的调节在经济发展过程中的重要作用。托宾从新古典增长经济学的理论前提和基本模式出发，却得出了传统凯恩斯主义的结论，给托宾的货币增长理论冠以"新古典"的头衔，岂非有张冠李戴之嫌？！

二、托宾货币增长理论的发展

如上所述，托宾将货币因素导入经济增长的理论分析中，并得出结论说，货币经济中的资本密集度和人均产出反而比实物经济中的低。"但经进一步的考虑，就会发觉这一结论是不能成立的。因为，如果货币进入经济的唯一作用是降低 k，从而降低人均产出和人均消费，那么，它为什么还会被引入呢？货币经济的优越性又在哪里呢？"[①]

帕廷金和莱福哈里不仅如此反诘"托宾反论"，他们还认为，托宾之所以会得出这一结论，是因为他忽视了货币余额本身应"作为一种消费品和一种生产资料"这一事实。[②] 所谓把货币余额作为一种消费品，是指它能给其持有者带来诸如便利、可靠和流动性之类的"便利性服务或效用"。这些非实物的收益"成了实际消费和实际收入的组成部分，所以应该包括在收入的定义中"。[③] 而所谓把货币余额作为一种生产资料，则是指它是一种能在生产过程中提供生产性服务的生产要素。帕廷金和莱福哈里指出，"人们持有货币，只是由于它能使经济单位获得或生产更多的商品"。"如果没有货币，经济社会就必须花费一部分劳动和实物资本，来获得无数次的'双方的巧合'——买者所需要的恰好是卖者所提供的——在此基础上，物物交换才得以成功。因而，货币进入生产函数就反映了这样的事实，即它使一部分劳动和实物资本（从交易中）解脱出来，以用于商品的生产。或者说，货币使较大规模的专业化生产和较大范围的交易成为可能"。[④] 这就是所谓货币的生产性服务的含义。

约翰逊、帕廷金和莱福哈里等经济学家沿着把货币余额作为消费品和作为生产资料这两个方向，发展了托宾的货币增长理论。他们重新解释了"托宾反论"，得出了与托宾不同的甚至完全相反的结论。在具体论述这些发展以前，我们就托宾的理论同他的继承者们的理论之间的联系谈一些看法。

---

① 帕廷金：《货币经济学研究》，208 页。
② 同本页注①，209 页。
③ 约翰逊：《货币经济学论文选》，168 页。
④ 同本页注①，228 页。

我们把这些联系分为横向的和纵向的两种。所谓横向的联系是指约翰逊等人发展了托宾关于货币功能的理论。我们已经指出，托宾赋予货币以流通功能和资产功能。而约翰逊等人更把货币的后一种功能具体表现为价值贮藏手段、消费品和生产资料等三种形式。将货币的功能作如此的划分，在货币理论史上还是第一次。所谓纵向的联系起源于托宾模型中关于追加实际余额也须分为消费和储蓄两部分的假说。虽然托宾自己并未明确地作出这一区分，但从追加实际余额作为可支配收入的一部分，而可支配收入又有一固定的储蓄率的推论中，是不难看出这一隐含的假说的。可见，说托宾没有把实际余额作为一种消费品，似乎有点冤枉了他。正确的评价应该是，托宾虽已意识到实际余额也可用以消费，但却没有深究实际余额的消费形式以及实际余额的消费对经济的影响。当然，托宾也没有具体分析货币在生产过程中的作用。约翰逊和帕廷金等人发现了托宾理论中的这些缺陷，他们从弥补这些缺陷着手，将新古典的货币增长理论发展得比较完善起来。

（一）作为一种消费品的实际余额对经济增长的影响

1. 约翰逊的分析

约翰逊指出："在我们建立结合货币因素的增长模型以及探究不同的货币政策对长期均衡增长的影响时，货币余额所提供的效用应包括在收入的概念中。"[①]并且实际余额的这种非实物收益是被实际余额的持有者完全消费掉的。这种非实物消费能在一定程度上代替实物消费，从而减少了实际余额持有者的商品和劳务的消费量。所以，在约翰逊看来，可支配收入除了包括从即期的产出中所获得的收入及追加实际余额外，还应加上实际余额所提供的服务的价值，用公式表示就是：

$$Y_D = Y + \frac{M}{P}(u - \pi) + U \qquad (7-21)$$

式（7-21）中的最后一项 U 即代表实际余额的非实物收益。我们知道，当收入不变时，实际余额量取决于实际余额率 λ，而 U 的大小又决定于实际余额量，因此，可以视 U 为 λ 的函数，即：

$$U = u(\lambda), 且 u' > 0, u'' < 0 \qquad (7-22)$$

按照约翰逊的定义，人均可支配收入可由下式表示：

---

① 约翰逊：《货币理论中的内在货币、外在货币、收入、财富和福利》，《货币、信用和银行杂志》（*Inside Money, Outside Money, Income, Wealth and Welfare in Monetary Theory, Journal of Money, Credit and Banking*），1969（2），载《货币经济学论文选》，241 页。

$$y_D = y[1 + \lambda g + u(\lambda)] \qquad (7-23)$$

人均实物储蓄则为：

$$s'(y) = sy\left[1 - \lambda g\left(\frac{1}{s} - 1 - u(\lambda)/\lambda g\right)\right] \qquad (7-23')$$

　　根据式（7-23'），约翰逊就得出了与托宾不同的结论。他认为，"尽管作为收入之一部分的追加实际余额必须被储蓄起来，从而（在不变的总储蓄率下）减少了产出中能投资于实物资本的部分，但是，实际余额所提供的服务也是一种收入，且这一收入必须被消费掉，这样就减少了实物产出中用于消费的部分，而提高了实物投资对产出的比例。"① 由于实际余额对资本投资同时产生着这两种截然不同的影响，因此很难断定实物储蓄究竟是在实物经济中较高，还是在货币经济中较高。只有当追加实际余额对实物投资的反作用超过此追加实际余额的非实物收益对实物投资的积极作用时，"托宾反论"才是正确的。从式（7-23'）看，这一条件就是：$\left(\frac{1}{s} - 1\right) > u(\lambda)/\lambda g$。相反，如果$\left(\frac{1}{s} - 1\right) < u(\lambda)/\lambda g$，则货币经济中的资本投资率就较实物经济中的高，于是人均资本和人均产出也相对地较高。此时，"托宾反论"就不能成立。从图7-1看，$s'(y)$就会超过sy，T'也将高于T。当这两种相反方向的作用力恰好相互抵消时，实物增长模型中人均投资等于人均储蓄的情形就会重现，实物储蓄曲线将再次同okn线在均衡点T相交。

　　同样，通货膨胀对经济发展的影响如何，也取决于这两种作用的相对大小。"通货膨胀政策将提高还是降低当前产出的增长率和长期人均产出的均衡水平，取决于因实际余额的减少而产生的对经济增长的刺激作用能否超过由于实际余额所提供的效用的下降而导致的对经济增长的抑制作用。"② 约翰逊这段话是说，通货膨胀一方面将通过意愿实际余额率的下降对实物储蓄和资本投资产生积极的影响，由此促进经济的发展；另一方面还会造成实际余额的非实物收益的下降，从而对资本投资和对经济的发展产生消极的影响。只有当前者在量上超过后者时，托宾关于适度的通货膨胀能在一定程度上促进经济发展的结论才是正确的。

　　2. 帕廷金和莱福哈里的分析

　　帕廷金和莱福哈里指出，欲探究作为一种消费品的实际余额对经济增长的

---

① 约翰逊：《货币经济学论文选》，169页。
② 同本页注①，170页。

影响，首先须确定一个测量实际余额的非实物性收益之价值的标准。他们根据福利经济学的原理，提出以持有实际余额的机会成本作为衡量的标准。持有一定量实际余额所须承担的机会成本越高，这些实际余额给其持有者所带来的非实物收益也就越大；反之则反是。进一步说，持有实际余额的机会成本为实物资本的收益率与实际余额的收益率（为物价上升率的相反数）之间的差额，即$r + \pi$。据此，帕廷金和莱福哈里就得出了比约翰逊更精致的计算可支配收入的公式：

$$Y_D = Y + \frac{M}{P}(u - \pi) + \frac{M}{P}(r + \pi)$$

$$= Y + \frac{M}{P}(u + r) \qquad (7 - 24)$$

式（7-35）表示，"实际可支配收入等于国民净收入（Y）加上追加名义货币量的实际价值（uM/p），再加上转嫁于实际货币余额之上的实际利息〔$r(M/P)$〕"。[1][2] 从上式中还可以看出，物价上升虽然减少了现有货币余额的实际价值，但同时也增加了实际余额的非实物收益，且减少额和增加额都为$\pi(M/P)$。这一增一减相抵的结果，就使物价变动不再影响实际的可支配收入。在式（7-24）中，$\pi(M/P)$这一项最终也就消失了。

从这一可支配收入出发，可得到如下的总消费函数：

$$G = (1 - s)\left[Y + \frac{M}{P}(u + r)\right] \qquad (7 - 25)$$

由于假设非实物消费能替代实物消费，并且假设实际余额的非实物收益都是被实际余额的持有者消费掉的，因此，意愿实物消费就等于意愿总消费与非实物消费之差，即：

$$C_p = (1 - s)\left[Y + \frac{M}{P}(u + r)\right] - \frac{M}{P}(r + \pi) \qquad (7 - 26)$$

帕廷金和莱福哈里认为，决定投资的"并不是总消费，而是实物消费"[3]，因为资本投资必须是实物形式的投资。根据这一观点，可得到如下的投资函数：

$$\dot{K} = Y - \left\{(1 - s)\left[Y + \frac{M}{P}(u + r)\right] - \frac{M}{P}(r + \pi)\right\} \qquad (7 - 27)$$

---

[1] 帕廷金：《货币经济学研究》，210页。

[2] 西方经济学家常将资本收益率r称为实际利息率，而将r与物价上升率π之和称为名义利率，故持有货币的机会成本亦叫做名义利率。

[3] 同本页注[1]，211页。

现在让我们来导出帕廷金和莱福哈里的稳态增长模型。首先假设劳动力的供给和名义货币量的供给每年分别以固定的百分率 n 和 u 增长。根据新古典货币增长理论，稳态增长的特征是人均资本和人均实际金额（以 m 表示）均保持不变。于是得到以下两式：

$$\frac{\dot{k}}{k} = \frac{\dot{K}}{K} - \frac{\dot{L}}{L} = \frac{\dot{K}}{K} - n = 0 \qquad (7-28)$$

$$\frac{\dot{m}}{m} = \frac{\dot{M}}{M} - \frac{\dot{P}}{P} - \frac{\dot{L}}{L} = u - \pi - n = 0 \qquad (7-29)$$

式（7-28）和式（7-29）表明，在稳态增长的过程中，实物资本的增长率和实际余额的增长率都与劳动力供应的增长率相一致，在论述托宾的货币增长理论时我们已经指出，由于假设物价将随着货币量与产出量的对比关系而随时得到调整，因此实际余额的供需将始终保持平衡，即下式总能成立：

$$\frac{M^d}{P} = \lambda Y = \frac{M}{P} \qquad (7-30)$$

将式（7-30）代入式（7-27），并参照式（7-29），就得：

$$\dot{K} = Y\{s[1 + \lambda(n + \pi + r)] - \lambda n\} \qquad (7-31)$$

将式（7-36）代入式（7-28），又得：

$$\frac{Y}{K}\{\lambda n - s[1 + \lambda(n + \pi + r)]\} + n = 0 \qquad (7-32)$$

将以上等式两边各除以 L，就可得到帕廷金和莱福哈里模型中稳态增长的基本条件：

$$\{s[1 + \lambda(n + \pi + r)] - \lambda n\}f(k) = nk \qquad (7-33)$$

现在我们来研讨式（7-33）左边的 $f(k)$ 的系数的经济意义。在新古典货币增长论者看来，货币经济的特征就在于不是所有储蓄都能转变为实物资本，其中一部分还须作为追加的实际余额。于是，能用于增加资本积累的实物储蓄便为：

$$S_p = S - \frac{\mathrm{d}\left(\dfrac{M}{P}\right)}{\mathrm{d}t} \qquad (7-34)$$

式中，S 代表总储蓄。根据帕廷金和莱福哈里的可支配收入模式，上式可改写成：

$$S_p = s\left[Y + \frac{M}{P}(u + r) \right] - \frac{M}{P}(u - \pi) \qquad (7-35)$$

式（7-35）中 s 为储蓄率。在稳态增长条件下，实物储蓄又成了：

$$S_p = sY[1 + \lambda(n + \pi + r)] - \lambda Yn \qquad (7-36)$$

将式（7-36）除以 Y，就得到稳态增长条件下的实物储蓄率：

$$\sigma = \frac{S_p}{Y} = s[1 + \lambda(n + \pi + r)] - \lambda n \qquad (7-37)$$

对照式（7-33）我们发现，$f(k)$ 的系数原来也就是实物储蓄率。

由此我们可以说，帕廷金和莱福哈里模型的基本方程式［即式（7-33）］同索洛模型的基本方程式 $sf(k) = nk$ 在本质上并无二致。它同样说明："当储蓄者所提供的新的实物资本量（由公式左边来代表）等于为维持固定的资本—劳动比率所必需的新增实物资本量（由公式右边来代表）时，稳态增长就能实现。"[①] 所不同的是，在索洛模型中，s 既是总储蓄率，又是实物储蓄率，两者是同一的，而在帕廷金和莱福哈里的模型中，两者却往往是不相一致的。这是因为，在后者的模型中已加入了货币因素。但是，帕廷金和莱福哈里认为，实物储蓄率 σ 是可变的，即使总储蓄率 s 固定不变，σ 也不一定不变，因为它取决于意愿实际余额率 λ，后者又取决于保持货币的机会成本 $r + \pi = f'(k) + \pi$。当这一机会成本达到相当的高度以至 λ 变得微不足道时，σ 就与 s 相等［根据式（7-37）］，货币增长模型与实物增长模型的区别亦不复存在了。至此，帕廷金和莱福哈里的分析还是与托宾的分析相一致的。

但是，他们俩还认为，"σ 不一定小于 s……在稳态增长条件下，货币经济中的资本—劳动比率也不一定比实物经济中的小。即使情形如托宾所说的那样，也并不意味着在货币经济中，人们的生活会比在实物经济中过得差，因为他们现在除了从实物消费中取得效用以外，还从货币余额中获得了效用。"[②]这才是帕廷金和莱福哈里的基本观点。我们接着要介绍的就是他们对这一基本观点的论证和阐发。

上文已经指出，实物储蓄率的高低决定于资本收益率 r 和通货膨胀率 π，而 r 又由资本密集度 k 所决定，这样，实物储蓄率就最终取决于资本密集度和通货膨胀率，即：

$$\sigma = \sigma(k, \pi) \qquad (7-38)$$

---

①② 帕廷金：《货币经济学研究》，214 页。

并且，帕廷金和莱福哈里还假定，总储蓄率 s 也是可变的，它取决于两种形式的储蓄（实物资本和实际余额）的各自的收益率，即：

$$s = s[f'(k), -\pi], \quad s_1 > 0, s_2 > 0 \tag{7-39}$$

式中，s_1 和 s_2 分别代表 s 对上式中的两个自变量的偏导数。在以下的推论中我们将会看到，正是由于帕廷金和莱福哈里放弃了一般新古典经济增长理论（包括托宾理论）中关于固定储蓄率的假定，才使他们的模型得出了与托宾模型不同的结论。

根据式（7-37）和式（7-38），我们可以把式（7-33）的均衡条件改写成：

$$\frac{f(k)}{k} = a(k) = \frac{n}{\sigma(k, \pi)}, a'(k) < 0 \tag{7-40}$$

上式中，$a(k)$ 代表资本的平均产出，它是资本密集度 k 的减函数。上式表达了新古典经济增长理论的一个基本命题：在均衡增长条件下，资本的平均产出与自然增长率成增函数关系，而与实物储蓄率成减函数关系。

现在让我们回头看式（7-29）。将这一等式稍加变换就可发现，通货膨胀率（π）为货币扩张率（u）与人口增长率（n）之差。根据 n 为常数的假设，π 就惟一地取决于 u 的变化。据此，我们可以通过求式（7-40）对 π 的偏导数，看出货币供应增长率的变化对资本密集度的均衡值的影响。这一偏导数如下：

$$a'(k)\frac{\mathrm{d}k}{\mathrm{d}\pi} = -\frac{n}{\sigma^2}\Big(\sigma_k\frac{\mathrm{d}k}{\mathrm{d}\pi} + \sigma_\pi\Big) \tag{7-41}$$

移项，得：

$$\frac{\mathrm{d}k}{\mathrm{d}\pi} = \frac{\sigma_\pi}{-\dfrac{\sigma^2}{n}a'(k) - \sigma_k} \tag{7-42}$$

式中，σ_k 和 σ_π 分别表示 σ 对 k 和对 π 的偏导数。上式是资本密集度对物价上升率的导数。若上式大于零，就说明物价上升将提高资本密集度的均衡值；反之，若上式小于零，则物价上升就会降低资本密集度的均衡值。我们已经知道式（7-42）中的 σ^2、n 和 $a'(k)$ 这三个变量分别是正值还是负值；那么，σ_k 和 σ_n 呢？我们暂时还不知道，但可以通过对式（7-37）求 k 和 π 的偏导数来看出：

$$\sigma_k = s_1 f''(k)[1 + \lambda(n + \pi + r)] + s[\lambda'f''(k)(n + \pi + r)$$
$$+ \lambda f''(k)] - \lambda'f''(k)n = s_1 f''(k)[1 + \lambda(n + \pi + r)]$$

$$+ \lambda s \left[1 + \frac{\lambda'}{\lambda}(\pi + r) \right] f''(k) - (1 - s)\lambda' f''(k) n \qquad (7 - 43)$$

$$\sigma_\pi = -s_2 \left[1 + \lambda(n + \pi + r) \right] + \lambda s \left[1 + \frac{\lambda'}{\lambda}(\pi + r) \right]$$

$$- (1 - s)\lambda' n \qquad\qquad (7 - 44)$$

现在我们来检验以上两式中各项的符号。根据假设，$0 < s < 1$，$s_1 > 0$，$s_2 > 0$，f'' $(k) < 0$，$\lambda' < 0$，$r + \pi > 0$，因此，式（7 - 43）中的第一项和第三项都是负的。接着让我们看该式第二项中的 $\lambda'/\lambda(\pi + r)$ 这一部分。$\lambda'/\lambda(\pi + r)$ 也就是实际余额需求对利率的弹性。帕廷金和莱福哈里引证了泰根（R. Teigen）等经济学家的研究成果，设这一弹性的绝对值小于 1。于是，式（7 - 43）中的第二项也成了负的。由于式（7 - 43）中的各项都为负值，σ_k 理所当然地也一定小于零。它表明，资本密集度的上升将降低实物储蓄率。

至此，我们证明了式（7 - 42）中的分母大于零。现在惟一需要检验的是分子 σ_π 的符号。$dk/d\pi$ 的符号将同 σ_π 的符号相一致。为此，让我们看式（7 - 44）。在式（7 - 44）中，第一项是负的，第二项和第三项都是正的，这就决定了我们不可能依靠式（7 - 44）本身来确定 σ_k 的符号，而须分析式（7 - 44）中的各项所表示的经济意义。

帕廷金和莱福哈里指出，通货膨胀率（π）的变化是从两个方面影响实物储蓄率的，"一是通过改变总储蓄（假定实物产出水平不变），二是通过改变两种形式的储蓄——实物资本和实际货币余额的比例。前者称为'总储蓄效应'（overall-savings effect），后者称为'组合效应'（composition effect）。"[1] 总储蓄效应取决于总储蓄率 s 和实际余额的转移收入〔$M/P(r + \pi)$〕这两个要素的变化。它们分别由式（7 - 44）的前两项所代表。而组合效应则取决于名义利率（$r +$ π）。式（7 - 44）的最后一项即代表组合效应。当 π 上升时，名义利率也随之上升。人们总储蓄中的实际余额部分将会减少，而实物资本部分则会增加。这就是组合效应的作用。从式（7 - 44）看，就有 $-(1 - s)\lambda' n > 0$。根据组合效应，π 的上升将增加实物储蓄。但是，总储蓄效应的影响却是不确定的。因为，一方面，名义利率的上升增加了实际余额的转移收入，从而提高了可支配收入。于是，当储蓄率不变时，总储蓄就增大了，实物储蓄当然也随之而增加。式（7 - 44）中的第二项 $\lambda s \left[1 + \frac{\lambda'}{\lambda}(\pi + r) \right] > 0$ 就表明了这一点。但另一方面，π

---

[1] 帕廷金：《货币经济学研究》，215～216 页。

的上升又降低了实际余额的收益率（这一收益率为 $-\pi$），从而降低了总储蓄率 s〔根据式（7-39）〕。这也可以从式（7-44）的第一项中看出——该项中的 $-s_2 < 0$。

由于存在着以上两种截然相反的作用力，因此，断言通货膨胀率的上升对实物储蓄的影响是积极或是消极的，都不应该是绝对的，而只能是相对的、有条件的。如果总储蓄效应为负，且该负效应恰好与组合效应相互抵消，则 $\sigma_\pi = 0$。此时，π 的变化就不再影响 σ_π，从而也不再影响资本密集度的均衡值 k。但是，如果组合效应的作用力大于总储蓄效应的作用力，π 的上升就将使 $\sigma_\pi > 0$，于是得 $\dfrac{\mathrm{d}k}{\mathrm{d}\pi} > 0$。这说明，$\pi$ 的上升提高了 k。帕廷金和莱福哈里认为，当实际余额的收益率（$-\pi$）发生变化时，总储蓄率 s 对此的反应越小〔从式（7-44）看，就是 s_2 越小〕，组合效应超过总储蓄效应的可能性就越大。在极端的情况下，当 $s_2 = 0$ 时，或者，当 s 完全不受 r 和 π 变动的影响而保持不变时，总储蓄效应就将同组合效应一起使 π 的上升对 k 产生积极的影响。

回顾前述托宾的理论我们发现，上述极端的情形同托宾关于固定储蓄率的一般假设正相吻合。也就是在这一假设条件下，托宾才断言，可以通过通货膨胀政策来增加投资，以提高资本密集度的均衡值。可见，托宾将特殊例子作为一般情况，把在特定条件下才适用的通货膨胀政策作为一般的政策建议。这就使托宾的理论失去了普遍的意义。相比之下，帕廷金和莱福哈里的理论就显得全面一些。遗憾的是，他们虽然指出了运用通货膨胀政策并非总能提高资本密集度的均衡值，但也未能具体说明，在什么条件下，组合效应会大于总储蓄效应，以至 π 上升将提高 k。[①] 这不能不说是帕廷金和莱福哈里货币增长理论的一大缺陷。

在帕廷金和莱福哈里关于把实际余额作为一种消费品的理论中还有一段比较精彩的论述，就是有关最优经济增长问题的论述。他们以效用（消费）极大化为目标，论述了什么样的货币政策才能符合最优增长的要求。帕廷金和莱福哈里通过货币因素来分析最优增长问题，这无疑是对一般最优增长理论的重要

---

① 对此，有些经济学家作了补充。他们认为，当通货膨胀率上升，从而导致实际余额的收益率下降时，如果人们以减少消费、增加储蓄来弥补其财富的损失，总储蓄率反而会上升，总储蓄就可能增加。在此条件下，总储蓄效应的作用力就会同组合效应的作用力相一致。因此，通货膨胀政策能否促进投资和产出，最终取决于人们对消费和对积累的偏好状况〔参见蒙戴尔：《货币理论中的通货膨胀、储蓄和实际利率》（R. Mundell, *Inflation, Saving and the Real Rate of Interest in: Monetary Theory*），14~22 页，1971；西杰本：《货币和经济增长》（J. Sijben, *Money and Economic Growth*），46 页，1977〕。

补充。现在让我们看他们的具体论证。

在他们的模型中，实际余额已作为一种消费品，因此，总效用就不仅来自于实物消费，而且还来自于实际余额的消费。根据定义，人均实物消费为：

$$c(k) = f(k) - \sigma f(k) \tag{7-45}$$

而在稳态增长条件下，人均实物消费又须等于：

$$c(k) = f(k) - nk \tag{7-46}$$

于是，可得到人均总效用函数如下：

$$U = U(c, m) = U[f(k) - nk, m] \tag{7-47}$$

式中，$U(c)$ 和 $U(m)$ 分别代表来自于人均实物消费的效用和来自于人均实际余额消费的效用。我们求上式的一阶导数，并令其为零，就可获得人均总效用极大化的条件：

$$dU = U_1 \cdot [f'(k) - n]dk + U_2 dm = 0 \tag{7-48}$$

上式中，U_1 和 U_2 分别代表对式（7-47）求 $f(k) - nk$ 和 m 这两个自变量的导数。若假设实物消费未达到饱和状态（即 $U_1 \neq 0$），则只有以下两式同时成立，方能满足上述效用极大化的要求：

$$f'(k) - n = 0 \tag{7-49}$$

$$U_2[f(k) - nk, m] = 0 \tag{7-50}$$

从式（7-49）可知，欲使人均效用达到极大，须把资本密集度 k 维持在某一水平，以使 k 的边际生产率 $f'(k)$ 等于人口增长率 n。这样，帕廷金和莱福哈里通过他们的货币增长分析再次得出了西方最优增长理论的基本定律——即所谓的黄金规律。

而式（7-50）则告诉我们，使实际余额的边际效用等于零的实际余额量是最适度的实际余额量。根据福利经济学原理，就是使持有货币的机会成本（即货币利率）满足下列等式：

$$i = f'(k) + \pi = 0 \tag{7-51}$$

将式（7-49）代入上式，得：

$$-\pi = f'(k) = n \tag{7-52}$$

上式表明，在稳态增长条件下，最适度的物价下降率应等于产出的增长率。由此又可推断，最佳货币政策应使货币供应量保持不变，也就是使：

$$u = \pi + n = 0 \tag{7-53}$$

将上述帕廷金和莱福哈里的理论同前述托宾理论相比较，很容易看出，他们的分歧不仅在于理论上，而且更重要的在于政策建议上。托宾是通货膨胀论的鼓吹者,[①] 而帕廷金和莱福哈里则显然是通货稳定论的积极支持者。在同一理论的相继发展阶段上,竟会得出如此大相径庭的结论,倒是经济学说史上不多见的。

(二) 作为一种生产资料的实际余额对经济增长的影响

帕廷金和莱福哈里不仅把实际货币余额作为一种消费品,而且还把它作为一种生产资料。他们在货币学说史上第一次比较充分地论述了作为一种生产资料的实际余额在经济增长中的意义。

我们在前面已经指出,把实际余额作为一种生产资料的思想是以下述事实为基础的,即货币的使用不仅节约了在物物交换中所必须花费的大量的人力、物力和时间,并且使成为现代经济之特征的大规模的和高度专业化的生产成为可能。正是在上述意义上,帕廷金和莱福哈里才把货币看做是生产性的,才认为,"实际货币量应直接导入生产过程中",作为生产函数中的一个自变量,"就像进入生产过程的任何其他存货一样"。[②][③]

依据上述理论,帕廷金和莱福哈里便将生产函数表述成:

$$Y = F\left(K, L, \frac{M}{P}\right) \qquad (7-54)$$

同新古典实物增长模型中的生产函数 $Y = F(K, L)$ 相比,式(7-54)中增加了实际余额(M/P)这一要素〔在托宾的模型中,实际余额未作为一种生产要素,故其生产函数同样为 $Y = F(K, L)$〕。

式(7-54)也可以通过人均收入的形式来表示:

$$y = f(k, m),其中 f_k > 0, f_m \geq 0 \qquad (7-54')$$

上式中,f_k 和 f_m 分别表示 $f($ $)$ 对 k 和对 m 的偏导数,也就是分别代表实物资本的边际产出和实际余额的边际产出。

---

① 就像约翰逊所指出的,在托宾的模型中,"通货膨胀似乎是'一件好事'"〔《货币理论的最新发展——我的评述》(*Recent Developments in Monetary Theory—A Commentary*),载《货币经济学论文选》,204页〕。

② 帕廷金:《货币经济学研究》,228页。

③ 说货币是生产性的,这并非帕廷金和莱福哈里的新观点。我们甚至可以在亚当·斯密的著作中找到这一思想的胚胎。他说:"货币是流通的大轮毂,是商业上的大工具。像一切其他职业上的工具一样,那是资本的一部分,并且是极有价值的一部分,……"经过一定的环节以后,它就"可以增加社会的总收入或纯收入"(《国民财富的性质和原因的研究》,中文版,267~268页,1972)。约翰·穆勒也明确指出:"货币在节省时间和劳动的性质上有其重要的意义。它是使交换能够迅速而便利地进行的一架机器。"(《政治经济学原理》,英文版,488页,1917。)可见,帕廷金和莱福哈里关于把实际余额作为一种生产资料的理论,从根本上说,只是对亚当·斯密等先驱者的思想的重新解释。而他们两人的"贡献"在于,把实际余额作为生产函数中的一个自变量,从而把它同经济增长直接联系起来。

在高度发达的金融制度下，当实际余额量达到一定的水平时，继续增加实际余额往往不能进一步节约生产要素，从而不可能继续提高人均产出，于是有 $f_m = 0$。

同前述托宾模型相类似，资本积累等于产出与可支配收入中的消费部分之差：

$$\dot{K} = Y - (1 - s)\left[Y + \frac{M}{P}(u - \pi)\right]^{①} \qquad (7-55)$$

其中，$Y = F(K, L, M/P)$。根据式（7-28）和式（7-29），在稳态增长条件下，可由式（7-55）导出下式：

$$Y - (1 - s)\left[Y + \frac{M}{P}n\right] = nK \qquad (7-56)$$

将以上等式两边同除以 L，得：

$$f(k,m) - (1 - s)[f(k,m) + mn] = nk \qquad (7-57)$$

上式左边经过一定的初等运算后，变成：

$$sf(k,m) + (s - 1)mn = nk \qquad (7-57')$$

并可进一步变换成：

$$\left[s + \frac{(s-1)mn}{f(k,m)}\right]f(k,m) \equiv \sigma(k,\pi)f(k,m) = nk \qquad (7-58)$$

显然，式（7-58）中的 $\sigma(k,\pi) = s + (s-1)mn/f(k,m)$ 也就是稳态增长条件下的实物储蓄率。在这一实物储蓄率中 $s < 1$，可见，从实际余额作为一种生产资料的观点出发，货币经济中的实物储蓄率 σ 总是小于实物经济中的储蓄率 s，但货币经济中的人均产出 $f(k,m)$ 却大于实物经济中的人均产出 $f(k)$，结果，货币经济中的人均实物储蓄 $\sigma f(k,m)$ 就不一定小于实物经济中的人均储蓄 $sf(k)$，货币经济中的资本密集度 k 也不一定比实物经济中的 k 小。将式（7-55）作适当变换后，同样能得出这一结论。

由于实际余额已被作为一种生产要素，而每一种生产要素都有自己的边际产出，因此，同本文前面所论述的情形不同，现在，决定意愿实际余额的不仅是实物资本的边际生产力和通货膨胀率，还有实际余额的边际生产力。于是，资产选择的基本原理——实物资本的边际收益率等于实际余额的边际收益率，

---

① 为了避免重复，这一式子中的可支配收入不包括实际余额的非实物收益〔即式(7-24) 中的 M/P $(r+\pi)$〕，因为实际余额所提供的服务已体现在生产过程中，表现为资本和劳动的节约，并最终表现为产出的提高。

就表现为以下等式：

$$f_k(k,m) = f_m(k,m) - \pi \qquad (7-59)$$

或

$$r + \pi = f_m(k,m)$$

上式也可以解释为：作为实际余额的最后一个单位的货币所具有的收益率必须同投资于实物资本的最后一个单位的货币所具有的收益率相一致。

当实际余额作为一种生产资料时，货币供应量的变化（从而通货膨胀率的变化）对实际余额的需求和对资本密集度的均衡值有何影响呢？为了回答这一问题，让我们根据式（7-59）建立以下恒等式：

$$Q(k,m,\pi) \equiv f_k(k,m) - f_m(k,m) + \pi = 0 \qquad (7-60)$$

并求得：

$$Q_k = f_{kk} - f_{mk}$$
$$Q_m = f_{km} - f_{mm} \qquad (7-61)$$
$$Q_\pi = 1$$

式中，f_{kk} 和 f_{mk} 等分别表示 $f(\ \ )$ 的二阶偏导数。我们知道，二阶混合偏导数在连续的条件下与求导的次序无关，即 $f_{km} = f_{mk}$。同时，根据边际生产力递减的原理，f_{kk} 和 f_{mm} 都为负数，而 f_{km} 和 f_{mk} 则都是正数。据此，可运用隐函数的求导法则得：

$$\frac{\partial m}{\partial k} = -\frac{Q_k}{Q_m} > 0 \qquad (7-62)$$

$$\frac{\partial m}{\partial \pi} = -\frac{Q_\pi}{Q_m} < 0 \qquad (7-63)$$

$$\frac{\partial k}{\partial \pi} = -\frac{Q_\pi}{Q_k} > 0 \qquad (7-64)$$

以上三式分别说明了在各自独立的条件下，k 的变化对 m 的影响和 π 的变化对 m 的影响以及 π 的变化对 k 的影响。但事实上，由于 m 已作为一种生产要素，故 π 的变化对 k 的影响和对 m 的影响并不是各自独立的，而是相互渗透和联系着的。因此，不能单凭以上三式来确定 π 的变化对 k 和对 m 的影响。根据微积分的基本原理，我们可以通过求恒等式 $Q(k,m,\pi) \equiv 0$〔参见式（7-60）〕对 π 的全导数来看出这些影响。该全导数如下：

$$Q_k \frac{\mathrm{d}k}{\mathrm{d}\pi} + Q_m \frac{\mathrm{d}m}{\mathrm{d}\pi} + Q_\pi \equiv 0 \qquad (7-65)$$

从上式得：

$$\frac{\mathrm{d}m}{\mathrm{d}\pi} = -\frac{Q_k}{Q_m}\frac{\mathrm{d}k}{\mathrm{d}\pi} - \frac{Q_\pi}{Q_m} \qquad (7-66)$$

$$\frac{\mathrm{d}k}{\mathrm{d}\pi} = -\frac{Q_m}{Q_k}\frac{\mathrm{d}m}{\mathrm{d}\pi} - \frac{Q_\pi}{Q_k} \qquad (7-67)$$

在上两式中，除 $\mathrm{d}m/\mathrm{d}\pi$ 和 $\mathrm{d}k/\mathrm{d}\pi$ 外，其余各个因子的符号都已确定，故 π 对 m 的影响（$\mathrm{d}m/\mathrm{d}\pi$）就取决于 π 对 k 的影响（$\mathrm{d}k/\mathrm{d}\pi$）；而 π 对 k 的影响又取决于 π 对 m 的影响。若 π 上升使 k 下降（$\mathrm{d}k/\mathrm{d}\pi<0$），根据式（7-66），它也将使 m 下降（即 $\mathrm{d}m/\mathrm{d}\pi<0$）；若 π 上升使 m 上升（即 $\mathrm{d}m/\mathrm{d}\pi>0$），从式（7-66）看，它也将使 k 上升（即 $\mathrm{d}k/\mathrm{d}\pi>0$）。但是，如果 π 上升使 k 也上升（即 $\mathrm{d}k/\mathrm{d}\pi>0$），$\pi$ 对 m 的影响却是不确定的〔式（7-66）的符号未定〕；同样，如果 π 上升使 m 下降（即 $\mathrm{d}m/\mathrm{d}\pi<0$），也无法从式（7-67）来推知 π 对 k 的影响。[①]

我们可以根据机会成本的原理对上述现象作出解释。我们知道，π 的上升已提高了保持货币的机会成本；若同时又使 k 下降，则该机会成本将由于资本收益率的上升而变得更高，m 的下降当然也就在所难免了。相反，如果 π 的上升导致了 k 的上升，那么，持有货币的机会成本一方面会由于 π 的上升而上升，另一方面又会随着 r 的下降而下降。在这种情况下，π 对 m 的影响究竟如何，就要取决于两者在量上的对比了。若此时 $|\Delta r| > |\Delta\pi|$，持有货币的机会成本就下降，由此导致 m 的上升。反之，若 $|\Delta r| < |\Delta\pi|$，这一机会成本就上升，m 也就下降。通过类似的分析，我们同样能看出，π 的上升在什么条件下会使 k 上升，又在什么条件下会使 k 下降。

现在已不难发现，帕廷金和莱福哈里把实际余额作为一种生产要素来分析，最终是为了证明下述观点：只有在一定的条件下，货币供应量的增加（从而通货膨胀率的上升）对资本密集度的均衡值和对人均实际余额的影响才是积极的。换句话说，实行通货膨胀政策并非总是有利于经济发展的。[②] 帕廷金和莱福哈里的这一结论同他们在分析作为一种消费品的实际余额时所得出的结论又何其相似。并且，他们同样论证了，从实际余额作为一种生产资料的观点出发，符合最优经济增长要求的货币政策仍然是使货币供应量稳定不变的政策。现把他们

---

① 在托宾模型中，m 的运动方向与 k 的运动方向是互逆的。原因在于，托宾只是把实际余额作为价值贮藏的一种形式，而未考虑到它所提供的生产性服务。而在帕廷金和莱福哈里的模型中，m 已同 k 一样，扮演着生产要素的角色，所以两者是可以并行不悖的。

② 在帕廷金和莱福哈里的著作中，并没有如此清晰的表述，但从他们的整个论述过程看，得出这些结论是符合其理论的逻辑发展的。

的论证过程简述如下。"货币进入生产函数中并不改变这样的基本事实，即为维持固定的资本—劳动比率所必需的人均投资（人均实物储蓄）的水平是 nk。"[1] 这就决定了稳态增长条件下的人均消费 c 将满足以下关系式：

$$c = f(k,m) - nk \tag{7 - 68}$$

那么，如何才能使人均消费达到极大呢？为此，我们可对上式分别求 k 和 m 的偏导数，并令其为零：

$$f_k(k,m) - n = 0 \tag{7 - 69}$$

$$f_m(k,m) = 0 \tag{7 - 70}$$

将以上两式分别代入式（7 - 59）的左右两边，得：

$$n = -\pi \quad 或 \; n + \pi = 0 \tag{7 - 71}$$

由式（7 - 29）可知，在稳态增长条件下，货币增长率 $u = n + \pi$。可见，当实际余额作为一种生产要素时，能满足人均消费极大化要求的"最佳货币政策仍然是使货币供应量保持不变的政策。"[2]

以上，我们比较全面地阐述了由托宾、约翰逊、帕廷金和莱福哈里四位经济学家所发展的新古典的货币增长理论。下面谈谈我们对这些理论的看法。

先从托宾的理论说起。可以认为，托宾的货币增长理论对西方经济学的贡献主要表现在以下两个方面。第一，它第一次将货币因素同经济增长直接联系起来，从而开创了西方货币理论研究的新阶段。第二，它在某种程度上融合了哈罗德—多马经济增长模型和新古典经济增长模型，使一个"硬币"上的"两个面"较为和谐地统一在一个模型中[3]，由此促进了西方经济增长理论的发展。

但是，即使按照西方经济学的评判标准，托宾的这一理论也是很不完整的，甚至是错误的。原因在于：

第一，托宾的分析方法从根本上说是静态的，而不是动态的。因为若采用动态分析，首先就必须考虑到经济过程中的"时滞"（time lag）问题。在托宾的模型中，时滞现象比比皆是，而托宾却视而不见。例如，在托宾的可支配收入的定义中，由于货币供应扩大而造成的现存货币之实际购买力的下降同由于货币供应扩大而导致的实际余额的增加是不同步的，前者还需经过一个物价上升的过程。这一物价调整过程往往需要较长的时间才能完成。因此，不能像托

---

[1][2] 帕廷金：《货币经济学研究》，236 页。

[3] 索洛曾把哈罗德—多马经济增长模型和新古典经济增长模型称为一个硬币上的两个面（参见亨利·旺：《经济增长》，243 页）。

宾那样，把货币供应的增加对实际可支配收入的影响简单地归结为"所增加的名义货币量的实际价值减去由于价格上升而引起的现有货币余额之实际价值的下降额。"① 又如，"托宾反论"的一个基本前提是，当意愿实际余额率既定时，实际余额总是与收入成固定的百分比关系。若收入的变化与名义货币量的变化不相一致，物价将自动得到调整。但事实上，由于这一原因而引起的物价变动在短期内未必能充分反映出来。所以，"托宾反论"的这一前提就很难成立了。

第二，托宾的分析方法不仅是静态的，而且是孤立的。他没有看到各种经济现象之间的相互联系和相互影响。在托宾看来，通货膨胀率的上升提高了持有实际余额的机会成本，由此将造成实际余额的减少和实物资本的增加。他似乎没有考虑到，随着资本密集度的上升，资本的边际收益将下降，持有实际余额的机会成本也将减少，结果又会使实际余额增加、实物资本减少。通货膨胀政策究竟将增加资本投资还是减少资本投资？没有确定的答案。

第三，托宾的分析不仅是静态的和孤立的，而且是片面的。他往往以部分论全体，把个别当一般。就说托宾可支配收入概念中的"财富幻觉"（wealth illusion）吧。若仅就个人而言，谓实际余额为一种财富，似乎还勉强说得过去，但如果把实际余额作为一种社会财富，那就毫无道理了，因为实际余额在本质上只是社会财富的代表，而不是社会财富本身。从这一观点出发，我们就完全有理由对托宾的可支配收入的概念，以至对他的全部理论提出责难。再说他的货币定义。为了论述的需要，他把货币规定为"外在货币"，即政府发行的纸币，而不包括银行活期存款等"内在货币"。这就使托宾的分析具有很大的局限性。因为在现代资本主义经济中，发挥货币职能的除了"外在货币"，还有"内在货币"，且后者的作用正日益增大，后者对经济活动的影响也越来越大。这就使得人们在分析货币对经济增长的影响时，不能只局限于"外在货币"，而应该同时考虑到"内在货币"。不然的话，其理论就是片面的，"对于实际货币政策的运用也不会有什么意义"。②

毋庸置疑，约翰逊、帕廷金和莱福哈里等人对于货币与经济增长关系的分析比托宾的分析深入得多，全面得多。他们在各自分析的基础上所得出的基本一致的结论——通货膨胀政策不一定有利于经济的发展——也比较令人信服。然而，他们把实际余额作为一种消费品和作为一种生产资料的理论，却难以使人接受。诚然，货币具有流动性，能给其持有者带来方便，也能使他们感到安

---

① 帕廷金：《货币经济学研究》，207 页。
② 西杰本：《货币和经济增长》，170 页。

全，但这是货币本身的属性，并不存在货币持有者对它的"消费"问题，又何以断言说，人们对货币的"非实物收益"的消费能代替实物消费，以至减少实物消费呢？如果说，将实际余额称为一种消费品有点近似于"天方夜谭"，那么，把实际余额当做一种生产要素也是不符合实际的。作为生产要素就必须在实际生产过程中发挥作用；而货币的使用虽然节约了在物物交换中所必须花费的人力和物力，但实际余额本身并不进入生产过程。所以，只能说货币的使用节约了生产要素，而不能把实际余额自身作为生产函数中的一个自变量。

同其他西方经济理论一样，托宾和约翰逊等人的货币增长模型的真正意义也不在于理论上，而在于它们的政策含义上。换句话说，托宾与约翰逊等人的理论分歧导源于他们的不同的政策观点。托宾是主张国家干预经济的凯恩斯主义者，而约翰逊却是一个鼓吹经济自由、反对国家干预的货币主义者，帕廷金则是融合了价值理论与货币理论的一般均衡论者，也认为资本主义的市场经济是完善的。这种先有观点后有理论的头尾倒置的"科学"当然不会是无懈可击的。

第三节　凯恩斯—魏克赛尔型的货币增长理论

在当代西方货币增长理论中，与新古典货币增长理论并驾齐驱的另一分支是凯恩斯—魏克赛尔型的货币增长理论。这一理论的主要代表是斯泰因和罗斯（H. Rose）等人。1966 年，斯泰因发表了凯恩斯—魏克赛尔型货币增长理论的代表作——《货币与生产能力的增长》一文。同年，罗斯发表了题为《增长理论中的失业问题》的论文。接着，斯泰因在 1969 年和 1970 年先后发表了《新古典的和凯恩斯—魏克赛尔型的货币增长模型》和《货币增长理论展望》两篇论文，并于 1971 年出版了《货币与生产能力的增长》一书。在上述著作中所提出的货币与经济增长关系的理论就被西方经济学家称为凯恩斯—魏克赛尔型的货币增长理论。

新古典货币增长理论和凯恩斯—魏克赛尔型货币增长理论的共同特征在于都强调货币在经济增长过程中的非中性，都强调货币对均衡增长过程中的资本—劳动比率和劳动—产出比率的影响。而这两种货币增长理论的区别则主要表现在以下三个方面：

第一，新古典货币增长理论侧重于长期中的均衡分析。托宾等人认为，物价是完全可变的，物价水平的变化随时调整着市场的供需关系，因此可以设想，商品市场和货币市场将始终处于均衡状态，并不会出现超额供给或超额需求的现象。而凯恩斯—魏克赛尔型货币增长理论则强调不均衡状态。在斯泰因等人看来，市场失衡是绝对的，价格变动只是商品的供给和需求发生偏离的反应。

第二，新古典货币增长模型假设所有储蓄都能转变为投资，资本增量完全取决于储蓄量，因此，这些模型并不讨论投资的决定，而只研究储蓄函数。与此相反，凯恩斯—魏克赛尔型货币增长模型却使用了独立的储蓄和投资函数，因为根据斯泰因等人的观点，储蓄和投资行为是由不同的动机所决定的，储蓄并不能自动转变为投资。

第三，在新古典货币增长模型中只有货币和实物资本两种资产。而在凯恩斯—魏克赛尔型货币增长模型中，除了这两种形式的资产外，还增加了债券资产，这是因为，若储蓄和投资是分别独立地决定的，则只有当资本的边际生产率与实际利率（债券的名义利率减预期通货膨胀率）相一致时，投资与储蓄才会相等，于是，债券利率的高低就成了决定投资，从而决定资本密集度的主要因素之一。

显然，上述凯恩斯—魏克赛尔型货币增长理论的三个主要特征无一不能在魏克赛尔和凯恩斯的货币经济理论中找到渊源，所以斯泰因等人的货币增长理论就被称为凯恩斯—魏克赛尔型的货币增长理论。在凯恩斯—魏克赛尔型的货币增长理论中，斯泰因的观点具有代表性，因此本节主要根据斯泰因的论述加以述评。

一、斯泰因货币增长模型

斯泰因的货币增长模型具有以下四大特征[①]：（1）采用了短期总量分析方法。"这一短期分析成了一般增长分析的一个特例"。（2）物价上升率大致等于货币供应的增长率减去劳动力的增长率。（3）"货币供应的增长率影响着长期中的资本密集度的均衡值。前者的上升将导致后者的恒久性（permanent）上升。于是长期中的资本的边际产出和长期中的实际工资就分别同货币供应的增长率成反向和同向关系"。（4）"金融资产的构成将影响长期中的资本密集度的均衡值。货币同私人部门的金融资产净额之间的比例的下降将导致实际利率和资本的边际产出的恒久性上升。这意味着资本密集度和长期中的实际工资的均衡值

---

① 参见斯泰因：《货币与生产能力的增长》（Money and Capacity Growth），载《政治经济杂志》，1966（10），451页。在该文中，斯泰因指出他的模型具有五个特征，由于最后一个特征在本书的论述中并不明显，故舍去。

的恒久性下降"。

同新古典货币增长模型一样，在斯泰因的货币增长模型中也只有一种产品，它既能用作消费，又能用以投资，且生产函数同样具有规模常数收益及资本（和劳动）的边际生产率递减的特征。于是，资本的平均产出 y（ $=Y/K$ ）和资本的边际产出（亦即利润率） r 就可以表示为劳动—资本比 x（ $=L/K$ ）的函数，即可得以下两式：

$$y = f(x) \qquad (7-72a)$$
$$r = r(x) \qquad (7-72b)$$

同时，斯泰因还假设资本—劳动比（ $1/x$ ）的上升率为利润率 r 与实际利率 i 之差：

$$\frac{D_x}{x} = i - r \text{[①]} \qquad (7-73)$$

式中， D 是导数符号 d/dt 的缩写，而实际利率则定义为债券的名义利率 i' 与预期物价上升率 π^* 之差：

$$i = i' - \pi^* \qquad (7-74a)$$

一般说来，预期物价上升率同当前的物价上升率成增函数关系，即：

$$\pi^* = g(\pi), g' > 0 \qquad (7-74b)$$

特别是，在长期均衡的条件下，甚至可以假设 $\pi^* = g(\pi) = \pi$ 。

现在我们来推导斯泰因模型中的投资函数和储蓄函数。斯泰因说："每一单位资本的意愿投资等于意愿的资本与有效劳动（effective labor）之比的增长率加上有效劳动力的增长率"[②]，即：

$$\frac{I}{K} = n - \frac{D_x}{x} \qquad (7-75)$$

而储蓄函数，在斯泰因看来，则取决于以下三个变量：本期收入 Y 、实际利率 i 和私人部门的实际非人力财富（real non-human wealth）。这最后一个变量包括实际资本 K 和私人部门掌握的公共部门发行的货币和债券等金融资产之实际额 A 这两个部分。于是得如下的储蓄函数：

$$S = s^*(Y, i, A + K) \qquad (7-76a)$$

---

① 斯泰因在本式中所表示的实际上是劳动—资本比的上升率，因为资本—劳动比的上升率应是 $\frac{D(1/x)}{1/x}$ ，但由于劳动—资本比的上升率恰等于资本—劳动比的下降率，即： $i-r = -(r-i)$ ，故为简便起见，可用本式表示之。

② 斯泰因：《货币与生产能力的增长》，载《政治经济杂志》，1966（10），453 页。

假设总储蓄函数为齐次线性函数，那么，每一单位资本的储蓄就可由下式表示：

$$\frac{S}{K} = s\left(\frac{Y}{K}, i, \frac{A}{K}\right) \tag{7-76b}$$

$$s_1 > 0, s_2 > 0, s_3 < 0$$

式中，s_1、s_2 和 s_3 分别表示上式对三个自变量的偏导数。

斯泰因还指出，物价上升率 π 的高低同每一单位资本的商品和劳务的超额需求直接有关。"由于商品和劳务的超额需求等于意愿投资减去意愿储蓄，因此可以说，π 取决于 I/K 与 S/K 之差"[1]，就如下式所表示的：

$$\pi = \lambda(I/K - S/K) \tag{7-77a}$$

将式（7-73）和式（7-75）及式（7-76b）代入式（7-77a），又可得：

$$\pi = \lambda\left\{ n + r(x) - i - s\left[y(x), i, \frac{A}{K} \right] \right\} \tag{7-77b}$$

我们已经知道了引起物价上升的原因，那么，决定货币需求的因素又有哪些呢？斯泰因同托宾等人一样，认为人们对货币余额的需求取决于保持货币余额的机会成本，因为除货币余额外，人们还能以债券或实物资本的形式持有财富。债券的收益率是名义利率 i'，而实物资本的收益率则为利润率 $r(x)$ 与预期通货膨胀率 π^* 之和。所以"变量 $r(x)$，i 和 π^* 便反映了持有货币余额的机会成本，并且这些机会成本同货币余额的需求成反向相关关系"[2]。斯泰因还认为，"当这些机会成本既定时，货币余额的需求量将同产出（PY）和私人所持有的名义非人力财富 $P(A + K)$ 成正相关关系"[3]。这里，P 代表价格水平。我们知道，在新古典的货币增长模型中，决定货币需求的是持有货币的机会成本和名义收入两大因素。而在斯泰因的货币增长模型中，又增加了非人力财富这一变量。下面我们将会看到，这一变量还是斯泰因模型中一个不可或缺的要素。

根据以上分析，可将斯泰因模型中的货币余额的需求函数表述如下：

$$L^* = L^*\left[PY, r + \pi^*, i + \pi^*, P(A + K) \right] \tag{7-78}$$

若以 L_1^*、L_2^*、L_3^* 和 L_4^* 分别表示上式中四个自变量的变化对货币余额需求的影响，则 L_1^* 表示货币余额需求的收入效应，L_2^* 表示货币余额与实物资本的替代关系，L_3^* 表示货币余额与债券的替代关系，L_4^* 表示货币余额的需求与非人力财富间的互补关系。假设 L^* 函数对于名义产出和名义非人力财富是齐次线性

---

① 斯泰因：《货币与生产能力的增长》，载《政治经济杂志》，1966（10），453 页。
②③ 同本页注①，454 页。

的[1]，就可由式（7-78）导出下式：

$$v = L[y(x), r(x) + g(\pi), i + g(\pi), \theta v] \qquad (7-79)$$

$$L_1 > 0, L_2 < 0, L_3 < 0, L_4 > 0$$

这里，$v \equiv M/PK$ 表示每一单位资本的实际余额，θ 表示私人部门所持有的公共部门发行的金融资产 A 与作为这一金融资产一部分的实际余额 M/P 之比，于是得 $A/K \equiv \theta v$。这里需要说明的是，斯泰因和托宾一样，不考虑使实际余额的供需相等的价格调整过程和时间间隔，故上式中的每一单位资本的实际余额的需求将和它的供给始终保持一致。

最后还要指出，在斯泰因的模型中，v 的增长率等于货币供应的增长率 u 减去通货膨胀率 π，再减去资本增长率 $n + r(x) - i$[2]，即：

$$\frac{D_v}{v} = u - \pi - n - r(x) + i \qquad (7-80)$$

本节展示了斯泰因货币增长模型的一系列基本方程式，下面将要说明，斯泰因是如何通过"解"这些基本方程式，来展开其货币增长理论的。

二、斯泰因模型之"解"

从数学的角度来说，解上述斯泰因模型可以分两步进行。首先，根据 x 和 v 以及外生变量 n 和 θ 解出式（7-77b）和式（7-79）中的 i 和 π，并以此建立以下两式：

$$i = i(x, v; n, \theta) \qquad (7-81)$$

$$\pi = \pi(x, v; n, \theta) \qquad (7-82)$$

然后，将以上两式代入式（7-73）和式（7-80），以获得一对关于 x、D_x、v 和 D_v 的微分方程：

$$\frac{D_x}{x} = i(x, v) - r(x) \qquad (7-83)$$

$$\frac{D_v}{v} = u - n - r(x) + i(x, v) - \pi(x, v) \qquad (7-84)$$

这对微分方程的解就代表了斯泰因模型的解。斯泰因将上述第一步称为短期均衡分析，因为它所要解决的是在短期内 v 和 x 的变化对 π 和 i 的影响；而从长期

---

① 这一假设意味着对实际余额的需求取决于实际收入、实际非人力财富和保存货币的机会成本 $r(x) + \pi^*$ 和 $i + \pi^*$。

② 因为 $\frac{I}{K} = n - \frac{D_x}{X}$，而 $\frac{D_x}{X} = i - r(X)$，故 $\frac{I}{K} = n + r(x) - i$。

看，π 和 i 的值又会对 v 和 x 发生影响，所以斯泰因又称上述第二步为长期均衡分析。长期均衡分析所要解决的是在长期中 x 和 v 的变化趋势，以及长期均衡点的决定。

（一）短期均衡分析

在图 7-2 中，直线 IS 代表在 x、v 和 n、θ 既定的条件下，i 与 π 的组合。这一组合满足式（7-77b）：

$$\pi = \lambda\{r(x) + n - i - s[y(x), i, \theta v]\}$$

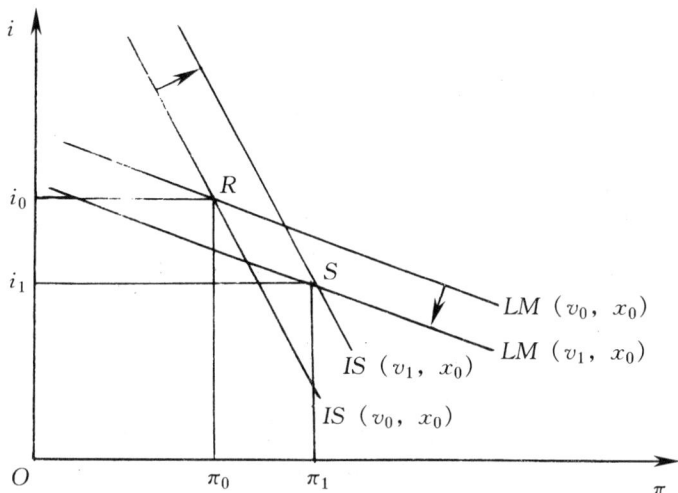

图 7-2

我们看到，IS 线的斜率小于零，表示 i 与 π 的运动方向是互逆的。因为根据式（7-77a），当 π 上升时，投资的增加必然大于储蓄的增加；而要导致这一结果，实际利率必须下降。这一结论也可以通过求式（7-77b）关于 π 的偏导数予以证明：

$$\frac{\partial i}{\partial \pi} = -\frac{1}{\lambda(1 + s_2)} < 0 \qquad (7-85)$$

式中，s_2 表示 s 对 i 的偏导数，s_2 大于零。

图 7-2 中的直线 LM 则代表当 x、v 和 θ 不变时，i 与 π 的组合，该组合满足式（7-79）：

$$v = L[y(x), r(x) + g(\pi), i + g(\pi), \theta v]$$

LM 线的斜率也是负的。这是由于，π 的上升导致了资本的预期名义收益率 $r(x)$ + $g(\pi)$ 和债券的名义利率 $i + g(\pi)$ 的上升；因实物资本和债券是货币的替代品，故实际余额的需求就会减少；通过市场机制的作用，实际利率必然下降，以维持实际余额供需间的平衡。对此，让我们求式（7 - 79）对 π 的偏导数以获得证明。

$$\frac{\partial i}{\partial \pi} = - g'(\pi)\left(1 + \frac{L_2}{L_3}\right) < 0 \qquad (7 - 86)$$

由于 g' 是正数，而 L_2 和 L_3 都是负数，故上式小于零，证明了 i 和 π 的运动方向是互逆的。

了解了 IS 线和 LM 线的性质后，就可以利用这两条直线来检验 v 的变化对 π 和 i 的影响及 x 的变化对 π 和 i 的影响。

1. v 的变化对 π 和 i 的影响

假设 v 从 v_0 上升到 v_1，而 x 不变。根据实际余额效应，如果这时 i 保持不变，投资与储蓄间的差距就会扩大。从式（7 - 77a）看，π 将由此而上升，从而导致 IS 线向右移动。在这一条新的 IS 线上，相对于每一实际利率，π 的短期均衡值都比以前高了。同样，当 π 既定时，v 的增加也使 i 上升。对此，可以通过求式（7 - 77b）关于 v 的偏导数获得证明：

$$\frac{\partial i}{\partial v} = \frac{-s_3\theta}{1 + s_2} > 0 \qquad (7 - 87)$$

式中，s_2 表示 s 对 i 的偏导数，因此 s_2 大于零；s_3 表示 s 对 θv 的偏导数，因此 s_3 小于零。可见，当 π 不变时，v 的增加将使 IS 线向上移动。

但是，在 x 既定的条件下，v 的上升却会使 LM 线下降。如前所述，式（7 - 79）要求实际余额的供需保持一致。"如果 v 的上升伴随着每一单位资本的实际余额的超额供给（即 v 的供给的增加额超过了 v 的需求的增加额——引者注），为了使公众持有较多的 v，实际利率就必须下降（假设 π 既定）。"[1] 这一结果可以从以下对式（7 - 79）求 v 的导数中看出：

$$\frac{\partial i}{\partial v} = \frac{1 - L_4\theta}{L_3} \qquad (7 - 88)$$

式中，L_3 表示名义利率的变化对实际余额需求的影响，所以它小于零；$1 - L_4\theta$ 则表示实际余额供给的变化引起实际余额的超额供给（或超额需求）。如前所述，$\theta \equiv A/K$，表示私人部门所持有的公共部门发行的金融资产。若 θ 既定，而 v 发生变化，则该金融资产将增加 $\theta\Delta v$（为论述方便起见，假设 Δv 大于零）。根据式（7 - 79），金融资产的这一变化将引起 v 的需求量的变化，变化额为

---

① 斯泰因：《货币与生产能力的增长》，载《政治经济杂志》，1966（10），457 页。

$L_4\theta dv$。v 的需求的变化有可能小于 v 的供给的变化，即 $L_4\theta dv < dv$，也有可能大于 v 的供给的变化，即 $L_4\theta dv > dv$。在前一种情况下，就会发生 v 的超额供给 $(1 - L_4\theta) dv$〔其中，$(1 - L_4\theta) > 0$〕；而在后一种情况下，则会出现 v 的超额需求 $(1 - L_4\theta) dv$〔其中，$(1 - L_4\theta) < 0$〕。斯泰因认为，在一般情况下，$(1 - L_4\theta)$ 大于零，即式（7 - 88）小于零。这意味着，在 π 既定的条件下，v 的上升将导致 i 的下降。从图 7 - 2 看，当 v 从 v_0 上升到 v_1 时，LM 线就从 (v_0, x_0) 下降到 (v_1, x_0)。

以上，我们分别根据 IS 线和 LM 线检验了 v 的变化对 π 和对 i 的影响。有趣的是，这两条线所表明的结果却似南辕北辙。原因在于，IS 线是建立在投资与储蓄的相互关系的基础上的〔根据式（7 - 77）〕，而 LM 线则是建立在实际余额的供需关系的基础上的〔根据式（7 - 79）〕。那么，在这两种方向相反的作用力下，v 的变化对 π 和对 i 的影响究竟如何呢？这就要看两根直线的斜率的相对大小了。如果 LM 线的斜率较大（如图 7 - 2 所示），当 v 从 v_0 增加到 v_1 时，i 就会自 i_0 降至 i_1，而 π 则会从 π_0 上升到 π_1；反之，若 IS 线的斜率较大，v 的增加就会使 i 上升、π 下降。

至此，斯泰因就浅尝辄止，不再深究了，而只是假设 LM 曲线具有较大的斜率，就像图 7 - 2 所描绘的那样。这样，当 v 上升时，均衡点就从 R 移到了 S[①]。

2. x 的变化对 π 和 i 的影响

为了讨论 x 的变化对 π 和 i 的影响，让我们假定 v 固定不变。首先考察 IS 线。若 x 上升，资本的边际产出 $r(x)$ 和资本的平均产出 $y(x)$ 都会提高。根据式（7 - 77b），意愿储蓄和意愿投资将由此而分别增加 $s_1y'(x)$ 和 $r'(x)$。这时，如果投资的增加大于储蓄的增加，即 $r'(x) > s_1y'(x)$，π 就会上升（假定 i 不变）；反之，如果 $r'(x) < s_1y'(x)$，π 就会下降（同样假定 i 不变）。从数学上看，式（7 - 77b）关于 x 的导数既可能大于零，也可能小于零：

$$\frac{\partial i}{\partial x} = \frac{r'(x) - s_1y'(x)}{1 + s_2} \qquad (7 - 89)$$

在此情况下，x 的提高将使 IS 线上升还是下降，就难以肯定了。

LM 线也会发生类似 IS 线的情形。当 x 上升时，对实际余额的需求会发生两种效应，一种是收入效应（income effect），一种是替代效应（substitution effect）。收入效应是说，x 的上升提高了 y，从而增加了对实际余额的需求。根据式（7 - 79），每一单位资本的实际余额增加了 $L_1y'(x)$。同时，x 的上升也提

---

① 斯泰因：《货币与生产能力的增长》，载《政治经济杂志》，1966（10），457 页。

高了 $r(x)$，亦即提高了实物资本的收益率。根据式（7 – 79），实际余额的需求将由此而减少 $L_2r'(x)$。这就是替代效应。由于这两种效应同时存在，而作用相反，就使得 LM 线所反映的 x 的变化对实际余额的影响，从而对 i 和 π 的影响显得模糊不清了。若收入效应的作用超过替代效应的作用，当 x 上升时，实际余额的需求就会增加，利率就会上升，LM 线将由此而向上移动；相反，若替代效应的作用超过收入效应的作用，x 的上升就会使 LM 线向下移动。式（7 – 79）关于 x 的偏导数也反映了这一规律：

$$\frac{\partial i}{\partial x} = \frac{1}{-L_3}[L_2y'(x) + L_1y'(x)] \tag{7 – 90}$$

我们将上述在 x 变动影响下的 IS 线和 LM 线的运动趋势并入同一个直角坐标系内（如图 7 – 3），并假设由于 x 的上升而引起的投资的增加大于储蓄的增加，即 IS 线由 IS_1 向上移至 IS_2。同时，如果上述替代效应超过收入效应，LM 线就会由 LM_1 向下移至 LM_2，并在新的短期均衡点 B 与 IS_2 相交。同 x 变动前的原均衡点 A 相比，在 B 点 i 下降了，而 π 却上升了。但如果收入效应超过了替代效应，LM 线就会向上移至 LM_3。在新的短期均衡点 C，i 和 π 都比以前高了。为了论述的需要，斯泰因假设，"收入效应占据主要地位"[1]，即 C 点为新的短期均衡点。将 C 点和 A 点相比较，不难发现，$\pi_x > 0$，$i_x > 0$。

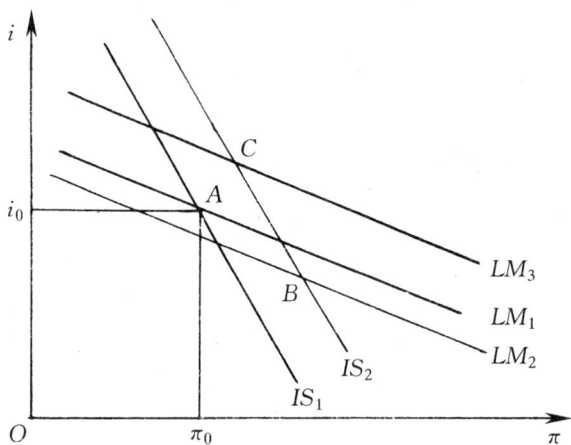

图 7 – 3

以上，我们根据斯泰因的论述具体分析了 v 的变化对 π 和 i 的影响，以及 x

---

① 斯泰因：《货币与生产能力的增长》，载《政治经济杂志》，1966（10），458 页。

的变化对 π 和 i 的影响，从斯泰因模型的角度讲，就是求出了式（7-77b）和式（7-79）中 i 和 π 的解。将这些解代入式（7-81）和式（7-82）中，建立这两个方程式的任务也就最终完成了：

$$i = i(x,\ v;\ n,\ \theta), \qquad\qquad i_x > 0,\ i_v < 0$$

$$\pi = \pi(x,\ v;\ n,\ \theta), \qquad\qquad \pi_x > 0,\ \pi_v > 0$$

（二）长期均衡分析

如前所述，把式（7-81）和式（7-82）代入式（7-73）和式（7-80），可以获得斯泰因模型的一对基本方程式：

$$\frac{D_x}{x} = i(x,v) - r(x) \tag{7-83}$$

$$\frac{D_v}{v} = u - n - r(x) + i(x,v) - \pi(x,v) \tag{7-84}$$

现依据这两个基本方程式绘出图 7-4。通过分析图 7-4 就可以看出长期中 x 和 v 的变化趋势以及长期均衡的实现过程。

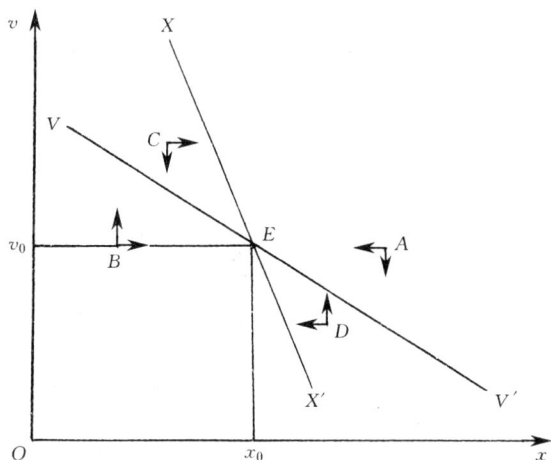

图 7-4

图 7-4 中的直线 XX' 是根据式（7-83）描绘的，它代表当 $D_x/x = 0$ 时的 x 与 v 的组合，即在该直线的任何点上都有：$r(x) = i(x,v)$。XX' 线是向下倾斜的，这是因为，当 x 上升时，资本的边际产出就会增加，而利率则可能下降（前述替代效应的影响较大），也可能上升（前述收入效应的影响较大），但这种利率的上升一般总小于资本边际产出的上升，即 $r'(x) > i_x$，结果造成实际余额 v 的减少。若令 D_x 为零，并求式（7-83）关于 x 的导数，我们就可发现，该导

数小于零：

$$\frac{\mathrm{d}v}{\mathrm{d}x} = \frac{r'(x) - i_x}{i_v} < 0 \qquad (7-91)$$

进一步说，"如果经济偏离了 XX' 线的轨迹，就会有一些力量使它重新回到这一轨迹中"[1]。如图 7-4，如果储蓄与投资的均衡点脱离了 XX' 线，而处在 A、B、C、D 的任何一点上，则 x 将沿着横向箭头朝 XX' 线移动。这是为什么呢？因为由 x 的变化而引起的资本边际产出的变化大于利率的变化。当 x 处 XX' 线的右边（如 D 点）时，若 v 保持不变，资本投资的增加就会超过劳动力的增加，x 也就趋于下降，而向 XX' 线靠拢；当 x 处在 XX' 线的左边（如 C 点）时，情况正好相反。对此，也可以通过求式（7-83）关于 x 的偏导数（假设 v 不变），从数学上加以证明：

$$\frac{\partial (D_x/x)}{\partial x} = i_x - r'(x) < 0 \qquad (7-92)$$

接着讨论 VV' 线。VV' 线是根据式（7-84）建立的，它代表当 $D_v/v = 0$ 时的 x 与 v 的组合，即在该直线的任何点上都有：$u - n = r(x) - i(x, v) + \pi(x, v)$。$VV'$ 线也是向下倾斜的。VV' 线向下倾斜的原因与 XX' 线向下倾斜的原因相似，这里不再赘述，只是引证斯泰因根据式（7-84）作出的数学推论：

$$\frac{\mathrm{d}v}{\mathrm{d}x} = \frac{r'(x) - i_x + \pi_x}{i_v - \pi_v} < 0 \text{[2]} \qquad (7-93)$$

同 XX' 线的情形一样，"如果经济偏离了 VV' 线的轨迹，就会有一些力量使它重新回到这一轨迹中"[3]。从数学上看，式（7-84）关于 v 的偏导数小于零：

$$\frac{\partial (D_v/v)}{\partial v} = i_v - \pi_v < 0 \qquad (7-94)$$

从经济意义上说，当 v 上升而超过 VV' 线时，若 x 不变，利率就会下降，物价就会上升（参见图 7-2）。随着资本收益的相对提高，资本存量将增加。由于 v 是货币与资本之比，资本增加就意味着 v 的下降。反之，当 v 下降而低于 VV' 线时，情形正好相反。所以，一旦实际余额的供给和需求的均衡点脱离了 VV' 线而处在 A、B、C、D 的任何一点上，v 就会沿着纵向箭头朝 VV' 线移动。

---

[1]　斯泰因：《货币与生产能力的增长》，载《政治经济杂志》，1966（10），459 页。

[2]　参见式（7-81）和式（7-82）。

[3]　同本页注[1]，460 页。

斯泰因沿袭了希克斯—汉森的 IS—LM 分析，认为只有 XX' 线和 VV' 线的交点（如图 7-4 中的 E 点）才是经济的长期均衡点。而如果经济在长期中趋于均衡点 E，VV' 线的斜率就一定大于 XX' 线的斜率（如图 7-4）。换句话说，经济稳定须满足下列不等式：

$$\frac{r'(x) - i_x + \pi_x}{i_v - \pi_v} > \frac{r'(x) - i_x}{i_v} \tag{7-95}$$

对此，可以通过反证法加以证明。在图 7-5 中，XX' 线的斜率大于 VV' 的斜率。利用以上对图 7-4 的分析我们发现，在图 7-5 第 I 象限的任何一点，x 都趋于下降而 v 都趋于上升；而在图 7-5 第 II 象限的任何一点，x 都趋于上升而 v 都趋于下降。这两种相互背离的运动趋势反映了经济的不稳定状态。相反，无论 x 和 v 处在图 7-4 的哪一点上，都将收敛于均衡点 E（x_0, v_0）。所以说，只有当 VV' 线的斜率大于 XX' 线的斜率时，经济才可能处于稳定状态中。

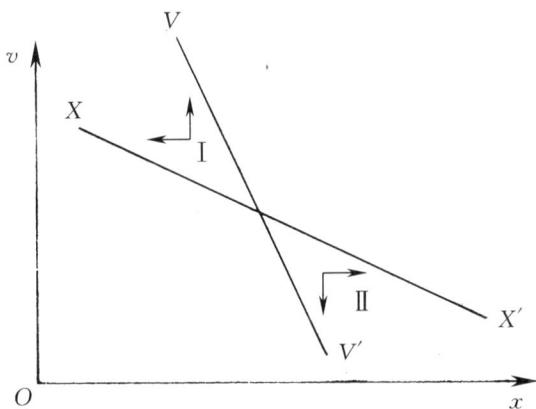

图 7-5

三、货币对经济的影响

在长期均衡的条件下，货币因素对经济有何重大影响？这是斯泰因模型所要回答的最基本的问题。在介绍斯泰因的这些论述之前，有必要先阐明与此有关的一些事实。

根据前一节的分析，在长期均衡条件下，x 和 v 保持不变。x 不变意味着资本和劳动力按同步增长，且在规模常数收益的假定下，产出的增长率也将同劳动力的增长率 n 相同；而 v 不变则意味着资本的名义价值 PK 和货币供应 M 以相同的速度增长。若 x 和 v 保持不变，我们还可以从式（7-83）和式（7-84）

中得出以下两式：

$$r(x) = i(x,v) \qquad\qquad (7-96)$$
$$\pi(x,v) = u - n \qquad\qquad (7-97)$$

从图 7-4 看，同时满足以上两式的只有均衡点 E，因此，严格地说，以上两式应修正为：

$$r(x_0) = i(x_0,v_0)$$
$$\pi(x_0,v_0) = u - n$$

（一）货币供应量的变化对实际变量的影响

当货币供应的增长率 u 从 u_0 上升到 u_1 时，E 还是长期均衡点吗？由于 E 是由 XX' 线和 VV' 线共同决定的，因此，要回答这一问题，就必须分析 u 的变化对这两条直线的影响。

我们看到，式（7-83）并不包含 u 这一变量，这就决定了 XX' 线与 u 的变化无关。但 VV' 线却会受到 u 的变化的影响。式（7-84）表明，u 的大小是决定 VV' 线的一个重要因素。如图 7-6 所示，若 u 从 u_0 上升到 u_1，为了满足 $u_1 - n = r(x) - i(x,v) + \pi(x,v)$ 的条件，VV' 线就必须上升到 V_1V_1' 线。这是由于，当 u 上升时，为了维持固定的 v，就必须提高 K 的增长率（$v = M/PK$）；而要提高 K 的增长率，x 就不能不上升，因为只有当 x 上升，资本的边际产出增加时，意愿资本—劳动比才有可能提高。

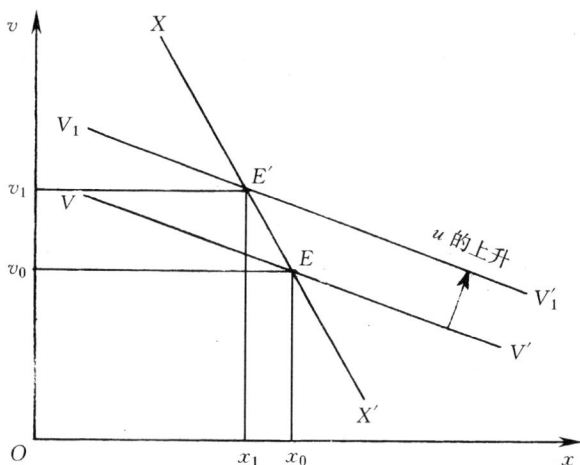

图 7-6

VV' 线右移会产生什么影响呢？如前所述，一个稳定的经济要求 VV' 线的斜率大于 XX' 线的斜率。这样，当 VV' 线随着 u 的增加而上升到 $V_1V'_1$ 线时，长期均衡点就从 E 移至 E'（图 7−6）。在新均衡点 E' 上，劳动—资本比 x 比以前低了[1]，而每一单位资本的实际余额 v 则比以前高了。x 的降低又使资本的边际产出减少和实际工资增加。可见，货币当局可以通过货币供应量的变动来影响经济中的实际变量（real variables）[2]。

（二）金融资产构成的变化对实际变量的影响

在本节第一部分中，我们介绍了斯泰因模型中一个很重要的变量：私人部门所掌握的金融资产与实际余额之比 θ，它的大小反映了金融资产的构成状况。斯泰因不仅认为货币供应量的变化会影响实际变量，他还认为，"θ 的上升（下降）将提高（降低）长期中的劳动—资本比（x）的均衡值。金融资产的构成状况将影响长期中的实际变量的均衡值"[3]。为了看出这些影响，让我们首先将表示长期均衡之必要条件的式（7−96）和式（7−97）

$$r(x) = i(x,v) \tag{7 − 96}$$

$$\pi(x,v) = u − n \tag{7 − 97}$$

代入表示商品和劳务市场的供需状况的式（7−77b）

$$\pi = \lambda\{n + r(x) − i − s[y(x),i,\theta v]\} \tag{7 − 77b}$$

和表示实际余额的供给和需求相一致的式（7−79）

$$v = L[y(x),r(x) + g(\pi),i + g(\pi),\theta v] \tag{7 − 79}$$

以获得在商品和劳务市场中实现长期均衡的条件：

$$u − n = \lambda\{n − s[y(x),r(x),\theta v]\} \tag{7 − 98}$$

和在货币市场中实现长期均衡的条件：

$$v = L[y(x), r(x) + g(u−n), r(x) + g(u−n), \theta v] \tag{7 − 99}$$

然后求出式（7−98）和式（7−99）关于 θ 的导数，以建立一组联立方程：

$$[s_1 y'(x) + s_2 r'(x)] \frac{\mathrm{d}x}{\mathrm{d}\theta} + s_3 \theta \frac{\mathrm{d}v}{\mathrm{d}\theta} = − s_3 v \tag{7 − 100}$$

---

[1]　这意味着作为 x 的倒数的资本密集度上升了。所以斯泰因说："资本存量随着货币存量的变化而变化"（斯泰因：《货币主义者、凯恩斯主义和新古典经济学》，英文版，163 页，1982。）

[2]　上述斯泰因理论与传统货币数量论的区别在于：货币数量论者认为，货币量的变化只能使物价作同方向、同幅度的变化，而不可能影响经济中的实际变量；而在斯泰因看来，$\pi = \lambda$（$I/K − S/K$）（式 7−77a），而 I/K 和 S/K 又是 x 和 v 的函数，所以货币量的变化不仅影响物价，而且也改变了 x 和 v 等实际变量的均衡值。

[3]　斯泰因：《货币与生产能力的增长》，载《政治经济杂志》，1966（10），463 页。

$$\left[L_1 y'(x) + r'(x)(L_2 + L_3)\right] \frac{\mathrm{d}x}{\mathrm{d}\theta} - (1 - L_4\theta)\frac{\mathrm{d}v}{\mathrm{d}\theta} = -L_4 v \quad (7-101)$$

该方程组中的未知数 $\mathrm{d}x/\mathrm{d}\theta$ 若大于零，表示 θ 的变化将使 x 作同方向的变化；而如果 $\mathrm{d}x/\mathrm{d}\theta$ 小于零，则说明 x 将随 θ 的变化作反方向的变化。

根据克莱姆法则可求得上述方程组中的 $\mathrm{d}x/\mathrm{d}\theta$ 如下：

$$\frac{\mathrm{d}x}{\mathrm{d}\theta} = (s_3/J) \cdot V > 0 \quad (7-102)$$

其中，

$$J = \begin{vmatrix} s_1 y'(x) + s_2 r'(x) & s_3\theta \\ L_1 y'(x) + r'(x)(L_2 + L_3) & -(1 - L_4\theta) \end{vmatrix} \quad (7-103)$$

那么，为什么 $\mathrm{d}x/\mathrm{d}\theta$ 大于零呢？我们已经知道，v 大于零，而 s_3 则小于零〔参见式（7-76b）〕，因此惟一需要讨论的是 J 这一变量的符号。在式（7-103）中不难看出，$s_1 y'(x) + s_2 r'(x)$ 大于零，而 $s_3\theta$ 小于零，但其余两个自变量的符号就不那么容易确定了。这两个自变量分别反映了 x 的变化对实际余额需求的影响和 v 的变化对货币供需关系的影响。在本节第二部分我们曾经指出，x 的上升将通过产出的增加而使每一单位资本的实际余额的需求提高 $L_1 y'(x)$，此乃收入效应；同时，$r(x) = i$ 的上升又提高了实物资本和债券的收益，由此而使实际余额的需求减少 $r'(x)(L_2 + L_3)$，此乃替代效应。若替代效应的作用超过收入效应的作用，变量 $L_1 y'(x) + r'(x)(L_2 + L_3)$ 就小于零；反之，若收入效应的作用超过替代效应的作用，该变量就大于零。同样，根据式（7-88）和与此有关的论述，若 v 的上升引起货币的超额供给，就有 $(1 - L_4\theta) > 0$；若 v 的上升引起货币的超额需求，则有 $(1 - L_4\theta) < 0$。

斯泰因认为，在一般情况下，上述替代效应的作用大于收入效应的作用；v 的上升将导致货币的超额供给。基于这些论断，可求得 J〔式（7-103）〕<0，并由此导出 $\mathrm{d}x/\mathrm{d}\theta$〔式（7-102）〕$>0$。$\mathrm{d}x/\mathrm{d}\theta > 0$ 意味着，"θ 的上升将提高长期中的劳动—资本比 x 的均衡值，从而导致资本的边际产出 $r(x)$ 和实际利率 i 的恒久性上升"[1]。

综上所述，斯泰因的货币增长模型表明："货币供应的增长率 u 和私人部门的金融资产净额与货币存量之比 θ 等货币变量影响着长期中的实际变量的均衡值……从而，在长期增长过程中，货币就不是中性的。"[2]

---

① 斯泰因：《货币与生产能力的增长》，载《政治经济杂志》，1966（10），464 页。
② 同本页注①，465 页。

在结束本节之前，我们对斯泰因模型作出如下评价：

第一，作为当代西方货币增长理论的一个重要分支——凯恩斯—魏克赛尔型货币增长理论的代表，斯泰因模型比较全面地分析了货币经济的特征，分析了货币因素在经济变动和经济均衡过程中的作用，分析了国家货币政策对经济中的实际变量和对经济增长的影响。这些分析，无论在广度上还是在深度上，都使新古典货币增长理论为之逊色。

第二，在方法上，斯泰因模型继承和发展了魏克赛尔、凯恩斯以来的传统，把货币分析和实物分析、静态分析和动态分析、短期分析和长期分析结合起来，并且用一般均衡分析的方法来分析经济增长问题。这些也都是新古典货币增长理论所无法比拟的。就分析方法而言，斯泰因模型也可为我们参考和借鉴。

第三，斯泰因模型反映了斯泰因的政策主张。斯泰因是货币主义的同情者，但又不是一个完全的货币主义者。在上述斯泰因模型中，他既认为资本主义的市场机能使经济自动趋于长期均衡的状态，同时又指出政府的货币政策会影响实际变量的均衡值，且适当的货币政策将有助于经济的发展。也就是说，斯泰因在强调市场机制作用的前提下，也主张政府对经济的适当干预。无怪乎日本经济学者佐藤隆三在将斯泰因的《货币与生产能力的增长》一书译成日文时，却把书名译作《货币主义和凯恩斯主义的综合》。

第四，斯泰因模型吸取了其他西方经济学家的许多理论，但在理论上并没有多大的创新。如斯泰因模型中的投资函数以及利率与物价的相互关系等理论都只是魏克赛尔学说的翻版；而储蓄函数中的 A/K 这一变量也不过是庇古的实际余额效应的推广而已。又如，斯泰因模型中有关通货膨胀的原因的解释是一种典型的"需求拉上"的通货膨胀论；而斯泰因关于货币供应量的变化不仅影响物价，而且还影响投资和产出等实际变量的论述，则是凯恩斯的"半通货膨胀"（semi-inflation）说的变种。再如，作为斯泰因模型之最基本的分析方法的 IS-LM 分析几乎完全因袭了希克斯—汉森所创造的 IS—LM 分析。凡此种种，不一而足，表明斯泰因模型在本质上只是资产阶级经济理论的一个大杂烩。

第五，斯泰因模型的最大缺陷在于论证过程的不完整。我们发现，每每在论述的关键之处，或者当难以找到充足的理由时，斯泰因总是借助于"假设"、"如果"，而不问这些"假设"和"如果"是否真能成立。试问，由此而得出的结论究竟有多少科学性，又怎能让人信服呢？

第四节 麦金农—肖金融发展模型[①]

托宾等人的货币增长理论无疑为当代西方货币经济理论填补了一大空白，也为传统的经济增长理论增添了新的内容。但是，他们的这种理论完全是以市场经济高度发达、金融市场相当完善的西方发达国家为背景提出的，而很少考虑甚至完全忽略了世界上为数众多的发展中国家特定的经济环境、经济结构和经济发展水平，更不考虑发展中国家在货币金融方面的种种特殊性。因而，这种理论即使完全适用于西方发达国家，也未必适用于广大的发展中国家。

1973 年，美国斯坦福大学经济学教授罗纳德·麦金农（Ronald I. Mckinnon）出版了《经济发展中的货币与资本》一书，其同事爱德华·肖（Edward S. Shaw）出版了《经济发展中的金融深化》一书，二人都以发展中国家作为分析的对象，全面地考虑了发展中国家货币金融的特殊性，深刻地论证了货币金融与经济发展的辩证关系，提出"金融抑制"（financial repression）与"金融深化"（financial deepening）的新理论，在国际经济学界引起强烈反响。

金融抑制论与金融深化论是麦金农与肖在批判了传统货币理论的基础上，根据发展中国家的实际情况提出的新理论。根据麦金农的分析，所谓"金融抑制"是指这样一种现象：政府对金融体系和金融活动的过多干预，抑制了金融体系的发展，而金融体系的不发展，又阻碍了经济的发展，从而造成金融抑制与经济落后的恶性循环。而所谓"金融深化"是指这样一种情形：如果政府取消对金融活动的过多干预，可形成金融深化与经济发展的良性循环。因此，所谓金融抑制与金融深化实际是同一问题的两个方面。

一、发展中国家货币金融的特殊性

根据麦金农等人的分析，发展中国家的经济是一种"被分割的经济"（fragmented economy）[②]。在这种经济中，市场是极不完全的，因此，无论是商品的价格还是资本的收益，都是被严重扭曲的。在货币金融领域，发展中国家则主要

[①] 本节系由施兵超撰写。如读者需进一步了解麦金农—肖金融发展模型及其发展等更具体的内容，请参见施兵超：《经济发展中的货币与金融——若干金融发展模型研究》，上海财经大学出版社，1997。

[②] R. I. Mckinnon, *Money and Capital in Economic Development*, 1973. Chap. 2.

有如下四个方面的特殊性：

第一，货币化程度低。在发展中国家，由于市场的分割性，商品交易的范围和规模都受到许多限制。在整个经济中，货币经济所占比重较小，而自给自足的非货币经济所占比重却较大。因此，相对于发达国家而言，发展中国家的货币化程度是比较低的。于是，货币在整个经济中所起的作用便受到了限制。

第二，有组织金融机构与无组织金融机构同时并存。传统的经济发展理论认为，发展中国家的经济是一种"二元性"的经济，即先进的现代部门和落后的传统部门同时并存。与这种经济的二元性相联系的是所谓的"金融的二元性"（Financial Dualism），即一方面存在着有组织的或官方的金融机构，如中央银行、商业银行等；另一方面又存在着无组织的或非官方的金融机构，如钱庄、典当业、高利贷者等。前者往往集中于某些经济发展水平较高的大城市，而后者通常存在于比较落后、比较偏僻的乡村地带。这种金融的二元性往往使政府的货币金融政策的效果受到影响，甚至出现与政策目标背道而驰的结果。所以，金融的二元性是发展中国家货币金融的又一个比较重要的特征。

第三，缺乏完善的金融市场。发展中国家的金融市场一般都非常落后，有的国家或地区甚至根本就没有形成金融市场。发展中国家金融市场不发达的原因主要在于如下几个方面：首先，经济的落后是包括金融市场在内的各种市场不发达的根本原因；其次，货币化程度低缩小了金融交易的规模；最后，经济发展的严重不确定性压制了直接融资的发展，因而金融工具不仅种类单一，而且数量也有限，不足以形成专门的金融市场。金融市场的落后，不仅限制了金融体系动员和分配资金的作用，而且也给政府实行货币金融政策带来困难，如在西方发达国家广为运用的公开市场业务，在发展中国家就缺乏现实的条件。

第四，大多数发展中国家的政府对金融活动实行过分严格的管制，其主要表现是对存贷款利率规定严格的上限，使实际利率长期地低于使资金供求相等的均衡利率。这种人为的干预政策严重地扭曲了金融资产的价格，使之不能真实地反映资本的实际供求情况。这样做的结果：一方面削弱了金融机构筹集资金的作用，使本来就十分稀缺的资本更加稀缺；另一方面还降低了资金分配和使用的效率，造成金融抑制，从而阻碍了经济的增长和发展。

二、麦金农—肖金融发展模型的核心内容

由于麦金农和肖在论述金融抑制与金融深化时得出大致相同的结论，因而

西方经济学家们往往将他们两人的理论归结为同一个金融发展模型，并称之为"麦金农—肖模型"。

麦金农—肖模型论证了发展中国家金融发展与经济增长之间相互制约、相互促进的辩证关系。根据美国加利福尼亚大学教授马克斯维尔·弗莱（Maxwell J. Fry）的分析，麦金农—肖金融发展模型的核心内容可用图 7 – 7 来加以说明[①]。

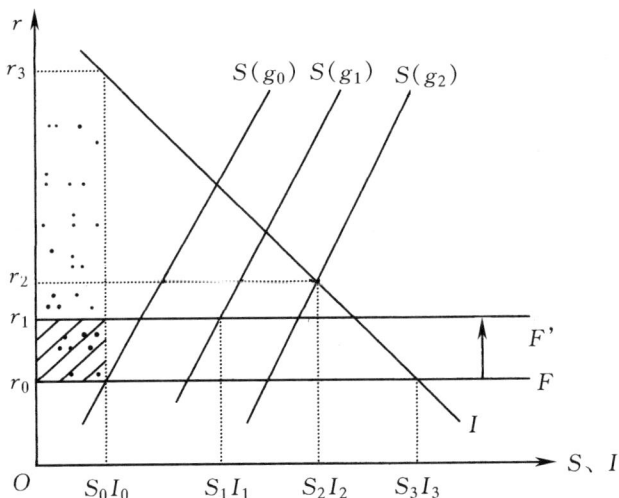

图 7 – 7

在图 7 – 7 中，r_i 为实际利率；$S(g_i)$ 表示在经济增长率为 g_i 时的储蓄，它是实际利率的增函数；I_i 表示投资，它是实际利率的减函数（其中，$i=0,1,2\cdots$）；F 代表金融抑制，这里是指政府将实际利率人为地限制在其均衡水平以下的干预行为。

为便于分析，我们假定：（1）储蓄全部转化为投资；（2）没有国外融资来源。于是，现实的投资总额 I_i（$i=0,1,2,\cdots$）便等于一定利率水平上所能形成的储蓄总额 S_i（$i=0,1,2\cdots$）。从图 7 – 7 可看出，如果实际利率被限制在 r_0，则所能形成的储蓄总额仅为 S_0，从而投资总额也只能为 I_0。但是从投资曲线可看出，当实际利率为 r_0 时，意愿投资总额（即贷款需求）却高达 I_3。这就形成了资金供求的严重缺口（$I_3 - I_0$）。倘若政府当局只限制存款利率，而不限制

---

① Maxwell J. Fry, "Money and Capital or Financial Deepening in Economic Development?" *Journal of Money, Credit and Banking*, Vol. 10 (4), 1978, pp. 464~475. 本书在引用时略有改动。

贷款利率，则根据供求规律，贷款利率势将上升到 r_3，其结果是金融机构获得不合理的高额利润（$r_3 - r_0$）。但事实上大多数发展中国家通常既限制存款利率，又限制贷款利率。若撇开存贷款利差这一因素，也就是说，假定贷款利率也被限制在 r_0，则由于可贷资金的严重供不应求，必然导致非价格的信贷配给，而这又是大多数发展中国家实际存在的情况。这种非价格的信贷配给办法往往使整个社会的投资效率大为降低。其主要原因有三：（1）资金配给的对象未必是投资效率高的企业和个人，而大多是一些特权阶层、贿赂者或与金融机构有某种特殊关系的企业或个人；（2）利率限制影响了金融机构承担贷款风险的积极性，因而大部分资金都被投放于那些风险小而收益低的项目，如图7-7中阴影部分所示的那些收益率略高于利率上限 r_0 的投资项目；（3）由于作为资金成本的利率偏低，一些企业和个人便肆意举债，并用于非生产性的投资。所以，在麦金农和肖看来，发展中国家实行低利率政策，非但无助于经济发展，而且会有碍于经济发展。于是，为了促进经济的发展，适当提高实际利率显然是很有必要的。

现在，我们假定将利率由 r_0 提高到 r_1，则可能导致两种结果：（1）储蓄总额将随着（存款）利率的上升而增加，从而投资总额也得到增加；（2）由于（贷款）利率从 r_0 提高到 r_1，原来那些收益率略高于 r_0 但低于 r_1 的投资项目便变成了亏损项目而得不到贷款的支持，取而代之的是那些收益率较高（至少高于 r_1）的投资项目。这样，投资的平均效率得以提高。于是，经济增长率由 g_0 上升到 g_1，储蓄曲线由 $S(g_0)$ 移到 $S(g_1)$。因此，根据麦金农和肖的分析，实际利率的提高，既能增加资本形成的数量，又能提高资本形成的质量，所以，它对经济的增长和发展有着双重的影响。

那么，实际利率究竟应该提高到哪一点才是最适当的呢？由图7-7可知，在它为 r_2 时，储蓄曲线移到 $S(g_2)$，投资总额为 I_2，经济增长率达到 g_2。可见，r_2 是最为理想的利率水平。这个利率也就是麦金农和肖所说的资本市场上的"均衡利率"。为使实际利率等于或尽可能接近这个均衡利率，政府当局应该彻底废除一切对利率的干预和管制，同时应该坚决地制止通货膨胀，以使实际利率免受物价上涨的影响。

总之，麦金农—肖金融发展模型的核心思想是主张实行金融自由化，以使实际利率通过市场机制的作用自动地趋于均衡水平，从而保证经济发展以最优速度进行。

三、麦金农—肖模型的理论依据

尽管麦金农和肖在论述货币金融与经济发展的关系时得出颇为一致的结论，但是在他们具体论述货币金融因素如何影响经济发展时，却存在着较大的分歧。麦金农以货币与实物资本的互补性假说为前提，提出"渠道效应论"（Conduit Effect View）；而肖则从货币是一种债务的基本立论出发，提出"债务媒介论"（Debt-intermediation View）。

（一）麦金农的"渠道效应论"

根据传统货币理论，实际货币余额与实物资本是此增彼减的替代品。麦金农根据发展中国家货币金融的特殊性，论证了一种与传统货币理论正好相反的观点，即认为实际货币余额与实物资本是同增同减的互补品。麦金农指出："对不发达经济来说，实际现金余额的需求和实物资本的需求是高度互补的。""也就是说，使持有实际货币有吸引力的条件会增强而不是抑制私人积累实物资本的积极性[①]。"

麦金农的这一"互补性"假说是建立在如下两个假设条件的基础上的：（1）所有的经济单位都被限于"自我融资"（Self-finance），即不是依靠借入资本而是依靠本身积累来进行投资；（2）投资具有不可分割性。所以，投资者必须将资本积累到一定的规模才可进行实际投资。在这两个假设条件下，投资者计划投资的规模越大，他必须积累的实物资本也越多。在持有货币的实际收益率适当的条件下，实际货币余额的积累就是实物资本积累的一种较好的方式。麦金农指出："实际货币余额的需求将受到储蓄（投资）倾向的重大影响。更明确地说，在任何一个给定的收入水平上，假如意愿的资本积累率（从而私人储蓄率）上升，则实际现金余额占收入的平均比率亦将上升。"[②] 在麦金农看来，货币需求的增加不是像传统货币理论所说的那样会减少实物资本的积累，相反，它正是实物资本积累的必要条件。

根据麦金农的分析，在发展中国家，实际货币余额的需求决定于持有货币的实际收益率。如以 d 表示名义存款利率，以 P^* 表示预期通货膨胀率，则 $d - P^*$ 就表示持有货币的实际收益率。麦金农说："贫穷国家的企业和家庭在决定他们意愿持有的货币占收入的比率时，对 $d - P^*$ 十分敏感。"这就是说，提高货币的实际收益率，将有效地促使人们乐意地持有实际货币余额，从而增加实物资

---

① R. I. McKinnon：*Money and Capital in Economic Development*（Washington，1973），p. 40.

② 同本页注①，p. 57。

本的积累。因此，为了充分动员储蓄，增加资本积累，以促进经济的发展，货币当局应该改善货币供给的条件，提高持有货币的实际收益率，使货币成为一种有吸引力的价值贮藏手段，从而使资本积累过程借以进行的这种"渠道"得以扩大。货币政策的这一作用过程，麦金农称之为"渠道效应"。

（二）肖的"债务媒介论"

肖关于货币政策传导机制的理论是从如下基本立论出发的：对整个社会来说，实际货币余额不是财富，而是货币体系的债务。这种债务在整个社会经济中发挥着各种媒介作用，从而既使社会资源得以节约，又使社会再生产过程得以顺利进行。因而货币对经济的增长和发展有着重大的促进作用。肖把自己的这一理论称为"债务媒介论"，指出它与传统的货币财富论有着根本的区别，并认为它更适合于对落后经济的分析。

根据肖的分析，所谓金融深化，其主要标志是整个经济中金融部门的发展和社会货币化程度的提高。肖认为，金融深化对经济发展的影响可归结为以下四种效应：

1. 收入效应。所谓收入效应，是指实际货币余额的增长，从而社会货币化程度的提高对实际国民收入的增长所产生的促进作用。

2. 储蓄效应。储蓄效应表现在两个方面：一是由上述收入效应所引起的，即金融深化引起实际国民收入的增加，在储蓄倾向一定的条件下，社会储蓄总额亦将按一定比例相应增加；二是金融深化提高了货币的实际收益率，从而鼓励了人们的储蓄行为，导致整个经济储蓄倾向的提高。

3. 投资效应。投资效应也包括两个方面的含义：一是储蓄效应导致投资总额的增加；二是金融的增长提高了投资的效率。

4. 就业效应。金融深化使货币的实际收益率提高，从而使投资者资金成本提高。这就促使投资者以劳动密集型的生产代替资本密集型的生产，以节约资本的使用。这样，整个社会的就业水平将得到提高。

四、麦金农—肖模型的修正与发展

如前所述，根据麦金农和肖的分析，发展中国家金融抑制的突出表现是实际利率被人为地限制在其市场均衡水平之下。实际利率的偏低既不利于储蓄的动员，又不利于投资效率的提高。因此，麦金农和肖认为，适当提高实际利率是发展中国家解除金融抑制、实现金融深化的一个最重要的途径。

自从1973年以来，许多经济学家纷纷对麦金农和肖的这一论点作了进一步的理论分析，并利用发展中国家的实证资料加以计量验证。在这方面较有影响的经济学家主要有卡普、马西森、加尔比斯和弗莱等人。在这里，我们拟以加尔比斯的理论为例对这种发展作一简介。

如前所述，麦金农以货币与实物资本的互补性假说为基本立论，以实际货币的渠道效应为传导机制，得出提高实际利率有利于经济发展的结论。麦金农的这一理论一经提出，即在西方经济学界产生强烈反响，有人同意，有人反对，更有人加以修正和补充。1977 年，西班牙经济学家加尔比斯发表《欠发达国家的金融中介与经济增长：一种理论探讨》一文，在接受麦金农基本结论与政策主张的基础上，用一种"两部门模型"（Two-Sector Model）修正了麦金农的"一部门模型"（One-Sector Model）。

加尔比斯假设，整个经济可分成两个部门："部门 1 是落后的或低效率的部门，部门 2 是现代的或技术先进的部门。"① 因此，部门 2 的资本收益率显然高于部门 1，同时部门 2 的工资率也高于部门 1。于是，在社会资源一定的条件下，改进金融中介储蓄与投资的配置机制，使社会资源由生产效率低的部门转向生产效率高的部门，可加速整个经济的增长和发展。

加尔比斯认为，在金融抑制的经济中，落后部门相对于技术先进部门而言更难获得银行信贷的支持。为了便于分析，他作出如下假设：（1）部门 1 全然得不到银行信贷的支持，而部门 2 可按银行所能吸收的存款量取得一定的贷款支持；（2）商业银行的存款是金融资产的惟一形式，部门 1 可以用这种形式保有其储蓄部分的实际收入，而部门 2 则把其全部储蓄用于实际投资，故银行的可贷资金将取决于部门 1 以存款形式保有的储蓄。

根据加尔比斯的分析，部门 1 的投资决策"依赖于两个收益率，即其自己投资的实际收益率及可获得的金融资产的实际收益率。"在这里，所谓金融资产的实际收益率实质上就是存款的实际利率。如果存款的实际利率低于其自己投资的实际收益率，则部门 1 的投资者将从事其低效率的实际投资；而如果存款的实际利率高于其自己投资的实际收益率，则他们就会将其资金存入银行，并通过银行的中介而分配于投资效率较高的部门 2。

由此可见，部门 2 能够取得多少银行借款，取决于部门 1 的金融储蓄。而部门 1 的金融储蓄又在相当程度上取决于存款的实际利率。因此，在加尔比斯看来，提高存款的实际利率有利于减少部门 1 的低效率投资而相应地增加部门 2 的

---

① Vicente Galbis: "Financial Intermediation and Economic Growth in Less-Developed Countries: A Theoretical Approach", *Journal of Development Studies*, Vol. 13, No. 2, 1977.

高效率投资，从而能在社会资源一定的条件下加速整个经济的增长和发展。

复习思考题

1. 试简述托宾的货币增长模型。

2. 帕廷金等人怎样发展了托宾的货币增长理论？

3. 新古典货币增长理论与凯恩斯—魏克赛尔型的货币增长理论有哪些区别？

4. 试述麦金农—肖金融发展模型的核心内容。

5. 加尔比斯怎样修正了麦金农的理论？你认为这种修正是否合理？

第八章　通货膨胀理论

在现代经济学中，通货膨胀正日益成为分析和讨论的中心问题。无论是发达国家还是发展中国家，无论是资本主义国家还是社会主义国家，通货膨胀问题已逐渐成为经济学家们研究和争论的重要课题。消除通货膨胀、实现经济稳定已成为各国政府所急于实现而又难以实现的政策目标。有些国家甚至把通货膨胀看做经济中的头号敌人，并竭尽全力加以对付。因此，正确地揭示通货膨胀的原因，认真地分析通货膨胀的过程，据以提出制止通货膨胀的政策措施，是现代经济学研究的迫切任务。

在西方经济学界，有关通货膨胀的文献可谓汗牛充栋，通货膨胀理论多得不胜枚举，绝非短短数万言所能囊括。因此，本章只能选择在西方经济学界影响最深、流传最广的理论作一简介。

第一节　"需求拉上"的通货膨胀理论

在20世纪60年代中期以前，通货膨胀理论大致可分为两种：其一为"需求拉上"（demand－pull）的通货膨胀理论。这种理论认为通货膨胀的原因在于经济中的总需求大于总供给，即一般物价水平是由过多的总需求"拉上"的。其二是"成本推进"（cost－push）的通货膨胀理论。这种理论把通货膨胀的原因归咎于产品成本的上升，认为在经济中存在着某种垄断力量促使生产成本上升，从而将一般物价水平往上"推进"，造成通货膨胀。

在西方经济学中，"需求拉上"论是产生最早、流传最广，从而也是影响最大的通货膨胀理论。在20世纪50年代中期以前，"需求拉上"论几乎为所有经济学家所倡导或接受。20世纪50年代中期以后，尽管各种新的理论层出不穷，"需求拉上"论仍不失其原有的统治地位，只是其理论结构和分析方法已大大不同于以前的理论了。

一、"需求拉上"论的理论渊源

以需求过度来解释通货膨胀（或其表现形式——一般物价水平上升）的理论早已有之，传统货币数量说是它的最早形式。鼓吹这一理论的经济学家，无论是早期的休谟、李嘉图，还是现代的费雪、马歇尔，都无不把货币数量看作是决定一般物价水平的惟一因素。他们认为货币流通速度主要取决于人们的支付习惯，而不会受货币供给量增减变化的影响，因此可以把它看做一个固定不变的常数；同时，他们又假定经济总是处于充分就业水平，因而产出量不能进一步增加。在货币流通速度和产出量均不变的条件下，货币数量与一般物价水平之间就存在着一种机械的比例关系，货币数量的增加或减少必将引起一般物价水平作同比例的上升或下降。因此，货币数量过多，或者说货币的过度供给是物价上涨的惟一原因。[①]

在较长一段时期中，这种传统货币数量说曾被认为是解释一般物价水平上涨现象的最好的和惟一可取的理论。但是，这一理论将一般物价水平的上升简单地归结为货币数量过多这个惟一的原因，且未能进一步说明货币数量的变化影响物价水平的途径，因此这种理论又被认为是有缺陷的和粗略的。

首先对这种粗略的货币数量说进行修正的是魏克赛尔。魏克赛尔认为货币数量是影响物价的重要因素，但不是惟一的因素；货币数量对物价的影响主要是通过利率的升降，从而通过货币支出的增减来实现的。如本书第五章所述，魏克赛尔把利率区分为货币利率和自然利率。他认为货币供给量的变化所能直接影响的是货币利率。当货币利率低于自然利率时，企业家将对投资前景抱乐观态度，因而会增加对银行贷款的需求量。而银行体系对企业家发放的超过现有储蓄总额的新增贷款即为货币供给量的增加。这种货币供给量的增加无疑会转化为对商品和劳务的需求的增加。但在经济处于充分就业的情况下，商品和劳务的供给却不能相应地增加。于是，过多的需求只能促使一般物价水平上升。在物价水平上升的同时，人们的货币收入也在等比例地增加，因而总需求并不因为物价上升而减少。所以，除非银行体系停止发放新贷款（即停止增加货币供给量），以使货币利率上升到与自然利率相一致的水平，否则，物价的上升将永无止境。由此可知，魏克赛尔认为，银行信用的过度扩张是产生过度需求，进而导致一般物价水平上升的重要因素。

[①]　参见本书第二章第一节。

二、凯恩斯的"需求拉上"论

凯恩斯原是剑桥学派现金余额数量说的信奉者和鼓吹者。后来，他受魏克赛尔理论的启发，于1930年出版两卷本巨著《货币论》，又于1936年出版划时代名著《就业利息和货币通论》。在《货币论》和《通论》中，凯恩斯对传统货币数量说作了进一步的修正，提出了他关于货币数量与一般物价水平之间关系的理论。1940年，凯恩斯又出版《如何筹措战费》的小册子，提出著名的"通货膨胀缺口模型"，从而形成其完整的"需求拉上"的通货膨胀理论。

对传统货币数量说，凯恩斯主要作了两个方面的修正：一是摒弃了货币流通速度固定不变的假设；二是承认非充分就业现象的存在。根据传统货币数量说，一般物价水平的任何上升都是货币数量增加引起的，换言之，若没有货币数量的增加，一般物价水平就不会上升。凯恩斯则认为，一般物价水平的上升是由总需求的过度增加所引起的，而总需求的过度增加却不一定由货币数量增加所引起。在凯恩斯看来，传统货币数量说把货币流通速度作为一个固定不变的常数是没有道理的。他说："我们没有理由，说 V 是一个常数。"[1] 根据凯恩斯的定义，这里的 V 系指"货币的收入流通速度"，即收入 Y 与因交易动机和预防动机而持有的货币 M_1 的比率。凯恩斯认为，在充分就业的条件下，只要经济中的总支出增加，则即使货币数量不变，物价也会因货币流通速度加快而上升；反之，只要经济中的总支出不增加，则即使货币数量增加，物价也会因货币流通速度减慢而保持不变。[2]

在《通论》中，凯恩斯又抛弃了传统货币数量说关于充分就业的假设。凯恩斯认为，货币数量与一般物价水平同比例上升只是在经济达到充分就业以后的特殊情形而不是一般情形。在经济中存在大量失业和闲置资源的情况下，货币供给量的增加所形成的总需求增加只会使产出增加，而不会使物价上升；只有当经济达到充分就业之后，货币供给量增加所形成的过度的总需求，才会因产量不能继续增加而使一般物价水平与货币数量作同比例上升。因此，凯恩斯认为传统货币数量说只有在充分就业的条件下才是正确的。

凯恩斯的上述理论可用图8－1来说明。

在图8－1中，横轴为产出，纵轴为物价水平，Y_f 为充分就业时所能达到的

---

[1] 凯恩斯：《就业利息和货币通论》，中文版，171页。

[2] 参见胡代光：《现代资产阶级通货膨胀理论批判》，中文版，38页，北京，中国财政经济出版社，1982。

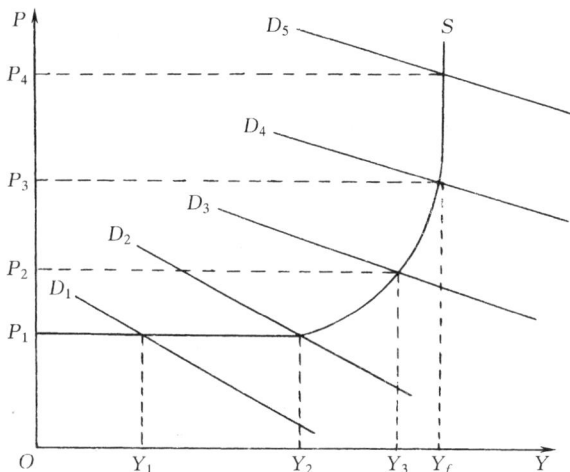

图 8 − 1

产出，S 为总供给曲线，$D_i (i = 1, 2, \cdots)$ 为不同水平的总需求曲线。随着货币供给量的增加，总需求随之增加，反映在图 8 − 1 中，总需求曲线分别从 D_1 依次移动至 D_5。在总需求曲线的移动过程中，将会出现以下三种不同的情形。

第一，总需求曲线由 D_1 移到 D_2 时，产出由 Y_1 增加到 Y_2，与此同时，物价水平保持不变。这是在有大量失业和闲置资源存在时所发生的极端情形。因此，凯恩斯认为在萧条时期，通过扩张信用、增加货币供给量以增大总需求不会造成通货膨胀，而只会刺激经济、扩大产出。

第二，总需求曲线由 D_2 移到 D_3，再由 D_3 移到 D_4，产出也由 Y_2 增加到 Y_3，再由 Y_3 增加到 Y_f，而物价则由 P_1 上升到 P_2，再由 P_2 上升到 P_3。这些变动说明，当经济逐渐接近充分就业时，总需求的增加一方面使产出增加，另一方面又使物价逐渐上升。这一现象就是凯恩斯所谓的"半通货膨胀"（Semi − inflation）。

第三，总需求曲线由 D_4 移到 D_5。这时，由于经济已达到充分就业，因而总需求的增加不能再使产出增加，而只会使物价由 P_3 上升到 P_4。这种情形，凯恩斯称之为"真正的通货膨胀"（True − inflation），也只有这种情形才符合传统货币数量说的结论。

由上可见，在凯恩斯看来，所谓通货膨胀就是在充分就业的条件下，因货币供给量过多或货币流通速度过快而形成的过度需求促使一般物价水平上升的经济现象。

三、货币学派的"需求拉上"论

以米尔顿·弗里德曼为首的货币学派，继承芝加哥大学的传统，倡导货币数量学说。自20世纪50年代后期起，由于日益严重的通货膨胀使凯恩斯主义声名狼藉，货币学派便趁机崛起。他们打着"新货币数量说"的旗帜，大肆宣扬其"需求拉上"的通货膨胀理论。

货币学派的"需求拉上"论强调货币供给对通货膨胀的决定作用，认为"通货膨胀无论何时何地都是一种货币现象"[1] 弗里德曼指出："通货膨胀主要是一种货币现象，是由货币量比产量增加得更快造成的。货币量的作用为主，产量的作用为辅。许多现象可以使通货膨胀率发生暂时的波动，但只有当它们影响到货币增长率时，才产生持久的影响"[2]。在弗里德曼看来，"通货膨胀是一种货币现象"，这已为无数历史事实所证明，因而它本是经济学中再正确不过的命题，但政府为了掩盖他们制造通货膨胀的责任而故意散布那些错误的理论米蒙骗人们，以致使人们对这一正确的命题产生怀疑甚至加以否定。

弗里德曼认为，如果货币数量与产量以同一比率增长，就不会引起通货膨胀。但如果货币数量的增长率超过了产量的增长率，则势必造成通货膨胀。特别是当经济达到充分就业以后，由于产量不能进一步增长，因此货币数量的任何增长都将引起一般物价水平的上升。而一旦人们对这种物价上升产生预期之后，整个经济就会陷入工资—物价螺旋式上升的过程，致使由货币供给过多而引起的通货膨胀愈演愈烈。

根据货币学派的分析，既然通货膨胀的惟一重要原因是货币供给量的过快增长，那么，能有效地制止通货膨胀的政策措施也只能是减少货币供给量，以使货币增长率与产量增长率相适应。

以现代货币数量说为核心内容的货币学派的通货膨胀理论可以说是一种典型的需求拉上论。与凯恩斯的需求拉上论相比，货币学派的需求拉上论更强调货币供给量的变化对总需求的影响，并强调货币供给的外生性。

根据凯恩斯的理论，总需求系由消费需求、投资需求和政府支出等项目组成。这些项目的增减就构成总需求的增减。但是这些项目的增减与货币供给量

---

① 米尔顿·弗里德曼：《货币理论中的反革命》，24页，经济事务研究所不定期论文33（"The Counter-Revolution in Monetary Theory"，Institute of Economic Affairs，Occasional Paper 33），1977。

② 米尔顿·弗里德曼、罗斯·弗里德曼：《自由选择》，中文版，275页，北京，商务印书馆，1982。

的变化之间并没有固定的因果关系。也就是说，货币供给量的增减可引起总需求的增减，从而导致一般物价水平的升降；而反过来，需求项目也可以能动地增加或减少，并通过一般物价水平的升降而使货币供给量或货币流通速度被动地服从和适应需求项目的变化。因此，"凯恩斯的分析有时被叫做'反数量的因果关系理论'，因为它把物价上涨当做交易需要的货币数量增加的原因，而不是把货币数量增加（交易需要的）当做物价上涨的原因"①。

根据货币学派的理论，引起总需求变化的惟一因素是货币供给量的增加或减少，而货币供给量又是完全由政府的货币政策所控制的。换句话说，货币学派视货币供给量为一"独立的外生变数，即货币量的变动必先于物价变动而发生。货币量不可能是适应物价变动的内生变数"②。

由此可见，同样是需求拉上论，货币学派的理论与凯恩斯的理论对总需求的解释却有所不同，因而它们对通货膨胀的原因的阐述也不相同。

第二节　"成本推进"的通货膨胀理论

如前所述，"需求拉上"的通货膨胀理论将一般物价水平的普遍、持续上升归咎于总需求的过大。凯恩斯的理论就是其代表。凯恩斯及其追随者坚信，在经济达到充分就业以后，总需求的进一步增加必然引起物价上涨；而在经济尚未达到充分就业时，则物价的普遍、持续上升是不可能的，或者说，在充分就业以前，总需求的增加充其量只能引起"半通货膨胀"，而不会发生"真正的通货膨胀"。

这种理论在 20 世纪 50 年代之前在一定程度上反映了实际经济情况，从而在一定程度上说明了当时的通货膨胀原因。但到了 50 年代后期，资本主义经济发生了很大的变化。一些资本主义国家出现了物价持续上升而失业率却居高不下，甚至失业率与物价同时上升的情况。对此，"需求拉上"论显然无法加以解释。于是一些经济学家便对"需求拉上"论产生了怀疑，并提出另一种解释通货膨胀成因的新理论。他们不是从需求方面，而是从供给方面寻找通货膨胀的根源，认为通货膨胀之所以产生，其原因不在于需求的过大，而在于生产成本的上升，即认为一般物价水平的上升是由生产成本的上升所"推进"的，因而这种理论

---

① 狄拉德：《凯恩斯经济学》，中文版，203 页。
② 饶余庆：《现代货币银行学》，234 页，北京，中国社会科学出版社，1983。

被称为"成本推进"的通货膨胀理论。

"成本推进"论者认为,资本主义国家大多实行成本加成的定价制度,即商品价格等于其生产成本加上一个既定的利润额,因此,生产成本的上升是物价上涨的根本原因。那么生产成本为什么上升呢?一些经济学家认为,这是由于农业歉收导致农副产品单位成本上升。如美国20世纪70年代初期的通货膨胀据说就是由这一原因引起的。而更多的经济学家则认为成本推进的通货膨胀主要是由垄断因素引起的。他们认为,在资本主义社会,存在着两种迫使生产成本上升的压力:一是势力强大的工会,他们强有力的活动迫使货币工资增长率超过劳动生产率的增长率;二是垄断经济组织为追逐高额利润,通过制定垄断价格而人为地抬高物价。比较典型的例子是石油输出国组织大幅度地提高石油价格,致使成千上万种以石油为原料或者以石油为能源的商品的成本上升。因此,所谓成本推进的通货膨胀主要有两种类型:一是工资推进的通货膨胀[①],二是利润推进的通货膨胀。

"成本推进"的通货膨胀理论可用图8-2和图8-3来说明。

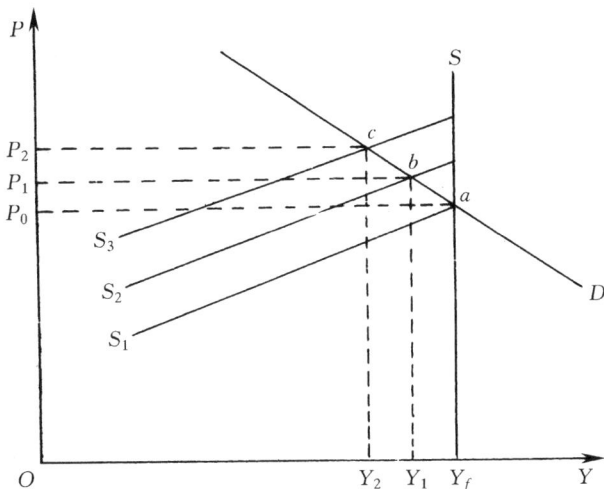

图 8 - 2

图8-2所表示的是典型的"成本推进"论。它假设总需求(以 D 来表示)

[①] 将工资的提高作为通货膨胀原因的理论至少可追溯到魏克赛尔于1898年出版的《利息与价格》一书。魏克赛尔指出:"工资的提高也可以是价格上涨的前驱,成为涨价的直接原因。"(魏克赛尔:《利息与价格》,中文版,1页,北京,商务印书馆,1958。)

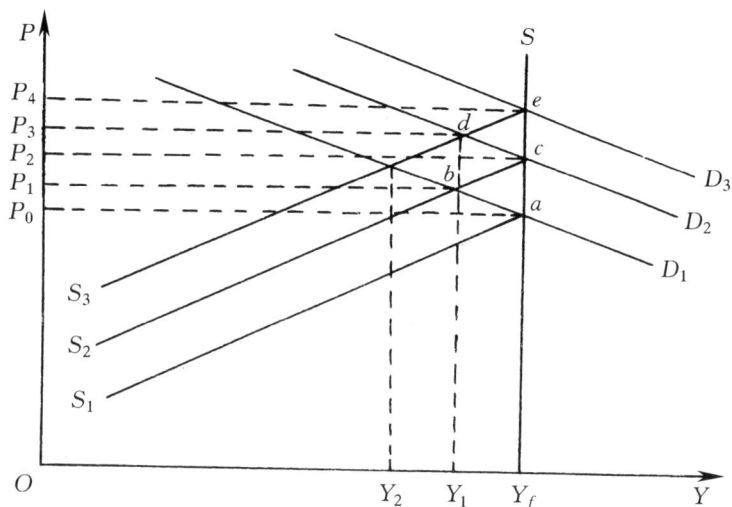

图 8 – 3

不变。S 为经济达到充分就业时的总供给曲线，S_1、S_2、S_3 分别表示不同的总供给情况。随着生产成本的上升，总供给曲线由 S_1 上移到 S_2，再由 S_2 上移到 S_3。这时，因总需求保持不变，故总供给曲线的上移一方面使物价由 P_0 上升到 P_1，再由 P_1 上升到 P_2；另一方面又使失业率增加，从而使产出量由 Y_f 减少到 Y_1，再由 Y_1 减少到 Y_2。"成本推进"论者认为，这种理论模型能够说明 20 世纪 50 年代后期开始的经济衰退与物价上升并存的经济现象。它说明，在总需求一定的条件下，由生产成本上升所引起的物价上涨使销售量减少，从而迫使企业缩减生产、解雇工人。

但是，在政府干预经济的情况下，尤其是在凯恩斯主义盛行的时代，面对这种失业增加、产量下降的现象，政府绝不会袖手旁观。为了对付经济衰退，防止出现由成本推进的物价上升引起的失业增加、产出减少的情况，政府必然会实行扩张性的财政政策和货币政策，使总需求相应地扩大。这样，失业率和产出量可以回复到原有水平，而物价则进一步上升，如图 8 – 3 所示。这种因实行扩张政策而引起的物价上涨就是所谓"被批准的通货膨胀"。在图 8 – 3 中，由于成本上升而使总供给曲线由 S_1 上移到 S_2，如果总需求不变，则物价由 P_0 上升到 P_1，而产出由 Y_f 减少到 Y_1。现假设通过实行扩张性的财政金融政策而使总需求曲线由 D_1 上移到 D_2，则产出将由 Y_1 恢复到 Y_f，而物价则进一步由 P_1 上升到 P_2，以此类推，在成本上升和需求扩大的循环过程中，一般物价水平将通过 $a \rightarrow b \rightarrow c \rightarrow d \rightarrow e$ 这样一个过程而螺旋式地上升。因此，图 8 – 3 所示的通货膨胀就不是由生产成本上升、从而总供给曲线上移这一个因素引起的，而是由总供给和总需求两个因素共同引起的，因而这种通货膨胀通常被称为"供求混合推进"的通货膨胀。

由于"成本推进"的通货膨胀理论将通货膨胀的原因归结为生产成本的上升，具体地说就是归结为货币工资的过快增长或垄断经济组织的肆意提价。因而它的政策含义是很明显的：要控制通货膨胀，就必须抑制生产成本的上升，如以法律规定最高工资以限制货币工资的增长。

"成本推进"的通货膨胀理论主要为凯恩斯学派的一些经济学家所倡导。他们认为这种理论是适应新的经济形势而提出的，是通货膨胀理论的新发展。但是，以米尔顿·弗里德曼为首的货币学派则坚定不移地主张其"需求拉上"论，而对"成本推进"论始终持否定的态度。他们对"成本推进"论提出了尖锐的批评，认为它根本不能正确地说明通货膨胀的真实原因，因而以它为理论依据制定的政策措施也必然是错误的和无效的。

弗里德曼认为，"成本推进"论的根本错误在于它把个别商品的价格同一般物价水平混为一谈，把相对价格同绝对价格混为一谈。他指出："石油输出国卡特尔组织影响石油价格，歉收影响粮价，其实二者所影响的只是相对价格，而不是绝对价格。"[1] 在弗里德曼看来，只要货币供给量没有增加，则普遍的、持续的物价上涨是不可能的。某种商品价格上升以后，人们用在该种商品上的支出可能增加。但是，在货币收入一定的条件下，用在一种商品上的支出增加，必然使用在其他商品上的支出减少。于是，一种商品价格的上升会为其他商品价格的下跌所抵消，所以，一般物价水平不可能上涨。

弗里德曼还指出，由成本上升所引起的物价上涨往往是一次性的，而不会是持续性的。不过，这种一次性的物价上涨可能使某些政府作出增加货币供给量的反应，从而导致持续性的物价上涨。例如，石油输出国组织提高原油价格，使一些严重依赖石油进口的国家出现"若干工业的失业问题和许多工业的减产问题"[2]，一些国家的货币当局便作出了"更为迅速地增加货币数量"[3]的反应，于是这些国家便发生了通货膨胀，而另一些国家"如日本和联邦德国并没有作出这样的反应，所以他们得以避免通货膨胀"[4]。

总之，弗里德曼认为，造成通货膨胀的惟一原因就是货币供给量的过度增加，而生产成本的上升充其量只是起了一种诱导作用。

---

[1][2][3][4] 米尔顿·弗里德曼：《论通货膨胀》，中文版，13 页，北京，中国社会科学出版社，1982。

通过对"成本推进"论的分析我们可以看出，和其他通货膨胀理论相比，这种理论更庸俗、更错误。除了上述弗里德曼所批评的以外，我们还必须指出，"成本推进"论从根本上颠倒了原因和结果的关系。在现代资本主义社会，确实存在着各种垄断经济组织，并且这些垄断经济组织也确实在很大程度上操纵着其产品的价格，但是，根据利润最大化原则，垄断价格的确定必须以不影响利润总额为前提，所以，若不是经济中已经存在了通货膨胀，则垄断力量再大也不可能任意地、持续地提高价格。同样，工会之所以提出增加货币工资的要求，也正是因为通货膨胀导致了实际工资下降，从而要求将实际工资恢复到原有水平。[①] 再说，企业家之所以满足工会增加工资的要求，并通过提高其商品的价格而把增加的工资费用转嫁出去，也正是因为已经存在着通货膨胀，存在着对其产品的过多需求，因此，他们确信，提高价格不致影响其销售量和利润总额。总之，不是货币工资增加引起了通货膨胀；恰恰相反，是通货膨胀导致实际工资下降，才迫使工会提出增加货币工资的要求。正如弗里德曼夫妇所指出的那样："工资的增加超过生产率的增加，这是通货膨胀的结果而不是通货膨胀的原因。"[②] 事实上，在资本主义社会，货币工资的增加总是落后于物价的上涨，因此，把货币工资的增加看做是通货膨胀的原因，这完全是倒果为因的错误推论。

第三节　结构性通货膨胀理论

通过对"需求拉上"论和"成本推进"论的分析，我们不难看出，这两种理论实际上都不足以充分说明西方国家长期的通货膨胀问题。因此，一些经济学家又另辟蹊径，从一个国家的经济结构及其变化方面去寻找通货膨胀的根源。他们把那种由结构因素引起的通货膨胀称做"结构性的通货膨胀"（structural inflation）。

---

① 马克卢普（Machlup）曾把"成本推进"的通货膨胀区分为两种类型：一种是"进攻性的"（Aggressive），另一种是"防御性的"（Defensive）。前者是指为提高实际工资水平而提高货币工资，从而引起物价上涨；而后者则是在已经存在物价上涨的情况下，为避免实际工资下降或使实际工资恢复到先前的水平而要求增加货币工资，从而引起物价的进一步上涨。很明显，一般所谓的工资推进的通货膨胀主要指后者而不是前者。〔见马克卢普：《关于成本推进和需求拉上通货膨胀的另一种观点》，载《经济研究评论》（F. Machlup："Another View of Cost - Push and Demand - Pull Inflation." *Review of Economic Studies*），1960（3）。〕

② 米尔顿·弗里德曼、罗斯·弗里德曼：《自由选择》，中文版，273～274 页。

结构性通货膨胀理论产生于 20 世纪 60 年代初，70 年代得到进一步发展并在西方国家广为流行。倡导这一理论的经济学家很多，在 20 世纪 60 年代主要有斯屈里坦（P. Streeten）、奥利维拉（J. H. G. Olivera）、鲍莫尔等人，70 年代又有北欧学派的一些经济学家以及希克斯、托宾等人。

一、结构性通货膨胀理论的形成和发展

一般认为，斯屈里坦于 1962 年发表的《工资、物价与生产率》一文是结构性通货膨胀理论的开创性著作，因而斯屈里坦被认为是这一理论的首创者。

其实，从经济结构的变化去解释通货膨胀并不始于斯屈里坦。1959 年，正当"需求拉上"论与"成本推进"论争论不休之际，舒尔兹发表了《最近美国的通货膨胀》一文，从经济结构的变化导致需求在部门之间的移动来解释通货膨胀的原因。这就是著名的"需求移动"论。根据这一理论，通货膨胀并不起因于总需求绝对量的过多，而起因于需求在各经济部门之间的移动。因而即使经济中不存在过多的总需求，也会发生通货膨胀。舒尔兹认为，经济结构在不断地变化。随着新兴产业的不断发展和原有产业的日渐衰落，需求将不断地由一部门向他部门转移。这种转移必将使一些部门需求增加，而使另一些部门需求减少。需求增加的部门，其工资、物价自然会上升，但需求减少的部门，其工资、物价却未必会下降，因为工资和物价存在着易上升不易下降的特性。因而就整个经济来说，物价水平将随着需求在部门之间的移动而上升。

从方法论而言，舒尔兹的需求移动论虽然也从社会经济结构的变化引起需求在不同部门之间的转移以及工资、物价的向下刚性来说明通货膨胀的原因，这与后来流行的结构性通货膨胀理论有很大的相似性，但由于这种理论依然将注意力集中于需求本身的变动而不是集中于经济结构的变化，因此它实际上还不是真正的结构性通货膨胀理论，而只是将"需求拉上"论和"成本推进"论加以折衷调和而形成的一种混合理论。于是，首先系统地、明确地以结构因素解释通货膨胀而成为结构性通货膨胀理论首创者的，确实非斯屈里坦莫属。

继斯屈里坦发表《工资、物价和生产率》一文之后，1964 年，朱利奥·奥利维拉发表《论结构性通货膨胀与拉丁美洲结构主义》一文，1967 年，威廉·鲍莫尔发表《不平衡增长的宏观经济学：都市危机的剖析》一文，相继从社会经济结构的变迁来说明西方各国通货膨胀的长期趋势。在上述这些论述中，尤其值得注意的是鲍莫尔的"不平衡增长模型"。虽然它不是纯粹的通货膨胀理论，但它对后来的结构性通货膨胀理论产生了深远的影响，因而被认为是结构

性通货膨胀模型的"典范"①。

在鲍莫尔的不平衡增长模型中，整个经济被区分为两个部门，一个是进步的工业部门，另一个是保守的服务部门。这两个部门有着不同的劳动生产率的增长率，但却有着相同的货币工资增长率。随着工业部门劳动生产率的增长，其货币工资也增长，这就给服务部门造成了一种增加工资成本的压力，因为服务部门劳动生产率的增长率比工业部门劳动生产率的增长率要来得低，但两个部门的货币工资增长率却是一致的。在成本加成的定价规则下，这一现象必然使整个经济产生一种由工资成本推进的通货膨胀。

弗里希在评述鲍莫尔的这一模型时曾指出："尽管鲍莫尔的不平衡增长模型并不真正地是通货膨胀模型，但它确实有着通货膨胀的含义。进步部门的物价保持不变，因为货币工资与劳动生产率同步增长，而静态部门（指服务部门——引者注）的物价却与货币工资同步增长。"②

鲍莫尔的"不平衡增长模型"之所以成为结构性通货膨胀模型的典范，是因为这个模型提出了结构性通货膨胀理论的核心思想：在一个经济的不同部门中，劳动生产率的增长率是不同的，而货币工资的增长率却是相同的。这一核心思想贯穿于任何一种结构性通货膨胀模型。当然各种模型对它的解释不尽相同。

1974 年，希克斯出版《凯恩斯经济学的危机》一书，以所谓"公平原则"来解释货币工资的一致增长。托宾则在《通货膨胀与失业》一文中强调工人对相对工资的关心甚于对绝对工资的关心，认为货币工资增长率的一致性是保持相对工资稳定性的客观要求。

结构性通货膨胀理论的基本特征是强调结构因素对通货膨胀的影响。而所谓"结构"在各种理论模型中又有不同的解释。换言之，各种模型对整个经济的划分是各不相同的。如鲍莫尔将经济划分为工业部门与服务部门，希克斯则将经济划分为扩展部门与非扩展部门，如此等等。但不论怎样划分，其基本的依据是各部门的劳动生产率有着不同的增长率。

在结构性通货膨胀理论中，还有一种被称为斯堪的纳维亚模型的通货膨胀理论模型。这一理论模型将经济区分为开放部门与非开放部门，进而考察"小国开放经济"怎样受世界通货膨胀的影响，以及开放部门与非开放部门的结构

---

① 赫尔姆特·弗里希：《通货膨胀理论》（Helmut Frisch："Theories of Infiation"），154 页，伦敦，剑桥大学出版社，1983。

② 同本页注①，158 页。

变化怎样影响其国内的通货膨胀率。

从各种结构性通货膨胀模型中我们可以看出，结构性通货膨胀理论主要论述决定着一国通货膨胀之长期趋势的四大要素。这四大要素是：

1. 经济中的两个部门（根据不同标志可以有多种划分）有不同的劳动生产率的增长率。

2. 各部门的货币工资以同一比率增长。

3. 对不同部门的产品的需求有着不同的价格弹性和收入弹性，即对生产率水平较低部门的产品的需求有着较小的价格弹性和较大的收入弹性。

4. 工资与物价存在着向下的刚性。

二、希克斯和托宾的相对工资理论

结构性通货膨胀理论的核心，是不同部门之间在生产率存在差异的条件下货币工资增长率的一致性。对这种一致性，经济学家们有不同的解释。根据希克斯和托宾的见解，这种一致性主要导源于工人对相对工资的关心。所谓相对工资，是指本人或本行业的工资水平与别人或别的行业的工资水平相比，在相对意义上的高低，或者说工资增长率在相对意义上的快慢。正因为存在着这种对相对工资的关心，所以某一部门的工资上升将招致其他部门的攀比，以致引起整个经济活动中的工资、物价的普遍膨胀。

在《凯恩斯经济学的危机》一书中，希克斯通过对劳工市场特殊性的分析，用工资决定中的"公平性"原则分析了货币工资增长率一致性的原因。希克斯认为，劳工市场与商品市场不同。商品市场一般来说是"临时性的"，即一个顾客不必与某一特定的商店建立固定的买卖关系。"可是大多数劳动市场，特别是重要的劳动市场，则是正规性的。纯粹为了提高效率，在正规的就业情况下，雇佣者和被雇佣者双方之间的关系必须有某种持久性"[1]。为了保持这种持久性，劳资双方所确定的工资合同必须"有令人满意之处，或是至少在一定程度上有令人满意之处。所以，为了提高效率，劳资双方，特别是劳方必须感到工资合同是公平的"[2]。在希克斯看来，由于劳工市场的特殊性，特别是劳工的专业化，劳资双方必须建立和维持一种持久性的雇佣关系，工资合同的"公平性"则是维系这一持久性关系的必要前提。什么是公平性呢？依希克斯之意，如果一个工人看到自己的工资水平及其增长率与别人相等或者相近，那么他就认为这是

---

[1] 希克斯：《凯恩斯经济学的危机》，中文版，52页，北京，商务印书馆，1979。

[2] 同本页注[1]，53页。

公平的，否则就是不公平的。

由此可见，希克斯所谓的"公平性"实际上是指相对工资的稳定性。只要相对工资保持不变，工人就将感到是公平的。反之，如果一个行业的工资水平上升，而其他行业的工资水平不变，工资的稳定性就遭到了破坏，用希克斯的话来说，这就是"不公平"。因此，某一行业的工资上升，将对其他行业产生一种"公平工资的压力"①。这种压力将促使其他行业的工资同步上升。因此，在希克斯看来，不同行业或不同部门之间货币工资增长率的一致性是由劳工市场的特殊结构所决定的。

那么，引起货币工资上升的初始原因是什么呢？即某一行业或某一部门是出于何种原因而首先提高工资呢？希克斯指出，经济中有扩展工业和非扩展工业。在繁荣时期，扩展工业由于劳工缺乏而提高工资。扩展工业的工资水平上升后，非扩展工业的工人将感到"不公平"，于是提出"赶上去"的要求。而这种要求往往能够得到满足，因为在希克斯看来，"任何仲裁者都会认为提高工资是'公平'的。而且，雇主们也很清楚，为了搞好劳资关系，他们必须提高工资"。② 因此，希克斯认为，繁荣时期由扩展工业开始的工资上升必然蔓延到其他部门，而使整个经济的工资水平普遍上升。而一旦这一过程开始以后，则"提高工资的主要力量不再是劳工缺乏。不管劳工缺乏不缺乏，工资总得提高。所以衰退时期工资上升的程度将与繁荣时期工资上升的程度相等或接近于相等"。③希克斯认为，这就是产生通货膨胀，特别是停滞膨胀的主要原因。

总之，根据希克斯的理论，通货膨胀的根源既不在于需求过多，也不在于成本上升，而在于劳工市场上就业结构的特殊性及工资决定中的向下刚性，即工资水平易上升不易下降的特性。

与希克斯的理论相似，托宾在1972年发表的《通货膨胀与失业》一文中，也提出了关于相对工资的理论。托宾是美国凯恩斯学派的重要代表。他根据劳工的特殊供给函数来解释货币工资增长率的一致性。在论述这一问题时，托宾十分强调凯恩斯的重要假说，工人们个别地、成群地关心相对实际工资胜过绝对实际工资。如果他们的工资比别处的工资相对地下降，他们就会退出劳动，如果实际工资各处都一律下降，他们甚至就不会退出任何劳动……物价普遍上

---

① 希克斯：《货币主义的错误是什么?》，载《现代国外经济学论文选》（第一辑），146 页，北京，商务印书馆，1979。

②③ 希克斯：《凯恩斯经济学的危机》，中文版，59 页。

升是降低实际工资的一种公平的、普通的方法。① 在托宾看来，由于"工人们具有相对工资的成见"，因此，他们宁愿接受绝对工资有所下降而相对工资不变的名义工资，也不愿接受绝对工资虽有上升但相对工资有所下降的名义工资。所以，在经济结构的变化中，某一部门的工资上升，将引起其他部门向它看齐，从而以同一比率上升。

希克斯和托宾的相对工资理论阐明了劳动生产率不一致的各部门货币工资增长率的一致性，从而说明了经济结构的变化对通货膨胀的决定或影响。

三、斯堪的纳维亚通货膨胀模型

斯堪的纳维亚模型，又称"北欧模型"，是结构性通货膨胀理论中影响最大的一种理论模型。据其创立者所称，这种模型主要适用于分析那种被称为"小国开放经济"的通货膨胀问题。因提出和发展这一模型的主要是挪威、瑞典等斯堪的纳维亚国家的经济学家，即所谓"北欧学派"的经济学家，故得名。这一模型最初由挪威经济学家奥克鲁斯特（Odd Aukrust）提出，又经瑞典经济学家埃德格伦（G. Edgren）、法克森（K. O. Faxén）及奥德纳（C. E. Odhner）三人加以发展和完善，因此，有时它也被称做奥克鲁斯特—EFO 模型（Aukrust - EFO Model，其中 E、F、O 分别为埃德格伦、法克森和奥德纳三人姓氏的第一个字母）。

斯堪的纳维亚模型的分析对象是那些所谓的"小国开放经济"（Small open economy）。何谓小国开放经济？据奥克鲁斯特等人的分析，是指这样一类小型的国家，它们参与国际贸易，但其进出口总额在世界市场上所占份额微乎其微、无足轻重，因而它们进口或出口某种商品对该种商品在世界市场上的价格不会产生任何影响。"如同完全竞争模型中的一个厂商一样，一个小国开放经济在世界市场上是一个纯粹的价格接受者"②。不过，世界市场上的价格变化对这样一种经济的国内价格水平却有着举足轻重的影响。因此，这些国家的通货膨胀在很大程度上要受到世界通货膨胀的制约。

根据斯堪的纳维亚模型，上述这种小国开放经济大致可分为两个部门：一是开放部门（用 E 来表示），二是非开放部门（用 S 来表示）。所谓开放部门，即奥克鲁斯特所谓的"暴露行业"（exposed industries），包括那些生产的产品主

---

① 托宾：《通货膨胀与失业》，载《现代国外经济学论文选》（第一辑），269 页，北京，商务印书馆，1979。

② 赫尔姆特·弗里希：《通货膨胀理论》，164 页。

要用于出口的行业，或者产品虽用于国内消费，但有进口替代品与之竞争的行业，简言之，即那些易受国外竞争的行业，如矿业、航运业、某些国家的农业以及绝大部分的制造业等等。而所谓非开放部门，也就是奥克鲁斯特所谓的"隐蔽行业"（sheltered industries），是指那些因受政府保护或者因产品本身的性质而免受国外竞争压力的行业，如建筑业、公用事业、小部分的制造业以及大部分的服务性行业等等。奥克鲁斯特指出，上述划分只是根据某一行业有否来自国外市场的竞争压力，但是，对非开放部门的行业来说，则并不意味着可排除它们在国内市场上存在互相竞争的可能性。

奥克鲁斯特认为，将一个小国开放经济划分为这样两个部门主要有以下两个理由：第一，这两个部门在产品定价方面有着显著的差别。根据上述定义，小国开放经济是世界市场的价格接受者，因此，开放部门的产品价格完全决定于世界市场的价格。如果这个部门的产品成本上升，则该部门的企业要么相应地减少利润，要么缩减生产，而不能通过提高价格来得到补偿。而非开放部门则由于它不受国外市场的竞争压力，其产品的价格是采取成本加成的办法来确定的，因此，一旦成本上升，它可马上通过提高售价的办法将上升的成本转嫁到消费者身上，而不必缩减生产，也不会影响利润。因为对这个部门来说，不存在因提高价格而失去市场份额的风险。第二，这两个部门在技术进步以及由此而引起的劳动生产率的增长方面存在很大的差异。这是由于开放部门因迫于国外市场的竞争压力，必须不断地增加投资，改进技术，因而其资本密集度明显地高于非开放部门，于是开放部门的劳动生产率的增长率要高于非开放部门[①]。

在以上分析的基础上，我们即可得到斯堪的纳维亚通货膨胀模型。在这个模型中，共有 10 个变量。其中 5 个为内生变量：

π：国内通货膨胀率；

π_E：开放部门的通货膨胀率；

π_S：非开放部门的通货膨胀率；

W_E：开放部门的货币工资增长率；

W_S：非开放部门的货币工资增长率。

另外 5 个为外生变量：

---

① 参见奥克鲁斯特：《开放经济中的通货膨胀：挪威模型》，载 L. B. 克劳斯和 W. S. 萨伦特编：《世界性通货膨胀》（O. Aukrust：*Inflation in the Open Economy：A Norwegian Model*，*in Worldwide Inflation*，*edited by L. B. Krause and W. S. Salant*），110～112 页，华盛顿，布鲁金斯学会，1977。

π_W：世界通货膨胀率；

λ_E：开放部门劳动生产率的增长率；

λ_S：非开放部门劳动生产率的增长率；

α_E：开放部门在国民经济中所占的比重；

α_S：非开放部门在国民经济中所占的比重。

根据奥克鲁斯特等人的分析并结合弗里希的归纳[1]可知斯堪的纳维亚通货膨胀模型主要有如下内容：

1. 以本国货币表示的开放部门的产品价格由世界市场价格和外汇汇率两个因素决定，因此在实行固定汇率制的条件下，开放部门的通货膨胀率便等于世界通货膨胀率，即：

$$\pi_E = \pi_W \tag{8-1}$$

2. 开放部门的通货膨胀率与劳动生产率的增长率决定该部门的货币工资增长率，即：

$$W_E = \pi_E + \lambda_E \tag{8-2}$$

3. 市场力量以及通过集体谈判决定工资的政策促使非开放部门的货币工资增长率向开放部门看齐，从而有：

$$W_S = W_E \tag{8-3}$$

4. 由于非开放部门实行成本加成的定价制度（即单位产品的价格等于单位成本加上按固定比率计算的利润额），因此，这个部门的通货膨胀率就等于其货币工资的增长率与劳动生产率的增长率之差，即：

$$\pi_S = W_S - \lambda_S \tag{8-4}$$

5. 开放部门的通货膨胀率与非开放部门的通货膨胀率之加权平均数即为国内通货膨胀率，即：

$$\pi = \alpha_E \pi_E + \alpha_S \pi_S \tag{8-5}$$

式（8-5）中，α_E 和 α_S 分别为开放部门与非开放部门在国民经济中所占的比重，因此：

$$\alpha_E + \alpha_S = 1 \quad 或者 \alpha_E = 1 - \alpha_S \tag{8-6}$$

将式（8-6）代入式（8-5），得：

$$\pi = (1 - \alpha_S)\pi_E + \alpha_S \pi_S \tag{8-7}$$

将式（8-4）代入式（8-7），得：

---

① 参见赫尔姆特·弗里希：《通货膨胀理论》，165～168 页。

$$\pi = (1 - \alpha_S)\pi_E + \alpha_S(W_S - \lambda_S) \qquad (8-8)$$

根据式（8-3）和式（8-2），$W_S = W_E = \pi_E + \lambda_E$。将此式代入式（8-8），得：

$$\pi = (1 - \alpha_S)\pi_E + \alpha_S(\pi_E + \lambda_E - \lambda_S)$$
$$= \pi_E - \alpha_S\pi_E + \alpha_S\pi_E + \alpha_S\lambda_E - \alpha_S\lambda_S$$
$$= \pi_E + \alpha_S(\lambda_E - \lambda_S) \qquad (8-9)$$

以式（8-1）代入式（8-9），得：

$$\pi = \pi_W + \alpha_S(\lambda_E - \lambda_S) \qquad (8-10)$$

式（8-10）就是斯堪的纳维亚通货膨胀模型的基本结论。它说明一个小国开放经济的通货膨胀率取决于三个因素：世界通货膨胀率、开放部门与非开放部门之间劳动生产率的增长率的差异程度以及开放部门与非开放部门在国民经济中各自所占的比重。由于开放部门劳动生产率的增长率高于非开放部门，即 $\lambda_E - \lambda_S > 0$，因此，在世界通货膨胀率一定时，若开放部门比重增加而非开放部门比重减少，则通货膨胀率下降；反之，若开放部门比重减少而非开放部门比重增加，则通货膨胀率上升。由此可见，斯堪的纳维亚模型之所以被称做结构性通货膨胀模型，主要是因为它强调了结构因素对一国通货膨胀的影响。同时，斯堪的纳维亚模型又是适用于小国开放经济的通货膨胀理论，它强调了世界通货膨胀对这些小国家的输入作用，因而，这一模型又被作为通货膨胀国际传播理论的重要代表。

结构性通货膨胀理论强调经济结构因素在促发通货膨胀中的作用，这本身不失为理论研究的一大进步。而且在这些理论模型中也确实有着不少合理的内核可供我们参考和借鉴。但是，如果我们对这一理论作进一步的分析，则可发现它仍然不过是旧理论的新翻版。如它强调在经济中的各部门劳动生产率的增长率存在差异的情况下，统一的货币工资增长率给服务部门或其他非开放部门带来工资成本的压力。这种压力促使这些部门的物价上升。这显然与第二节所讨论的成本推进论并无二致。又如，结构性通货膨胀理论强调工资、物价的向下刚性以及各部门货币工资增长率的一致性源于工人对相对工资的关心和追求等，这也不过是凯恩斯理论的老调重弹。

第四节　菲利普斯曲线

通货膨胀与失业是当代西方宏观经济学中的两个重要变量，它们之间的关系问题则构成了通货膨胀理论的重要内容。菲利普斯曲线就是用来反映通货膨胀与失业之间关系的一种曲线。根据弗里德曼的分析，菲利普斯曲线曾经历了三个发展阶段而由负斜率的菲利普斯曲线演变为正斜率的菲利普斯曲线。[①]

一、原始的菲利普斯曲线

（一）菲利普斯曲线的提出

菲利普斯曲线原用于描述这样一种经济现象：在失业与通货膨胀之间存在着一种稳定的此增彼减的替代关系，即在失业率较低的时期，通货膨胀比较严重，而在失业率较高的时期，通货膨胀则比较轻微。

一般认为，最早发现并提出这一关系的是英国伦敦经济学院教授菲利普斯（A. W. Phillips）。[②] 1958 年，菲利普斯在《经济学》杂志上发表《1861～1957年英国的失业与货币工资率的变动率之间的关系》一文，用英国近百年的统计资料进行分析研究，发现在货币工资率的变动与失业率的升降之间存在着一种比较稳定的互为反向的关系，即在失业率较低的时期，货币工资上升得较快，而在失业率较高的时期，货币工资则上升得较慢甚至反而下降。这种反向变动的关系可以用一条向右下方倾斜的曲线来表示，如图 8 - 4 所示。

在图 8 - 4 中，横轴代表失业率（以 u 表示），纵轴代表货币工资上升率（以 $\dot{W}$ 表示），向下倾斜的曲线表示失业率与货币工资上升率之间的反向变动关系。从图 8 - 4 可清楚地看出，当 $\dot{W}$ 上升时，u 下降；反之，当 $\dot{W}$ 下降时，u 则上升。根据英国在 1861～1957 年期间的统计资料，菲利普斯发现：（1）如果将那些特殊年份中出现的工资、物价大起大落的现象忽略不计，则当货币工资的上升幅度与劳动生产率的提高幅度（约为 2%）基本一致，从而物价保持稳定时，则失业率就维持在略低于 2.5% 的水平上；而当货币工资保持稳定时，则失业率约为 5.5%，即当 $W = 0$ 时，$u = 5.5\%$。（2）在商业循环的不同阶段，货币工资的上升率也不尽相同，图 8 - 4 中的环形就表示这种情况。在失业率为OR 时，有两个与它相对应的货币工资上升率：A 和 B。A 表示商业循环处于下

[①] 参见 M. 弗里德曼：《通货膨胀与失业：政治学的新领域》，载王宏昌编译：《诺贝尔经济学奖获得者讲演集（1969～1981）》，北京，中国社会科学出版社，1986。

[②] 实际上，美国经济学家欧文·费雪（Irving Fisher）早在 1926 年曾经作过与菲利普斯类似的统计研究，并提出基本相同的结论，只是费雪当时的发现并没有引起重视，其原因可能与当时的经济条件有关。参见本书第六章第一节。

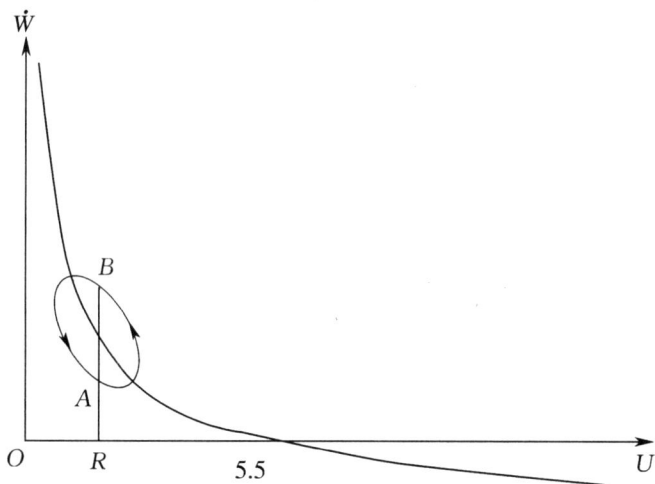

图 8 - 4

降时期，由于对劳动力的需求减少，因而货币工资的上升率低于其平均上升率（低于菲利普斯曲线上的点）；B 则表示商业循环处于上升时期，由于对劳动力的需求增加，因而货币工资率的上升率高于其平均上升率。（3）虽然货币工资的上升率与失业率互为消长，但两者并不以某一固定的比率作互逆的变动，因此，反映两者之间关系的是一条向右下方倾斜的曲线而不是一条直线。换言之，失业率与货币工资上升率之间的反向关系是非线性的。具体地说，随着失业率的逐渐下降，货币工资以越来越快的速度上升；反之，随着失业率的逐渐提高，则货币工资以越来越慢的速度下降。

菲利普斯把他所考察的这一时期分为三个阶段分别加以分析。在对 1861～1913 年这一阶段的分析中，菲利普斯发现货币工资的变动与失业率的升降之间存在如下函数关系：

$$y + a = bx^c$$

式中，y 为货币工资变动率，x 为失业率，b 和 c 是常数。

利用这一函数式，菲利普斯又对 1913～1948 年及 1948～1957 年这两个阶段的统计资料作了验证，发现除少数年份因战争等特殊原因以外，其他年份的情况均与他前面所得出的结论完全一致。根据这个结论，失业率与货币工资上升率之间的关系就可表现为如图 8 - 4 所示的曲线。这种曲线就是后来所谓的菲利普斯曲线。[①]

(二) 菲利普斯曲线的理论阐释

菲利普斯关于货币工资上升率与失业率之间存在互为反向变动关系的结论引起了经济学家们的高度重视。但菲利普斯的这一结论只是统计分析的结果,而未曾对它作出任何理论上的解释。这种稳定的反向关系究竟是纯属偶然呢还是有其客观必然性?对此应该作出说明。同时,为使这一关系能被作为一种客观规律而加以利用,也必须在理论上对它作出合乎逻辑的阐释。在这一方面首先进行研究并取得成效的是加拿大经济学家理查德·利普赛 (R. C. Lipsey)。

利普赛于 1960 年发表《1862～1957 年英国的失业与货币工资率的变动率之间的关系:进一步的分析》一文,利用回归分析方法验证了菲利普斯的结论,并通过分析劳工市场的过度需求对菲利普斯曲线进行了理论上的解释。

利普赛认为,在一个单个的劳工市场上,货币工资及其变动由劳工的供给和需求决定。若劳工的需求大于其供给,即存在劳工的过度需求,就将引起货币工资的上升。劳工的过度需求越大,则货币工资上升得越快。这一关系可用图 8 - 5 来说明。

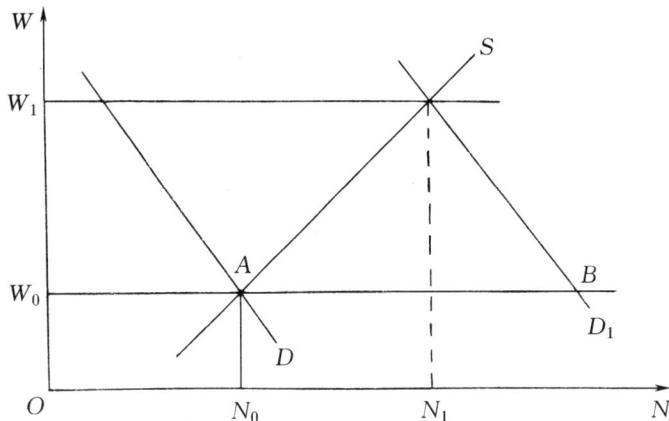

图 8 - 5

在图 8 - 5 中,横轴代表就业人数,纵轴代表货币工资。若以 S 表示计划的

① 参见 A. W. 菲利普斯:《1861～1957 年英国的失业与货币工资率的变动率之间的关系》(*The Relation Between Unemployment and the Rate of Change of Money Wage Rate in the United Kingdom*, 1861～1957),载《经济学》(Economica), 1958 (11),重印于 M. G. 缪勒编:《宏观经济学读本》(Mueller, M. G., ed., *Readings in Macroeconomics*), 1971。

劳工供给，D 表示计划的劳工需求，则在均衡点 A，就业人数与货币工资就分别为 N_0 和 W_0。现假定劳工的供给不变，而劳工的需求增大，由 D 移至 D_1，则在原来的货币工资水平 W_0 上，就会出现劳工的过度需求 AB。假如劳工市场是完全竞争的，则通过竞争机制的作用，货币工资势将由 W_0 上升到 W_1，而使劳工的过度需求得以消除，于是劳工市场达到新的均衡。因此，利普赛认为，在存在劳工过度需求的条件下，货币工资将上升，而且过度需求越大，货币工资就上升得越高。这就是说，在劳工的过度需求与货币工资之间存在着一种线性的正相关关系。这种关系可用图8-6（1）来表示。

在图8-6（1）中，横轴代表劳工的过度需求（以 X 表示，$X = \dfrac{D-S}{S}$）；纵轴代表货币工资上升率（以 $\dot{W}$ 表示）。由图可见，当劳工的过度需求为零时，即当 $D-S=0$ 或 $D=S$ 时，货币工资上升率也为零。这表示如果不存在劳工的过度需求，则货币工资将保持不变。随着劳工过度需求的扩大，货币工资也不断上升。因此，劳工的过度需求与货币工资上升率之间存在着线性的正相关关系。

利普赛认为，劳工的过度需求是不能直接地加以衡量的，它只能通过失业率的高低来间接地反映出来。在利普赛看来，上述所谓劳工的过度需求为零，从而货币工资保持不变的情况并不意味着失业率也为零，而只是说明寻找工作的人数（即失业人数）与工作空位数正好相等。如以 v 表示工作空位数，u 表示失业人数，则劳工的过度需求就等于这两者的差额，即 $x = v - u$，因此，劳工的过度需求与失业率之间存在着一种负相关的关系。

为了便于分析，利普赛用图8-6（2）来说明劳工的过度需求与失业率之间的关系。

显然，劳工的过度需求越大，则失业率越低；反之，劳工的过度需求越小，则失业率越高；而当劳工的过度需求等于零时，失业率等于 u_f。依利普赛之意，u_f 是当劳工的供给与需求达到均衡时所存在的摩擦性失业。在这种摩擦性失业水平既定的条件下，若劳工的过度需求上升，将降低失业率；而若劳工的过度需求下降，则将提高失业率。但是，无论劳工的过度需求上升到什么高度，失业率是不可能为零的。因此，劳工的过度需求与失业率之间的负相关关系是"非线性的"。

通过以上分析可知，在利普赛对劳工市场的分析中包含着"两个动态关系，第一个是工资变动与对劳动的过度需求之间的正向关系，第二个是过度需求与

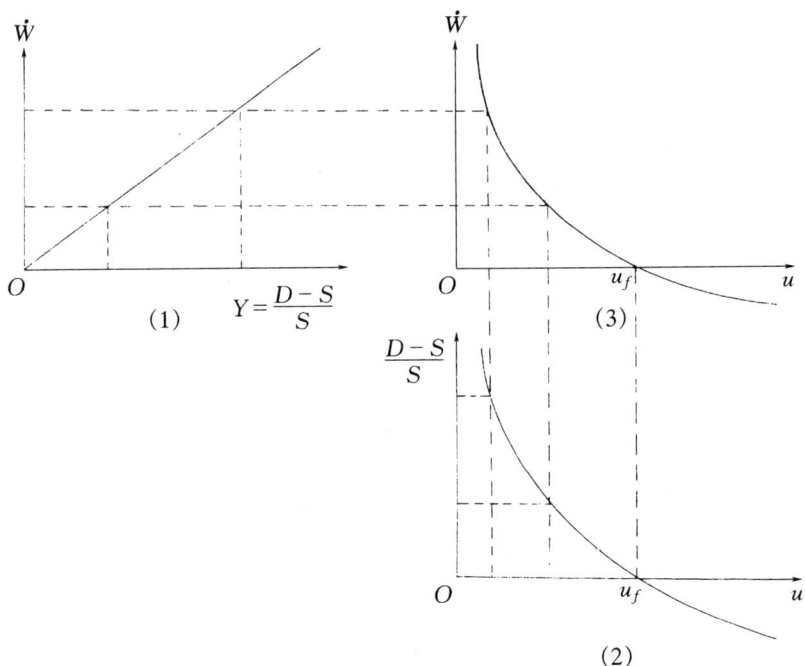

图 8-6

失业以及失业变动率之间的逆向（和非线性）关系"①。把这两个动态关系合并

在一起，即以货币工资上升率 $\dot{W}$ 代替图 8-6（2）中的劳工过度需求率 $\dfrac{D-S}{S}$，

我们就可得到如图 8-6（3）所示的菲利普斯曲线。

利普赛认为，图 8-6（3）所示的菲利普斯曲线反映了个别劳工市场上货币工资上升率与失业率之间的关系。如果把整个经济中各个劳工市场的菲利普斯曲线加以综合，就可得到整个经济的宏观菲利普斯曲线。

（三）菲利普斯曲线的政策应用

失业率与货币工资上升率之间的这种反向变动关系虽由菲利普斯首先提出，并经利普赛加以理论阐释，但第一次用"菲利普斯曲线"来命名这一关系的却是美国经济学家保罗·萨缪尔森和罗伯特·索洛。1960 年，萨缪尔森和索洛发表《关于反通货膨胀政策的分析》一文，提出了一种经过修正并被他们认为能

---

① 戴维·莱德勒、迈克尔·帕金：《工资决定和价格决定的动态与预期》，载《现代国外经济学论文选》（第一辑），237 页，北京，商务印书馆，1979。

适用于美国的菲利普斯曲线。

萨缪尔森和索洛对菲利普斯曲线理论所作的贡献主要在两个方面：第一，以平均物价水平的上升率代替货币工资上升率，从而使菲利普斯曲线直接反映通货膨胀率与失业率之间的逆向关系。由于资本主义国家实行成本加成的定价制度，而货币工资是生产成本的主要部分，因此从一个国家来说，货币工资的上升率与平均物价水平的上升率之间有着相当的一致性，因而可以用平均物价水平的上升率来代替货币工资的上升率，以使菲利普斯曲线更具有一般化的意义。第二，萨缪尔森和索洛第一次将菲利普斯曲线应用于经济政策的分析。他们认为，菲利普斯曲线上的每一个点都表示一定的通货膨胀率与一定的失业率的组合，政府当局可以根据适用于本国的菲利普斯曲线来选择较为合适的某种组合，以作为制定经济政策的依据。用萨缪尔森和索洛的话来说，菲利普斯曲线是可供政策制定者"在不同程度的失业和价格稳定性之间作出抉择的菜单"。[1]

通过对1933—1958年美国有关统计资料的分析，萨缪尔森和索洛得出如图8-7所示的菲利普斯曲线。

在图8-7中有 A、B 两点，A 点表示为了达到物价稳定的目的，必须存在5%~6%的失业率，说明这种失业率是保持物价稳定的必要代价；而 B 点则表示为了使失业率限制在3%的水平上，平均物价水平将不得不每年上升4%~5%，说明这种物价上升率是维持较高的就业和生产所必须付出的代价。在萨缪尔森和索洛看来，失业和通货膨胀不可能同时避免，他们说，我们也许应该有某些价格上升和某些程度的失业[2]。而在价格上升和失业的不同组合中，政府当局可以选择其中一种比较适当的组合。当失业率或价格上升率超过人们可以接受的限度时，政府可根据菲利普斯曲线分别实行扩张性的财政金融政策或收缩性的财政金融政策，以用较高的通货膨胀率来换取较低的失业率，或者以较高的失业率来换取较低的通货膨胀率。也就是说，政府当局可利用菲利普斯曲线，根据不同时期的不同情况，分别制定和实行不同的经济政策，以使失业率和通货膨胀率同时控制在可以接受的限度之内。

---

① 保罗·萨缪尔森、罗伯特·索洛：《关于反通货膨胀政策的分析》(Samuelson, P. A., and Solow, R. M.："*Analytical Aspects of Anti-Inflation Policy*")，原载《美国经济评论》，1960 (5)，重印于 M. G. 缪勒编：《宏观经济学读本》，英文版，384 页，1971。

② 萨缪尔森和索洛：《关于反通货膨胀政策的分析》，重印于 M. G. 缪勒编：《宏观经济学读本》，英文版，384 页，1971。

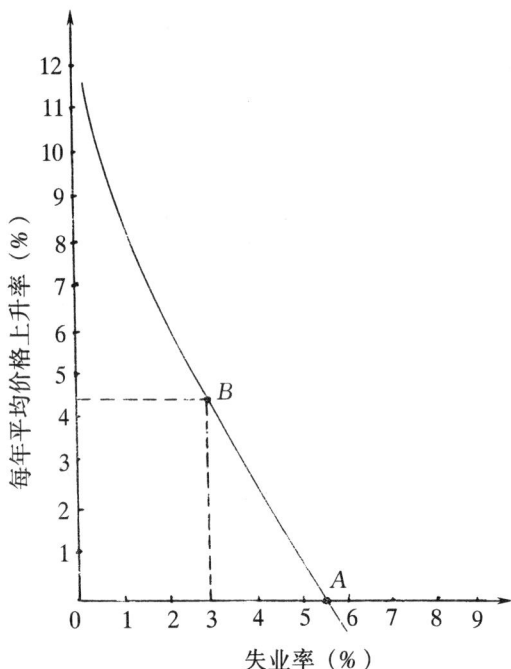

图 8 - 7

二、适应性预期和"自然失业率"假说——对菲利普斯曲线的局部否定

菲利普斯曲线的提出，在西方经济学界产生了深刻的影响。在20世纪60年代中期以前，它为绝大多数经济学者所接受或支持。而菲利普斯曲线之所以在当时受到如此青睐，主要有两个原因：第一，菲利普斯曲线所反映的失业与通货膨胀之间的交替关系比较符合当时的实际经济情况；第二，菲利普斯曲线可为各国政府制定和推行宏观经济政策提供理论上的指导。因此，它不但在理论界被当做普遍规律和客观真理，而且在政府决策领域也被作为相机抉择的理论武器。

但到了20世纪60年代中期以后，菲利普斯曲线关系却出现了两方面的恶化趋势：首先是菲利普斯曲线的形状变得越来越陡峭，这说明为了把失业率降低某一既定的百分率，必须以越来越高的通货膨胀率作为代价；其次是菲利普斯曲线的位置越来越远离原点，这说明在某一既定的失业率水平上，与之相对应的通货膨胀率越来越高，或者在某一既定的通货膨胀率水平上，与之相对应的失业率越来越高。到了70年代，菲利普斯曲线理论更是面临着严峻的挑战。失业与通货膨胀之间不再像以前那样存在着稳定的交替关系，而是出现了失业与通货膨胀同时并发的新现象。这一新现象的出现，不仅使经济学家们无法用原来被奉为真理的菲利普斯曲线关系来对它作出解释，而且更使政府决策部门陷于进退维谷的两难境地。在这种情况下，一些原来信奉菲利普斯曲线理论的经济学家开始对它产生怀疑，而一向对它持否定态度的货币学派更是趁虚而入。1967年，弗里德曼和费尔普斯（E. S. Phelps）在各不相谋的情况下几乎同时提出一种新的理论，对菲利普斯曲线作了重新解释。[①] 他们以适应性预期和"自然失业率"假说作为理论分析的工具，区分了短期菲利普斯曲线和长期菲利普斯曲线，并认为只有在短期内失业与通货膨胀才存在交替关系，而在长期中，则失业率总是保持在其"自然率"水平，因而用通货膨胀来降低失业率的办法只在短期内有效而在长期中则无效。他们的这一理论得到了经济学家们的普遍认可。

（一）通货膨胀预期与菲利普斯曲线

在经济学说史上，"预期"已不是什么新的概念了，早在20世纪三四十年代，希克斯、凯恩斯等人就曾讨论过预期问题。但是，将预期概念引入通货膨胀的理论分析则是20世纪60年代以后的事情。在通货膨胀过程中，人们的预期究竟对实际通货膨胀有无影响、影响的程度如何以及影响的途径怎样，是60年代以来通货膨胀理论的重要内容。

在西方经济学中，所谓通货膨胀预期主要有两种：一种是适应性预期（adaptive expectation）；另一种是理性预期（rational expectation，一译"合理预期"）。适应性预期是指人们以过去的实际通货膨胀率为依据，对未来的通货膨胀率作出预期，并随着时间的推移，用实际发生的通货膨胀率来一步步地调整原来的预期，以使它被动地适应实际通货膨胀率；而理性预期则是假定人们在作出通货膨胀预期之前能够掌握并充分运用各种有关的经济信息，包括政府将要实行的经济政策以及这种政策可能产生的效果，从而能够对将来发生的通货

---

① 参见弗里德曼：《货币政策的作用》（*The Role of Monetary Policy*），原载《美国经济评论》，1968 (3)，中文译文载《现代国外经济学论文选》（第一辑），北京，商务印书馆，1979；费尔普斯：《菲利普斯曲线，通货膨胀预期和长期中的最适度失业》（Phillips Curves, *Expectations of Inflation and Optimal Unemployment Over Time*），载《经济学》，1967 (8)。

膨胀情况作出准确无误的判断。可见，适应性预期与理性预期有着不同的假定前提及不同的含义，因此用这两种预期概念进行通货膨胀的理论分析，将会得出很不相同的结论。正如我们将要介绍的那样，适应性预期与理性预期导致了对菲利普斯曲线的不同解释。

根据弗里德曼的分析，原始的菲利普斯曲线之所以是稳定的，是因为它建立在这样一种不合理的假设基础上："每个人预期名义价格将是稳定的，而且不管实际上价格和工资发生了什么情况，人们对这种预期毫不动摇和永不改变。"① 依弗里德曼之意，菲利普斯等人之所以得出失业与通货膨胀之间存在稳定的反向关系的结论，是因为他们没有考虑通货膨胀预期对实际通货膨胀的影响，没有考虑这种预期在经济决策中的作用。在弗里德曼看来，只要人们对未来的通货膨胀率作出预期，而且这种预期又是变化的，则菲利普斯曲线就绝不会是稳定的。例如，根据预期，价格将要上涨 5%，于是工人们为了维持原来的实际工资，就会要求货币工资也上升 5%，而企业主则把其产品价格提高 5%。由于雇主和工人都认识到实际工资没有变动，所以劳动的供给和需求也都不会变动。于是，尽管货币工资上升了 5%，但失业率却仍然保持在原有水平。这种情况显然不符合原始的菲利普斯曲线所阐明的理论。其所以如此，在弗里德曼看来，是由于菲利普斯曲线中"包含着一个基本的缺陷——未能区分名义工资和实际工资②"。依弗里德曼之意，真正导致失业率增加或减少的是实际工资而不是名义工资，而实际工资影响失业率的中间环节就是通货膨胀预期。因此，在存在通货膨胀预期的情况下，菲利普斯曲线就不是稳定的，相反，在不同的预期通货膨胀率下会有不同的菲利普斯曲线。也就是说，当预期的通货膨胀率上升时，菲利普斯曲线就向上移动；而当预期的通货膨胀率下降时，菲利普斯曲线则向下移动。简言之，在每一个预期的通货膨胀率水平上，总有一条与之相对应的菲利普斯曲线。这就说明，人们的通货膨胀预期影响着菲利普斯曲线的位置，如图 8-8 所示（图中，π 为实际通货膨胀率，π^* 为预期通货膨胀率）。所以 60 年代以来菲利普斯曲线位置的向上移动，正是在实际通货膨胀不断加剧的情况下，人们预期的通货膨胀率不断上升的结果。

（二）预期调整与菲利普斯曲线

根据适应性预期假说，人们将根据实际通货膨胀率不断地纠正自己的预期

---

①② 弗里德曼：《货币政策的作用》，载《现代国外经济学论文选》（第一辑），121 页，北京，商务印书馆，1979。

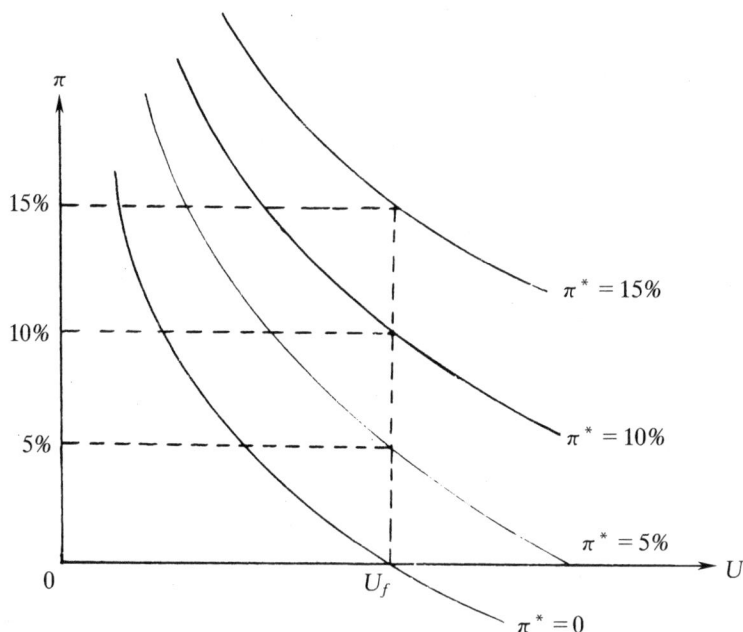

图 8 - 8

误差，以形成新的通货膨胀预期。在实际通货膨胀发生到人们调整预期之间会存在一段时间间隔。在这一时间间隔中，人们预期的通货膨胀率与实际通货膨胀率之间往往有一定的误差。也就是说，在这一时间间隔中通常存在未被预期到的通货膨胀率。这种未被预期到的通货膨胀率将导致失业率下降。因此在这一时间间隔中就存在着通货膨胀与失业之间的交替关系。

弗里德曼认为，无论是工人还是企业主都将在短期内具有货币幻觉。在实行经济扩张政策的过程中，人们预期的通货膨胀率将低于实际通货膨胀率。在对这种预期作出调整之前，工人把货币工资的提高误认为是实际工资的提高，从而乐于工作甚至加班加点；而企业主则把其产品价格的上升看做是市场对其产品实际需求的扩大，甚至把其产品价格的上升看做是他的产品相对于其他产品或劳务的相对价格的上升，因而他将扩大生产规模、增雇工人。这样，从整个经济来看，随着通货膨胀率的上升，失业率将会下降。这是符合原始的菲利普斯曲线理论的。但是，弗里德曼认为，这种情况只能是短期的，不会长期持续下去。因为一旦人们发觉实际通货膨胀率超过他们预期的通货膨胀率时，他们就会调整自己的通货膨胀预期。根据调整后的通货膨胀预期，他们发现实际工资不仅没有提高，而且反而有所下降，于是要求进一步提高货币工资；与此同时，企业主也发现其产品的相对价格并未提高，于是拒绝提高货币工资的要求，并且缩减生产，解雇原来多雇的工人。这样，失业率又回到原来的水平。因此，弗里德曼得出结论："在通货膨胀和失业之间经常存在暂时的交替关系，而却不存在持久性的交替关系。这种暂时的互为消长的关系之所以存在，并不是由于通货膨胀本身，而是由于没有预料到的通货膨胀，这一般意味着不断增长的通货膨胀率。广泛流行的如下信念，即通货膨胀和失业之间的互为消长的关系会恒久存在是曲解了事物的真象，它把我们在其较简单形式上能识别的'高的'和'不断上涨'这两种东西混淆起来了。不断增长的通货膨胀率可能减少失业，而一个高的通货膨胀率却不能。"① 在弗里德曼看来，能够降低失业率的不是绝对意义上较高的通货膨胀率，而是不断提高的通货膨胀率。具体地说，为了降低失业率，必须使实际通货膨胀率经常地高于预期的通货膨胀率，也就是说，使那种未被预期到的通货膨胀率经常地存在。为此，必须使实际通货膨胀率以越来越快的速度不断地提高，这就是所谓"加速度"的通货膨胀。

（三）"自然失业率"与菲利普斯曲线

如第六章所述，弗里德曼把"自然失业率"定义为与任何通货膨胀率相适应的失业率，换言之，这种失业率不受货币因素的影响而只受实物因素的影响。在存在适应性预期的条件下，"自然失业率"等于预期通货膨胀率与实际通货膨胀率恰好一致时所存在的失业率，即在不存在未被预期到的通货膨胀率的条件下所存在的失业率。

图 8-9 反映了"自然失业率"与菲利普斯曲线之间的关系。图中：u_n 为自然失业率，u_1 为政府的经济政策所力求实现的较低的失业率，$SRPC_i$（$i=1$, 2, ……）为与不同的预期通货膨胀率相适应的短期菲利普斯曲线，$LRPC$ 为长期菲利普斯曲线。

如上所述，当预期通货膨胀率和实际通货膨胀率一致时，实际失业率正好等于自然失业率。现假定预期通货膨胀率＝实际通货膨胀率＝0，则实际失业率＝自然失业率＝u_n，如图 8-9 所示。若政府为了把失业率降低到其自然率以下的某点（如 u_1），则根据菲利普斯曲线的理论，必须实行扩张性的财政政策和

---

① 弗里德曼：《货币政策的作用》，载《现代国外经济学论文选》（第一辑），123～124 页，北京，商务印书馆，1979。

货币政策，以通过提高通货膨胀率来降低失业率。再假定当通货膨胀率达到2%时，失业率就能处于政策目标所要达到的水平 u_1。因为在实行这一扩张政策的时候，经济当事人（工人和企业主）都没有预期到物价将要上涨2%，而是根据以往的经验，预期通货膨胀率为零。可是，随着扩张政策的推行，实际通货膨胀率上升到2%。于是，企业主便增雇工人以扩大生产，工人也乐于受雇，因而失业率就下降到 u_1。经过一定时期以后，人们发现实际通货膨胀率（2%）高于他们预期的通货膨胀率（0），因此他们把预期的通货膨胀率调整到2%的水平以适应实际情况。经过这样的调整以后，失业率又回到原来的水平（u_n），而由于工资、物价存在向下的刚性，故通货膨胀率并不相应地下降。为了把失业率重新降低到 u_1，政府当局必须再度实行扩张性的财政金融政策，使实际通货膨胀率进一步提高。如图8-9所示，当实际通货膨胀率为4%时，失业率又下降到 u_1，这是因为在那个水平上，实际通货膨胀率又比预期通货膨胀率高2%（4% -2% =2%）。当人们意识到实际通货膨胀率为4%并再次调整自己的通货膨胀预期后，失业率又回到 u_n。

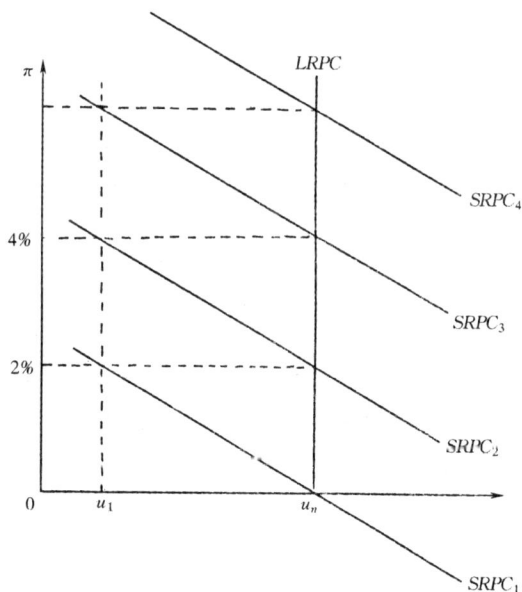

图 8 - 9

因此，为了使失业率经常地保持在 u_1 的水平，政府当局必须不断地实行扩张性的经济政策，以使实际通货膨胀率总是高于人们预期的通货膨胀率。

综上所述，可见失业率与通货膨胀率之间的交替关系只存在于实际通货膨胀率与预期通货膨胀率发生背离的某一时期内，即存在于实际通货膨胀率已经上升而人们的通货膨胀预期尚未作出调整的某一较短的时期内。

可是，随着时间的推移，人们的通货膨胀预期将不断地根据实际通货膨胀率作出调整，以使预期的通货膨胀率适应实际的通货膨胀率，因而从长期来看，失业率总是处于其"自然率"水平，也就是说，失业与通货膨胀之间并不存在稳定的交替关系，而所谓菲利普斯曲线只是一条处于自然失业率水平并平行于纵轴的垂直线。这条垂直线就是所谓长期的菲利普斯曲线，也就是所谓"预期增大的菲利普斯曲线"（The Expectations – Augmented Phillips Curve）。它的含义是：从长期来说，政府当局所实行的旨在降低失业率的扩张政策，只能使通货膨胀率一步步上升，而不能使失业率降低到其自然率以下。

三、理性预期假说——对菲利普斯曲线的全面否定

弗里德曼和费尔普斯通过对"自然失业率"和"适应性预期"的分析，区分了短期菲利普斯曲线和长期菲利普斯曲线，指出只有在短期内，菲利普斯曲线才具有向下倾斜的形状，换句说话，只有在短期内，失业与通货膨胀才具有交替关系，而从长期来看，菲利普斯曲线只是与纵轴平行的位于自然失业率水平的一条垂直线，即无论通货膨胀的程度如何，失业率总是保持在其自然率水平。而在短期内，菲利普斯曲线之所以存在，失业与通货膨胀之间之所以有交替关系，是由于人们的通货膨胀预期与实际通货膨胀之间存在误差，也就是说，在货币工资与物价变动以后的短时期内，人们有着货币幻觉，还存在着未被预期的通货膨胀率。

弗里德曼与费尔普斯的理论对菲利普斯曲线作了局部否定或修正，从而使菲利普斯曲线理论的分析进入了新的阶段。但 20 世纪 70 年代兴起的理性预期学派却对菲利普斯曲线作了进一步的否定，并因此而对弗里德曼等人的上述理论提出了责难。

理性预期的思想最初由美国经济学家约翰·F. 穆斯（John F. Muth）于 20 世纪 60 年代初提出。20 世纪 70 年代初，美国的小罗伯特·E. 卢卡斯（Robert E. Lucas Jr.）、托马斯·萨金特（Thomas Sagent）及尼尔·华莱士（Neil Wallace）等人相继阐述了这一理论，并把理性预期的概念应用于稳定性经济政策的分析，从而形成了一种独立的经济学流派——理性预期学派。

理性预期学派声称，菲利普斯曲线不仅在长期中不存在，而且在短期内也

不存在。他们认为，适应性预期的理论中存在着这样一种显然不合实际的假设，即经济主体将一次又一次地被扩张性的经济政策所欺骗，他们总是作出错误的预期，然后根据实际情况不断地纠正这种预期。理性预期学派认为："借助相同的老一套的宏观经济政策来使经济中的每一个人一再受骗，一般来说是不太可能的，因为他们会很快地认识到这些政策是怎么一回事"①。因此，人们在预期通货膨胀时，会考虑到经济政策的变化，使预期的通货膨胀率符合实际的通货膨胀率，所以，所谓未被预期到的通货膨胀率是不存在的。

理性预期学派强调，人们在预期通货膨胀的时候，已经掌握了有关通货膨胀的全部信息，因此，他们对未来通货膨胀率的预期总是与实际发生的通货膨胀率完全一致。正因为如此，人们在作某种经济决策时，将完全不受政府政策的干扰，将作出完全合乎理性的抉择，例如，在政府实行扩张性的货币政策时，人们已经掌握了这一信息，并确切地预期到这一政策所引起的通货膨胀率，于是他们在作决策时就已事先考虑了这一通货膨胀因素。由于这一通货膨胀率能被所有的经济当事人准确地预期到，因此，尽管绝对价格（即一般物价水平）上升了，但整个经济的相对价格并没有变化。所以无论是工人的劳动供给还是雇主对劳动的需求都不会发生任何变动，从而失业率将固定不变。因此，在理性预期学派看来，菲利普斯曲线不仅在长期中是一条与自然失业率相适应的垂直线，而且即使在短期内，它也同样是这样的一条垂直线。于是我们不难看出这一理论的政策含义：无论在长期中还是在短期内，政府的旨在降低失业率的经济政策统统都是无效的。

如果说，弗里德曼和费尔普斯承认短期的而否认长期的菲利普斯曲线的存在，即他们对菲利普斯曲线作了局部否定，那么，理性预期理论就是对菲利普斯曲线的全面否定。可以看出，理性预期理论对适应性预期理论提出了尖锐而又切中要害的批评，这对于推进经济理论的研究是大有助益的。但是，这种理论认为所有的经济当事人都具有先见之明，都能百分之百地掌握并运用全部有关通货膨胀的信息，因而都能对未来的通货膨胀情况作出完全准确的预期，这显然不符合实际情况。

---

① 马克·威尔斯：《"理性预期"：反凯恩斯革命的革命》，载丹尼尔·贝尔、欧文·克里斯托尔编：《经济理论的危机》，中文版，120 页，上海，上海译文出版社，1985。

复习思考题

1. 什么是"成本推进论"？弗里德曼对它作何评价？你对它又作何评价？

2. 结构性通货膨胀理论的核心思想是什么？

3. 为什么说需求移动论是需求拉上论与成本推进论的折衷调和的理论？

4. 试简述斯堪的纳维亚通货膨胀模型。

5. 根据弗里德曼和费尔普斯的分析，通货膨胀与失业的交替关系在短期内存在而在长期中不存在，为什么？这种分析的政策含义何在？

第九章 货币政策理论

货币政策是指一国货币当局（主要是中央银行）为实现其预定的宏观经济目标，而对货币供给、银行信用及市场利率实施调节和控制的具体措施。在现代市场经济中，货币政策是对整个经济运行实施宏观调控的最重要的手段之一。因此，货币政策理论也成为《货币经济学》中最重要的内容之一。

货币政策理论所要研究的问题很多，内容很丰富，而且在很多问题上，经济学家们之间还有着较大的分歧。具体而言，货币政策理论所要研究的主要包括如下几个问题：一是货币政策的最终目标；二是货币政策的主要工具；三是货币政策的传导机制；四是货币政策的中间目标；五是货币政策的具体操作；六是货币政策的有效性。这些问题都已有着长期的研究和争论。自 20 世纪 70 年代以来，货币政策理论又有了许多新的发展。例如，在货币政策的传导机制问题上，根据经济、金融环境的新变化和理论研究的进一步深入，一些经济学家对传统的货币政策传导机制理论加以反思，揭示了这些理论的存在问题，并提出了货币政策传导的信用渠道理论和成本渠道理论。又如，在货币政策的操作问题上，货币政策究竟应该由货币当局进行相机抉择还是应该遵循一定的规则，一直是人们讨论的较多的一个问题。大致而言，在 20 世纪 70 年代之前，对这一问题的争论主要是凯恩斯学派的"相机抉择"论与货币学派的"单一规则"论的争论。在那时的争论中，相机抉择论不仅在理论上居于主流地位，而且各国货币政策的实践也基本上都具有相机抉择的特点。1977 年，基德兰德与普雷斯科特（Finn E. Kydlandand and Edward C. Prescott）将时间不一致性或非连贯性问题引入宏观经济学，引发了新一轮的"规则与相机抉择之争"。而在这一新的争论中，大多数经济学家倾向于选择规则型的货币政策操作方法，而对凯恩斯学派的相机抉择主张提出批评。他们在弗里德曼所提出的"单一规则"之外，又提出了其他各种货币政策规则，其中较典型的是泰勒规则和麦卡勒姆规则。再如，在货币政策的有效性问题上，随着理性预期理论和实际经济周期理论（real business cycle theory）的相继提出，关于货币是否中性，货币政策是否有效，也成为经济学界争论的热点问题。

在本章中，我们将依次评介经济学界有关以上这些问题的主要理论。在这种评介中，我们将重点论述20世纪70年代以来发展起来的那些相对较新的货币政策理论，其中包括货币政策传导机制理论、货币政策规则理论和货币政策有效性理论。至于货币政策的目标和工具等问题，我们将就其基本原理及经济学界对这些问题的争论作一简述。

第一节　货币政策目标理论

一、货币政策的主要目标

货币政策是整个宏观经济政策体系的一部分。所以，货币政策的目标也与整个宏观经济政策的目标是基本一致的。如何确定货币政策的目标，将关系到货币政策的具体实施和货币政策的实际效果。一般认为，货币政策有四大目标：即稳定物价、充分就业、经济增长及国际收支平衡。这四大目标是随着经济金融形势的变迁和货币政策理论的发展而被相继提出的。因此，从表面上看，货币政策的各个目标都是由货币当局或中央银行所确立的，但是，从实质来看，任何货币政策的目标，都反映了现实的经济金融形势对货币政策所提出的客观要求。

（一）稳定物价

在20世纪30年代之前，西方各国的货币政策基本上都只有一个目标，即维持货币价值的稳定。这主要是由当时的货币制度及与此相关的货币理论所决定的。首先，20世纪30年代之前，西方各国普遍实行各种形式的金本位制度。在金本位制度下，几乎所有的经济学家都相信黄金对货币流通和实体经济的自动调节机制。因此，保持货币价值的稳定是货币政策的唯一目标。其次，20世纪30年代之前，占统治地位的经济学家都认为货币对经济是中性的，认为货币数量的增减只影响一般物价水平，而不影响实际的经济活动。于是，货币政策对就业、产出、实际利率、实际收入及国际收支均无任何实质性的影响。因此，在那时，货币政策的唯一目标就是保持货币价值的稳定。

20世纪30年代之后，西方各国相继放弃金本位制。金属货币的流通为不兑现的纸币流通和信用货币流通所取代。在纸币流通或信用货币流通的条件下，货币流通的数量不再受到自动调节，任何数量的货币一旦投入流通，就不会自动退出流通。因此，货币流通量的多少将直接决定着货币的价值。在纸币流通或信用货币流通的条件下，币值的稳定与否是以单位货币的购买力来衡量的，而单位货币的购买力则通常是以各种物价指数来表示的。所以，稳定物价就成为货币政策的一个最终目标。

所谓稳定物价的货币政策目标，一般是指通过实行适当的货币政策，保持一般物价水平的相对稳定，以避免出现通货膨胀或通货紧缩。所以，在货币政策的实践中，中央银行将在通货膨胀时期实行相对紧缩的货币政策，以减少货币流通量，从而遏制通货膨胀；而在通货紧缩时期则实行相对宽松的货币政策，以适当增加货币流通量，从而抑制通货紧缩。自 20 世纪 50 年代后期开始，西方各国普遍出现了持续的、日益严重的通货膨胀，这些国家的中央银行纷纷将稳定物价，以控制通货膨胀作为货币政策的主要目标。

（二）充分就业

在 20 世纪 30 年代之前的经济理论都以充分就业为前提。根据这种理论，市场经济具有自动调节功能，货币工资具有充分弹性。因此，通过市场经济的自动调节和货币工资的自由伸缩，经济即可保持充分失业。1929 年，美国股市的狂跌引发了历史上空前严重的世界经济大危机。在 1929 至 1933 年间，美国物价水平下跌 22%，实际国民生产总值减少 31%，失业率高达 25%。为增进国内就业水平，美国通过对外贸易把国内失业和经济萧条转嫁给其他国家。各国政府和经济学家开始对黄金的自动调节机制产生怀疑，相继放弃金本位制，实行不兑现的纸币流通制度，并通过货币的竞相贬值，极力扩大输出，以增进国内就业。1936 年，凯恩斯出版《就业利息和货币通论》一书，提出非自愿失业的存在和持续，并分析了货币对一国经济，尤其是对就业的重要影响。1946 年，美国颁布《就业法》，将充分就业正式列为货币政策的最终目标。

在西方经济学中，所谓"充分就业"，一般是指消除一国经济中的非自愿失业。所谓"非自愿失业"，是指愿意接受现行的工资水平和工作条件但仍然找不到工作，从而造成的失业。在现实生活中，除了非自愿失业之外，还有两种失业实际上是不可避免的：一种是自愿失业；另一种是摩擦性失业。自愿失业是指由于工人不愿接受现行的工资水平或工作条件而造成的失业。摩擦性失业则是由于生产技术的革新和工作岗位的转换，导致短期内劳动力供求的暂时失衡而造成的失业。很显然，充分就业与这两种失业的存在是并不矛盾的。因此，作为货币政策的最终目标，充分就业也只是意味着通过实行适当的货币政策，以减少或消除经济中存在的非自愿失业，而并不意味着将失业率降低为零。

（三）经济增长

货币政策的第三个目标是促进经济的适度增长。这一目标的确立也有着理论和实践两个方面的原因。从理论上看，20 世纪 30 年代末 40 年代初，英国经济学家哈罗德（R. F. Harrod）和美国经济学家多马（E. D. Domar）相继提出经济增长理论，企图对凯恩斯经济学进行长期化和动态化的发展。20 世纪 50 年代中期，美国经济学家索罗（R. M. Solow）等人在哈罗德—多马模型的基础上发展出新古典经济增长理论。随后，托宾（J. Tobin）等人又在新古典实物增长理论中引入货币因素，从而提出货币增长理论。货币增长理论主要研究货币同经济增长的内在联系及货币政策对经济增长的重要影响。从实践来看，第二次世界大战以后，西方各国纷纷致力于经济复兴，经济增长率普遍较高。20 世纪 50 年代初，美国对朝鲜发动战争。为筹措巨额战费，美国大量增发货币，造成了严重的通货膨胀。战争结束后，为制止通货膨胀而采取的一系列紧缩性的措施又导致了经济的衰退，使美国的经济增长率远低于其他西方发达国家，甚至也低于苏联和东欧的社会主义国家。为了维护自身的经济实力和国际地位，美国联邦储备体系就将追求较高的经济增长率确定为货币政策的又一个目标。

如何准确地衡量一国的经济增长状况，特别是以何种指标来衡量一国经济的增长速度，这是一个较有争议的问题。但是，目前世界上大多数国家都以人均实际国内生产总值或人均实际国民收入的增长率作为衡量经济增长速度的指标。

（四）国际收支平衡

货币政策的第四个目标是国际收支平衡。这一目标原是在以美国为代表的西方主要国家国际收支日益恶化的背景下被提出的。第二次世界大战期间，西欧各国的经济都遭受了严重的破坏。战争结束后，它们为了迅速实现经济复兴，纷纷从美国进口大量的商品，因而发生了巨额的贸易逆差。20 世纪 50 年代后期，西欧各国的经济得到复兴，而美国则由于长期通货膨胀的影响，其贸易收支出现了持续的逆差。1958 年以后，美国的出口大量减少，进口却大量增加，从而引起了美元和黄金的大量外流。世界各国纷纷对美元的稳定性丧失信心，从而使美元在国际市场上的汇率剧烈下跌，国际货币危机也日益严重。为了遏制美元和黄金的外流，维持美元的国际货币地位，就必须改善美国的国际收支状况。于是，美国联邦储备体系就将国际收支平衡列为货币政策的一个最终目标。随着国际交往的日益密切，尤其是国际间经济交往的日益频繁，国际收支的平衡与否也日益成为每一个经济开放国家所必须关注的重大问题。一般地说，无论是国际收支出现较大的顺差还是出现较大的逆差，都不利于一国经济的稳定与发展。所以，通过实行适当的货币政策来实现国际收支平衡，也就自然成为各国货币当局所确定的一个重要的目标。

作为货币政策的最终目标之一，所谓"国际收支平衡"，是指一个国家对其他国家的全部货币收入与全部货币支出保持基本平衡。所以，略有顺差或略有逆差也可看做实现了国际收支的平衡。国际收支平衡有静态的平衡和动态的平衡两个概念。所谓"静态的国际收支平衡"，是指一个国家在一年内的国际收支总额保持基本相抵。所以，它以年末国际收支总额平衡与否作为判别的标准。而所谓"动态的国际收支平衡"，则是指一个国家在一个时期（如3年或5年）内的国际收支平衡。从动态的角度看，若一年的逆差能被另一年的顺差所抵消，则也可看做实现了国际收支的平衡。在货币政策的实践中，大多数国家都以静态的国际收支平衡作为货币政策的最终目标。

以上所述的，是西方主要发达国家货币政策的主要目标。从以上分析中，我们不难看出，货币政策的各个目标，都是顺应着经济、金融形势的发展和变化而被相继提出的。因此，在分析了以上四大目标之后，我们还必须指出以下两点：第一，由于各个国家的经济环境不同、历史背景不同以及金融结构不同，因此，各个国家所确定的货币政策的具体目标也会不同。所以，我们以上所述的四大目标，只是就整个西方发达国家而言的，如就其中的某一个国家而言，则它们可能只将其中的某一个或某几个目标作为其货币政策的最终目标。同时，不同国家对各个目标的具体含义和相对重要性也会作出不同的规定。第二，随着经济、金融形势的进一步变化，货币政策的目标也会进一步增加或更新。例如，金融市场的发展和金融创新的开展，对整个国民经济的稳定，尤其是对金融体系的稳定产生着越来越显著的影响。因此，目前已有不少国家将金融市场的稳定列入货币政策的最终目标。

二、货币政策目标之间的矛盾及其协调

（一）货币政策目标之间的矛盾

由以上所述可知，西方主要发达国家所确定的货币政策目标是多元化的，但这些目标之间却充满了矛盾。只要稍作分析，我们就可发现，这四大目标中的任何两个目标之间都有着一定的矛盾和冲突。下面，我们就选择其中较明显的几个矛盾作一简述。

首先，稳定物价与充分就业这两个目标之间有着显著的矛盾。这一矛盾可用著名的菲利普斯曲线来加以说明。所谓菲利普斯曲线，是用于反映通货膨胀率与失业率之间此增彼减的交替关系的一种曲线。根据这一曲线，在物价稳定

（即通货膨胀率较低）时，失业率较高；而当失业率较低时，通货膨胀率较高。于是，在通货膨胀时，中央银行为达到稳定物价的目标，必须实行紧缩性的货币政策，以降低通货膨胀率。但是，这一紧缩性货币政策的实行却使失业率提高，从而不利于达到充分就业这一货币政策的目标。反之，在失业率较高的时期，中央银行为达到充分就业的目标，必须实行扩张性的货币政策，以降低失业率。但是，这一扩张性货币政策的实行往往使通货膨胀率相应提高。

其次，稳定物价与经济增长之间也有矛盾。一般地说，当经济主体的投资热情高涨，从而经济增长率较高时，往往伴随着一般物价水平的上涨，从而通货膨胀率也往往较高。在这种情况下，中央银行为达到稳定物价的目标而实行紧缩性的货币政策。结果，在通货膨胀率下降的同时，经济增长率通常也随之而下降。正因为稳定物价与经济增长之间存在着这样的关系，所以在理论界就有人主张通过适度的通货膨胀来刺激经济的增长。当然，对稳定物价与经济增长是否存在这样的矛盾，也有人提出不同意见。在他们看来，只有物价稳定，才能使整个经济正常运行，从而维持经济的长期增长。同时，适度的或温和的通货膨胀是否有利于促进经济的增长，也是国内外经济学界长期争论的一大问题。

最后，经济增长与国际收支平衡之间也常常发生矛盾。例如，当国内经济衰退与对外收支逆差并存时，中央银行就将陷于这样一种顾此失彼的困境之中：若提高利率，则虽有利于吸引国外资本流入，从而可改善对外收支状况，然而，利率的提高显然更进一步抑制投资，从而对本已衰退的经济雪上加霜。反之，若降低利率，则虽有利于刺激投资，从而促进经济的增长，但利率的降低却通常会引起国内资本的流出，从而使对外收支逆差更为严重。

（二）协调货币政策目标之间矛盾的主要方法

由于货币政策的目标之间充满着矛盾和冲突，所以，任何一项货币政策实际上都不能同时达到以上所述的这些目标，或者不能全面地顾及各种目标。在这种情况下，中央银行在制定和执行货币政策时，往往陷于左右为难的困境。因此，选择适当的货币政策目标或通过其他途径来协调货币政策目标之间的矛盾，是中央银行所不可回避的一项任务。在货币政策的实践中，协调不同目标之间矛盾的方法很多，其中最主要的有如下四种：一是对相互冲突的多个目标统筹兼顾，力求协调或缓解这些目标之间的矛盾；二是根据凯恩斯学派的理论，采取相机抉择的操作方法；三是将货币政策与财政政策配合运用；四是选择单一目标，并通过这一目标而间接地达到其他目标。下面，我们依次分析这四种方法的具体运用。

1. 统筹兼顾

在两个目标之间存在矛盾的情况下，中央银行实行任何一种货币政策都只能达到其中的一个目标，而且在达到这一目标的同时还将在一定程度上牺牲另一个目标。但是，如果中央银行对这两个目标同时加以考虑，通过适当的操作，以使这两个目标都能控制在相对合理的、能被人们所接受的水平，这可在一定程度上缓解这两个目标之间的矛盾。例如，稳定物价和充分就业这两个目标之间就存在着矛盾。所以，中央银行不能在同一时间通过实行任何一种货币政策即可如愿以偿地同时达到这两个目标。但是，在制定货币政策时，中央银行可确定一个相对较低的通货膨胀率和一个相对较低的失业率，以作为货币政策的最终目标，并通过适当的操作将这两个目标都控制在预定的目标值以内。

2. 相机抉择

相机抉择是凯恩斯学派经济学家提出的关于货币政策操作的主张。所谓"相机抉择"，是指货币当局或中央银行在不同时期，应根据不同的经济形势，灵活机动地选择不同的货币政策，以达到当时最需达到的政策目标。具体而言，在通货膨胀时期，中央银行应实行紧缩性的货币政策，以抑制通货膨胀；而在经济萧条时期，中央银行应实行扩张性的货币政策，以刺激投资，促进经济复苏。可见，通过实行相机抉择的货币政策，中央银行可根据轻重缓急，优先解决当时的主要问题，以达到当时最需达到的政策目标。这也可在一定程度上缓和货币政策目标之间的矛盾。

3. 政策搭配

当货币政策目标之间存在矛盾，因而同一种货币政策无法同时达到多个目标时，货币政策与财政政策的适当搭配，也可说是一种值得选择的解决矛盾的途径。根据蒙代尔（R. Mundell）的政策配合说，财政政策与货币政策可分别解决国内经济问题和国际经济问题。也就是说，财政政策主要解决国内经济问题，而货币政策则主要解决国际经济问题。例如，当国内经济衰退与国际收支逆差并存时，政府当局可实行扩张性的财政政策，以促进经济增长，而中央银行则实行紧缩性的货币政策，提高短期利率，以吸引资本流入，从而平衡国际收支。

4. 单一目标制

上述四大目标被西方主要国家同时列为货币政策的最终目标，实际上只是在 20 世纪 80 年代之前。而在 80 年代之后，甚至在更早的时候，不少国家都已放弃了多重目标，而将物价稳定或低通货膨胀率作为货币政策的唯一目标。之所以会发生这种多重目标向单一目标的回归，其原因主要有二：一是受到货币主义和理性预期理论的影响①；二是许多国家中央银行的实践证明，多重目标实际上难以达到。有人指出，物价稳定本身实际上也并不是货币政策的最终目标，但物价稳定有利于经济保持长期稳定的增长。同时，只有物价稳定才是货币政策所能实现的目标。目前不少国家实行通货膨胀目标制，将低而稳定的通货膨胀率作为控制的对象，其实质就是将稳定物价作为货币政策的唯一目标。

第二节　货币政策工具理论

　　货币政策工具的选择似乎只是决定于中央银行的决策行为。因而它只是一个具体的实践问题。但是，选择什么货币政策工具，各种货币政策工具的有效性等等，实际上都有着相应的理论基础。所以，在关于货币政策工具的选择问题和对各种货币政策工具的评价问题上，经济学界也存在着各种不同的，甚至截然相反的意见，从而形成各种货币政策工具理论。

　　货币政策的工具可分为一般性的货币政策工具、选择性的货币政策工具和其他货币政策工具。其中，一般性的货币政策工具就是中央银行经常运用的三大政策工具。根据各种政策工具产生的时间先后，这三种工具包括再贴现率政策、公开市场操作和存款准备金率政策。在对这三种货币政策工具的选择和评价问题上，经济学界有着严重的理论分歧。在本节中，我们就对有关这三种货币政策工具的选择和评价问题的理论及其争论作一简述。而至于这三种货币政策工具的具体运用和作用过程等问题，因属《货币银行学》的基本常识，故不拟作为本节所述的内容。

一、再贴现率政策

　　再贴现率政策（rediscount rate policy）又称银行利率政策（bank rate policy），是中央银行用于控制货币供给和市场利率的传统货币政策工具。它最初于1833 年在英国《银行特许法》（*Bank Charter Act*）中被确立。这一法律规定，期限在三个月以内的票据可申请贴现，贴现行可持这些票据不受限制地向英格兰银行申请再贴现，再贴现率不受高利贷法的限制。于是，英格兰银行就可自由

---

　　①　参见本章第五节和第六节相关分析。

地调节社会的货币供给和利率水平。经过一百多年的发展和完善，这一货币政策工具逐渐为其他国家所效仿和采用。1913 年，美国《联邦储备法》（Federal Reserve Act）也确认再贴现率政策为美国货币政策的工具之一。

实际上，再贴现率政策在影响货币供给的同时，更影响利率水平，因为再贴现率本身就是一种利率。它的变动将导致市场利率的相应变动。所以，有关这一政策工具之有效性的分析主要围绕利率政策理论而展开。在现代西方经济学界，关于利率政策之有效性问题的理论主要有两种：一是利率刺激效应理论；二是一般流动性效应理论。

利率刺激效应理论最初散见于古典经济学家的有关论著。在古典经济学家看来，利率对借款人存在刺激效应。这是因为利息是借款人所获得的利润中被割让的部分。利率的高低直接影响借款人的借款意愿和投资规模。同时，利率的高低还影响或决定投资者对投资机会的选择。费雪曾指出："高利率鼓励收获迅速的投资，低利率鼓励收获遥远的投资。"[1] 依费雪之意，对于一种必须经过很长时间才能有收获的投资，利率越高，投资者所要付出的利息越多，于是，他对这种投资就越少。可见，利率刺激效应理论实际上从不同的角度强调借款人对利率的敏感性。根据这种理论，投资与利率一般呈负相关的关系。

20 世纪 30 年代后，凯恩斯虽然批评古典利率理论，但他仍然同意古典经济学家关于投资与利率呈负相关关系的论述。在《就业利息和货币通论》一书中，凯恩斯指出，投资决定于利率与资本边际效率之比。在资本边际效率一定时，利率越低，投资越多，而利率越高，则投资越少。所以，凯恩斯实际上也强调利率对投资者（即借款人）的刺激效应。

一般流动性效应理论系由罗萨（R. V. Roosa）在人们证实投资的利率弹性很小，因而怀疑利率政策之有效性的背景下提出。1951 年，罗萨发表《利率与中央银行》一文，提出著名的信用可得性理论。该理论从贷款人的利率敏感性角度，论证了利率政策的有效性。罗萨认为，中央银行可以通过利率政策（如再贴现率政策）来影响市场利率，进而影响贷款人之金融资产的流动性。贷款人出于流动性的考虑，必将调整其资产结构，从而改变贷款人的信用可供量和借款人的信用可得量。如果中央银行通过利率政策提高市场利率，则贷款人持有的金融资产的市场价格就下降，从而使贷款人的一般流动性降低。为提高流动性，贷款人将增持流动性相对较高的金融资产，而减少流动性相对较低的贷款。

---

① 费雪：《利息理论》，117 页，上海，上海人民出版社，1959。

在这种情况下，投资者纵使愿付较高利息亦将因资金来源减少而不得不减少投资。[1]

由以上分析可看出，无论是利率刺激效应理论，还是一般流动性效应理论，都坚持认为利率政策是有效的。然而，也有一些经济学家对利率政策的有效性表示怀疑，甚至予以否定。萨耶（R. S. Sayer）认为，再贴现率的变动影响面不广。它只影响一部分经济活动，而不是影响整个经济活动。这是因为，只有部分经济部门对利率的变动比较敏感，而大多数经济部门则对利率的变动并无明显的反应。同时，在设备投资趋于长期化、公共事业部门不断扩大、社会信用取得显著发展的情况下，人们对利率短期变动的反应更为迟钝。因此，将变动再贴现率作为一种货币政策的工具，其效力是颇令人怀疑的。[2] 弗里德曼则认为，再贴现率政策是在"真实票据论"（real bill doctrine）盛行的条件下所采取的货币政策工具。当时，商业银行在准备金过少的情况下，将自己对社会公众贴现而取得的商业票据向中央银行要求再贴现，以增加准备金，从而增强贷款能力。中央银行则以一定的再贴现率对那些在实际经济活动中产生的"真实票据"进行再贴现。在这种情况下，再贴现率政策或许还有一定的作用。然而，随着经济环境的变迁，这种利率政策发挥作用的条件已经不复存在。商业银行已不必用商业票据向中央银行请求再贴现，而可以用其他方式从中央银行融得资金。这样，单一的利率政策不足以影响商业银行向中央银行筹措资金的规模，因而也难以有效地控制商业银行创造存款货币的能力。同时，再贴现率的高低表示着不同的政策意向。所以，它的不断变动将增加人们对未来预期的不确定性，引起经济活动的进一步混乱。[3] 弗里德曼由此而认为，利率不适宜作为货币政策的工具。

二、公开市场操作

公开市场操作（也称公开市场业务）是指中央银行在公开市场上买进或卖出有价证券，以投放或回笼基础货币，从而控制货币供给，并影响市场利率的货币政策工具。

---

[1] 罗萨：《利率与中央银行》（R. V. Roosa, "Interest Rate and Central Bank", in Money, Trade and Economic Growth,），英文版，289～288 页，1951。

[2] 萨耶：《作为经济政策工具的利率》（The Rate of Interest as a Weapon of Economic Policy），载威尔森与安德鲁斯合编：《牛津价格机制研究》（Oxford Studies in Price Mechanism, Edit. By T. Wilson and P. W. S. Andrews），英文版，15～16 页，1951。

[3] 参见弗里德曼：《货币稳定计划》（A Program for Monetary Stability），26～39 页，1959。

实际上，银行在公开市场买卖有价证券的行为产生于中央银行形成之前，所以，它原本并不是一种货币政策的工具。19 世纪初，英格兰银行为维持国库券价格的稳定而在公开市场买卖国库券。这可作为公开市场操作的开端。1833 年，英格兰银行获政府授权，统一发行银行券，从而事实上成为英国的中央银行，公开市场操作被用来辅助再贴现率政策。1913 年，美国采用公开市场操作的方法维持其财政收支的平衡。20 世纪 30 年代的大危机之后，美国联邦储备委员会发现公开市场操作可极大地影响信用条件，从而大加采用。1935 年，美国国会颁布银行条例，正式建立公开市场委员会，以负责协调和指导公开市场操作。于是，公开市场操作就成为继再贴现率政策之后的又一重要的货币政策工具。

一般认为，公开市场操作既能有效地控制货币供给，又能影响市场利率，甚至还能通过扭转操作的方法，调整利率的期限结构。所以，大多数经济学家都充分肯定公开市场操作的有效性，尤其是货币学派领袖米尔顿·弗里德曼，更是对公开市场操作十分推崇。

弗里德曼认为，公开市场操作实际上是唯一有效的货币政策工具。在他看来，其他货币政策工具所能做到的，公开市场操作也都能做到。在出版于 1948 年的《货币稳定计划》一书中，弗里德曼提出公开市场业务有着如下优点：第一，中央银行能及时运用公开市场操作，并按任何规模买卖有价证券，从而非常精确地控制银行体系的准备金和基础货币，使之达到合理水平。虽然公开市场操作发生作用的途径与再贴现率政策和存款准备金率政策基本相同，但它的效果比这两种政策工具更为确定和精确，且不受银行体系反应程度的影响。在公开市场操作的过程中，中央银行始终处于积极主动的地位，完全可以按自己的意愿来实施货币政策。依弗里德曼之意，中央银行实施公开市场操作是"主动出击"，而不是"被动等待"，显然，在这方面，它比再贴现率政策更为优越。第二，公开市场操作没有"宣示效应"，不会引起社会公众对货币政策意向的误解，从而不会对经济活动产生错误的诱导。同时，中央银行可以连续地、灵活地进行公开市场操作，自由地决定买卖有价证券的数量、时间和方向，从而可产生一种连续性的效果，使社会不易对公开市场操作作出强烈的反应。而且，公开市场操作还可随时作出反向操作，以对某些操作失误及时地加以矫正。所以，它比具有强烈"宣示效应"而又不能灵活运用的再贴现率政策和存款准备金率政策更为优越。第三，中央银行进行公开市场操作，不必决定有价证券的收益率或利率，因而不会直接影响银行的收益。此外，公开市场操作可以普遍地实施，因而可以广泛地影响社会经济活动。总之，鉴于公开市场操作的各种优点和其他政策工具的缺点，弗里德曼极力主张，中央银行应只办理公开市场业务，而完全取消其调整法定准备金率和再贴现的权力。[1]

但是，就在弗里德曼等经济学家充分肯定公开市场操作之有效性的同时，也有一些经济学家提出截然相反的观点。他们完全否认公开市场操作这一货币政策工具的有效性。20 世纪 50 年代和 60 年代，达西（W. M. Dacy）和金（W. T. C. King）等人纷纷对公开市场操作的有效性提出质疑。于是，西方经济学界产生了公开市场操作的有效性与无效性之争。

持无效论性观点的经济学家认为，公开市场操作最终不会影响银行体系的准备金、存款货币及现金的数量。当中央银行买入有价证券时，首先的确会降低有价证券的收益率，增加银行体系的准备金，银行也将降低利率，增加贷款，以减少多余的准备金。但是，随着利率的下降，银行体系持有超额准备金的机会成本也下降。所以，银行体系将增持超额准备金。于是，中央银行通过买入有价证券而投放的基础货币将被银行体系吸收为新增的超额准备金。由于银行体系并不将此部分新增的超额准备金用于贷款，所以由公开市场操作而投放这部分基础货币，将并不通过存款货币的创造而增加货币供给。[2]

另外，公开市场委员会通常每隔一个月召开一次会议，来表决公开市场操作。于是，有的经济学家提出，在如此短的时间内，人们很难确切地把握经济的发展动态，也难以判断经济的变动是本质性的还是偶然性的。如此决定的公开市场操作就未必是应该实施的，其实际作用的方向也未必符合政府干预经济的初衷。同时，公开市场操作见效的速度远不如再贴现率政策和存款准备金率政策。总之，他们认为，公开市场操作不宜作为中央银行货币政策的工具。[3]

三、存款准备金率政策

存款准备金率政策首先产生于美国。1933 年，美国国会授权联邦储备体系变动存款准备金率，以调节货币供给，复于 1935 年在修订的《联邦储备法》中加以确认。

与另外两种货币政策工具一样，经济学界对存款准备金率政策的评价也是

---

① 弗里德曼：《货币稳定计划》，29～31 页、50～52 页，1959。

② 达西：《摇摆不定的债务问题》（Floating Debt Problem），载《劳埃德银行评论》（Lloyd's Bank Review），1956 年 4 月号，28～31 页；金：《流动性比率是否要加以规定？》（Should Liquidity Ratio be Prescribed?），载《银行家》，1956 年 4 月号，189～198 页。

③ 宋恩：《货币银行学导论》（R. S. Thorn, Introduction in Money and Banking），340～342 页，1976。

众说纷纭，褒贬不一。但是，即使撇开极力反对存款准备金率政策的弗里德曼等人，就是肯定该政策工具之有效性的经济学家，也往往指出它具有较大的副作用，或认为它存在某些缺点，因而必须加以改进。在这里，我们选择其中较有代表性的三位经济学家对存款准备金率政策的评价作一简述。

美国经济学家保罗·霍维慈（R. M. Horwitz）认为，作为中央银行调整法定准备金和剩余准备金数量的工具，存款准备金率政策不仅很有效，而且生效也很迅速。在霍维慈看来，法定准备金率的变动可以对银行体系准备金的数量和货币供给产生直接而又重大的影响。因此，中央银行可通过很小的准备金率变动实现货币供给大幅度变动的政策目标。但是，霍维慈也明确地指出，存款准备金率政策具有严重的副作用。首先，中央银行调整法定准备金率将导致银行资金的周转不灵，使原本保有的超额准备金一笔勾销，甚至发生准备金短缺，迫使银行调整资产结构，以满足法定准备金的要求。但这种资产结构的调整往往使银行盈利能力下降。其次，法定准备金率的调整对经济将产生重大的冲击，不利于经济的稳定。因此，霍维慈指出："由于这种办法副作用严重，所以调整法定准备金额度的权力，似乎只能作为联邦储备当局武器库中一种威力巨大而不常用的武器。"①

米尔顿·弗里德曼基于其稳定货币供给的思想，极力反对采用存款准备金率政策。他认为，准备金率政策影响十分剧烈，而且不能连续地加以实施。因此，这种政策工具的运用非但不能稳定货币供给，而且会导致货币供给的剧烈波动，从而引起经济的剧烈波动。同时，各银行对存款准备金率政策的反应是不同的。所以，中央银行难以通过这一政策控制存款货币的数量。为使中央银行有效地控制货币供给，弗里德曼主张对银行体系实行 100% 的存款准备金方案，以剥夺银行体系创造存款货币的权力。

詹姆斯·托宾虽然赞成采用存款准备金率政策，但他认为该政策必须加以改进和完善，以有效地发挥其作用。在托宾看来，银行除了自己保留一部分准备金外，还可通过向中央银行借入或向其他银行拆入等途径获得货币资金，以满足法定准备金要求。只要借款成本低于贷款和投资的收益，它们都会出于盈利性的考虑而借入准备金，以扩大贷款和投资。在这种情况下，中央银行就难以有效地控制银行体系的准备金，也难以控制货币供给。为此，托宾主张中央银行按再贴现率的标准对银行持有的超额准备支付利息，以避免银行为增加盈

---

① 保罗·M. 霍维慈：《美国货币政策与金融制度》，中文版，44 页，北京，中国财政经济出版社，1980。

利而缩减超额准备金，扩大贷款和投资的倾向。托宾认为，通过这种方法，银行的超额准备金将保持稳定，而中央银行控制货币供给的能力可得到强化。

目前，存款准备金率政策是我国中央银行常用的货币政策工具之一。近几年来，我国中央银行每年都要多次调整法定准备金率，以调控银行信用和市场流动性。但从国外来看，这种传统的货币政策工具似乎已被越来越多的国家所放弃。很多国家实行"零准备金"制度。[①] 这主要是因为，自 20 世纪 80 年代以来，经济理论界和政府决策部门已有很多理论分析和实证研究都表明，这种政策工具实际产生的效果很有限，而其副作用却很严重。所以，对存款准备金率政策的有效性问题，我们还必须加以进一步深入的研究。

第三节　货币政策传导机制理论

货币政策的作用不是直接的，而是间接的。也就是说，从货币政策工具的运用到最终目标的达到将有一个过程。在这一过程中，货币政策工具的运用将首先对操作目标和中介目标产生一定的影响。然后通过操作目标和中介目标来影响实际的经济活动，从而达到货币政策的最终目标。但是，货币政策的这一具体的作用过程究竟是怎样发生的？也就是说，货币政策工具的运用怎样影响货币政策的操作目标？操作目标如何影响中介目标？中介目标又如何影响实际的经济活动，从而达到货币政策的最终目标？这就是货币政策的传导机制问题。对这一问题的不同解释，就形成了不同的货币政策传导机制理论。在这里，我们将首先对传统的货币政策传导机制理论作一简要评介，然后再具体地分析货币政策传导机制理论的最新发展，特别是对货币政策传导机制的信用渠道理论和成本渠道理论加以比较具体的分析。

一、传统的货币政策传导机制理论

（一）凯恩斯学派的利率渠道理论

凯恩斯学派的货币政策传导机制理论主要来源于凯恩斯出版于 1936 年的《就业利息和货币通论》一书。根据凯恩斯的分析，货币供应量的增加或减少将引起利率的下降或上升。在资本边际效率一定的条件下，利率的下降将引起投

---

① 杰格迪什·汉达：《货币经济学》，中文版，281～282 页，北京，中国人民大学出版社，2005。

资的增加，利率的上升则引起投资的减少。投资的增加或减少又将通过乘数作用引起支出和收入的同方向变动。所以，如以 M 表示货币供应量，i 表示利率，I 表示投资，Y 表示收入，则在中央银行实行扩张性货币政策时，凯恩斯的货币政策传导机制理论就可表示如下：

$$M\uparrow \to i\downarrow \to I\uparrow \to Y\uparrow$$

凯恩斯认为，若货币供应量增加，则利率将下降，从而将刺激投资，最终将通过乘数作用而使收入成倍增加。凯恩斯的这一货币政策传导机制理论实际上暗含着两个重要的条件：一是货币供应量的变动必须有效地影响长期实际利率；二是投资对利率必须具有高度的敏感性。根据凯恩斯的理论，利率是由货币的供求关系所决定的。这种利率显然是名义利率，而且是短期利率。然而，决定投资的又显然是长期的实际利率。所以，货币政策能否通过利率来对投资产生刺激作用，关键在于货币政策能否影响长期的实际利率。凯恩斯认为，在价格粘性或刚性的条件下，名义利率与实际利率的变动方向是一致的或基本一致的。同时，根据利率期限结构理论中的预期假说，长期利率决定于预期未来短期利率的平均水平。因此，若货币政策使短期利率变动，则长期利率亦将同方向、按比例地变动。但是，后来的一些实证分析却表明，凯恩斯理论中所暗含的这两个条件实际上并不存在。因此，在凯恩斯之后，凯恩斯学派经济学家对凯恩斯的这一理论进行了全面的发挥，并增加了许多新的内容。根据对货币政策传导机制的分析，凯恩斯学派经济学家和一些非凯恩斯学派的经济学家对凯恩斯的理论作了较充分的发展。而在这种发展中，有的对货币政策的有效性充满信心，而有的则对货币政策的有效性提出质疑，甚至从根本上否定货币政策的有效性。

大致而言，持货币政策有效论的经济学家提出了如下几个基本的观点：

首先，货币政策必须通过利率来加以传导，因此，货币政策的中介目标应是利率。西方国家在货币政策的长期实践中实际上正是以利率作为中央银行控制的对象的。

其次，凯恩斯的理论只强调利率变动对企业投资决策的影响。但后来的一些经济学家认为，利率的变动对消费者的消费决策同样有影响，尤其是住宅和耐用消费品支出将具有很强的利率敏感性。

第三，货币政策不仅影响利率，而且也会影响物价。所以，在货币政策扩张时，名义利率可能被降得很低，但由于物价上涨及人们对未来物价上涨的进一步预期，实际利率仍有下降的可能。所以，即使名义利率降至零，货币政策仍将是有效的。

但是，有些凯恩斯学派经济学家，尤其是一些早期凯恩斯主义者则根据凯恩斯的这一货币政策传导机制理论而得出货币政策无效的结论。

首先，从货币政策传导机制来看，货币政策的作用是间接的，它必须经过两个中间环节，如果这两个中间环节或其中的一个中间环节出现问题，则货币政策将无效。例如，当一国经济出现流动性陷阱时，货币供应量的增加就不能使利率下降，于是，货币政策将无效；又如，在利率下降后，投资者对利率的下降并不敏感，即投资缺乏利率弹性，则货币政策亦将无效。所以，凯恩斯学派经济学家往往强调财政政策的有效性，而认为货币政策是不可靠的，甚至得出"货币不重要，至少不是很重要"的结论。[①]

其次，凯恩斯在《就业利息和货币通论》一书中所提出的那一套货币政策传导机制理论只强调了货币和利率等金融因素的变动对实际经济活动的影响，而没有考虑到实际经济活动的变动，如产量、收入等实物变量的变动也将对货币和利率产生相应的反作用。例如，货币供应量的增加将导致利率的下降，利率的下降将刺激投资增加，投资的增加又将引起收入的成倍增加。凯恩斯的分析就到此为止。但实际上，收入的增加必将引起货币需求的增加。于是，在货币供给不再继续增加时，利率必将回升，从而使原已增加了的投资减少，收入也将成倍地减少。所以，货币政策对实际经济活动的传导机制实际上并不是一个单向的过程，而是货币市场与实物市场之间循环往复的作用与反作用的过程。凯恩斯学派经济学家后来之所以用 IS – LM 模型来加以分析，实际上正是因为他们考虑了这一过程以及这一过程的内在不稳定性。

虽然凯恩斯学派经济学家对凯恩斯的货币政策传导机制理论有着不同的理解或不同的评价，但在货币政策必须通过利率传导这一基本观点上似是无可争议的，所争论的只是这种传导机制究竟有效还是无效的问题。

（二）货币学派的货币渠道理论

货币学派的货币政策传导机制理论是在批评凯恩斯和凯恩斯学派理论的过程中提出的。因此，它与凯恩斯学派的上述理论有着重大的分歧。首先，货币学派指出，凯恩斯学派认为货币供应量的变动只影响投资，将低估货币政策影响实际经济活动的重要性。在货币学派看来，货币供应量的变动不仅会影响投资，而且会影响消费。其次，货币学派认为，货币政策只能控制货币供应量，

---

① 亨利·约翰逊：《货币经济学论文选》（Harry G. Johnson, *Selected Essay in Monetary Economocs*），英文版，189 页，1978。

而不能控制利率。最后，货币学派认为，货币与实物资产的替代性较强，而与其他金融资产的替代性较弱。因此，货币市场与产品市场是直接连接的，货币政策实际上无需通过利率来加以传导。于是，在货币学派看来，货币供应量的变动可直接引起名义收入的变动。如以扩张性货币政策为例，则货币学派的货币政策传导机制理论即可表示如下：

$$M\uparrow \rightarrow Y\uparrow$$

货币学派的货币政策传导机制理论以弗里德曼的分析最为典型。弗里德曼认为，中央银行通过货币政策的操作只能控制货币供应量，而不能控制利率。货币供应量的变动将直接导致名义收入的变动。对于弗里德曼的这一货币政策传导机制理论，许多人提出了批评。其中有较多人认为，弗里德曼的这一货币政策传导机制中似乎存在着一个"黑匣子"（也称"魔术箱"），即货币供应量的增加将通过这一"黑匣子"而使名义收入增加，这里似乎缺少了一个中间环节。换言之，弗里德曼对货币供应量增加如何引起名义收入增加这一具体的过程似乎未作说明。实际上，这是对弗里德曼理论的一种误解。按照弗里德曼的分析，人们的货币需求是相对稳定的。所以，当货币供应量增加时，他们实际持有的货币余额将多于其意愿持有的货币余额。于是，人们将通过增加支出而消除这一过多持有的货币余额。但是，从整个经济来看，一个人的支出必然形成其他人的收入，而其他人的收入增加后也会增加支出。因此，随着人们纷纷增加支出，整个经济的名义收入就将随之而增加。名义收入乃是实际产出与物价水平之积。因此，名义收入的增加既可能是实际产出增加的结果，也可能是物价水平上涨的结果，还可能是实际产出增加和物价水平上涨同时发生的结果。根据弗里德曼的分析，在短期内，货币供应量增加，将引起实际产出的增加和物价水平的上涨，而在长期中，则货币供应量增加只能引起物价水平的上涨。在短期内，货币供应量增加之所以能引起实际产出的增加，乃因为在短期内人们还来不及调整其通货膨胀预期，从而预期通货膨胀率低于实际发生的通货膨胀率。也就是说，在短期内，人们还存在着未预期到的通货膨胀。弗里德曼认为，正是这一未预期到的通货膨胀才可能引起实际产出的暂时的增加。但是，从长期来看，随着人们通货膨胀预期的调整，这一在短期内未预期到的通货膨胀也总是要被人们所预期到的。也就是说，在长期中，人们不存在货币幻觉。所以，货币供应量的增加也就不会引起实际产出的增加，而只能导致物价水平的上涨。

（三）托宾的 q 理论

詹姆斯·托宾是美国凯恩斯学派——新古典综合派的主要代表人物之一。

在货币政策的传导机制问题上，托宾的 q 理论可谓独树一帜。托宾认为，货币政策将通过对股票价格的影响而作用于实际的经济活动，从而达到预期的最终目标①。该理论有以下两个假设条件：第一，整个经济中各个经济主体都将根据一定的经济原则，自主而又灵敏地调整其资产结构。在托宾的 q 理论中，人们资产选择的范围包括货币和其他各种金融资产。第二，金融市场是完善的，在该市场上有着种类繁多的金融产品可供各类投资者选择。在这两个假设条件下，托宾将 q 定义为公司的市值与公司资本的重置成本之比，即

$$q = \frac{公司市值}{重置成本} \qquad (9-1)$$

若 $q=1$，则说明公司的资本以经济的自然增长速度重置和扩张；若 $q>1$，则说明公司的市值高于重置成本，于是，公司只要发行较少的股票即可筹得较多的资本，并购买较多的、相对便宜的新投资品，从整个经济来看，这一行为将使投资支出增加；若 $q<1$，则说明公司的市值低于重置成本，在这种情况下，公司收购其他企业已有的投资品比购买新投资品更为有利，于是，投资支出并不增加，甚至还将减少。因此，如果货币供应量增加，则利率下降，股票价格上升，q 也上升，投资和产出因此而增加。从传导的过程来看，q 是连接货币政策与实体经济的纽带。但是，货币政策并非直接地影响 q，而是通过股票价格的变动而引起人们资产结构的调整，从而间接地引起 q 的变动。同时，货币政策又并不是导致股票价格变动，从而导致 q 变动的唯一因素。除了货币政策之外，还有很多其他因素也将影响股票价格，从而影响 q。这就说明，货币政策与 q 之间实际上未必存在必然的因果关系。

（四）莫迪利安尼的财富效应理论

莫迪利安尼（Franco Modigliani）是新古典综合派的又一位重要的代表人物。在西方经济学界，他以储蓄的生命周期理论著称。根据莫迪利安尼的理论，消费者的消费支出要取决于其一生的财富，而他所谓的财富包括人力资本、真实资本和金融财富。其中，金融财富的主要形式是普通股票。如果中央银行的货币政策影响股票的价格，就会导致经济主体财富的增加或减少。于是，他们将增加或减少意愿的支出，从而引起国民收入的变动。如以扩张性的货币政策为例，则其传导过程为：货币供应量增加，股票价格上升，金融财富增加，毕生资财增加，消费支出增加，国民收入增加。

---

① James Tobin, "A General Equilibrium Approach to Monetary Theory", *Journal of Money, Credit and Banking*, Febraury, 1969.

由以上分析可看到，托宾和莫迪利安尼都认为，货币政策必须通过影响股票价格来传导。所不同的是，托宾认为股票价格的变动将影响投资，而莫迪利安尼则认为股票价格的变动将影响消费。投资和消费共同构成有效需求。因此，作为凯恩斯学派经济学家的托宾和莫迪利安尼实际上是从不同的角度发展了凯恩斯的货币政策传导机制理论。

（五）汇率渠道理论

外汇也是一种资产。汇率就是这种资产的价格。如果中央银行的货币政策引起汇率的变动，则会影响一国的净出口，从而影响国内的产出水平。

根据西方经济学家的分析，汇率的变动通常与利率的变动相互影响。在开放经济条件下，如果资本可在国际间自由流动，则资本总是从利率相对较低的国家或地区流向利率相对较高的国家或地区。因此，如果一个国家通过实行一定的货币政策而使利率发生变动，则对这个国家而言，就将发生资本的流入或流出。资本的流动会改变本币与外币的供求关系，从而使汇率发生相应的变动。汇率的变动将引起商品之进出口的变动，进而引起一国净出口的增加或减少。如以扩张性的货币政策为例，货币政策通过汇率渠道传导的过程大致如下：货币供应量增加，国内实际利率下降，相对于储蓄外币而言，储蓄本币的收益减少，因本币需求减少而使本币贬值，本币的贬值引起出口增加而进口减少，净出口增加，产出增加。

二、货币政策传导的信用渠道理论

（一）信用渠道理论的提出

传统的货币政策传导机制理论都强调货币渠道或利率渠道的传导，即认为货币政策主要是通过货币供应量的变动或利率的变动来影响实体经济的。货币学派认为，货币供应量的变动可直接引起名义收入的变动，尤其是在短期内，货币供应量的增加可使实际产出增加。凯恩斯学派认为，货币政策是通过利率渠道传导的。但是，他们认为，利率决定于货币的供求关系。根据他们的分析，货币供应量增加可降低利率，刺激投资，从而通过乘数作用而使收入成倍增加。因此，就其本质而言，他们事实上也强调货币渠道的传导。至于托宾等人所提出的各种资产价格渠道理论，也无不强调货币政策必须通过货币渠道来传导。因此，以上所述的各种传统的货币政策传导机制理论，我们可以统称为货币政策传导的"货币渠道理论"。其中，凯恩斯学派的理论及其衍生出来各种资产价格渠道理论，又可称为"利率渠道理论"。

传统的货币渠道理论或利率渠道理论有三个重要的假设：第一，金融市场是一个完善的、完全竞争的市场；第二，信息是完全的，且是对称的；第三，货币和其他各种金融资产之间，个人和企业的各种资金来源之间是完全替代的。但是，这些假设并不合理，也并不符合现实的经济、金融环境。因此，传统的货币渠道理论或利率传导理论存在着不少内在的缺陷。

首先，传统的利率渠道理论认为，货币政策的实施将影响短期名义利率。在价格粘性和经济主体作出理性预期的前提下，长期实际利率也将发生同方向的变化，进而影响投资者的资金成本，而资金成本的高低将影响投资决策，从而使实际产出增加或减少。但是，至少在短期内，短期名义利率的变动未必引起长期实际利率的变动。所以，这种理论无法说明，当短期名义利率变动而长期实际利率不变时，对长期实际利率敏感性最强的耐用消费品的支出仍会显著地受到货币政策的影响。

其次，传统的利率渠道理论认为，货币政策对短期利率的影响较大，而对长期利率的影响较小。但是，实证研究的结果却表明，房地产的支出明显地受到货币政策的影响，而房地产的支出却主要地取决于长期利率，而不是短期利率。

再次，在货币当局实施非预期的货币紧缩政策后，存货和新增投资对利率上升的反应有着显著的时滞。这反映了利率与各种支出变量之间对货币政策变化的反应在时间上并不一致，而传统的利率渠道理论却未考虑到这一时滞的存在。

最后，大多数国家或地区的金融市场并不是完全竞争的市场，具体表现在以下三个方面：第一，银行业具有垄断性，市场利率往往由银行决定。因此，市场利率未必能代表融资成本。第二，信息不对称导致逆向选择。在贷款的运用方面，借款人比银行有着更多的信息。于是，愿意付较高利率的借款人，还款的可能性往往较小。第三，道德风险的存在，使银行监督借款人资金运用状况的成本较高。

20 世纪 80 年代末 90 年代初，随着国际金融环境的变化，尤其是金融创新的蓬勃开展和资本市场的大力发展，不少经济学家纷纷提出，在新的金融背景下，货币政策将更多地通过信用渠道来传导。而所谓货币政策传导机制的信用渠道，主要包括两个：一是银行贷款渠道；二是资产负债表渠道。

（二）银行贷款渠道理论

1. 银行贷款渠道理论的渊源——罗萨的信用可得性理论

作为一种新的货币政策传导机制理论，银行贷款渠道理论产生于 20 世纪 80 年代末 90 年代初。该理论一经提出，即引起了经济学界的热烈讨论，而且这种讨论至今还在继续。但是，从该理论的思想渊源来看，强调银行贷款对实体经济产生重大影响的理论，我们至少可以追溯到 20 世纪 50 年代初由罗伯特·罗萨所提出的信用可得性理论。

我们知道，传统的利率传导理论强调利率对投资的影响，其实质是强调利率对借款人的刺激效应。但是，20 世纪 30 年代末，英、美、法等国的一些研究机构通过对大量企业的调查研究，得出了利率变动对企业投资影响甚微的结论。于是，当时一般人都以投资缺乏利率弹性为依据，否定货币政策的有效性。1951 年，纽约联邦储备银行经济学家罗萨发表《利率与中央银行》[1] 一文，通过对贷款人的利率敏感性分析，从另一个角度重新确立了货币政策有效性的思想。

罗萨指出，过去的利率理论只注意到借款人的利率敏感性，而忽视了贷款人的利率敏感性。因此，在发现借款人利率敏感性很小时，就断言货币政策无效。罗萨认为，这种理论是片面的，也是错误的。所以，罗萨强调要从贷款人对利率变动的感应性及由此而作出的贷款决策来分析货币政策的有效性。

罗萨认为，贷款人之所以对利率的变动具有如此强烈的敏感程度，是因为他们必须保持足够的流动性，而利率的变动将改变他们的流动性状态。所以，当利率变动时，他们将根据流动性状态的相应变化，进行资产结构的调整。这种资产结构的调整将影响他们贷款的数量，从而影响借款人的信用可得性，即影响借款人的资金来源。可见，与传统的利率刺激效应理论不同，信用可得性理论"不强调利率变化对投资的直接影响，而强调利率变化对信用供给可能量的影响"[2]。而利率变化之所以影响信用供给的可能量，是因为利率的变化将引起银行或其他贷款人之资产价格的变化，并因此而影响他们的流动性。在权衡收益性和流动性的相对重要性后，他们将作出增加或减少贷款量的决策。

若以 R 表示银行准备金，r 表示利率，L 表示流动性，K 表示信用量，Y 表示收入，则信用可得性理论所表达的货币政策传导机制如下：

$$R \rightarrow r \rightarrow L \rightarrow K \rightarrow Y$$

这一货币政策传导机制说明，"当中央银行调整货币政策时，在影响银行准备金数量之外，因利率变动引起银行资产价格变动，进而改变银行的流动性，

① R. V. Roosa, "Interest Rate and Central Bank", in *Money, Trade and Economic Growth*, 1951.

② 林钟雄：《当代货币理论与政策》，239 页，台湾，台湾三民书局，1978。

此种流动性变化将影响银行决策者对信用供给量的决议。经由信用量多寡的变化，遂影响经济活动的运作。"[1]

第二次世界大战以后，随着政府债券的巨额积累，大部分政府债券都被金融机构所持有。而对金融机构而言，这些政府债券是其所有资产中流动性最高的资产。因此，如果中央银行在公开市场上卖出政府债券，以抑制通货膨胀，银行准备金就将减少，利率就会提高，而银行所持有的政府债券的价格则相应下跌，因而金融机构的流动性就会降低。为了补足流动性，金融机构就必须进行资产结构的调整。它们或者减少信用贷款的发放，或者必须出售收益率较高但流动性较低的私营企业债券，而买入收益率较低但流动性较高的政府债券。这种资产结构的调整无疑将减少私营企业的信用可得量。反之，如果中央银行在公开市场上买入政府债券，以刺激经济，则金融机构将因利率下降和政府债券价格上涨而提高流动性。此时，他们将出于收益性的考虑而进行与上述相反的资产结构的调整，即增加信用贷款的发放，或出售政府债券而买进私营企业债券。这种资产结构的调整显然增加了私营企业的信用可得量。所以，这种理论强调的是贷款人的利率敏感性，而贷款人之所以对利率变动如此敏感，是由于利率变动影响了贷款人的流动性。对于贷款人而言，他们必须实现收益性和流动性的统一。所以，在利率变动从而流动性变动时，贷款人就必须通过资产结构的调整，以提高或降低流动性。但这种资产结构调整的结果是减少或增加了贷款人的信用供给量，或借款人的信用可得量，从而通过资金来源的增减而影响投资和收入。

罗萨提出的这一流动性效应不仅受到了理论界的重视，而且还被某些研究所证实。1957年，在英国财政部的领导下，成立了以拉德克利夫（Radcliffe）勋爵为首的"货币系统运行委员会"，以调查英国货币与信用系统的运行情况，并据以提出改进的建议。经过两年的广泛调查和深入研究，该委员会于1959年提呈了一份篇幅宏大的报告，史称《拉德克利夫报告》。该报告认为，利率的效应可分为两个：一是利率刺激效应；二是一般流动性效应。前者是利率对借款人产生影响的效应，这一效应尚无确实的证据；而后者是利率影响贷款人态度的效应，这一效应已得到确实的证据。因此，该报告认为，利率的变动将对各种金融机构的信用供给可能性产生强烈的影响。[2]

从当时来说，罗萨这一研究的主要目的是为了论证货币政策的有效性。但

---

① 林钟雄：《当代货币理论与政策》，239页，台湾，台湾三民书局，1978。
② 刘絜敖：《国外货币金融学说》，387页，北京，中国金融出版社，2010。

这一研究也表明，由于贷款人（指银行和各种非银行金融机构）对利率变动具有较强的敏感性，因此，货币政策实际上也可通过银行贷款这一渠道来传导。

2. 伯南克等人的银行贷款渠道理论

1992 年，伯南克（Bernankr）和布林德（Blinder）提出，在信息不对称的条件下，作为金融中介机构的银行具有特殊的地位。银行在评估、筛选借款申请者和监督贷款运用等方面具有专业技术和专业知识。因此，它们可以向那些难以在公开市场上取得资金的借款人提供贷款服务。于是，如果中央银行实行紧缩性的货币政策，商业银行就会因准备金减少而减少贷款，而那些依赖于银行贷款支持的中小企业和个人就将因资金来源减少和资金成本上升而减少支出，从而导致总需求减少。

1993 年，卡夏普（Kashyap）、斯泰因（Stein）及维尔考克斯（Wilcox）考察了银行贷款与商业票据的相对变动，证实了银行贷款渠道的存在性。他们发现，当货币当局实施紧缩性的货币政策时，银行贷款减少，而商业票据的发行量增加。但是，他们也发现，通过发行商业票据等形式取得的资金来源并不能完全替代银行贷款。特别是有些企业是一种"银行依赖型企业"，它们实际上只能依靠银行贷款支持，而无其他资金来源。一旦紧缩性的货币政策导致银行贷款减少，它们就只能减少投资，从而导致总需求和实际产出的减少。卡夏普等人还指出，银行贷款渠道作用的发挥有赖于如下两个条件：第一，在银行资产负债表的资产方，银行贷款和证券不能完全替代；第二，在企业资产负债表的负债方，银行贷款和非银行资金来源不能完全替代。在大多数国家，这两个条件都是具备的。

1995 年，伯南克和盖特勒（Gertler）进一步分析了银行贷款渠道的传导作用。他们认为，中央银行的紧缩性货币政策将减少商业银行的贷款供给，而那些主要依靠银行贷款支持的企业不得不通过其他途径获得资金，但获得这种资金的成本必将上升。这就是所谓的"外部融资升水"。这种升水也将导致企业减少投资，从而使总产出减少。

总之，银行贷款渠道理论强调货币政策对银行贷款的影响，而银行贷款的变动又将对企业资金来源和资金成本产生影响，从而影响这些企业的投资，进而影响产出。所以，如果中央银行实行紧缩性的货币政策，则其传导过程大致如下：

货币供应量↓ → 银行存款↓ →银行贷款↓ →投资↓ →产出↓

银行贷款渠道理论强调银行贷款的供给对企业投资支出的影响。但是，银行贷款的供给对不同企业有着不同的影响。一般来说，中小企业的资金来源主要依赖于银行贷款，所以，通过银行贷款渠道传导的货币政策对中小企业的投资支出有着较大的影响。而这种政策对大型企业的投资支出可能只有较小的影响，因为大型企业可以通过发行股票、债券或商业票据来取得资金，从而受到银行贷款供给的影响可能不大。当然，大型企业能否通过发行股票、债券或商业票据筹得足够的资金，还取决于这些企业所处的金融环境，如这些企业所在国家的资本市场和货币市场的发达与完善的程度。

（三）资产负债表渠道理论

所谓"货币政策传导的资产负债表渠道"，是指货币政策将影响股票等金融资产的价格，而金融资产价格的变动将导致企业净值、现金流及个人金融财富的变动，从而在存在逆向选择和道德风险的情况下，银行贷款、投资规模及收入水平都受到相应的影响。兹以紧缩性货币政策为例，从三个方面说明货币政策通过资产负债表渠道传导的过程。

1. 对于企业来说，紧缩性的货币政策将使短期利率提高，股票价格降低，从而导致企业资本净值减少，逆向选择和道德风险问题增大，银行出于安全性的考虑而减少贷款。于是，企业因资金来源减少而减少投资，从而减少产出。这一传导机制可表示为：

货币供应量↓→资产价格↓→企业净值↓→逆向选择和道德风险↑→资金来源↓→投资↓→产出↓

在上述货币政策传导过程中，货币供应量的减少引起了资产价格的下降，这里所谓的资产价格，主要是指股票的价格。然而，货币供应量的减少为何引起股票价格的下降呢？一般认为，人们的货币需求具有相对的稳定性。所以，当货币供应量减少时，他们实际持有的货币余额将少于他们希望持有的货币余额。于是，他们将售出所持有的股票而增加货币的持有量。这种售出股票的行为将使股票价格下降。而对于发行股票的企业来说，股票价格的下降意味着该企业的资本净值减少，从而也意味着它们在向银行借款时提供的担保品的价值减少。在信息不完全且不对称的条件下，企业资本净值的减少往往引起逆向选择和道德风险问题，于是，银行为了避免损失就减少贷款，而企业则因资金来源减少而不得不减少投资，从而使总产出减少。

2. 紧缩性的货币政策使名义利率上升，这将使企业的利息负担加重，从而减少现金流，使资产负债表恶化。于是，同样因逆向选择和道德风险问题的加大，导致企业因资金来源减少而减少投资，最终结果也同样是减少产出，其传导过程大致如下：

货币供应量↓→名义利率↑→现金流↓→逆向选择和道德风险↑→资金来源↓→投资↓→产出↓

在这里，我们必须看到，该理论强调紧缩性的货币政策将引起名义利率上升，从而使企业的现金流减少，逆向选择和道德风险问题加重，其资金来源减少，导致投资减少和产出减少。从最终结果来看，该理论与前述的凯恩斯学派的理论可谓殊途同归。但从具体过程来看，该理论所强调的是名义利率上升引起现金流减少、资产负债表恶化等问题，从而间接地引起投资减少，而凯恩斯学派所强调的则是实际利率上升直接地使投资减少。

3. 紧缩性货币政策不仅使投资支出减少，而且使消费支出也减少。这种影响可以从两个方面来分析。首先，紧缩性的货币政策将引起利率上升，从而使利率敏感性较强的耐用消费品的支出减少；其次，紧缩性的货币政策引起金融资产价格的下降，使居民的金融财富减少，并使财务困难的可能性加大。这将使他们减少对住宅和耐用消费品的购买，从而促使这些产品及其与这些产品相关的其他产品因需求减少而减少产出。其传导过程大致如下：

货币供应量↓→股票价格↓→金融财富↓→财务困难的可能性↑→耐用消费品支出↓→产出↓

实际上，货币政策通过股票价格的变动对消费支出产生影响是既明显而又复杂的，综合各种理论分析，我们可以清楚地看到，货币政策通过股票价格的变动而影响消费支出，大致表现在以下三个方面：一是利率效应；二是财富效应；三是流动性效应。其中，财富效应论主要由莫迪利安尼提出。对于这一理论，我们已在前面作过简要介绍。所以，我们在此将对利率效应论和流动性效应论作进一步的分析。

利率效应论主要由早期凯恩斯学派经济学家提出。该理论认为，利率的高低决定了资金成本的高低。因此，扩张性的货币政策使利率下降，资金成本降低，从而使消费支出（尤其是耐用消费品支出）增加，产出也增加。而紧缩性的货币政策将使利率上升，资金成本提高，从而使消费支出（尤其是耐用消费品支出）减少。从演绎推理来说，这种分析是比较合理的。但是，后来的一些实证分析却发现，货币政策对消费支出的利率效应似乎并不明显。所以，在分析货币政策对消费支出的影响时，流动性效应论得到较多的支持。

流动性效应论认为，货币政策将对股票等金融资产的价格产生影响，这种影响将通过流动性效应而影响耐用消费品和住宅的需求。这种理论的主要依据在于，相对于股票等金融资产而言，耐用消费品和住宅的流动性是很低的。如果货币政策对股票等金融资产的价格产生影响，则人们对自己发生财务困难的可能性的估计也会产生影响。例如，紧缩性的货币政策将使股票等金融资产的价格下降，从而使消费者的金融财富减少。于是，他们的财务状况变得恶化，发生财务困难的可能性增大。在这种情况下，他们将减少耐用消费品和住宅的购买。相反，扩张性的货币政策将使股票等金融资产的价格上升，从而使消费者的金融财富增多，财务状况得到改善，发生财务困难的可能性减小。在这种情况下，他们将增加对耐用消费品和住宅的购买。

三、货币政策传导的成本渠道理论

传统的货币政策理论一般从需求管理的角度解释货币政策的传导机制。根据这种理论，当经济过热并发生通货膨胀时，中央银行就应实行紧缩性的货币政策。而提高利率就是紧缩性货币政策的重大举措之一。根据传统货币经济理论的解释，提高利率可抑制消费和投资，减少总需求，从而遏制通货膨胀。但是，自 20 世纪 90 年代以来，大量的实证研究却证实，提高利率非但未能使物价下降，而且往往使物价进一步上涨。这种现象被称为"价格之谜"（price puzzle）。

实际上，高利率引起高物价，或低利率引起低物价这一所谓的"价格之谜"，经济理论界的研究早已有之。在 19 世纪中叶发生于英国的通货论争中，银行学派领袖图克（Thomas Tooke）就曾明确地解释了这一问题。当时，一般人都认为，低利率必引起高物价，而高利率必引起低物价。图克认为，"这个理论非但不正确，而且和事实正相反。"[1] 根据图克的分析，"货币利息是生产成本的组成部分。"[2] 因此，当利率下降时，生产者的生产成本亦将随之而下降。于是，生产者将纷纷增加借款，以用于扩充生产。当生产的商品增多后，生产者之间的竞争将导致商品价格的下跌。由此可见，低利率将使产出增加，而物价下降。反之，高利率将使产出减少，而物价上涨。很显然，图克早在 1844 年所提出的这一理论与现在被看做新理论的成本渠道理论几乎完全一致。[3]

当然，作为货币政策的传导机制理论，成本渠道理论自然不乏新意。如上

---

[1] 图克：《通货原理研究》，84 页，北京，商务印书馆，1993。

[2] 同本页注[1]，82 页。

[3] 我国经济理论界在 20 世纪 80 年代也曾有人著文，提出提高利率将引发成本推进型通货膨胀，甚至发生恶性通货膨胀的观点。参见如下两篇论文：（1）陆晓明：《提高贷款利率并非抑制通货膨胀的良策》，载《金融研究》，1989（2）；（2）王忠民：《高利率是恶性通货膨胀的催化剂》，载《上海金融》1989（7）。

所述，传统的货币政策传导机制理论（实际上也包括信用渠道理论）都只是考虑了货币政策冲击对总需求的影响，而没有考虑货币政策冲击对总供给的影响。成本渠道理论正是弥补了这一缺陷。

2001 年，巴斯（M. J. L. Barth）和雷米（V. A. Ramey）发表开创型的论文[①]，正式提出成本渠道理论。他们提出，企业在日常经营中必须持有一定的运营资本（working capital），以用于支付生产要素的报酬。然而，在经营过程中，企业往往在出售其产品并实现利润之前必须先支付生产要素的报酬。为此，他们必须向金融中介机构借入所需的资本。因此，利率提高必将使企业所借入的运营资本的成本提高。而企业在为其产品定价时，必将考虑这一借入成本提高的因素。于是，产品价格将随着借入成本的变动而水涨船高。同时，融资成本的提高，使企业的生产成本提高，在价格刚性或粘性的条件下，企业实际上无法通过提高其产品的价格而将增加的生产成本全部转嫁。这样，由利率提高而引起的生产成本提高将使企业减少利润。于是，他们将减少产出。所以，货币政策将通过成本渠道而影响总供给。这就是所谓货币政策的"供给面效果"（supply – side effect）。[②]

巴斯和雷米指出，他们提出货币政策传导的成本渠道理论，并不意味着他们否定信用渠道理论，也并不试图以成本渠道理论来代替信用渠道理论。他们认为，这两个渠道实际上是同时存在的。所以，中央银行在选择最优货币政策时应同时考虑这两个渠道对实体经济和通货膨胀的影响。也就是说，中央银行必须同时考虑他们所实行的货币政策所产生的供给面效果和需求面效果。

自巴斯和雷米提出货币政策传导的成本渠道理论以来，不少经济学家对该理论作了进一步的研究和发展，其中既有更深入的理论分析，也有较充分的实证研究。这些理论分析和实证研究使该理论日臻完善。

以上所述的，是货币政策传导的成本渠道理论的一个梗概。从最初提出到现在，该理论的研究也只有短短十余年的时间。显然，它是一种全新的货币政策理论。该理论的提出为我们研究货币政策的传导机制和实际效果提供了新的思路，也为中央银行正确地制定和执行货币政策提供了可资参考的理论依据。但是，这种理论也绝不是凭空提出的，它以前期大量理论研究的积累作为其基

---

① Barth, M. J. L., Ramey, V. A., *The Cost Channel of Monetary Transmission*, In Bernanke, B. S. and Rogoff, K. S. （Eds.）, NBER Macroeconomics Annual, 2001, MITPress, Cambridge, MA.

② Bruckner, M., Schabert, A., "Supply – side Effct of Monetary Policy and Equilibrium Multiplicity", Economic Letters 2003, 79（2）.

础。其中，新凯恩斯主义就是该理论的一个重要的基础。① 有些经济学家正是在新凯恩斯主义理论的框架内纳入成本渠道而得出其结论的。这种理论之间的相互联系和相互补充就是理论发展的基本规律。

第四节　货币政策中间目标理论

由上述的货币政策传导机制理论可以看到，任何货币政策工具的运用都不能直接地作用于实际经济活动，从而不能直接地达到其预定的最终目标。货币政策工具的运用只能通过对某些中间变量的影响而影响实体经济，从而达到最终目标。这些中间变量就是货币政策的中间目标（也称货币政策指标）。

一、货币政策中间目标及其选择标准

货币政策的中间目标通常可分为操作目标和中介目标。它们都是介于货币政策工具与最终目标之间的那些中间变量。美国经济学家米什金对此作了如下描述："联储在其政策工具和所要达到的目的（指货币政策的最终目标——引者注）之间选定一些变量作为目标。联储的战略如下：在确定就业和物价水平的政策目的以后，联储选择一套被称为中介目标的变量，诸如货币供应量（M_1、M_2 或 M_3）或利率（短期或长期）来进行'跟踪'，这些变量对就业和物价水平都有直接影响。可是，这些中介目标也不是联储政策工具所能直接影响的。所以，它又选择另一套被称为操作目标的变量，诸如储备总量（储备、非借入储备、基础货币或非借入的基础货币）或利率（联邦基金利率或国库券利率）来进行跟踪，这些变量对联储政策工具的反应较为灵敏。"②

可见，货币政策对实际经济活动的作用是间接的，而不是直接的。从货币政策工具的运用到最终目标的达到，必须经过许多中间环节。货币政策正是通过这些中间环节的传导而间接地对实际经济活动产生影响。同时，在现实的经济生活中，许多货币政策以外的因素也将影响实际的经济活动。所以，中央银行实际上不可能通过货币政策的实施而直接地达到其最终目标，而只能通过

① 新凯恩斯主义是20世纪80年代后逐渐形成的一种新理论。该理论试图为凯恩斯的宏观经济理论奠定微观基础。参见（1）胡代光、厉以宁、袁东明：《凯恩斯主义的发展和演变》，北京，清华大学出版社，2004；（2）傅我才主编：《凯恩斯主义经济学》，北京，中国经济出版社，1995。

② 米什金：《货币金融学》，433页，北京，中国人民大学出版社，1998。

观测和控制它所能控制的一些具体的指标来影响实际的经济活动，从而间接地达到其预期的最终目标。这些能为中央银行所控制和观测的指标，就是我们通常所说的货币政策的中间目标。

中央银行选择什么变量作为货币政策的中间目标，是决定这种政策能否达到最终目标的关键环节。一般地说，中央银行选择货币政策中间目标的主要标准有如下三个：一是可测性；二是可控性；三是相关性。所谓"可测性"，是指中央银行能够对这些被作为货币政策中间目标的变量加以比较精确的统计。所以，中央银行在选择以何种变量作为货币政策的中间目标时，必须遵循如下两个基本原则：一是这种变量必须具有比较明确的定义，以便于中央银行对它加以观察、分析和监测；二是中央银行能够迅速地获取这种变量的准确数据。所谓"可控性"，是指中央银行可以较有把握地将选定的中间目标控制在确定的或预期的范围内。所以，中央银行所选择的货币政策中间目标必须与它所运用的货币政策工具具有密切的、稳定的联系。所谓"相关性"，则是指被作为货币政策中间目标的变量与货币政策的最终目标有着紧密的关联性。于是，中央银行在执行货币政策时，只要能将其选择的中间目标控制在适当的范围内，即可达到或基本达到其预先确定的最终目标。

二、货币政策中间目标之争

关于中央银行选择货币政策中间目标的基本标准这一问题，经济学家之间基本上是观点一致的。但是，在具体选何种变量作为货币政策的中间目标，尤其是关于相关变量的可控性等问题，经济学界却有着不同的观点，从而形成了不同的货币政策中间目标理论。在这里，我们选择几种较重要的理论作一简述。

（一）以利率作为中间目标——凯恩斯主义者的理论

以利率作为货币政策的中间目标，是传统凯恩斯主义者的选择。这种选择的理论根据主要来自于凯恩斯的理论。根据凯恩斯的流动性偏好理论，货币供给量增加将使利率下降，从而刺激投资，并通过乘数作用而使收入增加。因此，货币政策必须通过利率来传导。凯恩斯主义者认为，利率可由中央银行采取一定的措施而加以控制。因此，它符合货币政策中间目标所应具备的基本条件。也就是说，它既与货币政策的最终目标——国民收入水平密切联系，又可被中央银行所控制。同时，利率的变动还能迅速地起到宣示货币政策意向的作用，即利率上升表示货币政策紧缩，而利率下降则表示货币政策扩张。所以，凯恩斯主义者一直主张以利率作为货币政策的中间目标。然而，在20世纪40年代，美、英、德等国的很多实证研究表明投资支出缺乏利率弹性，于是，凯恩斯主义者对此中间目标理论加以修正。他们提出，货币供给量只是间接地通过利率来影响社会经济活动。在他们看来，当货币供给量增加时，受到影响的实际上不只是利率，金融市场的所有组成部分都承受了货币量最初增加所产生的冲击。因此，利率未必受到显著的影响。同时，投资支出对利率的变动也不是十分敏感。所以，与其间接地通过增加货币供给量来降低利率，以影响经济活动，还不如直接地控制利率，以逐渐地刺激投资增加，促进经济的增长。

由此可见，凯恩斯主义者实际上自始至终地坚持以利率作为货币政策的中间目标的主张。由于凯恩斯革命的深刻影响和"二战"后西方各资本主义国家迫于发展经济、解决就业问题的政治压力，西方各国都长期地采行凯恩斯主义者的主张，主要以利率作为货币政策的中间目标而加以控制。

（二）以货币供给量作为中间目标——弗里德曼的理论

米尔顿·弗里德曼强烈反对凯恩斯主义者将利率作为货币政策中间目标的主张。他认为，货币政策只能控制货币供给量，而不能控制利率，因此，货币政策的中间目标只能是货币供给量，而不能是利率。

就货币供给量的可控性而言，其理论根据主要是弗里德曼—施瓦兹货币供给模型。根据该模型，货币供给量乃是高能货币与货币乘数之积。其中，高能货币系由中央银行直接控制，而货币乘数将受商业银行与社会公众之行为的影响。但是，由于高能货币由准备金与通货所构成，此二者的变动将影响货币乘数的两个决定因素，即存款与准备金之比及存款与通货之比。这就说明，中央银行不仅可直接控制高能货币，而且能间接控制货币乘数。也就是说，中央银行通过对高能货币的控制，即可抵消商业银行与社会公众的行为对货币乘数的影响。因此，就总体而言，货币供给量为一外生变量。①

而至于货币政策为何不能控制利率，则主要源于弗里德曼的"三效应"利率理论。1968年，弗里德曼发表《利率水平的决定因素》一文，对凯恩斯及凯恩斯学派的利率理论提出批评。根据弗里德曼的分析，货币供给量的增加虽可通过流动性效应而使利率一时下降，但从动态来看，货币供给量的增加将引起名义收入增加和物价水平上涨。名义收入增加将导致货币需求增加，而物价水平上涨将引起实际货币余额减少，这两种影响都将使利率回升，甚至升至原来的水平以上。这就是"收入与物价水平效应"。而在物价上涨过程中，人们将对

---

① 详见本书第三章第二节。

未来的物价变动产生进一步上涨的预期，在此预期下，贷款人将索取更高的利率。于是，利率亦将随着预期通货膨胀率的提高而进一步上升，且其上升的幅度都不是货币政策所能控制的。这一效应被称为"价格预期效应"，亦称"费雪效应"。[①] 因此，货币政策既然不能控制利率，则利率就不符合货币政策中间目标索必须具备的可控性条件。

弗里德曼的这一货币政策中间目标理论曾一度被英美等国的中央银行所接受，但实际操作却并不成功。因此，这一理论也受到来自各方面的批评。其中最主要的是对货币供给外生性的质疑。凯恩斯主义者认为，货币供给为一内生变量，中央银行无法加以控制。首先，决定货币乘数的那些变量都取决于商业银行和社会公众的选择行为，中央银行实际上无法控制；其次，各种非银行金融机构的建立和发展提供了大量的非货币金融资产，这些非货币金融资产也具有很高的流动性，因此，它们与货币有着一定程度的替代性，使中央银行难以通过控制货币供给来影响总支出；第三，随着金融创新的蓬勃开展，各种新金融业务和新金融工具不断推出，中央银行控制货币供给的能力越来越弱。

除了凯恩斯主义者的批评以外，萨文、布伦纳、梅尔泽等人也从各种不同的角度对弗里德曼的货币政策中间目标理论提出异议，并认为货币供给量不宜作为货币政策的中间目标。[②]

（三）以股票价格作为中间目标——托宾的理论

将股票价格作为货币政策的中间目标是耶鲁学派的主张，托宾则是这一学派的主要代表。根据托宾的分析，货币政策是通过影响实物资本的供求而影响经济活动的。但是，货币政策无法直接决定实物资本的供求，它只能影响利率结构，并通过利率结构的变动来影响实物资本的供求，从而影响实际经济活动。由于股票是对实物资本的要求权，其价格反映着实物资本的供求状况。因此，货币政策的效果必须以实物资本要求权的市场价格来衡量，即以股票价格来衡量。同时，股票价格连接着货币政策与实际经济活动。实物资本需求增大，股票价格就上涨。这既说明生产趋于扩大，也说明货币政策趋于扩张。反之，若实物资本需求减少，则股票价格就下跌。这就说明生产趋于收缩，货币政策趋于紧缩。可见，股票价格是直接连接货币政策与社会经济活动的纽带。因而，

---

① 有关弗里德曼"三效应"理论的具体分析，请参见本书第五章第五节。

② 参见萨文：《货币政策的目标与中间目标》（*Monetary Target and Indicator*），载《政治经济学杂志》1967 年 8 月；布伦纳和梅尔泽：《货币政策中间目标的含义》（*The Meaning of Monetary Indicator*），载霍维茨：《货币的作用过程与政策论文集》（*Monetary Process and Policy*：*A Symposium*，*Edit by George Horwich*），1967。

它是货币政策的一个良好的指标，能迅速地反映货币政策的效果。

但是，如上所述，作为货币政策的中间目标，它必须具有可控性。所以，中央银行能否有效地调控股票价格，就决定了股票价格是否适合作为货币政策的中间目标。在托宾看来，中央银行完全可以控制股票的价格。根据托宾的分析，随着国债数量的增长及其在整个社会债务总额中所占比重的增大，政府干预经济的能力不断增强，国债管理政策不断发展和完善。在这种环境中，中央银行不仅可以调节资产的规模、结构和收益率，而且也可以调节利率，并可以有效地调节股票的价格。同时，托宾还认为，公众在实物资产和金融资产之间的选择基本上取决于他们对风险与收益的评价和预期。中央银行完全能够通过适当的货币政策来影响或改变人们的预期以及承受风险的意愿，引导他们维持适当的对金融资产的需求，以使股票价格保持在实现货币政策目标所要求的水平上。如果股票价格太低，中央银行可以通过货币政策扩大货币供给量，诱导社会公众增加对金融资产的需求，使金融资产的价格上涨和收益率降低，从而迫使社会公众购买收益率相对较高的股票，以提高股票的价格，反之则反是。

基于以上分析，托宾认为，股票价格可以较好地反映资本市场的态势和货币政策的意向，且又完全为中央银行所能控制，所以，它可以作为货币政策的中间目标。

托宾的这一中间目标理论在逻辑上来说似有一定道理，但与实际经济运行却相去甚远。因此，它受到了很多经济学家的批评。归纳起来，这些批评主要有以下三个方面：第一，资本市场上影响股票价格的因素很多，其中有些因素是中央银行所能影响和控制的，而有些因素则是中央银行难以控制或根本无法控制的，因此，股票价格实际上不完全由中央银行所控制；第二，资本市场的变化是难以捉摸的，股票价格更是瞬息万变，它常常不能正确反映资本市场的态势，也不能正确反映货币政策的意向；第三，股票价格的选择比较困难。现实经济中股票的种类繁多，各种股票的价格都要受到货币政策、行业政策、社会偏好、地区差异和企业经营好坏等各方面因素的影响。更重要的是，在受到这些影响后，各种股票的变动程度不尽相同，变动方向也不尽一致。因此，我们很难说某一股票价格或某种股价指数能真实地反映资本市场的供求状况，在经济萧条或经济过热的非常时期尤其如此。因此，股票价格不宜作为货币政策的中间目标。

（四）以货币基数作为中间目标——布伦纳等人的理论

根据现代货币供给理论，货币供给量为货币基数与货币乘数之积。其中，货币基数（也称基础货币或高能货币）系由银行体系准备金与社会公众所持有的通货所构成。如果货币乘数是相对稳定的，则中央银行与其将整个货币供给量作为货币政策的中间目标，还不如只将其中的货币基数作为货币政策的中间目标。这种主张最初由安德森（L. C. Anderson）和乔顿（J. L. Jordan）提出[1]，后由布伦纳和梅尔泽著文加以支持。[2] 他们认为，货币乘数比较稳定，而货币基数又比货币供给量更易于被中央银行控制。同时，货币基数的增减能清楚地反映货币政策的意向。因此，他们认为，货币基数比货币供给量更适宜作为货币政策的中间目标。20 世纪 70 年代，这一理论曾受到一些国家的重视。1973 年瑞士银行率先将货币基数作为货币政策的中间目标，借以控制货币供给量，维持物价水平的稳定。当时的相关分析认为，选择这种货币政策的中间目标来操作货币政策是正确的，也是有效的。

但是，以货币基数作为货币政策之中间目标的理论也受到一些经济学家的批评。批评的焦点主要在于货币乘数的稳定性。有些经济学家认为，要控制货币供给量，就必须同时控制货币基数和货币乘数。若只以货币基数作为货币政策的中间目标，则中央银行必须能准确地预测货币乘数。但是，货币乘数并非一成不变，现有的理论分析能力又十分薄弱，所以，人们实际上很难准确地预测货币乘数。既然货币乘数并非稳定，且其变化又难以预测，因此，货币基数就不能作为货币政策的中间目标。

（五）以自由准备金作为中间目标——波拉科等人的理论

早在 20 世纪 60 年代初，有些经济学家曾提出以自由准备金作为货币政策中间目标的主张。在这些经济学家中，较有代表性的有波拉科（J. J. Polak）、怀特（W. H. White）和麦格斯（A. J. Meigs）等人。[3]

所谓"自由准备金"（也称剩余准备金），是指银行体系所持有的准备金总额扣除法定准备金和借入准备金后所剩余的那部分准备金，它可由各银行自由支配。而主张以自由准备金作为货币政策中间目标的经济学家提出如下理由：首先，自由准备金是货币政策影响整个社会信用供给量或货币供给量所必经的金融变量。它连接着货币政策和实际经济活动，既可以较好地反映货币政策的意向，又可以诱导社会经济活动的扩张或收缩；其次，在现有银行准备制度下，

---

[1]　安德森与乔顿：《货币基数：解释与分析》（*The Monetary Base: Explanation and Analytical Use*），载《圣·路易斯联邦储备银行评论》，1968 年 8 月，7～11 页。

[2]　布伦纳与梅尔泽：《对货币政策策略与目标的讨论》（*Tactics and Targets of Monetary Policy: Discussion*），载《货币总量控制》（*Controlling Monetary Aggregates*），1969，96～103 页。

[3]　参见麦格斯：《自由准备金与货币供给》（*Free Reserves and the Money Supply*），1962。

自由准备金可以为中央银行所控制，并且这种控制很方便。

当然，与其他各种理论或主张一样，以自由准备金作为货币政策中间目标的理论也受到其他经济学家的批评。如有人提出，商业银行对自由准备金的需求将决定于利率和中央银行的再贴现率。所以，中央银行要控制自由准备金，必先控制利率。既如此，则还不如直接以利率作为货币政策的中间目标。同时，自由准备金数量的变化并不能明确地指示货币政策的方向。因此，他们认为，自由准备金不宜作为货币政策的中间目标。

尽管在关于货币政策中间目标的选择问题上，理论界争议颇大，但从西方主要国家货币政策的实践来看，利率和货币供给量被作为货币政策中间目标，似乎较为普遍，并被交替使用。这可能是因为这两种变量作为货币政策中间目标的适宜性已被大多数国家的中央银行所认可。

第五节　货币政策操作理论

在货币政策的操作问题上，中央银行究竟应该实行相机抉择的货币政策，还是实行规则型的货币政策，是经济学界广泛争论的又一重大问题。这种争论被称为"货币政策规则与相机抉择之争"。① 在 20 世纪 70 年代之前，这种争论主要是凯恩斯学派的相机抉择论与货币学派的单一规则论之争，而在 70 年代以后，参与争论的经济学家越来越多，提出的理论也越来越多，从而成为货币政策理论中一个较重要而又争议颇多的领域。

一、相机抉择论与单一规则论之争

在货币政策的操作问题上，凯恩斯学派主张实行相机抉择的货币政策，而货币学派则主张实行单一规则的货币政策。

凯恩斯学派经济学家秉承凯恩斯的需求管理理论，倡导相机抉择的货币政策。所谓"相机抉择"（discretion）的货币政策，乃是主张在不同时期，根据不同的经济形势，采取不同的货币政策。具体而言，在通货膨胀时期，应实行紧缩性的货币政策，以降低通货膨胀率，实现物价稳定；而在经济萧条时期，应实行扩张性的货币政策，以降低失业率，促使经济增长。在凯恩斯学派看来，通过实

---

① 实际上，货币政策规则与相机抉择之争的理论渊源可追溯到 19 世纪中叶发生于英国的通货论争。

行相机抉择的货币政策，可以熨平经济波动的幅度，以实现经济的平稳增长。

对于凯恩斯学派的这种政策主张，以米尔顿·弗里德曼为首的货币学派持坚决反对的观点。他们认为，相机抉择的货币政策虽然用意良好，但往往事与愿违。为此，他们反对相机抉择，而主张采取一种规则型的货币政策。

实际上，规则型货币政策的最初倡导者是早期芝加哥学派经济学家亨利·西蒙斯（Henry Simons）。当时，西蒙斯提出的是固定货币量的主张。弗里德曼则提出了固定货币增长率的主张。他建议"金融当局要自始至终避免剧烈的摆动，办法是公开宣布它采取的政策是让某种给定含义的货币总额保持一个稳定的增长率"。在弗里德曼看来，货币政策所能做到的只是为经济增长提供一个稳定的货币环境，以"防止货币本身成为经济失调的主要源泉"。他更明确地指出："在美国和其他国家中，记录在案的事实是，货币增长率相对稳定的时期也是经济活动相对稳定的时期，而货币增长率摆动很大的时期也是经济活动摆动很大的时期"。①

实际上，货币学派反对凯恩斯学派的相机抉择主张，还出于如下几个理由：

第一，货币政策时滞的存在，使相机抉择的货币政策无法缩小经济波动的幅度，反而会增大经济波动的幅度。在这里，所谓"货币政策的时滞"，是指从货币政策的制定到货币政策产生效果所需经过的一段时间。由于货币政策是一种间接作用的政策。任何一种货币政策都不能直接地作用于实际的经济活动，它必须通过影响某些中间指标（即货币政策的操作目标和中介目标）而间接地影响到实际的经济活动。而这一间接的作用过程需要一段时间。据弗里德曼等人的实证研究，货币政策的时滞一般达 12～18 个月，且这种时滞是不稳定的，人们对它无法作出准确的预测。正如弗里德曼所指出的那样："货币措施对物价水平发生影响比对货币总额发生影响需要经过更长的时间，并且时滞的长短和影响的大小都随情况的不同而不同。结果，我们根本无法准确地预测一定的货币行为对物价水平会有什么影响，以及同样重要的是，这种影响会在什么时候发生。因此，企图直接控制物价水平很可能使货币政策本身由于在止步和起步的时间方面犯错误而变成经济动乱的根源"②。

第二，货币需求的稳定性要求货币供给也保持相对稳定，以实现货币均衡。

---

① 以上引文均见米尔顿·弗里德曼：《货币政策的作用》，载商务印书馆编辑部编：《现代国外经济学论文选》（第一辑），130 页、125 页、131 页，北京，商务印书馆，1979。

② 米尔顿·弗里德曼：《货币政策的作用》，载商务印书馆编辑部编：《现代国外经济学论文选》（第一辑），129 页，北京，商务印书馆，1979。

由弗里德曼的新货币数量说可知，货币需求主要决定于收入，其收入弹性高达 1.8 以上。同时，在弗里德曼理论中，决定货币需求的是稳定的恒久性收入，而不是不稳定的现期收入。所以，货币需求的稳定性是弗里德曼所一再强调的。

第三，货币政策有多个目标，各目标之间充满了矛盾和冲突，相机抉择的货币政策难免顾此失彼。所以，他们认为，货币政策既不能将利率作为控制的对象，也不能直接地将充分就业、经济增长等作为目标，而只能保持货币存量按某一既定的比率增加，从而为达到货币政策的最终目标提供一个稳定的货币环境。

第四，由实证研究可知，货币存量的周期性波动是商业循环的原因。而相机抉择的货币政策必然使货币存量经常地发生剧烈的变动，从而导致经济的剧烈波动。弗里德曼与施瓦兹在《美国货币史》一书及《货币与商业循环》一文中都对美国近百年的货币史进行了实证研究，并得出上述结论。同时，弗里德曼还在其他著作中作了理论上的分析，明确提出，货币存量的周期性变动是实质经济之周期性变动（即商业循环）的原因。弗里德曼指出："没有任何国家在任何时间有过任何严重的经济萧条而又不伴随着货币数量的急剧下降；而同样地，没有任何货币数量的下降而又不伴随着严重的经济萧条。"[1] 例如，在 1929～1933 年的大萧条期间，美国的货币存量减少了 35.2%。[2] 所以，弗里德曼与施瓦兹认为，那次大萧条之所以如此深重，其根本原因就在于美联储实行了错误的货币政策。

第五，单一规则的货币政策可以减轻政府干预的压力。

所以，弗里德曼主张保持货币增长率的稳定，并将这一稳定的货币增长率作为货币政策操作的一项规则。在《论最适货币量》一文中，弗里德曼指出："我一向主张货币量按稳定速度增加，以保持最终产品价格不变。就包括银行部门以外的通货和商业银行的活期存款、定期存款在内的美国货币总量来说，我所估计的这一稳定速度约为平均每年 4% 至 5%"[3]。由此可见，弗里德曼所谓的货币是一种较广义的货币，在货币层次的划分中，这种货币一般被称为"M_2"。而至于这一稳定的货币增长率之所以被确定为平均每年 4% 至 5%，则依弗里德曼之意，主要是因为这一增长率大致为经济的平均增长率（约为 3%），以及社

---

① 米尔顿·弗里德曼著：《资本主义与自由》，50 页，北京，商务印书馆，1986。

② 弗里德曼和施瓦兹：《货币与商业循环》（*Money and Business Cycle*），载《最适货币量及其他论文集》，192 页，1969。

③ 米尔顿·弗里德曼：《论最适货币量》（*The Optimum Quantity of Money*），载《最适货币量及其他论文集》，47 页，1969。

会公众对货币的追加需求（因为货币需求的收入弹性大于 1）。由于 M_2 中包括了定期存款，它显然具有价值贮藏职能。所以，在增加的 4% 至 5% 的货币中，必然有一部分被用于贮藏，另一部分则进入流通，以增加交易媒介。若增加的货币中有 3% 是为满足经济增长而必须增加的交易媒介，则因这一增加率等于经济的平均增长率。于是，平均每单位产量的货币量不变，因而物价也不变。

实际上，弗里德曼也并不从根本上否定相机抉择。他曾指出，我们最终将实行相机抉择，但凭我们现有的知识和技术，我们还不能做到这一点。

二、1977 年以后的规则与相机抉择之争

1977 年，基德兰德（Kydland）与普雷斯科特（Prescott）将时间不一致性（即非连贯性）问题引入宏观经济学[1]，从而引发了新一轮的关于货币政策规则与相机抉择的争论。在这种争论中，相机抉择的主张受到越来越多的质疑甚至否定，而在否定相机抉择的基础上，人们又相继提出了各自的货币政策规则。泰勒规则和麦卡勒姆规则可说是其中最有影响的两种规则。

（一）泰勒规则

1993 年，约翰·泰勒（John B. Taylor）发表论文[2]，提出了一个根据产出和物价水平与设定的目标值之间的差距来调节短期利率的货币政策规则。这一规则就是著名的"泰勒规则"，其基本形式如下：

$$i_t = i^f + \pi_t + gy_t + h(\pi_t - \pi^*) \qquad (9-2)$$

$$i_t - i^f = \pi_t(1+h) + gy_t - h\pi^* \qquad (9-3)$$

在式中：i_t 表示 t 时期的短期名义利率；i^f 表示实际均衡利率（常数）；π_t 表示本季度及前三个季度的平均通货膨胀率；π^* 表示通货膨胀目标值（常数）；y_t 表示产出缺口，即实际产出对潜在产出偏离的百分比，若用公式表示，则 $y_t = 100(Y-Y^*)/Y^*$，其中 Y 为实际 GDP，Y^* 为潜在 GDP；g 和 h 表示政策参数。

泰勒认为，中央银行按照以上规则调节短期利率（即联邦基金利率），即可保持产出和物价的稳定。由以上公式可看出，若 h 大于零，则当通货膨胀率上升时，通过货币政策的操作，实际利率也将上升，从而使通货膨胀率回落，以达到稳定物价的目标。而若 h 小于零，则当通货膨胀率上升时，实际利率将下

---

①　Finn E. Kydland, Edward C. Prescott, Rules Rather than Discretion: The Inconsistency of Optimal Plans, The Journal of Political Economy, Volume 85, Issue3 (Jun., 1977), 473 – 492.

②　Taylor, John B. "Discretion versus Policy Rules in Practice", Carnegie – Rochester Conference Series on Public Policy, 1993, pp. 195 – 214.

降，于是，通货膨胀率将继续上升。因此，在标准的泰勒规则中，政策参数 h 不能为负值。同样，若 g 大于零，则当实际产出水平高于潜在产出水平时，通过货币政策的操作使实际利率下降，从而使实际产出水平恢复到潜在产出水平，以达到经济稳定的目标。而若 g 小于零，则当实际产出水平高于潜在产出水平时，实际利率下降，于是，实际产出水平与潜在产出水平之间的差距将越来越大。因此，在标准的泰勒规则中，政策参数 g 也不能为负值。

泰勒建议：$g = h = 0.5$，$\quad r^f = \pi^* = 2$。

于是，以上的泰勒规则可改写为：

$$i_t = 2 + \pi_t + 0.5 y_t + 0.5(\pi_t - 2) \tag{9-4}$$

由式（9-4）可看出，若产出缺口为零，而通货膨胀率上升 1 个百分点，则短期利率将上升 1.5 个百分点。而若实际通货膨胀率等于目标通货膨胀率，产出缺口加大 1 个百分点，则短期利率将同方向变动 0.5 个百分点。

泰勒用这一规则计算出 1987—1992 年美国联邦基金利率的规则值，然后与同期美联储货币政策操作的实际值比较。比较发现，除 1987 年外，其他年份美联储货币政策的操作与此规则都拟合得很好。而至于 1987 年之所以有较大的偏差，是因为当年发生股市风暴后，美联储对此作出了相应的反应。这说明，即使是这种偶然的偏差，也并不意味着泰勒规则不具有普遍意义。

自泰勒规则提出后，不少学者对此规则加以检验、修正和扩展。20 世纪以来，我国一些学者纷纷将泰勒规则介绍到国内，并结合我国实际情况加以深入研究。如有的利用国内数据对泰勒规则加以检验[1]；有的将泰勒规则与相机抉择及其他规则加以比较分析[2]；也有的提出，在泰勒规则被应用于我国货币政策实践时必须解决存在的问题[3]。这些研究都表明，在一定的条件下，泰勒规则可适用于我国货币政策操作。但至少在目前，我国尚未具备这些条件，因而在我国目前的货币政策操作中，还不能直接地套用泰勒规则。

（二）麦卡勒姆规则

如前所述，弗里德曼提出的单一规则是固定货币增长率规则。实际上，这一规则是以货币需求稳定和货币流通速度不变为前提的。但是，这两个前提往往不能得到满足。为此，麦卡勒姆通过对弗里德曼固定货币增长率规则的修正，

---

[1] 谢平、罗雄：《泰勒规则及其在中国货币政策中的检验》，载《经济研究》，2002（3），陆军、钟丹：《泰勒规则在中国的协整检验》，载《经济研究》，2003（8）。

[2] 刘斌：《最优货币政策规则的选择及在我国的应用》，载《经济研究》，2003（9）。

[3] 刘明月：《泰勒规则在我国的实践需要解决的两大问题》，载《上海金融》，2003（9）。

提出了以基础货币作为控制对象的规则。这就是麦卡勒姆规则。[①]

麦卡勒姆规则与弗里德曼规则有着如下三点不同：

首先，中央银行在执行货币政策时，以何种变量作为控制的对象，弗里德曼选择的是较广义的货币供给增长率，而麦卡勒姆选择的是基础货币的增长率；

其次，弗里德曼规则假设货币流通速度不变，而麦卡勒姆规则则考虑了基础货币之流通速度的平均增长率，并根据这一增长率来调节基础货币的增长率；

最后，弗里德曼规则以稳定物价作为货币政策的目标，而麦卡勒姆规则则以稳定名义收入作为货币政策的目标。

在对弗里德曼规则作了上述三点修正后，麦卡勒姆提出如下规则：

$$\Delta b_t = \Delta x^* - \Delta v_t^* + \lambda(\Delta x^* - \Delta x_{t-1}) \tag{9-5}$$

在式（9-5）中：Δb_t 为基础货币对数值的变化率，即从 t-1 到 t 期间基础货币的变化率；Δx^* 为名义 GDP 的目标增长率；Δv_t^* 为前 16 个季度基础货币流通速度的平均增长率；Δx_{t-1} 为名义 GDP 的实际增长率；λ 为一调整系数，麦卡勒姆将它设定为 0.5。

由此可见，根据麦卡勒姆规则，基础货币的变化率取决于三个因素：一是作为货币政策目标的名义收入（名义 GDP）的增长率，即名义收入的目标增长率；二是基础货币平均流通速度的变化率；三是当名义收入的实际增长率与其目标增长率不一致时作出的对基础货币增长率的调整。例如，若名义收入的实际增长率低于目标增长率，则基础货币的增长速度就必须提高，以弥补该缺口，从而使名义收入的实际增长率靠近或达到预定的目标增长率。

综观麦卡勒姆规则，我们可以看出它至少有如下两个优点：第一，与控制货币增长率相比，特别是与控制广义货币的增长率相比，中央银行控制基础货币的增长率自然更直接，也更有效；第二，由于名义收入为物价水平与实际产出之积，所以，中央银行通过调节基础货币而控制名义收入的增长率，实际上也就在一定程度上间接地实现了对物价水平的控制。

在麦卡勒姆提出上述规则后，许多经济学家对该规则作了实证研究，以检验它的有效性。在发表于 1987 年的论文中，麦卡勒姆本人也利用美国在 1954 年到 1985 年期间的历史数据对上述规则加以回归分析，其结果是令人满意的。同时，还有不少经济学家从不同的方面对麦卡勒姆规则加以扩展。这也足以说明该模型在货币政策理论研究中的重大影响。

---

① Bennett T. McCallum, "The Case for Rules in the Conduct for Monetary Policy: A Concrete Example", Federal Reserve Bank of Richmond Economic Review, 1987, Vol. 73, pp. 10~18.

（三）通货膨胀目标制

20 世纪 90 年代后，许多国家实行了通货膨胀目标制。简单地说，所谓通货膨胀目标制，是指以低通货膨胀作为货币政策的唯一目标，向社会公众公开宣布通货膨胀的目标值或目标区间，以作为控制的对象，中央银行则可自由地选择并运用货币政策工具加以操作，以达到向社会公众承诺的通货膨胀目标。

通货膨胀目标制顺应了金融创新和金融全球化的宏观环境。根据费雪方程式，在货币流通速度不变、商品和劳务的交易量也不变的条件下，货币的增长率与物价上涨率是一致的。因此，如果中央银行能有效地控制货币增长率，便能有效地控制通货膨胀率。而以米尔顿·弗里德曼为代表的货币学派则更是坚信货币供给的外生性，认为中央银行通过对高能货币的调节，即可有效地控制货币供给及其增长率。因此，从可控性的角度来说，他们主张以货币供给作为货币政策的中间目标，以固定货币增长率作为货币政策的操作规则。但是，自20 世纪 70 年代以来，金融创新层出不穷，金融的国际化和全球一体化已成为一股不可阻挡的历史潮流。在这种环境下，一国中央银行控制本国货币的能力越来越弱。于是，固定货币增长率的规则事实上不再能起到稳定经济的作用。

通货膨胀目标制首先产生于新西兰，现在已有数十个国家实行了这一货币政策操作制度。从基本性质来说，通货膨胀目标制也是货币政策的一种规则，并被称为"目标规则"，以区别于作为"工具规则"的泰勒规则和麦卡勒姆规则。但是，与其他货币政策规则不同，通货膨胀目标制实际上是以规则为主，而同时又融入了相机抉择的优点，从而使货币政策更为有效。

由以上分析可知，在货币政策的具体操作中，究竟应该严格地遵循一定的规则，还是应该灵活机动地实行相机抉择，是一个长期争论的问题。这一问题之所以有如此长期的争论，是因为人们对货币政策的传导机制有着不同的理解，对货币政策的内部环境和外部环境有着不同的认识，对货币政策所能产生的效果有着不同的评价。同时，对这一问题的持续论争，也在一定程度上说明了论争双方的观点都有着一定的合理性，或者不同的观点分别适用于不同的历史时期和不同的政策环境。我们认为，对于市场经济相对成熟的发达国家而言，规则型的货币政策也许是比较适当的。而对于像我国这样的市场经济尚处于初级阶段的发展中国家而言，则相机抉择的货币政策还是有效的，甚至是必需的。从我国近几年来货币政策的操作来看，实际上正是实行了相机抉择的货币政策，只是在我国，这样的货币政策操作方法被更多地称为"宏观调控"。例如，在 20世纪 90 年代末期的通货紧缩时期，我国采取了一系列扩张性的货币政策措施，如连续 8 次降息，大幅度下调法定准备金率等等；而在 2003 年以后的通货膨胀时期，我国又明确地选择了紧缩性的货币政策，如连续 20 多次上调法定准备金率，发行央行票据，通过公开市场操作回笼基础货币等等。实践证明，这样的货币政策操作至少在我国现阶段已取得令人满意的效果。

第六节　货币政策有效性理论

货币政策的有效性理论所要研究的是货币政策对实体经济是否具有积极作用，货币数量的变动是否对就业、产出、实际收入和实际利率等实际变量产生显著的影响。如果货币政策的操作能对实体经济发挥作用，对各种实际变量产生明显的影响，则说明货币政策是有效的，否则，货币政策将是无效的。

一、货币中性与非中性之争

货币政策有效还是无效的问题，实际上就是货币对经济中性还是非中性的问题。如果货币对经济保持中性，则货币政策就无效；而如果货币对经济并非中性，则货币政策就有效。在西方经济学界，货币中性与非中性之争由来已久。

（一）古典学派的货币中性论

就总体而言，古典学派经济学家都持货币中性论。在古典学派看来，货币只是一种交易媒介，只是一种便利交易的工具。因此，货币数量的变动只影响一般物价水平，而并不影响实际的经济活动，从而并不影响就业、产出、实际收入和实际利率等实际变量。所以，货币只不过是覆盖在实物经济上的一层面纱，货币经济一如实物经济。根据这种理论，货币政策自然无效。

古典学派的货币中性论系以萨伊定律（Say's Law）和瓦尔拉斯定律（Walras' Law）作为理论基础。根据萨伊定律，供给自创需求，货币只是交易媒介，交易的实质仍是商品与商品的交换。也就是说，货币的存在与否并不改变实际的经济活动。而根据瓦尔拉斯定律，整个经济的所有商品的供给与需求将在一个统一的价格体系中同时趋于均衡。所以，从整个经济来看，既不存在超额供给，也不存在超额需求。于是，在一个包括货币在内的 n 种商品的经济中，如果有 n－1 种商品的供给与需求均衡，则最后一种商品的供给与需求也必然均衡。所以，货币只是在整个商品序列中增加一种商品而已，有货币和无货币都不影响整个经济的一般均衡。所以，货币经济与实物经济是完全一致的。

古典学派的货币中性论强调货币数量的变动影响一般物价水平，而不影响实际经济活动。这种理论的典型就是传统货币数量说。根据传统货币数量说，货币数量与一般物价水平之间有着一种精确的正比例关系。所以，货币政策虽然不能改变就业、产出、实际利率和实际收入等实际变量，但它至少能有效地改变一般物价水平。也就是说，货币政策至少能达到稳定物价这一目标。这就说明，古典学派的政策无效论只是就货币政策不能影响各种实际变量这一点而言的。既然货币政策只能影响物价水平，而不能影响实际变量，因此，至少在1946 年之前，货币政策自然只能有一个目标，这一目标就是稳定物价。

（二）货币学派的长期中性、短期非中性理论

1967 年和1968 年，费尔普斯（E. S. Phelps）与弗里德曼分别发表论文，以提出他们对货币政策有效性的观点。他们通过对"自然失业率"和"适应性预期"的分析，区分了短期菲利普斯曲线与长期菲利普斯曲线，认为通货膨胀率与失业率的交替关系在短期内存在，而在长期中不存在。因此，政府当局为降低失业率而实行的扩张性的财政政策和货币政策，在短期内有效，而在长期中无效。根据弗里德曼与费尔普斯的分析，在短期内扩张性的财政政策和货币政策之所以有效，是因为人们对通货膨胀的预期是适应性预期。由适应性预期的定义可知，人们预期的通货膨胀往往落后于实际发生的通货膨胀，因而在短期内会存在未预期到的通货膨胀。而这种未预期到的通货膨胀可能降低失业率。但就长期而言，随着人们对通货膨胀预期的不断调整，任何通货膨胀终将被人们所预期到。因此，从长期来看，政府实行的扩张性财政政策与货币政策都只能导致通货膨胀率不断上升，而不能使失业率长期地降低到其自然率之下。因此，货币在短期内不是中性的，但在长期中则是中性的。若货币中性，则货币政策就无效，而若货币非中性，则货币政策就有效。所以，在货币学派经济学家看来，货币政策只能在短期内有效，而在长期中无效。[①]

需要指出的是，有关货币中性与非中性的问题是一个长期争论的问题。所以，在20 世纪70 年代以后，这一问题的争论依然在继续进行。其中，理性预期理论认为货币不仅在长期中是中性的，而且在短期内也同样是中性的。所以，货币政策无论在短期内，还是在长期中，都是无效的。另外，实际经济周期理论也否认货币因素对经济周期的影响，实际上也认为货币无论在短期内还是在长期中都是中性的，因而货币政策是无效的。而至于新凯恩斯主义者又强调货

---

① 有关弗里德曼与费尔普斯对菲利普斯曲线的具体分析，请参见本书第八章第四节。

币的非中性，从而认为货币政策有效，但他们对货币政策作用的方式和渠道的分析却不同于传统凯恩斯主义者的分析。

二、理性预期理论与货币政策有效性之争

（一）理性预期学派的政策无效说

理性预期学派形成于 20 世纪 70 年代美国出现停滞膨胀的特定时期。因此，当时所讨论的主要问题是菲利普斯曲线是否存在，即通货膨胀率与失业率是否存在稳定的交替关系这一问题。而在这一问题上，理性预期学派不仅反对凯恩斯学派的理论，而且对弗里德曼与费尔普斯的理论也提出批评。他们认为：通货膨胀率与失业率的交替关系不仅在长期中不存在，而且在短期内也不存在。于是，货币政策不仅在长期中无效，而且在短期内也无效。

1972 年，卢卡斯发表《预期与货币中性》一文，提出在理性预期条件下，货币保持中性而政府政策无效的基本观点。根据卢卡斯的分析，只有未预期到的政策行为才能影响产出。但在理性预期的条件下，经济主体的预期一般是准确的。所以，除非政府采取某种出其不意的货币政策，使经济主体没有预期到，否则，这种政策将是无效的。1975 年，萨金特和华莱士发表《理性预期、最优货币工具与最优货币供给规则》一文，认为如果预期是理性地形成的，则货币是中性的，经济主体在每一时期都能知道下一时期的货币供给为多少。他们在签订劳动合同时只要求获得规定的实际工资，而名义工资将随预期的物价水平的变动而作相应的调整。所以，在理性预期的条件下，实际产量不受货币当局所选择的货币供给规则的影响。也就是说，在理性预期的条件下，货币政策是无效的。[1] 1977 年，罗伯特·巴罗（Robert J. Barro）发表《美国的非预期的货币增长与失业》一文，通过对美国相关资料的实证研究，得出如下结论："只有非预期的货币变化才影响诸如失业率或产量水平这一类实际变量。这个假说在罗伯特·卢卡斯、托马斯·萨金特、尼尔·华莱士和本义作者等人的那　类'理性预期'货币模型中是明确的"[2]。同时，巴罗还指出，把货币增长区分为预期的和非预期的两部分对通货膨胀理论的分析也有重要意义。

由此可见，卢卡斯等人的理性预期理论不仅否定了凯恩斯学派推崇的财政

---

[1] 萨金特和华莱士：《理性预期、最优货币工具与最优货币供给规则》（*Rational Expectations, the Optimal Monetary Instrument and the Optimal Money Supply Rule*），载《政治经济学杂志》（*Journal of Political Economy*），第 83 卷，241 - 254 页，1975。

[2] 罗伯特·巴罗：《美国的非预期的货币增长与失业》，原载《美国经济评论》，1977 年 3 月。转引自《现代国外经济学论文选》（第七辑），67 页，北京，商务印书馆，1983，

政策的有效性，而且也否定了弗里德曼和费尔普斯认为的财政政策和货币政策在短期内的有效性。理性预期学派认为，即使在短期内，也不可能有实际通货膨胀率与预期通货膨胀率的系统性背离，以使实际失业率与自然失业率发生系统性的背离。所以，除了人们无法预期的政策以外，政府的任何政策，无论在长期中，还是在短期内，都是无效的。

当然，理性预期学派实际上并不认为任何积极的货币政策都是无效的。他们只是认为，只有非预期的货币政策行为或非预期的货币变化才是有效的。但是，这种非预期的货币政策将使经济变得更为不稳定。他们强调，人们的预期是理性预期，而在理性预期的条件下，货币政策和货币变化都已被人们预期到，这些货币政策和货币变化的效果将被人们的理性预期所抵消，从而使货币政策无效。

（二）对"政策无效说"的批评

自理性预期学派提出"政策无效说"之后，经济学界展开了热烈的争论。在这种争论中，一些反对理性预期理论的经济学家和一些承认理性预期理论的经济学家，都对理性预期学派的"政策无效说"提出了批评。他们认为，即使在理性预期的条件下，积极的货币政策也仍是有效的。在这些批评中，费希尔等人的长期合同理论是最有代表性的，并被认为是最有说服力的。[1]

1977 年，斯坦利·费希尔（Stanley Fischer）发表《长期合同、理性预期与最优货币供给规则》一文，提出与萨金特和华莱士相反的观点。在费希尔看来，一个只有单一时期的劳动合同的模型，能证实萨金特和华莱士关于货币规则与产量变动无关的结论。也就是说，如果所有合同都是为一个时期（如 1 年）签订的，则萨金特和华莱士的观点能够成立。但是，如果经济中存在长期的，如 2 年、3 年或更长时间的劳动合同，则即使是完全预期到的货币政策也会影响产量，从而使稳定性的货币政策获得存在的余地。长期名义合同的采用将粘性因素带入名义工资，使货币政策有效。因为在一般情况下，货币存量的变动比劳动合同的重新签订更为频繁。因此，在长期合同重新签订之前，货币存量的变动并不影响名义工资，但能影响实际工资。实际工资的变动将导致就业和产出的相应变动。

根据费希尔的分析，长期合同之所以存在，除了出于稳定名义工资的原因外，还因为频繁的合同谈判和工资议定需要支付较高的费用。但是，在此长期

---

① 费希尔等人的这一长期合同理论也被认为是新凯恩斯主义经济理论的一个重要内容，因为该理论对劳动力市场的价格刚性或粘性问题作出了较有说服力的解释。

合同期间，若货币当局作出增加或减少货币存量的决策，导致物价变动，从而引起实际工资的变动，则必然会影响产量。费希尔指出，在从两年期合同签订之日到该合同执行的最后一年期间，货币当局有时间对有关最近的经济干扰的新信息作出反应。假设议定的第二阶段的名义工资为已知，货币当局对干扰作出的反应将影响合同第二阶段的实际工资，并因此而影响产量。① 由此可见，在存在长期合同的条件下，即使信息完全，即使人们能作出理性预期，货币政策也仍然是有效的。

费希尔还认为，即使不存在长期合同，积极的货币政策对稳定物价也是必需的，且是有效的。

除了费希尔的理论以外，还有人从另一方面对理性预期学派的政策无效说提出了批评。他们认为，理性预期理论没有考虑货币增长对利率和资本积累的影响。而如果考虑这种影响，则货币政策还是有效的。实际上，提出这种观点的经济学家是以托宾和约翰逊等人的货币增长理论为依据的。② 他们指出："在论述政策基本无效的模型中，货币是中性的，即被完全预测到的货币供应量的变化并没有实际效果（仅仅改变了价格水平）。然而，即使货币在这种意义上是中性的，被完全预测到的货币供应量增长率的变化也将改变实际利率，并对资本积累发生影响。因此，它将在长期内影响产出水平。这样，当我们把资本因素引入模型时，货币政策就能发挥实际影响——它不是无效的"③。

（三）理性预期学派的政策主张

理性预期学派提出"政策无效说"，主要是为了反对凯恩斯学派的政策主张。我们知道，凯恩斯学派主张以需求管理为核心，采取相机抉择的财政政策和货币政策，以达到经济平稳增长的目标。根据凯恩斯学派的主张，在通货膨胀时期，政府应实行紧缩性的财政政策和货币政策，以降低通货膨胀率，达到物价稳定的目标；而在经济萧条时期，政府应实行扩张性的财政政策和货币政策，以促使经济复苏，降低失业率，达到充分就业和经济增长的目标。对于凯

---

① 斯坦利·费希尔：《长期合同、理性预期与最优货币供给规则》，原载《政治经济学杂志》，1977年2月。见外国经济学说研究会编：《现代国外经济学论文选》（第七辑），50～66页，北京，商务印书馆，1983。本书在引用时译文有所改动。

② 货币增长理论本身并未涉及理性预期理论，因为在货币增长理论提出时，理性预期学派尚未形成。虽然穆斯早在1961年即已提出理性预期这一概念，但在20世纪70年代后，理性预期理论才具有重大影响。而在此之前，这一理论几乎没有什么影响。但是，在理性预期学派提出"政策无效说"后，有的经济学家用货币增长理论批评理性预期理论，并强调货币政策的有效性。

③ 迈克尔·卡特、罗德尼·麦道克：《理性预期：八十年代的宏观经济学》，118～119页，上海，上海译文出版社，1988。

恩斯学派的相机抉择主张，货币学派曾经提出批评。[①] 但是，货币学派至少还承认，政府为降低失业率而实行的扩张性财政政策和货币政策在短期内有效，只是长期中无效。所以，货币学派对凯恩斯学派的政策主张实际上只是作了局部否定，而理性预期学派则对凯恩斯学派的政策主张作了全面否定。他们从根本上否定政府政策的有效性，并反对国家对经济的干预，提倡经济自由。他们认为，市场机制能自动调节到市场出清的均衡水平。这就说明，在经济自由主义的道路上，理性预期学派比货币学派走得更远。因此，有人说，理性预期学派"比弗里德曼还弗里德曼"。

可见，理性预期学派提出"政策无效说"，主要是为了反对凯恩斯学派的国家干预主义和需求管理政策。所以，他们所谓的"政策无效"，乃是特指凯恩斯学派的那套政策无效，而不是从根本上否定政府政策的必要性。问题是，政府应该实行怎样的政策？什么政策才是必需的和有效的？因此，理性预期学派实际上并不是单纯地提出一种抽象的经济理论，而是同样有着明确的政策主张的。

理性预期学派的政策主张大致可归纳为如下两点：第一，在财政政策和货币政策规则的选择上，政府应制定长期不变的政策规则，放弃那种短期的、随意性的政策规则；第二，在财政政策和货币政策的目标上，政府应以物价稳定为唯一目标，放弃充分就业和经济增长等多重目标。

1. 制定长期不变的政策规则

根据理性预期学派的观点，由于市场经济中所有的经济当事人都能作出理性预期，因此，任何有规律可循的财政政策和货币政策都将被他们预期到，并将这种预期作为决策的依据。这样，这种政策的效果将被人们的理性预期所抵消。而如果不实行这种政策，则市场机制即可自动调节，从而可取得同样的效果。这就说明，这种带有规律性的财政政策和货币政策不能使就业和产出增加。所以，理性预期学派主张放弃这种政策，以使市场机制发挥调节作用，使经济更稳定。

但是，如果政府突然实行某种出乎意料的财政政策或货币政策，则经济当事人可能没有预期到这种政策及其产生的效果。因此，理性预期学派认为，这种政策可能是有效的，至少在短期内可使就业和产出发生变化。但是，这种出其不意的政策必然使经济变得更加不稳定。为此，理性预期学派主张政府制定一种长期不变的政策规则。他们提出，政府应公开宣布并确保按照一个固定的

---

① 参见本书第六章第七节。

年增长率增加货币供应量，并坚持执行平衡预算的财政政策，从而使经济当事人无需作出预防通货膨胀的措施。这样，物价可保持稳定，而失业也不会增加。

实际上，理性预期学派提出的固定货币增长率规则就是货币学派的单一规则，这反映了理性预期学派与货币学派的渊源关系。但是，他们还提出平衡预算的财政政策。他们主张政府应确定一个保证预算平衡的税率，而不应通过减税而刺激投资和消费。由于货币增长率是稳定的，财政收支是平衡的，税率也是确定的，所以，经济主体就不必采取各种预防性措施。只有制定这样一种长期不变的政策规则，政府才能取信于民，经济才能稳定。总之，政府的政策应为市场经济提供一个稳定的环境，而不是直接地对它加以干预。

2. 以控制通货膨胀为唯一的政策目标

根据理性预期学派的分析，虽然政府的需求管理政策不能影响就业、产出等实际变量，但它能影响一般物价水平，从而影响各种名义变量。所以，在理性预期学派看来，政府的政策不应将充分就业和经济增长作为目标，而只能将物价稳定作为目标。因为只有这一目标，政府的政策才能达到。而为了使物价稳定，以控制通货膨胀，政府就必须放弃相机抉择的财政政策和货币政策，而执行长期稳定的财政政策和货币政策。理性预期理论的倡导者之一麦卡勒姆（B. T. McCallum）就曾明确地指出：“联邦储备体系和财政部都应该把注意力放在防止或减少通货膨胀上（如果这是令人满意的话），而不是放在失业上。把政策选择的重点放在其他变量上是没有用的，无论这些变量多么重要，政策的选择对它们都不可能产生有规律的影响”[1]。

三、实际经济周期理论与货币政策有效性

2004 年 10 月 11 日，挪威经济学家芬·基德兰德和美国经济学家爱德华·普雷斯科特同获诺贝尔经济学奖。他们获奖的原因是因为他们在经济周期和经济政策两个方面提出了新理论，而且这两种新理论对 20 世纪 70 年代和 80 年代的宏观经济学产生了极为深刻的影响。其中，在经济周期理论方面，他们提出了实际经济周期理论，不仅否定了凯恩斯主义的经济周期理论，而且对卢卡斯等人的货币经济周期理论也提出了批评。

---

[1] 麦卡勒姆：《理性预期理论的意义》（*The Significance of Rational Expectations Theory*），载《挑战》1980 年 1 - 2 月，43 页。

实际经济周期理论首先由基德兰德和普雷斯科特于 1982 年提出①，后经他们加以改进，并得到其他经济学家的响应，从而成为一种颇有影响的解释经济周期的新理论。

传统的宏观经济学一般将经济增长理论和经济周期理论分开研究，并认为经济增长为一长期经济问题，而经济周期为一短期经济问题。经济增长主要决定于长期总供给，它呈现着一种不断增长的趋势，而经济周期则决定于短期总需求，它表现为围绕经济增长的长期增长趋势而上下波动，这种波动则反映着实际产出与潜在的或充分就业的产出的背离。实际经济周期理论则认为，将经济问题分为短期和长期是没有意义的。该理论认为，无论是短期还是长期，经济状况都同时决定于总供给与总需求。经济周期本身就是一种趋势，所以它并不是围绕长期趋势的波动。例如，随机的技术进步将对经济产生一种冲击，这种冲击是一种正面冲击，也就是说，它是一种对经济增长有利的冲击。这种冲击将引起经济繁荣，但在繁荣过后未必紧跟着经济的衰退和萧条，而只是在一度过热之后恢复稳定。但技术进步导致生产效率的提高，这是经济增长的源泉，它能使经济在较高的起点上增长。所以，经济周期与经济增长实际上是同一个问题。

在西方经济学界，基德兰德和普雷斯科特被列入新古典宏观经济学派，但在经济周期理论上，他们与该学派主要代表卢卡斯等人有着不同的解释。在卢卡斯看来，经济周期性波动的原因在于货币供给的冲击，即货币数量的随机变动，使经济当事人无法作出准确的预期，正是由于这种非预期的货币供给的冲击才导致了产出和就业的波动。所以，卢卡斯的这种经济周期理论被称为"货币经济周期理论"。基德兰德和普雷斯科特则认为，经济周期性波动的原因在于实际因素的冲击，尤其是技术进步的冲击。当这种冲击发生的时候，经济当事人无法判断该冲击是暂时的还是持久的。从而会对该冲击反应不足或反应过度，以至出现经济的波动。实际上，卢卡斯等人强调货币供给的冲击，是因为作为名义变量的货币因素将影响总需求，所以，他们是从总需求方面解释经济周期。而基德兰德和普雷斯科特则强调技术进步等实际因素的冲击将影响总供给，因此，他们是从总供给方面解释经济周期。

作为新古典宏观经济学派的成员，基德兰德和普雷斯科特与卢卡斯等理性预期理论者一样，认为市场经济是完善的，价格是自由伸缩的，即使在短期内

---

① F. E. Kydland and E. C, Prescott, "Time to Build and Aggregate Fluctuations", 1982, Economica, November.

也是如此，通过市场经济的自动调节，市场总是出清的，经济总是保持在均衡状态的。因此，政府没有必要通过各种宏观经济政策来干预市场经济。他们认为，政府实行的宏观经济政策，无论是财政政策，还是货币政策，都是无效的。

由此可见，实际经济周期理论也是一种货币中性理论，甚至是一种货币超中性理论。尽管在解释经济周期问题上，实际经济周期理论与理性预期理论有着较严重的分歧，在货币政策的无效性方面，该理论与理性预期理论是基本一致的。

四、新凯恩斯主义的货币政策有效性理论

新凯恩斯主义是20世纪80年代影响较大的一个新经济学流派。该流派试图为凯恩斯的宏观经济学奠定微观基础。在新凯恩斯主义理论中，有关货币理论及其政策的理论主要是信贷配给理论。

新凯恩斯主义者接受新古典宏观经济学的理性预期假说，但不接受他们关于市场出清、工资和价格具有充分弹性的假设，也不接受他们的政策无效说。新凯恩斯主义者认为，工资和价格具有粘性，也就是说，它们的变动是很缓慢的。所以，当经济中总需求变动时，货币工资和商品价格不能及时调整到充分就业的均衡水平。由于工资和价格的调整是一个漫长的过程，在这一漫长的过程中，经济将处于非均衡状态。而在此非均衡状态下，政府实行的财政政策和货币政策都是有效的。在新凯恩斯主义者看来，虽然就长期来看，货币是中性的，但就短期来看，则无论是预期到的还是没有预期到的货币政策都能影响产出，从而在短期内货币并非中性。这种货币长期中性而短期非中性的观点实际上与弗里德曼和费尔普斯的观点是完全一致的，但他们分析的角度是大不相同的。根据弗里德曼和费尔普斯的分析，只有没有预期到的货币政策才能影响产出，而这种影响是通过物价水平和实际工资的变动来实现的。例如，当中央银行实行扩张性的货币政策而导致物价上涨时，人们还没有调整预期，因而实际工资因物价上涨而下降，企业则因利润增加而扩大生产规模，从而减少失业，增加产出。但是，新凯恩斯主义者不是如此分析。在新凯恩斯主义者看来，在价格粘性的条件下，中央银行实行扩张性的货币政策未必导致物价上涨，至少不会很快地导致物价上涨。同时，根据阿克洛夫等人的效率工资理论，即使扩张性的货币政策引起总需求增加，而且这种货币政策及其对总需求的影响是被人们准确地预期到的，实际效率工资仍将不变，并继续保持在高于市场均衡工资的水平上。于是，货币政策的扩张将因为企业资金来源增加而增加产出。这

就说明，在新凯恩斯主义者看来，"货币政策对产出的影响不是价格变化的函数，而是货币供给自身变化的函数"①。

实际上，斯蒂格利茨等人就是从这一角度分析了货币政策的有效性。他们认为，在信贷配给的条件下，中央银行的货币政策将是有效的。但货币政策不是通过改变利率而发挥其作用，而是通过改变信用可得性而发挥其作用。例如，当中央银行实行扩张性的货币政策时，银行就将因准备金增加而贷出更多的资金，使企业因资金来源增加而增加投资，从而增加总需求和产出。

运用信息不完全和不对称理论分析货币政策的有效性是新凯恩斯主义经济学的一个重大贡献。斯蒂格利茨的分析是如此，阿克洛夫的分析也是如此。如上所述，理性预期学派所谓的"理性预期"是一种严格的理性预期或完全的理性预期。但是，这种严格的理性预期过于抽象，在现实中很难形成。阿克洛夫认为，在信息不完全且不对称的条件下，人们最多只能作出近似的理性预期，而他们根据这种近似的理性预期而作出的决策可能不是最优的，而只能是次优的。在这种情况下，政府的政策不但是必要的，而且是有效的。

总之，新凯恩斯主义者强调货币政策的有效性，但他们对货币政策有效性的解释不同于其他各种经济学流派。斯蒂格利茨在其所著的教科书《经济学》一书中将新凯恩主义与实际经济周期理论、货币主义、新古典主义在货币政策问题上的观点作了比较，如表 9 – 1② 所示。其中，新古典主义就是理性预期学派的理论。

表 9 – 1 有关货币政策的各种观点

学派	货币政策效果	对积极的货币政策的看法
实际经济周期理论	失业不是一个严重的经济问题。货币只对价格水平有影响，对产出没有影响	货币政策除了决定价格水平以外，基本上没有用处。货币政策对衰退也没有责任
货币主义	货币在决定国民收入方面居于中心地位。在短期，货币能够影响产出水平；在长期，它主要影响价格水平	错误的货币政策对衰退负有很大责任。政策应该只限于一种简单规则，比如货币供给的固定增长率

① 杰格迪什·汉达：《货币经济学》，430 页，北京，中国人民大学出版社，2005。
② 斯蒂格利茨：《经济学》（下册），中文版，240 页，北京，中国人民大学出版社，1997。

学派	货币政策效果	对积极的货币政策的看法
新古典主义	理性预期的厂商和消费者，至少能在长期中看透货币政策，因而把货币供给的变化转化成了价格水平的变化	同货币主义者
新凯恩斯主义	货币在决定国民收入方面是关键因素之一。经济可能在相当长的时期里处于低于充分就业的水平	货币政策可能通过多种渠道，比如利率、信用可获得性和风险的均衡效果等，施加其影响。当经济处于严重衰退之中时，货币政策无效。这要么是因为不容易促使银行多贷款，要么是因为不容易说服厂商多投资

复习思考题

1. 货币学派为什么主张以货币供应量作为货币政策的中间目标？

2. 在货币政策的传导机制问题上，凯恩斯学派与货币学派有何理论分歧？

3. 在货币政策的操作方面，凯恩斯学派与货币学派有何不同的主张？试简要评论之。

4. 你认为我国货币政策的目标应该是什么？为什么？

译名对照表

三画

马克思	K. Marx
马克卢普	F. Machlup
马西	J. Massie
马柯维茨	H. M. Markowitz
马尔萨斯	T. R. Malthus
马歇尔	A. Marshall

四画

巴本	N. Barbon
巴尔巴克	A. B. Balbach
瓦尔拉	L. Walras
贝尔	D. Bell
戈登	R. J. Gordon

五画

加尔比斯	V. Galbis
卡甘	P. Cagan
卡森	D. Carson
卡莱肯	G. H. Kareken
卡塞尔	G. Cassel
布伦纳	K. Brunner
布罗德斯	A. Broaddus
布朗芬布伦纳	M. Bronfenbrenner
布特尔	R. P. Bootle

皮尔斯	D. G. Pierce
皮尔斯	J. L. Pierce
古德哈特	Goodhart
汉森	A. H. Hansen
弗里希	H. Frisch
弗里德曼	M. Friedman
弗莱	M. J. Fry
卢卡斯	R. E. Lucas
艾斯纳	R. Eisner
艾奇安	A. A. Alchian
古德弗兰德	M. Goodfriend

六画

西杰本	J. Sijben
西特拉斯克	M. Sidrauski
吉尔伯特	R. A. Gilbert
吉布森	W. E. Gibson
托宾	J. Tobin
托马斯	L. Thomas
托马斯	L. B. Thomas，JR
迈耶	T. Mayer
休谟	D. Hume
华莱士	N. Wallace
乔顿	J. L. Jordan
乔普林	T. Joplin
约翰逊	H. G. Johnson

约翰尼斯	J. M. Johannes
米勒	M. H. Miller
米尔达尔	G. Myrdal
多马	E. D. Domar
考夫曼	G. G. Kaufman
安德森	L. C. Andersen
安德鲁斯	P. W. S. Andrews

七画

克莱茵	B. Klein
克莱因	L. R. Klein
克里斯托尔	I. Kristol
克劳斯	L. B. Krause
克劳沃	R. Clower
麦金农	R. I. Mckinnon
麦格斯	A. J. Meigs
麦克库洛赫	J. R. McCulloch
李嘉图	D. Ricardo
劳	J. Law
坎铁翁	R. Cantillon
宋恩	R. S. Thorn
怀特	W. H. White
狄拉德	D. Dillard
纽伦	W. T. Newlyn
庇古	A. C. Pigou
肖	E. S. Shaw
利普赛	R. G. Lipsey
伯尔格	A. E. Burger
伯吉斯	W. R. Burgess
希克斯	J. R. Hicks

八画

林达尔	E. Lindahl

林德柏克	A. Lindbeck
范德	D. I. Fand
拉托纳	H. A. Latané
拉德克利夫	Radcliffe
拉希	R. H. Rasche
奇克	V. Chick
孟德斯鸠	Ch. Montesquieu
阿罗	K. J. Arrow
阿梯斯	M. J. Artis
旺	H. Y. Wan
罗伯森	D. H. Robertson
罗萨	R. V. Rosa
罗斯	H. Rose
金	W. C. King
凯恩斯	J. M. Keynes
彼得	W. J. Peter
庞巴维克	E. V. Bohm – Bawerk
帕金	M. Parkin
帕廷金	D. Patinkin
佩塞克	B. P. Pesek
法克森	K. O. Faxen
波拉科	J. J. Polak
波多尔斯克	T. M. Podolski

九画

费雪	I. Fisher
费尔普斯	E. S. Phelps
费希尔	D. Fisher
哈弗	R. W. Hafer
哈罗德	R. F. Harrod
哈耶克	F. A. Hayek
哈恩	F. H. Hahn

哈伯勒	G. Haberler	梅泰	G. Mehta
哈里斯	L. Harris	菲利普斯	A. W. Phillips
威尔森	T. Wilson	菲利普斯	C. A. Phillips
科格伦	R. Coghlan	勒纳	A. P. Lerner
俄林	B. Ohlin	密塞斯	L. V. Mises
洛克	J. Locke		
施瓦兹	A. J. Schwartz		
施尔凯切特	Schiltknecht		

十二画

十画

		斯密	A. Smith
配第	W. Petty	斯拉法	P. Sraffa
泰根	R. Teigen	斯屈里坦	P. Streeten
泰索莫	P. J. Tysome	斯可特	I. O. Scott
索洛	R. M. Solow	斯皮特霍夫	A. Spiethoff
格利	J. G. Gurley	斯泰因	J. L. Stein
格莱斯顿	W. E. Gladstone	斯旺	T. W. Swan
夏皮罗	E. J. Shapiro	萨文	T. R. Saving
栗原	K. K. Kurihara	萨伊	J. B. Say
莱德勒	D. E. W. Laidler	萨缪尔森	P. A. Samuelson
莱福哈里	D. Levhari	萨伦特	W. S. Salant
莱荣霍夫德	A. Leijonhufvud	萨金特	T. Sagent
高兰	D. Gowland	萨耶	R. S. Sayer
桑顿	D. Thornton	奥利维拉	J. H. G. Olivera
桑顿	H. Thornton	奥克鲁斯特	O. Aukrust
诺思	D. North	奥德纳	C. E. Odhner
诺德豪斯	Nordhaus	奥尔	D. Orr
特奇庞切夫	Tchebycheff	温特劳布	S. Weintraub
埃德格伦	G. Edgrén	温特劳布	R. E. Weintraub
埃蒂纳	Entine	舒尔兹	C. L. Schultze
		琼斯	H. G. Jones
		惠特克	E. Whittaker
		惠伦	E. L. Whalen
		塔托姆	J. A. Tatom

十一画

梅尔泽	A. H. Meltzer

十三至十五画		十六至十八画	
蒙戴尔	R. Mundeil	穆斯	J. F. Muth
鲍莫尔	W. J. Baumol	穆勒	J. S. Mill
鲍尔	R. J. Ball	霍维慈	P. M. Horvitz
塞耶斯	R. S. Sayers	霍维茨	G. Horwich
熊彼特	J. A. Schumpeter	霍曲莱	R. G. Hawtrey
缪勒	M. G. Mueller	戴思	W. M. Dacy
摩根	B. Morgan	戴维德	W. G. Dewald
		魏克赛尔	K. Wicksell